Beck'sche Reihe
BsR 1237

BsR

Das 19. Jahrhundert ist uns nah und fern zugleich. Es war die Geburtsstunde für vieles, was uns heute vertraut, ja selbstverständlich ist; zugleich war es zeitlicher Rahmen für Erscheinungsformen und Vorstellungen, die uns fremd geworden sind. Das 19. Jahrhundert war das Jahrhundert der Eisenbahn und des elektrischen Lichtes, aber auch des Pauperismus und massenhafter Auswanderung. Es war das Jahrhundert der Klassik und des Biedermeier, des Walzers und der Wagnerianer, des Schlotbarons, des Reserveleutnants und des Dienstmädchens. Es war das Jahrhundert von Nationalismus und Liberalismus. An seinem Beginn steht der restaurative Wiener Frieden und die Gründung des Deutschen Bundes, an seinem Ende die bis dahin beispiellose Katastrophe des Ersten Weltkrieges und der Zusammenbruch des Wilhelminischen Kaiserreiches.

Dieses Lesebuch umfaßt achtzig Texte zu jener bewegten Epoche der deutschen Geschichte. Es vereint persönlich gefärbte, zeitgenössische Stimmen sowie wissenschaftliche Analysen namhafter Historikerinnen und Historiker und bietet so einen kompetenten, facettenreichen und zugleich unterhaltsamen Einblick in alle wesentlichen Themengebiete des Zeitraums zwischen 1815 und 1918. Der Bereich *Bevölkerung und Wirtschaft, Technik und Umwelt* (I) kommt ebenso zur Sprache wie die Problemfelder *Herrschaft und Politik* (II), *Bildung und Wissenschaft, Religion und Kultur* (III) sowie schließlich *Lebenswelten und Alltag* (IV).

Wolfgang Piereth ist wissenschaftlicher Assistent am Institut für Neuere Geschichte der Universität München.

Wolfram Siemann ist Inhaber des Lehrstuhls für Neuere und Neueste Geschichte an der Universität München.

Das 19. Jahrhundert

Ein Lesebuch zur deutschen Geschichte 1815–1918

Herausgegeben von Wolfgang Piereth
Mit einem Vorwort von Wolfram Siemann

VERLAG C.H.BECK

Mit 4 Abbildungen

Die Deutsche Bibliothek – CIP-Einheitsaufnahme

Das 19. Jahrhundert : ein Lesebuch zur deutschen Geschichte 1815 – 1918 / hrsg. von Wolfgang Piereth. Mit einem Vorw. von Wolfram Siemann. – 2. Aufl. – München : Beck, 1997
(Beck'sche Reihe ; 1237)
ISBN 3 406 42037 0

ISBN 3 406 42037 0

2. Auflage 1997
Umschlagentwurf: Uwe Göbel, München,
Umschlagabbildung: Franz Krüger, Parade unter den Linden im Jahre 1837, (Archiv für Kunst und Geschichte, Berlin)

Gesamtherstellung: C. H. Beck'sche Buchdruckerei, Nördlingen
Gedruckt auf säurefreiem, alterungsbeständigem Papier
(hergestellt aus chlorfrei gebleichtem Zellstoff)
Printed in Germany

Inhalt

II. Herrschaft und Politik

III. Bildung und Wissenschaft, Religion und Kultur

IV. Lebenswelten und Alltag

Editorischer Hinweis: Anmerkungen und Quellenhinweise der Originaltexte wurden für diesen Band gestrichen; Textkürzungen und Erklärungen des Herausgebers sind durch eckige Klammern gekennzeichnet.

Vorwort

Am Ende des „kurzen" 20. Jahrhunderts gewinnt das „lange", bis 1918 reichende 19. Jahrhundert immer mehr einen epochalen Charakter, der es zur eigentlichen Pforte der Moderne werden läßt. Es birgt wie kein anderes Jahrhundert den Ausklang Alteuropas und den Andrang derjenigen Welt, die wir mit allen Erfahrungen, Errungenschaften, Ängsten und Prägungen als die „unsere" wahrnehmen. Die deutsche Geschichte hat hierin teil an der europäischen und von hier ausstrahlend an der universalen Entwicklung.

Als das besondere Signum der deutschen Geschichte des 19. Jahrhunderts erkennen Historiker die Fülle der gleichzeitig zu bewältigenden Probleme und Herausforderungen, die sich in der Ära des Deutschen Kaiserreichs noch vervielfachten. „Verspätung" und zugleich Beschleunigung des Wandels zur marktorientierten, industrialisierten Bürger- und Konkurrenzgesellschaft provozierten Ängste und Regressionen angesichts der „Moderne" ebenso, wie sie zukunftsoptimistische Energien freisetzten.

Ambivalent wie der Wandel waren die Reaktionsweisen in Politik und Gesellschaft: einerseits Anlehnung an den überkommenen Obrigkeitsstaat samt den vertrauten patriarchalischen Gewalten, verkörpert in Herrscherdynastie, Adel, Handwerkspatriziat und korporativen Bildungseliten oder andererseits Hinwendung zum entstehenden Sozial- und Rechtsstaat, der gesetzliche und soziale Sicherheit, politische Mitsprache und individuelle Entfaltung verhieß. Die Fülle menschlicher Wahrnehmungs- und Verhaltensweisen ging nicht auf in jenem Entweder-Oder; dieses bezeichnet lediglich die Pole. Die über Jahrhunderte erworbene Stabilität von Mentalitäten und Milieus wurde binnen dreier Generationen erschüttert durch das ungeheure Tempo der Veränderung.

Diesen Wandel zu beschreiben haben sich umfangreiche, angesehene historische Darstellungen zum Ziel gesetzt. Damit kann die hier vorliegende Textsammlung nicht konkurrieren. Sie ist den großen Entwürfen allerdings darin überlegen, daß sie schneller und lebhafter neuralgische Punkte, Typisches, Merkwürdiges, Bizzares jener Vergangenheit freilegt und zugänglich macht. Der Leser ist freier im Umgang mit diesen Texten als innerhalb einer zielgerichteten historischen Erzählung: Er kann sich von seinen spontanen Interessen leiten lassen und blätternd zwischen den Partien springen. Doch wenn er sich näher auf dieses Lesebuch einläßt, wird er den Reiz kennnenlernen, die innere Folgerichtigkeit der Auswahl aufzuspüren: Abschnitte mit hoher synthetischer Kraft führen jeweils in Grundgegebenheiten und Problemlagen der historischen Dimensionen Wirtschaft, Herrschaft, Kultur und Alltag ein. Die dann folgenden Beiträge veranschaulichen oder vertiefen jeweils jene Dimensionen durch originale Quellen oder reflektierende Betrachtung. So bauen die ausgewählten Texte scheinbar unmerklich aufeinander auf und stützen sich in ihrer erklärenden Kraft wechselseitig. Man erprobe dies gleich einmal bei dem ersten Kapitel über Bevölkerung, Wirtschaft, Technik und Umwelt.

Dieses Buch ist zugleich ein eindrucksvolles Zeugnis der Lebendigkeit der neuesten Geschichtsschreibung zur deutschen Geschichte des 19. Jahrhunderts. Blickt man auf das Erscheinungsdatum der meisten Texte, so wird man feststellen, welchen gewaltigen Sprung die Beschäftigung mit der Epoche in den letzten fünfzehn Jahren gemacht hat. Ohne deren Leistungen wäre dieser Band nicht möglich. Die großen historischen Synthesen – voran diejenigen Thomas Nipperdeys und Hans-Ulrich Wehlers –, aber auch die kaum überschaubare Fülle der Einzelforschung stifteten eine bisher beispiellose Vielfalt der Perspektiven, Methoden und Themen. Geschichte „von oben“ oder „von unten“, der staatlichen Ordnung, wirtschaftlichen Sphäre oder sozialen Befindlichkeit, von „Alltag“ oder Staatsaktion, die biographische Betrachtung und sozialstatistische Analyse – alles ist vertreten, aber erst das Ensemble läßt etwas von der Komplexität jener vergangenen Welt erahnen, die in Teilen immer noch in die unsere hineinreicht, die sich aber einlinigen Deutungszugriffen verwehrt.

Die Vielfalt entspricht den Wirkungsfeldern der Autorinnen und Autoren, die in diesem Band über die Allgemeine Geschichte hinaus durch Texte vertreten sind: Geschichte der Umwelt, Technik und Industriellen Welt, Forst-, Literaturwissenschaft, Kirchen-, Philosophie-, Rechtsgeschichte, Ethnologie, Buch- und Medienwissenschaft – und dies verstärkt durch namhafte Fachleute aus dem anglo-amerikanischen Raum, der Schweiz und aus Israel. Und nicht nur die Expertinnen und Fachmänner der historischen Zunft, sondern auch diejenigen ihres eigenen Metiers wie Schriftsteller, Praktiker des öffentlichen Lebens und Feuilletonisten kommen zu Wort.

„Altmeister“ des Faches mit ihren inzwischen „klassisch“ gewordenen Texten reihen sich neben die überwiegende Zahl von Beiträgen jüngerer Historikerinnen und Historiker, die der Generation der 1940er angehören und in der frühen Bundesrepublik aufgewachsen sind. Ihre Erfahrungen mit dem ehemaligen „Wettkampf der Systeme“, ihre Auseinandersetzung mit den Philosophen der sogenannten „Postmoderne“, mit den Deutungskonzepten der „Informationsgesellschaft“ und der Globalisierung des Marktes und des Industriesystems nötigten sie zu neuen Blicken auf das 19. Jahrhundert. Die Früchte dieser Neubesinnungen zeigen sich in vielen vorgelegten Texten, sei es in geschärfter Empfindlichkeit für die sozialen und ökologischen Kosten von Industrialisierung, Wachstum, Informationsbeschleunigung und Liberalisierung, sei es in gesteigerter Wachsamkeit für Rechts- und Verfassungsordnung, für das Los des einzelnen in seinen familiären und sozialen Bezügen, in Wachsamkeit aber auch vor den Gefahren des nationalen Prinzips, den Suggestionen imperialer Männlichkeits- und militärischer Machtphantasien. Diese Sensibilität ist den Texten gleichsam als Imprägnierung eingegeben; sie eröffnete vielfach überhaupt erst neue Themen- und Problembereiche, und doch begegnet der Leser keinem erhobenen Zeigefinger; im Gegenteil kann er sich einlassen auf eine Lektüre, die ihn vor allem anderen zunächst „ins Bild setzt", indem sie ihm die Vergangenheit der Generation der Urgroßeltern auf dem Weg in die „Moderne" veranschaulicht und ihm Wege des Begreifens weist. Wenn die Erfahrung historischer Distanz und Nähe zur eigenen Aufklärung der Lesenden beiträgt, wäre das der nützliche Gewinn dieses Buches; geschähe das auch noch unterhaltsam, wäre das der schönste.

München, den 11. April 1996 *Wolfram Siemann*

Einleitung

„Mit dem Wiener Kongreß beginnt die Geschichte der Gegenwart“, schrieb Egon Friedell in seiner *Kulturgeschichte der Neuzeit*. Wie wohl die meisten Bonmots ist auch dieses überspitzt und hat doch einen wahren Kern. Aus dem Blickwinkel der deutschen Geschichte steht die restaurative Rechts- und Friedensordnung von 1815 am Beginn des säkularen Ringens um den Nationalstaat und – damit verknüpft – um eine politische Teilhabe der sich entfaltenden bürgerlichen Gesellschaft. Erst 1914/18 endete aus dieser Perspektive für die Deutschen das „lange 19. Jahrhundert“: Der chauvinistisch übersteigerte Nationalstaatsgedanke mündete in die Katastrophe des Ersten Weltkriegs, das 1871 begründete Deutsche Kaiserreich wurde nach der Novemberrevolution 1918 von der ersten parlamentarischen Demokratie auf deutschem Boden abgelöst.

Historisch-politische Ereignisse stecken somit den Zeitrahmen dieses Lesebuchs zum 19. Jahrhundert ab, doch sind sie nicht sein einziger Gegenstand. Geschichte, verstanden als „menschliches Tun und Leiden in der Vergangenheit“ (Karl Georg Faber), als „die Veränderung des Menschen und seiner gesellschaftlichen Verhältnisse in der Zeit“ (Winfried Schulze), umfaßt mehr als das Problemfeld *Herrschaft und Politik*, das im Abschnitt II des Buches behandelt wird.

Ihm voraus geht der Themenkreis *Bevölkerung und Wirtschaft, Technik und Umwelt* (Abschnitt I): Schon Zeitgenossen galt die hier behandelte Zeitspanne als „Jahrhundert des Lichts“ und „Jahrhundert des Dampfes“, aber auch als „das inhumane Jahrhundert par excellence“. Sein Beginn ist geprägt von der im späten 18. Jahrhundert einsetzenden, bis dato beispiellosen Bevölkerungsexplosion in einer noch agrarisch-feudal verfaßten Gesellschaft – eine Entwicklung, die staatliche Intervention, wirtschaftliche und technische Innovation, aber auch einen neuen Umgang mit der Natur geradezu herausforderte. Als die Epoche ausklang, war das hochtechnisierte, industriekapitalistische Wirtschaftssystem in Deutschland bereits voll ausgebildet. „Noch nie hat die Menschheit für soviel Wandel sowenig Zeit gehabt", bemerkte denn auch Hagen Schulze mit Blick auf den Eintritt der Menschheit in das Industriezeitalter.

Die dritte klassische Dimension historischer Betrachtung stellt der Komplex *Bildung und Wissenschaft, Religion und Kultur* dar (Abschnitt III). Das 19. Jahrhundert gilt nicht umsonst auch als „das Jahrhundert der Bildung" (Karl-Ernst Jeismann), denn wie nie zuvor wurde der Erwerb von Wissen und kulturellen Bildungsgütern zu einem Faktor der politischen, wirtschaftlichen und sozialen Ordnung. Zudem wandelte sich der gesellschaftliche Stellenwert religiöser Welterklärung grundlegend, die Kirchen mußten einen neuen Platz in der sich mehr und mehr säkularisierenden Gesellschaft finden.

Schließlich läßt sich der historische Wandel jener Epoche nicht nur durch die Betrachtung umfassender und grundlegender Prozesse einfangen, sondern auch mit Eindrücken von *Lebenswelten und Alltag* der verschiedenen gesellschaftlichen Gruppen (Abschnitt IV).

Das Lesebuch vereint zeitgenössische Stimmen und moderne Darstellungen. Persönlich gefärbte Zeugnisse stehen somit neben Analysen, die mit zeitlicher und wissenschaftlicher Distanz verfaßt wurden. Letztere erschließen die Epoche mittels unterschiedlicher historiographischer Zugänge, seien sie ereignis-, sozial- oder alltagsgeschichtlich, um nur drei wichtige zu nennen. Auf diese Weise soll ein Panorama ausgebreitet werden, das die wesentlichen Themenkreise der Epoche illustriert. Nicht die erschöpfende Behandlung aller Problemfelder des 19. Jahrhunderts kann dabei angesichts des begrenzten Raumes das Ziel dieser Anthologie sein; vielmehr soll ein facettenreicher, unkomplizierter und auch unterhaltsamer Einblick in markante Ereignisse und Strömungen der Epoche vermittelt werden. Das Lesebuch hat seinen Zweck erreicht, wenn Leserinnen und Leser angeregt werden, sich weitergehend mit einer Zeit zu beschäftigen, die unsere Gegenwart maßgeblich geprägt hat und uns doch in vielerlei Hinsicht fremd geworden ist.

Wolfgang Piereth

I. Bevölkerung und Wirtschaft, Technik und Umwelt

Hagen Schulze

Die Bevölkerungsexplosion

Am Anfang stand das demographische Problem. Nach jahrhundertelangem Gleichgewicht, brutal ausbalanciert durch Epidemien, Kriege und Hungersnöte, begann seit der Mitte des 18. Jahrhunderts die europäische Bevölkerung sprunghaft zuzunehmen. 1750 zählte der Kontinent ungefähr 130 Millionen Einwohner; um 1800 waren es bereits etwa 180 Millionen, fünfzig Jahre darauf 266 Millionen, 1900 401 Millionen und am Vorabend des Ersten Weltkriegs 468 Millionen. Selbst die Millionenströme der Auswanderer im zweiten und letzten Drittel des 19. Jahrhunderts änderten nichts daran; Katastrophen, die in früheren Jahrhunderten zu schweren Rückschlägen geführt hätten, wie etwa der kalte Winter 1783/84, in dem die Menschen bis nach Süditalien hinunter massenhaft erfroren, machten sich jetzt in der Bevölkerungsstatistik kaum noch bemerkbar. [. . .] Die Bevölkerungszahl nahm nicht nur gleichmäßig zu, sondern ihre Wachstumsrate stieg sogar ständig an, und das, obwohl Europa um 1800 bereits der dichtest besiedelte Teil der Welt war.

Diese beispiellose Bevölkerungsexplosion hatte viele Ursachen, die noch keineswegs hinreichend geklärt sind. Da war der steile Anstieg der landwirtschaftlichen Produktivität. Die alte Dreifelder-Wirtschaft, bei der stets ein Drittel des Bodens brachlag, wich der modernen Fruchtwechselwirtschaft, und der Bodenertrag stieg allenthalben an. Mit dem Brabanter Pflug, der bis 1800 in West- und Mitteleuropa weithin eingeführt war, konnte der Boden tiefer umgebrochen werden als bisher; die Sense verdrängte die Sichel, neue Methoden verbesserten die Aussaat, das Düngen und die Ernte. Regierungen wie Landwirte waren vom „fanatisme de l'agriculture“ ergriffen, wie ein Zeitgenosse sagte, von der Leidenschaft für den Ackerbau. Die großen

Schwankungen zwischen den jährlichen Ernteerträgen wurden immer geringer, Hungerkatastrophen wurden seltener und blieben schließlich aus.

Besser genährte Menschen sind widerstandsfähiger gegen Krankheiten. Neue Mittel zur Krankheits- und Seuchenbekämpfung taten ein übriges, um Epidemien einzudämmen. Fortschritte in der Hygiene führten dazu, daß die Kindersterblichkeit zurückging, aber auch der häufige Tod der Frauen im Kindbett; nicht nur die Medizin war daran beteiligt, sondern auch veränderte Einstellungen der Menschen zu Kind und Familie. Zünftisches und ständisches Recht, vor allem auch die rechtliche Stellung der mittel- und osteuropäischen Landbevölkerung hatten bisher viele Eheschließungen behindert. Jetzt heiratete man häufiger und früher, und die Ehepartner lebten länger miteinander. Zwar wuchs die Zahl der Geburten nicht erheblich, ging seit der zweiten Hälfte des 19. Jahrhunderts sogar zurück, aber die Sterblichkeitsziffern sanken dramatisch, während das durchschnittliche Lebensalter der Menschen erheblich zunahm.

So trafen viele Einflüsse zusammen, wirkten aufeinander und kumulierten in einer Bevölkerungswelle, wie sie die Welt bis dahin nicht gekannt hatte: eine Inflation von Menschen. Das Paradox liegt darin, daß dank der Fortschritte in der Nahrungsmittelversorgung zwar mehr Menschen überlebten, aber nur, um zeitlebens zu hungern. Denn immer mehr Menschen konkurrierten um eine gleichbleibende Zahl von Arbeitsplätzen. Und mit der Zunahme der Esser stiegen seit Mitte des 18. Jahrhunderts die Lebensmittelpreise an [. . .].

Aber noch waren Gewohnheit und Rechtsverhältnisse stärker als der Bevölkerungsdruck. Erst die Erschütterungen des napoleonischen Zeitalters konnten daran etwas ändern. Wenn sich erstmals in der Geschichte nach Hunderttausenden zählende Armeen durch ganz Europa wälzten, wenn französische, italienische oder württembergische Soldaten den Ebro ebenso wie die Moskwa kennenlernten, wenn Ural-Kosaken und ostpreußische Landwehrmänner in Paris einzogen, dann öffneten sich auch für die Menschen aus einfachen Verhältnissen völlig neue geographische Horizonte; die Überwindung großer Entfernungen war auf einmal denkbar. Hinzu kamen die Bauernbefreiungen in Ostmitteleuropa. Heiratsbeschränkungen fielen ebenso fort wie die rechtliche Bindung an die Scholle, das durchschnittliche Heiratsalter ging rapide zurück. So nahm der Bevölkerungsdruck innerhalb einer Generation noch zusätzlich zu, und auch der landlose Ackerbürger aus Ostelbien konnte sich nun auf die Reise machen. Man begab sich zuerst in die nächste Stadt, von dort aus weiter in die nächste Großstadt, und wenn sich auch dort die Lebensumstände nicht besserten, gewann die Utopie vom neuen Leben in der neuen Welt an massenhafter Überzeugungskraft. Bis zum ersten Weltkrieg verließen 15 Prozent aller Europäer ihren Kontinent, zunächst vor allem aus Großbritannien, Irland und Deutschland, seit Ende des 19. Jahrhunderts in erster Linie die industriell zurückgebliebenen Süd- und Osteuropäer [...].

Und das war nur der kleinere Teil der europäischen Wanderungsbewegung im 19. Jahrhundert, von der insgesamt etwa 85 Prozent der Bevölkerung erfaßt wurden; 70 Prozent von ihnen blieben in Europa, wanderten lediglich vom Land in die Städte. So wandelte sich die Agrargesellschaft West- und Mitteleuropas in eine städtische Gesellschaft, und zwar zu einer großstädtischen: Kannte Europa im Jahr 1801 nicht mehr als 21 Städte mit mehr als hunderttausend Einwohnern, so waren es im Jahr 1901 147 Städte, in denen wenigstens zehn Prozent der europäischen Bevölkerung lebte.

Hinter diesen abstrakten Zahlen verbarg sich ein Massenelend, von dem die sozialkritische Literatur der Zeit [...] nur eine matte Ahnung gibt. [...] In manchen Landstrichen Westfalens, der Pfalz und Niederösterreichs stellten die Behörden die Armen zu regelrechten Bettlerzügen zusammen, die in einem festgelegten Turnus, begleitet von einem Gendarmen, durch die umliegenden Dörfer zogen und ihre Almosen zusammenbettelten.

Und wer in die Stadt flüchtete, dem erging es selten besser; er vergrößerte lediglich das Heer der ungelernten Gelegenheitsarbeiter, die froh sein mußten, wenn sie für gelegentliche Trägerdienste, für Schneeschaufeln oder Dockarbeiten sich und ihre Familien am Leben erhalten konnten. Die Verarmung großer Bevölkerungsteile der Städte, die sich bereits im Laufe des 18. Jahrhunderts angekündigt hatte, setzte sich weiter fort und nahm eine entschiedene Wendung ins Katastrophale. Man nannte das wachsende Massenelend „Pauperismus" und war ratlos; eine führende Enzyklopädie, der „Brockhaus", definierte 1846: „Der Pauperismus ist da vorhanden, wo eine zahlreiche Volksklasse sich durch die angestrengteste Arbeit höchstens das notdürftigste Auskommen verdienen kann, auch dessen nicht sicher ist, in der Regel schon von Geburt an und auf Lebenszeit solcher Lage geopfert ist, keine Aussichten der Änderung hat, darüber immer tiefer in Stumpfsinn und Roheit versinkt, der Branntweinpest und viehischen Lastern aller Art, den Armen-, Arbeits- und Zuchthäusern fortwährend eine immer steigende Zahl von Rekruten liefert und dabei immer noch sich in reißender Schnelligkeit ergänzt und vermehrt."

Hans-Ulrich Wehler

Pauperismus – Gesellschaftskrise des Vormärz

Pauperismus – das war eines der furchterregenden, grellen Reizworte, die in der schier unübersehbaren Diskussion über die gesellschaftliche Krise in den rund anderthalb Jahrzehnten vor der Revolution [von 1848] eine herausragende

Rolle spielten. Mit ihm verband sich die Vorstellung von grauenhaftem Massenelend, ländlichem und städtischem Proletariat, politischer Radikalisierung, anwachsenden „kommunistischen Tendenzen“, zunehmend dann die Furcht, daß all dies, wenn staatliche Reformpolitik nicht hilfreich eingreife und neue ökonomische Chancen sich nicht eröffneten, auch auf deutschem Boden eine Revolution auslösen, ja in die „soziale Revolution“ einmünden werde. Der Gegenstand als solcher, die ausufernde Verarmung der rapide anschwellenden „unteren Klassen“ wurde, zunächst unter wechselnden Bezeichnungen, bereits seit den 1820er Jahren debattiert. [. . .]

Dafür gab es zwei entscheidende Gründe: An erster Stelle wirkte sich ein Komplex von realhistorischen Veränderungen, die gleich zu erörtern sind, mit wachsender Kraft aus und hielt mit der unwiderstehlichen Gewalt des Faktischen auch die öffentliche Kontroverse in Gang. Zum zweiten aber machte sich eine von Grund auf veränderte Perzeption sozialer und politischer Probleme geltend, denn seit der Französischen Revolution war diese Wahrnehmung geschärft, bis zum Extrem hypernervöser Angst vor einer neuen Eruption sensibilisiert worden. Mit offenbar unvermeidbarer, gottgegebener Armut hatte man seit Jahrhunderten zu leben gelernt. Daß die ländlichen und städtischen Armen zu den Trägerschichten erfolgreicher Aufstände werden konnten, hatte sich erst seit der „Grande Peur“ des Sommers 1789 und den Pariser Straßenkämpfen tief eingebrannt. Diese Erfahrung blieb auch den wachen Zeitgenossen der Restaurationsepoche jederzeit präsent, und nach einer kurzen Zeitspanne erneuerte die Revolution von 1830 die traumatischen Ängste.

Noch unter ihrem Einfluß beklagte der Freiherr vom Stein „das Verderbliche der Vervielfältigung der eigentumslosen, heimatlosen Klasse“, den „Andrang von ursprungslosem und sittenlosem Gesindel“; Eigentum und Ordnung würden durch „die Gefahr“ bedroht, „die aus dem Wachstum der Zahl und der Ansprüche der untersten Klassen" entstehe; in den Städten nähre der „eigentumslose Pöbel", auf dem Lande hegten Zwergbesitzer und Landarme „den Neid und die Habsucht", den „die verschiedenen Abstufungen in der bürgerlichen Gesellschaft" erzeugten. Ähnlich urteilte 1836 der Altkonservative v. d. Marwitz, daß in den vergangenen Jahrzehnten „sowohl unter den Landleuten als auch den Städtern eine ganz neue, bis dahin unbekannte Klasse entstanden" sei: „die der Heimatlosen – oder mit einem neumodischen, der Fremdheit wegen angenehmen Namen – die Proletarier." [. . .]

In den 1830er Jahren setzte sich das sowohl aus dem Französischen als auch aus dem Englischen eindringende „neue Wort Pauperismus" in der deutschen Öffentlichkeit zur Charakterisierung der genannten Phänomene durch. [. . .]

Wie die rasch anschwellende vormärzliche Pauperismus-Literatur zeigt – an ihr läßt sich auch das Vordringen des Klassenbegriffs vorzüglich verfolgen –, herrschte unter der erdrückenden Mehrheit all jener Beamten, Pfarrer, Staatswissenschaftler, Schriftsteller, Nationalökonomen, Gutsbesitzer usw., die sich zu diesem Notstand unablässig äußerten, Einigkeit darüber, daß es sich um eine historisch neuartige Erscheinung der Massenarmut, nicht mehr um die traditionelle Armut handelte. Heftiger Streit aber entstand über die Ursachen, das Ausmaß, die Folgen und die Dauer des Pauperismus – ein Streit, der in der Form wissenschaftlicher Kontroversen bis in die unmittelbare Gegenwart anhält. [. . .]

Das Fundamentalfaktum, mit dem jede Erörterung des Pauperismus zu beginnen hat, ist das vor der Mitte des 18. Jahrhunderts einsetzende und länger als ein Jahrhundert anhaltende vehemente Bevölkerungswachstum. Von dieser dritten Expansionswelle der europäischen „demographischen Revolution", deren Charakter und Auswirkungen in Mitteleuropa beschrieben worden sind, ging ein unaufhaltsam ansteigender Druck auf all jene Ressourcen aus, die den deutschen Gesellschaften im Rahmen ihrer soziopolitischen und ökonomischen Verfassung zur Verfügung standen, um den Menschen zu ermöglichen, ihr Leben zu fristen. Daß die Bevölkerungsvermehrung überhaupt in diesem Umfang derart lange anhalten konnte, setzte ein komplexes Ineinandergreifen mehrerer vorantreibender Kausalfaktoren, darunter insbesondere zwei ökonomische Bedingungen voraus: Der vordringende Agrarkapitalismus, die Modernisierung der Landwirtschaft und Ausdehnung der Bodenkultivierung schufen erstens einmal Arbeitsstellen auf den vergrößerten Gütern und in den bäuerlichen Betrieben, sie vermehrten die Zahl der Landarbeiter, aber auch der Kleinstellenbesitzer; zum zweiten halfen die wachsenden Erträge, die verbesserte Produktivität, die erhöhte Marktquote, dazu wiederum die in kurzer Zeit verdoppelte Menge kleiner Subsistenzwirtschaften, die anschwellende Bevölkerung, auch außerhalb der Agrargesellschaft, zu ernähren.

Gleichzeitig gab das protoindustrielle Verlagswesen, dessen dichtgewebtes Netz dezentralisierter Gewerbetätigkeit bis in die abgelegenste Kate des Landarmen, bis in die kleinste Stube der Landlosen und städtischen Unterschichten reichte, einer Vielzahl von Menschen Brot und Überlebenschancen, die sie ohne diesen florierenden Handelskapitalismus nicht besessen hätten. Die beschleunigte Entfaltung des Agrarkapitalismus und die letzte Blüte des protoindustriellen handelskapitalistischen Verlages hielten mithin das Bevölkerungswachstum in Gang, sie zusammen ermöglichten erst, daß eine Vielzahl von Menschen sich wenn auch oft kärglich ernähren und vermehren konnte, die ohne diese beiden frühen Formen des Kapitalismus keine hinreichenden Existenzmöglichkeiten gefunden hätten. [...] Unterbrochen von schmerzhaften Krisen und tiefen Einbrüchen hielten auch nach der Revolutionsepoche diese demographischen, landwirtschaftlichen und gewerblichen Prozesse einer unwiderstehlich wirkenden Dynamisierung der gesellschaftlichen Entwicklung an, bis – seit Jahrzehnten befürchtet und seit den 20er Jahren heftiger als zuvor diskutiert – in den 30er Jahren eine Art Sättigungsgrenze der Wirtschaft erreicht wurde. Die verschiedenen Wirtschaftszweige vermochten die Flut der Arbeitsuchenden immer weniger zu absorbieren. Das Wachstum der Bevölkerung und des Arbeitskräftepotentials eilte dem wirtschaftlichen Wachstum, das unter den gegebenen sozioökonomischen und politischen Bedingungen damals möglich war, voraus. [. . .]

Im Prinzip gab es fünf Möglichkeiten, um mit diesem nicht nur anhaltenden, sondern sich auch noch verschärfenden Problem einer wachsenden Bevölkerung und nachhinkender wirtschaftlicher Möglichkeiten – der malthusianischen „Falle" – auf die Dauer fertig zu werden.

1. Die auf ihrem Weg in den Agrarkapitalismus voranschreitende Landwirtschaft konnte weiterhin Menschen eine neue Existenz bieten – aber in den späten 30er Jahren hatten die Güter und Bauernwirtschaften offenbar mit einem scharf abfallenden Grenznutzenwert des Personalbestandes eine Wendemarke erreicht, wonach sich die Einstellung neuer Arbeitskräfte immer weniger lohnte; der Kleinstellenausbau ging ungleich langsamer als vorher weiter; die „ländliche Armut" wuchs sprungartig an.

2. Das Handwerk war bis zu diesem Zeitpunkt schon überfüllt, im folgenden Jahrzehnt völlig überlaufen. Das galt insbesondere auf dem Lande, aber auch in den Städten. An der [. . .] Verdoppelung der Handwerkerzahl innerhalb weniger Jahre läßt sich diese extreme Überbesetzung klar ablesen. Kurzarbeit, verringerte Kapazitätsausnutzung, mithin Unterbeschäftigung und sinkendes Einkommen, schließlich Arbeitslosigkeit waren die Folge – auch das Handwerk hatte das Ende seiner Aufnahmefähigkeit erreicht.

3. Das protoindustrielle Heimgewerbe trat gleichzeitig in seine tödliche Krise ein, da es der Substitutionskonkurrenz der englischen, zum Teil auch schon der einheimischen Industrie nicht mehr gewachsen war. In den zahlreichen Re-

gionen ausgedehnter „Hausindustrie“ konnten selbst Tag- und Nachtarbeit das Existenzminimum immer seltener gewährleisten. Die Verleger wälzten sinkende Verkaufspreise mit Hilfe von Minimallöhnen auf die protoindustrielle Familienwirtschaft ab. Das gesamte System trat in eine Phase quälender Agonie ein, welche angesichts der Alternativlosigkeit die Kümmerexistenz der ohnehin Armen zur Massenarmut verschärfte. Vermutlich hat der sich dahinschleppende Zusammenbruch der Protoindustrie, der zur Überfüllung von Landwirtschaft und Handwerk hinzutrat, die dramatische Wendung zum Tiefpunkt des Pauperismus wesentlich herbeigeführt.

4. Wenn die Heimat nicht mehr ausreichende Arbeitschancen bot, wurde selbst die Auswanderung ins Ungewisse attraktiv. Waren bereits in den 20er Jahren rund 21 500 Emigranten registriert worden, stieg ihre Zahl in den 30er Jahren auf rund 145 100, in den 40er Jahren sogar auf rund 418 800 an, so daß in dieser Zeit bereits mindestens 585 400 offiziell erfaßte Menschen Deutschland verlassen haben. Der Menschenexport wirkte wie ein Ventil zur Minderung der sozialen Spannungen, und es scheint für die Hauptzentren dieser Auswanderung zuzutreffen, daß das Ausmaß dieses von der Not erzwungenen Abzugs von Arbeitskräften ziemlich dicht an die dort fehlende Stellenzahl herankam, so daß die Auswanderung, etwa aus Südwestdeutschland, der sozialen Krise dort ihre äußerste Schärfe nahm. Verallgemeinern oder gar erzwingen ließ sich diese Abwanderungsreaktion aber nicht, und gerade den Pauperisierten fehlten ja die Mittel, um die Reise in die südosteuropäischen habsburgischen Kolonistendörfer, geschweige denn über See nach Nordamerika zu bezahlen.

5. Schließlich blieb der Ausbau der Industrie; er begann aber in den späten 30er und frühen 40er Jahren gerade in die Vorphase der Industriellen Revolution einzutreten und wirkte sich daher erst nach ihrem Durchbruch, weithin spürbar also erst in der Hochkonjunktur nach 1850 als

Auffangbecken der Arbeitssuchenden aus. Die Industrialisierung, der mit ihr verbundene Ausbau des Verkehrssystems, der massenhafte Wohnungsbau im Zuge der Urbanisierung – kurzum: Das neuartige, von der Industrialisierung getragene wirtschaftliche Wachstum seit der Jahrhundertmitte hat dann das Pauperismusproblem gelöst. [. . .]

Vor 1848 sahen aber nur wenige Weitblickende diese Chance, und aus der Perspektive der unmittelbar betroffenen vormärzlichen Pauperismus-Publizistik nahm sich das scheinbar nicht einzudämmende Massenelend als ein Krisenphänomen aus, das die Grundfesten von Gesellschaft und Staat zu untergraben im Begriff war. Die Zukunft blieb verhangen, die Ratlosigkeit war groß, die Furcht vor den unübersehbaren Konsequenzen des Pauperismus wuchs ständig weiter. Sie wuchs nahezu allerorten, denn der Pauperismus schien allgegenwärtig zu sein. Not und Hunger litten Hunderttausende von Landarbeitern, Tagelöhnern, Einliegern, Heuerlingen, Köttern, Brinksitzern, Häuslern, Gärtnern – und wie die Landarmen und Landlosen jeweils heißen mochten; den zahlreichen Zwergstellenbesitzern und Kleinbauern in den Realteilungsgebieten und Mittelgebirgen ging es oft nicht anders, und wer vom ländlichen und städtischen Heimgewerbe abhing, erlebte „die bitterste Armut . . . am Webstuhl und Spinnrad."

Ludwig Bechstein

Wanderungen durch Thüringen (1838)

Alles Wohl und alles Weh, das im Gefolge zahlreicher Fabriken geht, findet sich auch hier; ein armes Volk, auf die Kartoffel als Nahrungsmittel fast einzig hingewiesen, in Mißjahren und harten Wintern oft bitterm Mangel preisgegeben, neben reichen und glücklichen Brotherren. Hier arbeitet alles, Kinder von zartester Jugend an und Greise und Mütterchen sind noch mannigfach tätig. [...] Der mindere Wohlstand läßt uns Scharen von kleinen Kindern selbst bei rauher Temperatur in völliger Nacktheit wie junge Wilde erblicken, in der sie sich jedoch besser ausnehmen als in Lumpen; dabei ist bei aller Armut des Volkes ein reicher Kindersegen bemerkbar: eine Ausgleichung des Himmels für manches andere entbehrte Glück, denn je mehr Hände zur Arbeit, um so besser, es kommen doch in der Regel erst zwei Hände auf einen Mund. Aus diesem Hochlande, sowohl aus dem Meiningischen als noch mehr aus dem Coburgischen Anteile, sind in der neuesten Zeit viele Leute nach Amerika ausgewandert, begüterte und unbegüterte, und es ist zu hoffen, daß es diesem einfachen, tätigen Volke, das gewohnt ist, der Natur ihre Gaben durch Fleiß und Ausdauer abzutrotzen, in der neuen Heimat wohlergehen werde.

Horst Rößler

Massenexodus: Die Neue Welt des 19. Jahrhunderts

Die deutsche überseeische Massenauswanderung des 19. Jahrhunderts strebte zu ca. 90% in die Vereinigten Staaten. Zwischen 1820–1930 gingen etwa 5,9 Mio. Deutsche in die USA. Ihr Exodus begleitete als Massenbewegung des 19. Jahrhunderts den krisenhaften Übergang von der Agrar- zur Industriegesellschaft, der im Auswanderungsland verbunden war mit räumlich und zeitlich unterschiedlich ausgeprägten Erscheinungsformen relativer Überbevölkerung, d.h. mit einem „Mißverhältnis im Wachstum von Bevölkerung und Erwerbsangebot" [Klaus J. Bade]. Spitzenwerte mit jeweils mehr als 1 Mio. Auswanderern wurden 1846–1857 und 1864–1873 erreicht, während 1880–1893 sogar mehr als 1,8 Mio. Deutsche auswanderten.

Bis zur Mitte des 19. Jahrhunderts kam das Gros der Amerikawanderer weiterhin aus Südwestdeutschland, bei wachsender Beteiligung westlicher und nordwestlicher Auswanderungsregionen. Es ging überwiegend um Auswanderung im Familienverband mit dem Ziel, in den USA auf dem Lande zu siedeln. Die meisten Auswanderer waren Klein- und Armbauern, Kleingewerbetreibende und Handwerker. Dabei gab es deutliche regionale Unterschiede: Aus dem Südwesten kamen vor allem selbständige Klein- und Armbauern, aus dem Westen vorwiegend Angehörige unterbäuerlicher Schichten, Heimarbeiter und Handwerker. Aus Mecklenburg hingegen, das zusammen mit anderen Nordostgebieten seit der Jahrhundertmitte vom ‚Auswanderungsfieber' ergriffen wurde, wanderten vorwiegend Tagelöhner und Knechte aus. [. . .]

Die Weltwirtschaftskrise Ende der 1850er Jahre und der 1861 beginnende amerikanische Bürgerkrieg führten zu einem Stau der Auswanderungsbewegung. Erst 1864 setzte eine neue ‚Auswanderungswelle' ein. Sie endete 1873 mit dem Beginn der scharfen Wachstumskrise (1873–1879), die die deutsche und die amerikanische Wirtschaft gleichermaßen traf. Dabei veränderten sich Herkunft und Zusammensetzung des Auswandererstroms weiter: In der letzten großen ‚Auswanderungswelle' (1880–1893) wurde das ostelbische Preußen zum wichtigsten Auswanderungsgebiet. Nun traten ländliche Unterschichten zunehmend in den Vordergrund. Zugleich stiegen der Anteil von Auswanderern aus dem städtisch-industriellen Bereich und die Einzelwanderungen neben den Familienwanderungen deutlich an. Insgesamt wandelte sich die Auswanderungsbewegung von ländlicher Siedlungswanderung zur Arbeitswanderung, d.h. zur Auswanderung von unqualifizierten ländlichen Arbeitskräften und Dienstmädchen, von städtischen Handwerkern und Arbeitern. Was nicht selten zunächst nur als Arbeitswanderung auf Zeit geplant war, mündete meist in definitive Auswanderung. Mit dem rapide wachsenden Erwerbsangebot in der Hochindustrialisierungsperiode und insbesondere mit dem Beginn der über kurze Kriseneinbrüche hinweg bis zum Vorabend des Ersten Weltkriegs anhaltenden wirtschaftlichen Wachstumsphase in Deutschland fand der Massenexodus in den frühen 1890er Jahren sein Ende. Die Ströme der Binnenwanderungen auf die expandierenden Arbeitsmärkte traten als Massenbewegungen an die Stelle der überseeischen Auswanderung, die bis zum Weltkrieg niedrig blieb. [. . .]

Rar sind schriftliche Zeugnisse über die Erwartungen und Hoffnungen, die Träume und Illusionen, kurzum über das Amerikabild der Auswanderer. Bekannt hingegen ist, wie Informationen über die Neue Welt die Auswanderer erreichten: Es gab eine Flut von Werbebroschüren und Auswandererratgebern, auch solche, die vor dem grassierenden ‚Auswanderungsfieber' warnten. Daneben kursierten spezielle Auswandererzeitschriften, in der Presse veröffentlichte Reiseberichte und Korrespondenzen, fiktive Zeugnisse in der Trivialliteratur und viele Auswandererlieder. Agenten von Schiffahrtslinien, amerikanische Landgesellschaften und staatliche Einwanderungsbehörden suchten direkten Kontakt zu ‚Auswanderungslustigen'. Rückwanderer konnten nach ihren Erfahrungen befragt werden.

Gedruckte Informationen aber erreichten Auswanderer aus den Unterschichten nur selten. Anders stand es mit Briefen von ausgewanderten Verwandten und Bekannten. Diese ‚Amerikabriefe' und ihre von Mund zu Mund weitergetragenen Botschaften fanden große Verbreitung, genossen höchstes Vertrauen und prägten entscheidend das Amerikabild der Masse der Auswanderungswilligen. Viele Auswandererbriefe spiegeln aber auch das Amerikabild der Ausgangskultur: Es blieb zunächst noch bestimmend für die Neueinwanderer. Sie suchten nach Bestätigung dieses Amerikabildes im Einwanderungsprozeß und berichteten dabei in ihren Briefen nicht selten auch, als Erfolgsnachweis, von einem ‚Amerika', das sie selbst nicht oder doch noch nicht gefunden hatten. Im Grunde kann gar nicht von *einem* ‚Amerikabild', sondern nur von vielen, sich wandelnden, ‚Amerikabildern' gesprochen werden, denen aber, je nach regionaler und beruflich-sozialer Herkunft der Auswanderer, doch manches gemeinsam war. [. . .]

Auswanderungswilligen mochten die Vereinigten Staaten im Spiegel von Auswandererbriefen als Land ihrer Träume und Hoffnungen erscheinen. „Hier rinnt mehr Fett auf dem Spülwasser, als in Deutschland auf der Suppe", hieß es in einem Brief von 1879; in Amerika esse jedermann Weißbrot und dreimal täglich Fleisch. Für naive Auswanderungswillige aus dem armen ‚Kartoffelland' Deutschland mochte das so ausgemalte Bild von der Neuen Welt geradezu paradiesische Züge annehmen. Angehörige unterbäuerlicher Schichten, ländliche Heimarbeiter, ländliche, zum Teil aber auch städtische Handwerker träumten bis weit in die zweite Hälfte des 19. Jahrhunderts hinein von einem transatlantischen Arkadien mit einem guten Leben auf dem Land; denn, so eine Briefschreiberin 1845, „wer hier Ackerland hat Ocksen, und Wagen, und die Gesundheit der ist reich genuch". Um Lohn und Brot besorgte Gesellen und Handwerker konnten 1841 aus der Neuen Welt erfahren: „Eine arbeitsame Hand ist ein Reichtum in Amerika. Alle Handwerker sind hier gut". Arbeiter aus industriellen Beschäftigungsbereichen, denen modernste Fabrikationstechniken ein Faszinosum waren, mußte ein Auswandererbrief beeindrucken, der 1888 berichtete: „das ganze Amerika ist ja fast nichts als eine große Maschinen-Werkstätte". Dienstbotinnen wiederum mochten die Einschätzung ausgewanderter Kolleginnen aus dem Jahr 1887 teilen, daß man sich in Amerika „ein schönes Geld verdienen und mit der Zeit gut verheirathen" könne. Im Spiegel vieler Auswandererbriefe erschien Amerika überdies als das Land der „Freiheit und Gleichheit", wo „einer so viel wie der andere" sei und „keiner vor dem anderen den Hut zu quetschen" brauche.

Peter Klein

„Hier sind wir alle kleig“: Brief aus Amerika (1858)

Sutter Creek Den / 14ten Februar / Anna Domeni 1858

Lieber Vatter und Liebe Muter Lieste Schwester und Brüter Verwande und bekande,

Ich erkreife die fether um an diesem Thage mit euch zu konversieren aus fernem Lande [. . .].

Liebste Ältern es erfreuet mich sehr das ich inen noch eine woltat thun kan es ist zwar ein kleine gabe aber Leite unseres Standes können keine großen sagen wirken,

Liebe Ältern ich sende inen ein hunderd Thaler und hoffe das ier zufrieten sein werten mit dieser kleine gabe biß ich mehr thun kan Vater ier wolen wissen ob ich fier mich arbeiten oter für eine heerschaft ich arbeite auf meinem eigentum Vater in Americka gibt es keine heerschaft hier ist ein jeter ein freier agend wen es mir an einem platz nicht gefallen thut so gehet mann zu einem andern dan hier sind wir alle kleig

Ich kaufte mir ein stik Land in dem Stätjen Sutte[r] Creek und baute mir ein kleines hauß u[nd] beköstige mich selbst, dan die kost ist sehr theuer hir wan mann in die kost geen wil so ist sie 8 Thaler die woge Liebe Ältern ich habe jetzt eine a[uss]icht das ich im stand bin inen zu hälfen wen sie es haben wollen nur mießen sie mir schreiben

Auf dem ob besachten stick Land das ich gekauft habe grabe ich golt darauf und habe ungefär 3 jahre arbeit darauf,

Was meine Brüter anbetrift so kan ich garnichts darzu sagen sie sind mayerin [majorenn: volljährig] und mießen selbst wissen was am besten ist fir sie, einem gefält es in Americka und dem nicht, Nathierlich es ist ein fremtes Land fremte sitten fremte Mentschen fremte sitten und so weiter [. . .].

Werner Rösener

Die Bauernbefreiung

Selten haben staatliche Maßnahmen so entscheidend in die Struktur der ländlichen Gesellschaft und Wirtschaft eingegriffen wie die Bauernbefreiung und die Agrarreformen, die in Europa vor allem in der Zeit von 1770 bis 1870 stattfanden und die den Weg für eine leistungs- und marktorientierte Landwirtschaft freimachten. Die vielfältigen Maßnahmen, die während dieser hundert Jahre in den Ländern Europas durchgeführt wurden, um die althergebrachte feudale Agrarordnung aufzuheben, werden heute in der Regel mit dem Terminus „Bauernbefreiung" bezeichnet. In der Sprache der Zeit nannte man dagegen die Befreiung der Gutsbauern zumeist Regulierung, die der grundherrlichen Bauern Ablösung oder Grundentlastung. Erst seit dem bedeutsamen Werk von G. F. Knapp über die Bauernbefreiung in Preußen, das 1887 erschien, hat sich die Bezeichnung „Bauernbefreiung" durchgesetzt. [...] Mit dem Terminus werden allgemein drei Reformvorgänge charakterisiert: 1) Ablösungen, 2) Gemeinheitsteilungen und 3) Separation. „Ablösung" meinte die Lösung der Bauern aus vielfältiger herrschaftlicher Abhängigkeit, bezeichnet also die Bauernbefreiung im engeren Sinne. Mit dem Ausdruck „Gemeinheitsteilung" wird die Aufteilung der bislang genossenschaftlich genutzten Flächen in der Umgebung des Dorfes, auch Allmende oder Mark genannt, an die einzelnen Nutzungsberechtigten charakterisiert. Separation oder Verkoppelung schließlich meint die Zusammenlegung des häufig in viele Parzellen zersplitterten Ackerlandes der früher kollektiv bewirtschafteten Dorfflur zu größeren Feldkomplexen, so daß diese, befreit vom Flurzwang, von einem einzelnen Betrieb unabhängig bewirtschaftet werden können. [...]

Die Epoche der napoleonischen Herrschaft, als sich die deutschen Rheinbundstaaten eng an Frankreich anlehnten, bildet in Deutschland die entscheidende Wendemarke, in der wichtige Agrarreformen durchgeführt wurden. Während für die Rheinbundstaaten eine genauere Datierung schwer anzugeben ist, steht für das Königreich Preußen fest, daß der Durchbruch in den Jahren 1810/11 erfolgte. Damals verlangte Hardenbergs Mitarbeiter Friedrich von Raumer in einer Denkschrift unbeschränktes Eigentum für die Bauern mit schlechtem Besitzrecht; im Regulierungsedikt vom 14. September 1811 wurde dieser Grundsatz dann offiziell verkündet. Dort heißt es lapidar, aber unmißverständlich: „Es sollen die bisher nicht eigentümlich verliehenen bäuerlichen Besitzungen unter den in der gegenwärtigen Verordnung enthaltenen Vorschriften und Bindungen in Eigentum verwandelt werden und die auf solchen ruhenden Dienstbarkeiten und Berechtigungen gegen wechselseitige billige Entschädigungen abgelöst werden." [...]

In der Zeit zwischen dem Wiener Kongreß (1815) und dem Revolutionsjahr 1830 nahm die Bauernbefreiung in den von der Grundherrschaft geprägten west- und süddeutschen Gebieten einen eher schleppenden Verlauf, was nicht zuletzt auf die Opposition des Adels zurückzuführen war. Im Königreich Hannover unternahm man keine ernsthaften Versuche, die Bauernbefreiung fortzuführen, im Königreich Sachsen blieben jahrelange Beratungen ohne Ergebnis. In Nassau und Bayern schließlich hatten die Ablösungsgesetze keine durchgreifende Wirkung, da den Bauern das nötige Geld fehlte. Nirgendwo wich man vom Grundsatz der Freiwilligkeit ab, und keine Regierung wagte sich entschlossen an die völlige Ablösung der materiell bedeutsamsten Lasten, der Grundzinsen, heran.

Anders verlief die Entwicklung in den ostelbischen Teilen Preußens, obwohl auch hier die Restauration den Einfluß der Reformpartei erheblich zurückdrängte. Aber grundsätzliche Abstriche hat es nicht mehr gegeben, die von Hardenberg gewiesene Richtung wurde beibehalten. [...] Jetzt, in einer Zeit der Agrarkrise, zeigten sich die Vorteile des an sich harten, aber übersichtlichen Verfahrens, Land statt Geld bei der Ablösung einzusetzen: Schon 1831 waren 82% der in Frage kommenden Betriebe reguliert. Der Unterschied zu West- und Süddeutschland, wo die Ablösung mit Geld nur langsam voranschritt, war jedenfalls eklatant.

Freilich war der bäuerliche Landverlust beträchtlich; diese halbe Million Hektar entsprachen ungefähr einem Drittel des ursprünglich in bäuerlicher Hand befindlichen Bodens. Durch die Aufteilung der Marken erhielten die Bauern aber einen gewissen Landersatz, da 1831 bereits 36% der Dörfer die Gemeinheitsteilung eingeleitet oder beendet hatten. [. . .] Die Durchführung der Bauernbefreiung ging in Preußen insgesamt zügig voran, so daß 1838 die Regulierungen so gut wie abgeschlossen waren, während die Ablösungen sich noch länger hinzogen und auch die Markenteilungen viel Zeit und Geduld erforderten.

Im westelbischen Deutschland erhielt der Gang der Bauernbefreiung in den Jahren nach 1830 neue Anstöße, die zum einen von der allgemeinen Mobilisierung durch die Julirevolution und zum anderen von verschiedenen Bauernaufständen ausgingen. Berichte von der geglückten Revolution in Frankreich und von städtischen Unruhen lösten in etlichen deutschen Territorien spontane Erhebungen auf dem Lande aus. In Sachsen waren es vor allem Adelsbauern, die sich durch verweigerte Fronfixierung, durch Gesindezwangsdienst und hohe Abgaben bedrückt sahen und sich empörten; in Hessen erhoben sich viele Bauern in den ärmeren Regionen des Landes und verlangten eine Minderung ihrer Abgabenlast. Die Bauernunruhen fanden eine starke Resonanz in den Landtagen, wo die liberale Opposition das Thema aufgriff. Ministerielle Untersuchungsausschüsse förderten jetzt zutage, woran das gesamte bisherige Befreiungswerk litt und welche Gründe zu der Verzögerung geführt hatten: Man hatte vor allem das Problem der Finanzierung zu wenig durchdacht. In den nachfolgenden Jahren wurden in fast allen deutschen Staaten Gesetze erlassen, in denen die Grundzinsen und auch die Zehnten für ablösbar erklärt wurden; bei der Finanzierung beschritt man mit der Einrichtung von Banken neue Wege. Den Anfang machte 1834 Sachsen, wo eine Landrentenbank nach englischem Vorbild geschaffen wurde. Dadurch, daß sich der Staat zwischen Bauern und Grundherren schob, entspannte sich die konfliktgeladene Situation auf dem Lande. Die Zinsberechtigten traten ihre Forderungen an die Bank ab und erhielten dafür verzinsliche Rentenbriefe, während die Pflichtigen ihre festgelegte Schuld an die Bank zahlten; Zinsdifferenz und Zwischenfinanzierung wurden aus staatlichen Steuerfonds beglichen. In den grundherrschaftlichen Gebieten kam die Ablösung jetzt neu in Gang und erbrachte beachtliche Erfolge.

Mit dem Revolutionsjahr 1848 begann die letzte, abschließende Phase der Bauernbefreiung. Bereits auf die ersten Nachrichten aus Paris und aus mehreren deutschen Hauptstädten brachen überall in Deutschland so heftige Unruhen aus, wie sie seit langem nicht mehr vorgekommen waren. In Hessen, Baden, in Teilen Sachsens und in anderen Landschaften wüteten Aufstände und Rebellionen. Diese Bauernerhebungen waren von dem gemeinsamen Willen getragen, daß man entschlossen den Rückstand aufholen wollte, in den man durch die unentschlossene Politik der Regierungen geraten war. Neu war damals die mancherorts aufkommende Forderung nach Abschaffung aller Feudalrechte, ja es erscholl sogar der Ruf nach Enteignung überhaupt – ein Hinweis darauf, daß neben den Bauern sich jetzt auch die landarmen Schichten zu Worte meldeten. Unterschiedlich waren die Ursachen und Zielrichtungen der Rebellionen. In Baden und Sachsen erhoben sich vor allem die Adelsbauern, da viele Grundherren noch immer nicht die Ablösung durchgeführt hatten, in Nassau und Schlesien jedoch richtete sich der Protest direkt gegen den Staat.

Die Regierungen der deutschen Bundesstaaten und ihre liberalen Minister handelten diesmal schnell und konsequent. Im Frühjahr 1848 beschlossen die süddeutschen Landtage die Abschaffung aller noch bestehenden Feudallasten und die Einrichtung von Rentenbanken, soweit sie noch nicht vorhanden waren. Die Höhe der Entschädigungen war jetzt deutlich geringer als früher, die Ablösung schritt schneller voran. Die Unruhen der Kleinbauern, Tagelöhner und landarmen Schichten hielten jedoch an, da ihre Forderungen nur schwer zu erfüllen waren: Land, Lohnerhöhungen und Verbesserungen der genossenschaftlichen Rechte. Gleichzeitig stellte die Frankfurter Nationalversammlung einen Katalog der Grundrechte auf, in dem alle Untertänigkeits- und Hörigkeitsverhältnisse aufgehoben wurden. Alle auf Grund und Boden lastenden Abgaben und Leistungen wurden für ablösbar erklärt; ohne Entschädigungen wurden die Patrimonialgerichte und die aus dem guts- und schutzherrlichen Verband fließenden persönlichen Abgaben aufgehoben. Ferner wurden auch die Jagdrechte auf fremdem Boden und die Jagdfronen beseitigt, die den besonderen Haß der Bauern erregt hatten. In Preußen erließ man schließlich im März 1850 auch jene gesetzlichen Bestimmungen, die den handdienstleistenden Kleinbauern die Ablösung ihrer Verpflichtungen erlaubten. Mit den Beschlüssen der Parlamente war die Bauernbefreiung in der Praxis aber noch keineswegs beendet. Im Hinblick auf die Ablösungsverträge mit den Rentenbanken lag der Schwerpunkt der Grundentlastung erst in den Jahren nach 1850; bis 1865 war dieser Prozeß dann in rechtlicher Hinsicht im wesentlichen abgeschlossen. Die Zahlungen liefen aber noch länger, da die gewöhnlichen Fristen fünfzig Jahre betrugen.

Die Gemeinheitsteilungen, die zusammen mit der Bauernbefreiung einen wesentlichen Teil der liberalen Agrarreformen ausmachten, [...] brachten schwerwiegende Folgen für die unterbäuerlichen Gruppen im Dorf mit sich, da diese häufig nicht von der Neuordnung profitierten. Hatte man früher die landarmen Schichten in der Regel an der Nutzung der Marken beteiligt, obwohl kein rechtlicher Anspruch darauf bestand, so war es jetzt damit vorbei, als es um die Rechte und Entschädigungen ging. Die vollberechtigten Bauern des Dorfes legten Wert auf dieses Ausbauland und teilten es untereinander auf, ohne auf die Kleinstelleninhaber, Tagelöhner und Häusler Rücksicht zu nehmen. In der Mitte des 19. Jahrhunderts standen sich daher nach den Gemeinheitsteilungen in vielen Dörfern zwei ungleiche Gruppen gegenüber: auf der einen Seite die Kleinstelleninhaber und Tagelöhner, die das Weiderecht für ihr Vieh verloren hatten, und auf der anderen Seite wohlhabende Vollbauern, die Angst vor dem Aufruhr der dörflichen Unterschicht empfanden. Damals hörte man in vielen Dörfern unter den Tagelöhnern die sprichwörtliche Redensart: „Durch die Gemeinheitsteilungen sind die Bauern zu Edelleuten geworden, und wir zu Bettlern." Das Armutsproblem und der Bevölkerungsdruck in den Dörfern lösten sich aber in der zweiten Hälfte des 19. Jahrhunderts durch Auswanderung nach Amerika oder durch Abwanderung in die Industriegebiete. Die im Zuge der Industrialisierung rapide wachsenden Städte nahmen die im ländlichen Raum freigesetzten Arbeitskräfte auf und boten ihnen neue Erwerbsmöglichkeiten.

Werner Abelshauser

Die deutsche Industrielle Revolution

Folgt man dem Periodisierungsschema, das der amerikanische Wirtschaftshistoriker Walt Whitman Rostow vorgeschlagen hat, erlebte die Industriewirtschaft der deutschen Staaten ihre Anlaufperiode in der ersten Hälfte des 19. Jahrhunderts und findet erst um die Jahrhundertmitte den Absprung in eine neue Qualität des wirtschaftlichen Wachstums, den Rostow in Anlehnung an die Fliegersprache den

„Take-off" genannt hat. Großbritannien, das seinen „Take-off" in die Höhen eines sich selbst tragenden Wachstums schon gegen Ende des 18. Jahrhunderts gehabt hatte, trat zu diesem Zeitpunkt bereits in die folgende Phase der „industriellen Reife" ein, die Deutschland erst in den Jahren vor dem Ersten Weltkrieg erreichte.

Der Begriff des „Take-off" impliziert nach Rostow eine „Industrielle Revolution, die mit radikalen Änderungen in den Produktionsmethoden und ihren entscheidenden Wirkungen in relativ kurzer Zeit verbunden ist". Ihr Hauptkriterium ist der Anstieg der produktiven Investitionen vom vorindustriellen Niveau von fünf Prozent oder weniger auf zehn Prozent des Volkseinkommens oder mehr. Die meisten Historiker folgen freilich dieser engen Definition der Industrialisierung nicht. Wenn sie nicht sogar den Revolutionsbegriff von Anfang an zurückweisen und die Industrialisierung als einen langen Prozeß der Akkumulation von Kapital, Qualifikation und neuer Formen wirtschaftlicher Gesinnung verstehen, der schon im Späten Mittelalter einsetzte – wofür einiges spricht –, bevorzugen sie wenigstens eine großzügigere Periodisierung des Umbruchs vom Agrar- zum Industriezeitalter.

Zum Verständnis der Ursachen der deutschen Industriellen Revolution muß die Anlaufperiode in der ersten Hälfte des 19. Jahrhunderts einbezogen werden. Aber auch am Ende der Periode des Aufstiegs, in der Preußen von 1850 bis 1873 das wirtschaftliche Wachstum institutionalisiert hat, kann die „Revolution" noch nicht als abgeschlossen gelten. Gerade die folgende Trendperiode des wirtschaftlichen Wachstums von der Gründerkrise bis zum Ersten Weltkrieg formte in besonderem Maße den Charakter der deutschen Industriewirtschaft und -gesellschaft, so daß die Grundzüge dieser Prägung noch heute zu erkennen sind. Auch wenn damit ein ganzes Jahrhundert ins Blickfeld gerät, läßt sich der Revolutionsbegriff dennoch rechtfertigen. Die Umwälzungen, die dieses Jahrhundert erlebte, sind dramatisch genug und stehen in einem engen, kontinuierlichen Zusammenhang. [. . .]

Mit dem deutschen „Take-off" änderte sich die Entwicklung der Lebenshaltung gemessen an den Reallöhnen grundlegend. Für die zweite Hälfte des 19. Jahrhunderts, im „goldenen Zeitalter" der deutschen Industrialisierung, herrscht über ihren Trend unter den Wirtschaftshistorikern Einigkeit. Seit der Mitte der fünfziger Jahre sind demnach die Reallöhne gestiegen, seit den achtziger Jahren besonders stark. Dieses klare Ergebnis hebt sich deutlich von den widersprüchlichen und in der Tendenz negativen Erfahrungen im entsprechenden Abschnitt der britischen Industrialisierung (bis 1850) ab. Es wird von unseren Kenntnissen über den Strukturwandel des privaten Verbrauchs in Deutschland gestützt.

So folgt die Entwicklung der Nahrungsmittelausgaben je Kopf in den Jahren von 1850 bis 1913 der bekannten Hypothese des preußischen Statistikers Ernst Engel, wonach mit wachsendem Reallohneinkommen pro Kopf der Anteil der Nahrungsmittelausgaben an den Gesamtausgaben abnimmt. Innerhalb der Ausgaben für Nahrungsmittel steigt hingegen der Anteil der wertvolleren Lebensmittel stetig an. Dies gilt vor allem für Weizenmehl und Weizenbrot, Zucker, Schweinefleisch und Fett. Der Anteil der Hülsenfrüchte geht dagegen stark zurück, während die Kartoffel ihre Bedeutung behält. Auch die absoluten Ziffern des Pro-Kopf-Verbrauchs sprechen für einen steigenden Lebensstandard, der auch die breiten Schichten der Bevölkerung einschließt. [. . .]

Alles in allem gesehen fällt auf, daß der Durchbruch zur Industriegesellschaft der Arbeiterschaft in Deutschland deutlich weniger Opfer abverlangt hat, als dies nach den englischen Erfahrungen zu erwarten gewesen wäre. Dort belastete der sprunghafte Anstieg der Investitionsquote im „Take-off" spürbar den Konsum der breiten Masse, weil Investitionsmittel aus freiwilligen Ersparnissen nicht in ausreichender Höhe zur Verfügung standen. Für Deutschland hätte dies umso mehr gelten müssen, weil hier die erforderliche Investitionsanstrengung wegen der Rückständigkeit der deutschen Produktionsstruktur im Vergleich zum britischen „Take-off" besonders hoch war. Es ist ja in der Tat nicht gleichgültig, ob der Durchbruch im Textilzeitalter, wie in England, oder im Eisenbahnzeitalter, wie in Deutschland, erfolgte.

Ein Blick auf die Entwicklung der Einkommensverteilung macht jedoch deutlich, warum sich in Deutschland hohe Investitionsanstrengungen mit steigenden Reallöhnen vereinbaren ließen. Nehmen wir die kumulierte Reallohnposition der Arbeitnehmer als Maßstab. Sie signalisiert Verteilungsneutralität, wenn die Reallöhne um denselben Prozentsatz steigen, um den auch die Produktivität wächst. Die bestehende Verteilung des Volkseinkommens unter Selbständigen und abhängig Beschäftigten ändert sich dann nicht. Solange das Wachstum der Reallöhne aber noch unterhalb dessen blieb, was der Produktivitätsfortschritt an Verteilungsspielraum schuf, verstärkte sich die Ungleichverteilung weiter zugunsten der höheren Einkommen. Dies war in der zweiten Hälfte des 19. Jahrhunderts – ungeachtet steigender Realeinkommen – praktisch immer der Fall.

Das Wachstum der Produktivität war in Deutschland groß genug, um neben einem, den Erfordernissen des „Take-off" angemessenen, relativ hohen Investitionsvolumen auch – zuerst mäßige dann beträchtliche – Reallohnzuwächse zu ermöglichen. Auf den allgemeinsten Nenner gebracht ist dies die Formel für die bemerkenswerte Stabilität der kapitalistischen Entwicklung während der deutschen Industriellen Revolution. Der aufzuteilende Kuchen war groß genug und wurde von Jahr zu Jahr größer, um Kapitalisten und Arbeiter, die einen mehr, die anderen weniger, vom Industrialisierungsprozeß profitieren zu lassen.

Auf dem Gebiet der Wirtschaftsverfassung führt die deutsche Industrielle Revolution ebenfalls zu anderen Ergebnissen als die britische. Deutschland, die verspätete Industrienation, war gezwungen, sich dem wirtschaftlichen und sozialen Strukturwandel des späten 19. Jahrhunderts zu stellen, wollte es die führenden Industriemächte überholen, ohne deren bisherigen Vorsprung im einzelnen aufholen zu können. Es war daher die Herausforderung wirtschaftlicher Rückständigkeit, die auf zahlreichen Gebieten zur Entwicklung neuer Institutionen führte.

Rückständigkeit – gemessen am Stand der bürgerlichen Gesellschaft Englands – war aber nicht nur eine Herausforderung. Paradoxerweise erleichterte sie gleichzeitig die notwendige Anpassung an den wirtschaftlichen und gesellschaftlichen Strukturwandel des späten 19. Jahrhunderts. Der preußische Staat hatte seit den Stein-Hardenbergschen Reformen die Industrielle Revolution „von oben" betrieben, ohne sich voll mit den Erwerbsinteressen des industriellen Bürgertums zu identifizieren. Beamtenschaft und agrarisch-feudale Anachronismen der Macht behinderten im Preußen-Deutschland zwar nicht die Industrialisierung selbst, hielten den Staat aber – anders als in England – auf Distanz zu einem spezifisch liberalen Kapitalismus, der allein in marktmäßiger Bereicherung seine Erfüllung sah. Es war diese Präferenz der politischen Führung und der hohen Beamtenschaft für die Stabilität und die Sicherheit des Staates vor dem rationalen wirtschaftlichen Gewinn, die sich leichter als in England über in kurzfristiger Betrachtung negative Auswirkungen des neuen Kurses auf private Erwerbsinteressen hinwegsetzte.

Der Anpassungsprozeß wurde aber auch durch traditionelle ordnungspolitische Denkgewohnheiten und Erfahrungen gefördert, die noch bis ins 19. Jahrhundert hinein virulent waren und nun den neuen Verhältnissen im Prinzip wieder zu entsprechen schienen. Nur Epigonen der staatswirtschaftlichen Romantik des frühen 19. Jahrhunderts unterlagen dabei der Versuchung, „neuen Most in alte Schläuche zu fassen", d.h. für die wirtschaftlichen und sozialen

Bedürfnisse des ausgehenden 19. Jahrhunderts auf die Formen der mittelalterlichen Zünfte und Genossenschaften zurückzugreifen. Wohl aber wuchs die Bereitschaft, jenen zwischen Individuum und Staat stehenden Korporationen wieder größere Bedeutung beizumessen, um die Kluft zwischen den isolierten Interessen von Individuen und einem mechanischen Interventionismus des Staates zu überwinden. Nur in wenigen Fällen führte dies zum Rückgriff auf alte Institutionen, wie die im schrumpfenden „alten" Mittelstand reaktivierten Innungen. Typischer war der Aufstieg neuer Institutionen und Methoden, die auf dem Gebiet des modernen Wohlfahrtsstaates, des Kartellwesens oder des wirtschaftspolitischen Staatsinterventionismus lagen. Sie entsprachen neuen Bedürfnissen, indem sie ihre Entstehung wachsender Konzentration des Kapitals, ausgeprägten zyklischen Schwankungen von Preisen, Renditen und Produktionsziffern, steigenden Mobilitätsanforderungen an den Arbeitsmarkt und insgesamt komplexeren Stabilitätsbedingungen der Industriegesellschaft verdankten.

Nach Bismarcks binnen- und außenwirtschaftlicher Wende zur „nationalen Wirtschaftspolitik" (1879) setzte auch im unternehmerischen Lager ein Umdenken ein. Von der Schwerindustrie ausgehend gaben deutsche Unternehmer das Prinzip des Wettbewerbs immer häufiger zugunsten kooperativer Formen der Marktbeherrschung auf. Während der schottische Liberale Adam Smith argwöhnte, wo immer Kaufleute zusammenkämen, bildeten sie eine Verschwörung wider das Publikum, sahen so einflußreiche deutsche Gelehrte wie der Staatswirtschaftler Gustav Schmoller gerade darin „die sittliche Bedeutung" von Kartellen und anderen unternehmerischen Korporationen zur Marktregulierung, daß sie eben „nicht durch Kauf und Gründung, Börse und Spekulation, sondern durch genossenschaftlichen Vertrag, durch Einsicht in die Notwendigkeit, durch den Sieg gemeinsamer Interessen über Eigennutz und kurzfristigen Egoismus" zustande kommen. Obwohl die geschriebene

Wirtschaftsverfassung des Reiches der wirtschaftlichen Tätigkeit nach wie vor einen liberalen Rahmen setzte, schufen die Kartelle in der Verfassungswirklichkeit eine neue Ordnung der Volkswirtschaft, indem sie die Marktmacht neu verteilten.

Die Kartellierung war die spezifisch deutsche Antwort auf innere Widersprüche der liberalen Wirtschaftsdoktrin. In der Tat war der Idealtypus „vollständige Konkurrenz" realiter umso weniger erreichbar, je besser der freie Wettbewerb funktionierte und fast zwangsläufig zu monopolähnlichen oder oligopolistischen Marktformen führte. Vor die Wahl gestellt, den Weg der Vertrustung zu gehen und ganze Wirtschaftszweige nach amerikanischem Muster zu einem marktbeherrschenden Unternehmen zusammenzuschließen, in dem alle ihre wirtschaftliche und rechtliche Selbständigkeit verloren, zogen deutsche Unternehmer zumeist den Weg der kollektiven, vertraglichen Regulierung des Marktes vor. Deutschland ist deshalb das klassische Land der Kartelle geworden, bevor noch der berühmte Spruch des Reichsgerichts von 1897 diesen Zustand legalisierte und damit der korporativen Marktwirtschaft als Ordnungsprinzip der deutschen Wirtschaftsverfassung volle privatrechtliche Legitimation und den Schutz der Gerichte verlieh.

Am Ende des 19. Jahrhunderts ist in Deutschland ein neuer Realtypus von Kapitalismus und bürgerlicher Gesellschaft im Entstehen begriffen. Es wäre falsch, im Abrücken von liberalen Grundsätzen der Wirtschaftsordnung „spätfeudale" Anachronismen oder Reste eines vorindustriellen Wertesystems zu sehen. Dies hieße, die Entwicklung hin zu einer die wirtschaftliche Ordnung des kommenden Jahrhunderts prägenden korporativen Marktwirtschaft zu übersehen.

Manfred Vasold

Städtewachstum und Stadterneuerung

Zusammen mit der Industrialisierung setzt gegen Mitte des 19. Jahrhunderts in Deutschland eine gewaltige Verstädterung ein. Diese Verstädterung mußte Folgen haben für die Seuchengeschichte. Vor dieser Urbanisierung war die Sterblichkeit in den Städten stets höher gewesen als auf dem Lande, vor allem die Infektionskrankheiten konnten sich in den dicht besiedelten Städten gut ausbreiten. Hätte sich dieser Trend fortgesetzt, so hätte die Gesamtsterblichkeit zugleich mit dem Städtewachstum noch mehr zugenommen, ja es ist fraglich, ob unter diesen Umständen die Verstädterung und die industrielle Revolution in diesem Ausmaß überhaupt möglich gewesen wären. Die Sterblichkeit in den Städten zu drosseln war von größter Wichtigkeit. Wo dies – in späterer Zeit – nicht geschehen ist, mußten die Städte dies mit einem hohen Preis bezahlen: Im Falle Rio de Janeiro und Havanna behinderten noch zu Beginn des 20. Jahrhunderts Seuchen den Aufstieg dieser Kommunen zu modernen Großstädten.

In der ersten Hälfte des 19. Jahrhunderts begann sich in Deutschland der alte Trend – Übersterblichkeit in den Städten – umzukehren: In Nürnberg, das 1820 rund 30000 Einwohner hatte, bildet genau ebendieses Jahr, 1820, eine deutliche Scheidelinie: In den dreißig Jahren davor war die Zahl der Neugeborenen nur in fünf Jahren höher gewesen als die Zahl der Verstorbenen; in den dreißig Jahren danach war nur in fünf Jahren die Zahl der Toten größer als die der Neugeborenen.

Man verdeutlicht das Problem am einfachsten, indem man einige Zahlen nennt: Bis gegen 1820 gab es in den meisten deutschen Städten nur wenig Wachstum; aber zwischen 1820 und 1850 verdoppelten etliche ihre Einwohnerschaft und verdreifachten sie dann noch einmal, wie Berlin, bis

1880. Einige zuvor eher kleine Städte – wie Dortmund, Duisburg, Essen, Remscheid und andere – vervierzigfachten binnen eines Jahrhunderts ihre Einwohnerzahl. Anders gesagt: Anno 1800 lebte nur einer von hundert Deutschen in einer Großstadt, 1880 waren es acht und 1910 waren es schon einundzwanzig. Zur Zeit der Reichsgründung (1871) lebten wenig mehr als 35 Prozent aller Deutschen in Städten mit mehr als 2000 Einwohnern, 1890 waren es 47 Prozent und 1910 gar 60 Prozent. Vor allem die Großstädte wuchsen überproportional: Zwischen 1871 und 1910 wuchs die Bevölkerung um rund 50 Prozent, die deutschen Großstädte um etwa 300 Prozent.

Das explosionsartige Wachstum der Städte mußte von weitreichenden Verbesserungen im sanitären Bereich begleitet sein. Um 1800 stellte der Berliner Arzt Ludwig Formey befriedigt fest: „Die Häuser sind geräumig, und die Menschen nicht so wie in andern grossen Städten, darinn zum Ersticken hier zusammengepreßt." Aber Formey wußte, daß in seinem Berlin längst nicht alles zum besten stand, er zitierte einen reformfreudigen Zeitgenossen, der meinte, die Berliner Totenlisten könnten alljährlich zweihundert Tote weniger aufweisen, wenn man nur endlich aufhören würde, die Nachteimer in die Spree zu leeren. Dieses Argument wurde noch siebzig Jahre später von medizinisch gebildeten Berliner Kommunalpolitikern zustimmend zitiert.

Die Beseitigung der Auswurfstoffe und die Herbeiführung von sauberem Trinkwasser, das waren die beiden größten Probleme der Urbanisierung. „Ein großer Theil der Abtritte geht in unterirdische Kanäle, welche in dem Mainstrohm sich endigen. Diese Einrichtung ist zum Theile schon sehr alt, und wurde zu verschiedenen Zeiten immer mehr erweitert, schade, daß nicht die ganze Stadt sich selber erfreuen kann", so schrieb 1805, mit fröhlicher Unbekümmertheit, Philipp Joseph Horsch über die Entsorgung der Stadt Würzburg. Was die Würzburger in den Main gossen, bekamen die Bewohner von Städten zwischen Würzburg und Frankfurt zu kosten – Cholera- und Typhusepidemien waren die Folgen.

Wohin mit den menschlichen Auswurfstoffen? Das war das Problem, und es wurde jetzt immer größer, immer vordringlicher. „Die stadthygienischen Zustände in den deutschen wie auch in den übrigen europäischen Städten unterschieden sich bis über die Mitte des [19.] Jahrhunderts hinaus in nichts von denen des Mittelalters", schreibt ein Stadthistoriker heute. Solange sich auch die Einwohnerzahl nicht von der mittelalterlichen unterschied, mochte das angehen; aber gegen Mitte des Jahrhunderts wuchsen die Städte wie die Pilze. In München gab es 1854, als Max Pettenkofer seine Untersuchungen über die Cholera begann, etwa sechstausend Schwindgruben, welche „nur alle zwanzig Jahre einer Räumung bedurften", sehr zur Zufriedenheit ihrer Hausbesitzer, wie Pettenkofer feststellen konnte. Sie mußten so selten geleert werden, weil die flüssigen Bestandteile – und Krankheitskeime – in dem sie umgebenden Erdreich verschwanden. In vielen großen Städten, und vor allem naturgemäß in solchen, die bereits schnell gewachsen waren in den Jahren davor, war die Sterblichkeit noch immer sehr hoch, weit über dem Reichsdurchschnitt: sie betrug in den Jahren 1816–40 in Berlin, Breslau, Magdeburg und Königsberg 31,5 Promille, und während der großen Cholera-, Pocken- und Typhusepidemien der späten 1860er und frühen 1870er Jahre stieg sie sogar auf knapp 34 Promille an. Die Industriestädte boten Arbeit und Brot; aber in puncto Lebensqualität stand zu befürchten, daß sie eher eine Verschlechterung brachten.

Das Problem war bald erkannt, und seit den 1860er Jahren kämpften fortschrittlich gesinnte Kommunalpolitiker, darunter nicht wenige Ärzte, für Reformen, vor allem für eine Kanalisation und bessere Versorgung mit sauberem Trinkwasser. Sie wiesen darauf hin, daß Menschenleben auch einen ökonomischen Preis hatten, den man in Geldeswert veranschlagen konnte – von humanitären Gesichtspunkten einmal ganz abgesehen. Vor allem die Cholera- und Typhusepidemien der 1860er und 1870er Jahre unterstützten ihre Argumente und führten der städtischen Obrigkeit drastisch vor Augen, daß sie etwas tun mußte.

Berlin kann hier als ein Fallbeispiel gelten. Dort wurde relativ früh, 1852, eine Wasserversorgungsgesellschaft gegründet, die für die Stadt ein Wasserwerk bauen sollte; es vergingen allerdings Jahre, bevor die Berliner Bevölkerung tatsächlich mit halbwegs sauberem Wasser versorgt wurde. 1873 war nur etwa die Hälfte der – schnellwachsenden – Bevölkerung an die Verteilung angeschlossen, und die Qualität dieses vorläufig nur sandgefilterten Wassers ließ noch lange zu wünschen übrig. Die Typhushäufigkeit und die Typhussterblichkeit blieben noch für einige Zeit ziemlich hoch: Die Typhussterblichkeit betrug – von einzelnen Epidemiejahren mit ihren hohen Ausschlägen ganz abgesehen – 1855 etwa 100 Tote je 100000 Einwohner, in den 1860er Jahren waren es etwa 82 Typhustote jährlich, 1873–75 noch immer mehr als 80. Nach Einführung der Kanalisation, seit 1890, lag die Typhussterblichkeit in Berlin unter 10 je 100000 Einwohner.

Diese und andere Maßnahmen zeigten bald einen Einfluß auf die Lebenserwartung der Berliner Bevölkerung: In den Jahren 1865–72 erreichten von 1000 Berlinerinnen nur 309 das 50. Lebensjahr – aber 1910 erreichten es fast doppelt so viele, nämlich 600. Von 1000 Berlinern erreichten 1865–72 nur 262 das 50. Lebensjahr – aber 1910 waren es weit mehr als doppelt so viele, nämlich 543.

Ähnlich wie in Berlin verlief die Entwicklung auch in anderen deutschen Großstädten, vielleicht etwas später. In München übernahm Pettenkofer die Rolle des sanitären Reformers. Ihm wollte es nicht einleuchten, daß Bier und Wein, Kaffee und Genußmittel Güter sein sollten, für die man mit Freuden bezahlte – daß aber reines, gesundes Wasser ein vollkommen freies Gut sein sollte. Auch in München ging nach der Einführung der Schwemmkanalisation die Sterblichkeit stark zurück, noch viel mehr als die allgemeine Sterblichkeit naturgemäß die Typhussterblichkeit. [...]

Je weiter die Zeit voranschritt, desto mehr Maßnahmen wurden von seiten der Städte ergriffen, die Seuchenanfälligkeit einzudämmen und dem einzelnen sein Recht auf Gesundheit zu geben, soweit die Kommunen hier mithelfen konnten. In den großen Städten entstanden Vieh- und Schlachthöfe, die Fleischbeschau setzte sich durch, zunächst in Preußen, dann auch im Reich, um die Gefahr von Trichinenbefall zu drosseln. In den 1880er Jahren richteten viele Großstädte Desinfektionsanstalten ein, um auch die Wohnungen ihrer Bürger durch städtische Kammerjäger reinigen zu lassen und die Überträger von Krankheiten auszurotten. Wannen- und Brausebäder wurden eingerichtet, um jedermann die Gelegenheit zu geben, sich wenigstens einmal in der Woche gründlich abzuschrubben.

Unter Sozialhistorikern besteht heute ziemliches Einverständnis, daß der Rückgang der Seuchen und der Infektionskrankheiten und die Erhöhung der Lebenserwartung bis weit ins 19. Jahrhundert hinein – daß dies mehr mit den genannten Maßnahmen zu erklären ist als mit den Erfolgen der Heilkunst im engeren Sinne.

Hansjörg Küster

Chausseen, Kanäle und Eisenbahnen

Die Industrielle Revolution war mit dem Ausbau flächendeckender Verkehrsnetze eng verknüpft. Aber schon vorher war man bestrebt, die Wege zwischen den Wirtschaftsregionen zu verbessern. Denn Handel erforderte Verkehrswege. Zugleich war es das Ziel absolutistisch regierender Fürsten, möglichst jeden Winkel des Landes mit der Hauptstadt bestmöglich zu verbinden. Im Verkehrsnetz Englands und Frankreichs ist dieses Prinzip noch heute verwirklicht. Wie schon in der Antike alle Wege nach Rom führten, sind dort London und Paris die Zentren aller Routen. In Deutschland gibt es kein so stark ausgeprägtes Verkehrszentrum, weil es dort im 18. und 19. Jahrhundert infolge der Kleinstaaterei viele Residenzen gab. Als das Zweite Deutsche Kaiserreich entstand, existierten schon viele Straßen, Kanäle und Eisenbahnlinien. Deutschlands Verkehrsnetze sind daher polyzentrisch, sie verbinden alle wirtschaftlichen Zentren miteinander und nicht nur die Hauptstadt mit ihrem Umland. Dies ist bis heute ein großer Vorzug des deutschen Verkehrssystems.

Überregionale und lokale Wege hatten auch schon in vorgeschichtlicher, römischer und mittelalterlicher Zeit bestanden. Viele von ihnen wurden nur selten benutzt, aber gelegentlich von großen Menschenmengen, etwa bei Truppenbewegungen, und von großen Viehherden. Die Wege waren daher breit. Wagenräder durchfurchten bei Nässe den unbefestigten Boden. Andere Wagen blieben im Morast stecken. Die Fuhrleute suchten sich neue Fahrspuren neben der verschlammten, unpassierbaren Strecke. Straßen bestanden daher bis in die Zeit um 1800, oft auch noch in der Zeit danach, aus mehreren ungeregelten, nebeneinander herlaufenden Wegespuren. Oft waren die Routen unpassierbar; auf den schlechten Straßen stürzten Wagen um, oder die Wagenräder zerbrachen, wovon Reisende des 18. Jahrhunderts immer wieder zu berichten hatten. [...]

Eine entscheidende Verbesserung des Verkehrs über Land ging vom Bau der Chausseen aus. Sie entstanden nach französischen Vorbildern seit etwa 1800 in vielen Bereichen Mitteleuropas. Chausseen erhielten einen festen Straßenkörper mit einem Packlager und einer Schotterdecke darüber. Zwischen den kleinen Steinen rann Regenwasser in den Untergrund. Noch besser war es, ein Kopfsteinpflaster zu legen, wobei man darauf zu achten hatte, daß die Straßenoberfläche gewölbt war, damit das Regenwasser seitlich abfloß und sich bei Kälte keine durchgehenden Eisflächen auf Pfützen bildeten. Zur Schonung der Pferde legte man neben einem gepflasterten Straßenteil in vielen Fällen einen nur leicht befestigten sandigen Sommerweg an, der bei trockener Witterung benutzt werden konnte. Den Chausseebauern kam es besonders darauf an, das seitliche Ausscheren der Fuhrwerke ins Ackerland zu verhindern. Also wurden beidseits der Chaussee tiefe Gräben gezogen. Zwischen Straße und Graben wurden Bäume gepflanzt. Die Gehölze wirken ebenfalls als strikte seitliche Begrenzungen der Straße, sie sind Wegweiser, wenn der Weg verschneit ist – wie heute vielerorts die Schneestangen. Zugleich beeinflussen Bäume das lokale Klima der Alleen, was zu Beginn des 19. Jahrhunderts klar erkannt wurde. Bei Sonne geben sie der Straße und den Reisenden Schatten; weil die Hitze geringer ist, bildet sich weniger Staub. Bei Regen ziehen die Baumwurzeln das Wasser an. [. . .]

Wo man keine Bäume pflanzen konnte, stellte man Steine zur seitlichen Begrenzung an die Straßen, legte Hecken an oder baute Zäune. Die Lage der Straßen war auf jeden Fall fortan fixiert, was eine wichtige Basis für die Entstehung modernen Reiseverkehrs und Gütertransportes war. [. . .]

Im 18. und frühen 19. Jahrhundert waren neben den Straßen die Gewässer wichtige Verkehrswege. Auf den Flüssen brauchte man zur Talfahrt geschickte Steuermänner, die ihre Boote an den zahlreichen Untiefen, den Sandbänken oder gefährlichen Riffen wie im Binger Loch vorbeilenkten. Entlang des Mittelrheins und des nördlichen Oberrheins sowie entlang der Elbe gab es Treidelpfade. Pferde zogen die Lastkähne flußaufwärts, oft aber auch Männer, die man an der Elbe Bomätscher nannte. Oberhalb von Karlsruhe war der Rhein in so zahlreiche Seitenarme aufgespalten, daß die Anlage von durchgehenden Treidelpfaden unmöglich war. Ab hier konnten nur Männer – oft quer durch die Flußarme – die Boote flußaufwärts schleppen; das Wasser reichte ihnen allenfalls bis zum Gürtel, weil der Tieflandfluß sehr flach war.

Kurz nach dem Wiener Kongreß, im Jahre 1816, fuhr das erste englische Dampfschiff bis Köln. Wenige Jahre später erreichten flache Dampfboote Basel. Oft wurden jedoch die Schiffe im nur einige Dezimeter tiefen Wasser beschädigt.

Deshalb wurden im 19. Jahrhundert große Flußregulierungen durchgeführt, von denen die Tullasche Rheinkorrektur am bekanntesten ist. Zahlreiche Mäander der Tieflandflüsse wurden abgeschnitten, so daß sich die Flußstrecke erheblich verkürzte und die Fließgeschwindigkeit zunahm. Durch dammartige Buhnen, die von den Ufern her gegen die Flußmitte vorangetrieben wurden, wurde das Flußbett eingeengt und die Wassertiefe erhöht, so daß Schiffe mit größerem Tiefgang die Fahrwasser nutzen konnten. Dieses Prinzip wurde nicht nur am Rhein, sondern auch zum Beispiel an Weser, Elbe und Oder erfolgreich angewandt. Die Gebirgsflußstrecken mußten anders reguliert werden. Dort gab es ein tiefes, aber schmales Fahrwasser. Es galt, dies nach den Seiten zu erweitern, was viel schwieriger war als die Korrektion der Tieflandflußstrecken. Rund zweihundert Jahre brauchte man zur Entschärfung des berüchtigten Binger Loches am Übergang vom Ober- zum Mittelrhein.

Der Schiffsverkehr auf den Flüssen nahm zunächst einmal gewaltig zu, dann stagnierte er, als die Eisenbahn den Dampfschiffen Konkurrenz machte. Schließlich expandierte der Wasserverkehr erneut, als Schleppzüge und später Schubschiffverbände den Massenguttransport stark verbilligten. Der Rhein blieb stets die wichtigste Wasserstraße Mitteleuropas; der Hafen von Duisburg-Ruhrort, wo Erz für die Hochöfen des Ruhrgebietes gelöscht und die Kähne mit Kohle beladen wurden, entwickelte sich zum größten Binnenhafen Europas. Kohle aus dem Ruhrgebiet wurde zu den anderen großen Rheinhäfen transportiert, zum Beispiel nach Mannheim und Basel; dort brauchte man sie zum Hausbrand und zum Befeuern der Dampfmaschinen, die auch in Südwestdeutschland mehr und mehr die Wasserturbinen ersetzten und ergänzten.

Die Elbe wurde von 1869 bis 1874 für eine besondere Form des Dampfschiffsverkehrs ausgebaut: für die Kettenschiffahrt. Von Aussig in Böhmen bis Hamburg wurde eine 668 Kilometer lange Kette gelegt, an der entlang die Dampfschlepper mit ihren Schuten flußaufwärts vorankamen.

Wo man Tieflandflüsse begradigt und die Fahrwasser durch Buhnen verengt und vertieft hatte, vergrößerte sich nicht nur die Fließgeschwindigkeit, sondern damit auch die Erosionskraft des Wassers. Die Flüsse schnitten sich tiefer in den Untergrund ein. Die Tullasche Rheinkorrektur führte zur Absenkung des Grundwasserspiegels um mehrere Meter. Die Gefahr der Überflutungen seitlich des Flusses sank dadurch; zusätzlich wurden Deiche aufgeworfen, die verhindern sollten, daß der Strom ausuferte. Auf weiten Strecken verdursteten aber die ehemals ausgedehnten Auenwälder. Weiden und Erlen starben ab, weil ihre Wurzeln nicht mehr ins Grundwasser hinunterreichten. Vielerorts breitete sich statt dessen die Robinie aus, ein Fremdling aus Amerika. Auch der Wasserspiegel der unteren Havel senkte sich: Dort liefen flache Seen aus, wogegen man durch den Einbau von Nadelwehren vorgehen mußte. Fortan war auch der Wasserstand dieser Seen genau regulierbar.

Die Unterläufe von Elbe und Weser mußten vertieft werden, denn wegen der stark steigenden Handelskapazitäten im Interkontinentalverkehr mußten immer größere Hochseeschiffe gebaut werden. Im 19. und 20. Jahrhundert wurden die Fahrrinnen immer wieder ausgebaggert. Zugleich vervollkommnete man die durchgehende Signal-Befeuerung mit Feuerschiffen und Leuchttürmen, so daß die Hochseehäfen auch während der Nacht erreicht werden konnten. Die Bremer errichteten einen „Ableger“ für ihren Hafen weserabwärts in Bremerhafen. Der Hafen wurde 1831 in Betrieb genommen.

Die Häfen von Hamburg und Bremen standen nicht unter preußischer Hoheit. Dieser Staat, der in Deutschland immer mehr Bedeutung erhielt, wollte sich eine Kriegsschiff-Flotte zulegen. Oldenburg trat am Jadebusen ein Areal an Preußen ab, auf dem 1869 Stadt und Hafen Wilhelmshaven gegründet wurden. Die durch Sturmfluten des Mittelalters entstandene tiefe Fahrrinne im „Flaschenhals" des Jadebusens war ein erstklassiges Fahrwasser für große Kriegsschiffe, die Deutschlands ersten und wichtigsten Kriegshafen leicht erreichen und verlassen konnten. Dieser Hafen ließ sich andererseits hervorragend gegen Angreifer sichern, wenn man die engste Stelle an der Außenjade sperrte. [. . .]

Der Kanalbau wurde im wesentlichen erst am Ende des 19. Jahrhunderts beschleunigt. [. . .] In den Jahren 1887 bis 1895 wurde der Kaiser-Wilhelm-Kanal, der spätere Nord-Ostsee-Kanal, zwischen Brunsbüttel an der Elbmündung und Kiel gegraben, eine der weltweit bedeutendsten künstlichen Wasserstraßen für Hochseeschiffe. Gewaltige Kammerschleusen an den Kanalenden hoben die Schiffe auf das Niveau des schleswig-holsteinischen Mittelrückens. Spektakuläre Brücken mit kilometerlangen Auffahrtsrampen mußten für die Eisenbahnlinien gebaut werden, die den Kanal kreuzten: bei Hochdonn, Albersdorf, Rendsburg und Kiel.

Zum erfolgreichsten Verkehrsmittel des 19. und frühen 20. Jahrhunderts wurde die Eisenbahn. Beim Rad-Schiene-System entstehen besonders geringe Reibungsverluste, so daß mit relativ geringem Energieaufwand große Menschen- und Gütermengen transportiert werden können. Spurgeführter Verkehr hat aber auch Nachteile. Er ist an feste Trassen gebunden. Schienenwege dürfen nur geringe Steigungen aufweisen (sonst drehen die Räder durch), und Kurvenradien dürfen nicht zu eng sein, was bei der Trassierung von Eisenbahnlinien beachtet werden mußte. Relativ einfach war der Bahnbau in ebenem Gelände. Immer wieder wählte man die Terrassenkanten großer Flüsse, Urstromtäler oder Sanderflächen als Trasse. Dort waren auch schon die Römerstraßen verlaufen, zum Beispiel an Lech, Donau und Oberrhein. Ähnlichkeiten zwischen der Trassenführung von römischen Straßen und Eisenbahnlinien fallen immer wieder auf.

Horst Johannes Tümmers

„Schwimmende Mühlen": Dampfschiffe auf dem Rhein

Im Frühling des Jahres 1816 [...] bot sich den Kölnern auf dem Rhein ein nie zuvor gesehenes Schauspiel. Die „Kölnische Zeitung" berichtete am 13. Juni 1816 über das Ereignis des Vortages: „Ein ziemlich großes Schiff, ohne Mast, Segel und Ruder (dies ist die eigentliche Sensation), kam mit ungemeiner Schnelle den Rhein heraufgefahren (also auch noch gegen die Strömung). Die Ufer des Rheins und die hier vor Anker liegenden Schiffe waren in einem Augenblicke von der herbeiströmenden Volksmenge bedeckt. Das die allgemeine Neugierde reizende Schiff war ein von London nach Frankfurt reisendes englisches Dampfboot ...". Das Blatt hat den Namen des ersten Dampfbootes auf dem Rhein nicht überliefert; es muß sich um „The Defiance" gehandelt haben. [...] Für die Strecke Rotterdam-Köln hatte der Dampfer nur viereinhalb Tage benötigt! Die am Niederrhein gebräuchlichen breitbrüstigen Beurtschiffe brauchten für diese Strecke bei gutem Wasserstand und günstigem Wind unter Zuhilfenahme von zwanzig bis dreißig Zugpferden mindestens vierzehn Tage. Die Personen-Jachten kamen mit zwei bis drei Zugpferden aus. Aber auch bei ihnen galten vierzehn Tage als besondere Leistung. Als durchschnittliche Fahrzeit wurden sechs Wochen angesehen. Unter diesen Umständen war die viertägige

Fahrzeit des ersten Rheindampfers ein großer Fortschritt. Die Ausnutzung der Dampfkraft und ihre Anwendung als Antriebsmittel war, zumindest theoretisch, seit langem bekannt. Der Engländer Hull baute 1736 das erste Dampfschiff, eine Art Hafenschlepper. Aber erst das Dampfboot des Amerikaners Robert Fulton (1807) bewährte sich und war praktisch verwendbar. Nach der Niederlage Napoleons hatten sich die Engländer sogleich darangemacht, mit den in ihrem Land gebauten neuen Dampfbooten die Küste des europäischen Festlands und den Rhein stromaufwärts zu erkunden. Auch auf der Seine und der unteren Elbe erschienen in diesem Jahre die ersten Dampfschiffe. Bereits 1817 versuchte abermals ein Dampfboot die Fahrt rheinaufwärts. Diesmal war es die „Caledonia“ des James Watt jr. Sie war ausgerüstet mit zwei Maschinen von zusammen fünfzig Pferdestärken. Es gelang ihr, bis Koblenz vorzudringen. Eine Schulchronik in Königswinter erwähnt das Ereignis: „Königswinter sah das ... Dampfschiff auf den Fluten des staunenden Rheins aufwärts fahren am 11. November 1817, gegen 5 Uhr nachmittags, bei vergeblich sich widersetzendem Südwinde.“ [...]

Nach den ersten Explorationsfahrten der beiden Dampfboote 1816 und 1817 war auf dem Rhein zunächst eine Ruhepause eingetreten. Die Jahre bis 1824 waren gekennzeichnet von Versuchen, für den Rhein eine Dampfschiffahrtsgesellschaft zu gründen und technische Verbesserungen an den noch sehr störanfälligen Maschinen vorzunehmen. In Köln begannen weitschauende Männer wie Heinrich Merkens und Bernhard Boisserée [...], sich für die Dampfschiffahrt zu interessieren. Zu ihnen stieß der Stuttgarter Buchhändler und Verleger Cotta, der bereits eine Dampfschiffahrtsgesellschaft auf dem Bodensee mitbegründet hatte. Bernhard Boisserée und Cotta wurden Aktionäre einer niederländischen Dampfschiffahrtsgesellschaft.

[...] Bernhard Boisserée regte bei der niederländischen Gesellschaft an, eine Explorationsfahrt weiter stromaufwärts zu machen, um das Fahrwasser zu erkunden und festzustellen, ob eine regelmäßige Dampfschiffverbindung bis Mainz möglich sei. Die niederländische Gesellschaft ging auf den Vorschlag ein und schickte Ende Oktober 1824 den Dampfer „De Zeeuw" (Der Seeländer). Das Schiff war 35 Meter lang, 5 Meter breit, hatte 1,25 Meter Tiefgang und trug 120 Fahrgäste. Es war, wie alle Rheindampfer bis etwa 1840, aus Holz gebaut. Teilnehmer an dieser Versuchsfahrt war neben Bernhard Boisserée und dem Verleger Cotta auch Sulpiz Boisserée, der darüber einen anschaulichen Bericht hinterließ: „[. . .] Es war wirklich wie eine Zauberei, als wir uns auf einmal so in die fremdeste Gesellschaft versetzt fanden, die in der elegantesten holländisch-englischen Umgebung sich auf alle Weise gütlich tat, während das Geräusch der Räder uns erinnerte, daß wir durch eine Maschine die Wellen bekämpften, daß wir uns in einer Art schwimmenden Mühle befanden. Der Tag war über die Maßen stürmisch gewesen; das Wasser war über drei Schuh gewachsen . . ." Am anderen Morgen schrieb er: „[. . .] Wir sind erst um 1/2 1 Uhr nach Koblenz gekommen, weil während unserer Fahrt das Wasser jede Stunde um einen halben Fuß gewachsen, und eine wahre Überschwemmung eingetreten ist."

Sulpiz Boisserée vermerkte das Hochwasser des Rheins so nachdrücklich, um damit die Leistung des Dampfbootes herauszustreichen. Die herkömmliche Schiffahrt lag unter solchen Verhältnissen still. Am 2. November schrieb der Reisende aus St. Goar: „Das Wasser war seit unserer Ankunft und während der Nacht noch um 6 Fuß gewachsen. In unserem Gasthof ‚Zu den Schweizern' waren wir morgens durch ein gewaltiges Gepolter von Tischen und Stühlen geweckt worden, weil man die Zimmer der Überschwemmung wegen räumen mußte. Trotz alledem machten wir die Reise hierher in nur 6 Stunden."

Das war ein großartiger Erfolg. Er wurde erzielt unter den extremen Bedingungen eines starken Hochwassers und trotz technischer Unzulänglichkeiten: das dem Rhein entnommene Kesselwasser führte Schlamm, der sich im Kessel niederschlug und die Dampfentwicklung behinderte; das Brennmaterial gab nicht genügend Heizkraft; zwei Nietnägel lockerten sich. Dies führte zu verminderter Maschinenleistung und geringeren Umdrehungszahlen.

Dennoch, so berichtete Boisseré, glich die Fahrt „einem Triumphzug. Es war ein wahrer Freudenzug ... Überall kamen die Einwohner, jung und alt, an das Ufer und staunten das wunderbar einherrauschende Mühlenschiff an, welches bei einer der größten Überschwemmungen, wo kein Schiff mit Pferden gezogen werden kann, seinen Weg durch die mächtigen Wasserwogen ruhig fortsetzte." [...]

Diese denkwürdige Erkundungsfahrt unter dem Ingenieur Röntgen löste an den Ufern des Rheins nicht nur Hurra-Rufe und begeistertes Mütze-Schwenken aus. Allmählich dämmerte den Schiffern am Rhein, was die Stunde geschlagen hatte. Der Argwohn erwachte und ihr Widerstand. Die Dampfschiffahrt entwickelte sich schnell. Im September des folgenden Jahres, 1825, befand sich König Friedrich Wilhelm III. von Preußen in seinen rheinischen Ländern. Die Kölner Handelskammer, die an den Plänen für eine Preußisch-Rheinische Dampfschiffahrtsgesellschaft arbeitete, wußte sich des Königs Anwesenheit zunutze zu machen. Sie erbat von der niederländischen Gesellschaft das eben fertiggestellte neue Dampfboot „De Rijn" und lud den König zu einer Dampferfahrt ein. Der König ging am Morgen des 14. September in Koblenz an Bord. Führer des Schiffes war wiederum der Ingenieur Röntgen. Die Fahrt des Königs wurde eine großartige Werbung für den Gedanken der Dampfschiffahrt auf dem Rhein. Das Dampfschiff „De Rijn" erhielt einen Monat später den Namen des Königs „Friedrich Wilhelm". Endgültig überwunden wurden alle Bedenken und Widerstände gegen die Dampfschiffahrt durch die noch im gleichen Monat September ohne Zwischenfälle unternommene Fahrt desselben Dampfbootes unter Ingenieur Röntgen stromaufwärts bis Kehl gegenüber Straßburg. Nicht nur die als besonders schwierig und gefährlich geltende Stromstrecke zwischen St. Goar und Bingen wurde bewältigt, auf der Rückfahrt vollbrachte Röntgen ein besonderes Kunststück, indem er (Zitat nach einem zeitgenössischen Bericht): „... von Koblenz ab aus Gefälligkeit die Wasserdiligence, die mühsam gegen den äußerst heftigen Nordwestwind kämpfte, bis Bonn an das Schlepptau genommen hat." Wenn es noch eines Beweises für die Überlegenheit des neuen Verkehrsmittels bedurft hätte – hiermit war er geliefert worden.

Rolf Peter Sieferle

„Die Zeit hat Siebenmeilenstiefel angezogen": Die Eisenbahn erobert Deutschland

Die Bahn wirkte als sichtbares Symbol für das sich formierende Industriesystem; die Bevölkerung erblickte in ihr den Eindringling aus einer fremden, unheimlichen Welt, den rauchenden und lärmenden Vorboten einer Umwälzung aller Lebensverhältnisse. Der populäre Protest, der sich an so vielen unterschiedlichen Verletzern von Sitte und Herkommen rieb, richtete sich auch auf die Eisenbahn, zunächst ohne gewaltförmige Akte. Es wurde von dem „scheuen Blick" berichtet, mit dem der Bauer die „räthselhaften Eisenstraßen" betrachtete:

„Cholera und Kartoffelkrankheit, verkehrte Witterung, Erdbeben, theure Zeit. Krieg und Aufruhr der letzten Jahrzehnte sind seinem Aberglauben häufig genug als das natürliche Gefolge dieser titanischen Neuerung erschienen. Da ist ihm die Anlegung der Eisenbahn das letzte Wahrzeichen der himmelstürmenden Vermessenheit, mit welcher der übermüthige Mensch den ewigen Naturgesetzen Gottes eine Wette anbietet. Sie ist ihm der *Thurmbau von Babel* ins Neumodische übersetzt" [W. H. Riehl, 1857].

Gerade unter der Landbevölkerung, die von der Industrialisierung noch kaum berührt war und die Maschinen nicht, wie Fabrikarbeiter, in greifbarer Gestalt erlebte, noch, wie bürgerliche Fortschrittsfreunde, als Inkarnation rationaler Prinzipien verstand, erregte die Eisenbahn, diese leibhaftige Erscheinung der Technik, tiefstes Mißtrauen. In Baden wurde gemunkelt, daß an jeder Station, an der die Bahn hielt, ein Passagier fehlte, den der Teufel als Lohn geholt hatte, und im Elsaß mußten die Pfarrer 1851 von der Kanzel gegen den Eisenbahnaberglauben predigen [. . .].

Im Verlauf der Revolution von 1848 kam es dann auch zu handgreiflichen Ausschreitungen gegenüber der Eisenbahn, bei denen sich die unmittelbare Betroffenheit arbeitsloser Lohnkutscher mit der revolutionären Energie plebejischer Unterschichten verband, die in der Eisenbahn ein Symbol für die verhaßte Gewerbefreiheit und das Maschinenwesen sahen. Der konservative Publizist Riehl beobachtete:

„Als im März 1848 ein brodloses Lohnkutschenproletariat die Schienen der Taunuseisenbahn aufriß und gleich daneben hungernde Schiffszieher die Dampfboote des Rheins und Mains beschossen, sah ich einen Maschinenarbeiter, welcher die vollendete Verwüstung höhnisch überschaute, und mit dämonischer Siegesgewißheit eines Propheten des Proletariats ausrief: durch dieses Land wird keine Maschine mehr fahren. Es lag ein sittlicher Gewinn in diesem Ausruf, denn es war vielleicht des Mannes eigene Existenz, die vor ihm mit der Eisenstraße in Trümmern lag, und doch begrüßte er freudig diesen Ruin, weil die unheimliche Nebenbuhlerschaft der Maschine zugleich die tiefste Demütigung für das Menschenbewußtsein des Arbeiters ist." [. . .]

In der Eisenbahn fand das Maschinenwesen einen handfesten, sichtbaren Ausdruck. Das neue Fabriksystem, die Dampfmaschinen und technischen Innovationen, die gefürchtete oder erhoffte Umwälzung der Gesellschaft, das neue Problem des Pauperismus und des Proletariats, die Vernichtung des selbständigen kleinen Bürgertums durch die Gewerbefreiheit, aber auch die Bewegung der nationalen Einigung Deutschlands, des Fortschritts, der Demokratisierung und Liberalisierung des politischen Gemeinwesens – all dies faßte sich in dem neuen Verkehrssystem zusammen.

Zugleich war die Eisenbahn die erste Maschine, die wirklich öffentlich sichtbar war. Die Dampfmaschine in den Fabriken kannte die Mehrzahl der Bevölkerung nur vom Hörensagen; sichtbar waren die Schornsteine, die Fabrikgebäude sowie die furchteinflößenden Ansammlungen von „Proletairs", die in der Nähe der Fabriken hausten, die Orte unsicher machten und eine permanente Quelle von Angst und Beunruhigung darstellten. Die Maschinen selbst, diese Signatur der sich industrialisierenden Gesellschaft, sahen nur wenige. Dies änderte sich mit der Eisenbahn. Die neue Zeit war greifbar geworden.

Viele Hoffnungen, die auf den Fortschritt, die Aufklärung, die Industrialisierung, die Demokratie und die Reichsvereinigung gesetzt wurden, verbanden sich mit der Eisenbahn. Sie wurde zum Symbol, aber auch zum Promotor einer erhofften Umwälzung. Der Dampfwagen galt als ein „Herkules in der Wiege, der die Völker erlösen wird von der Plage des Krieges, der Theuerung und Hungersnoth, des Nationalhasses und der Arbeitslosigkeit, der Unwissenheit und des Schlendrians; der ihre Felder befruchten, ihre Werkstätten und Schächte beleben, und auch den Niedrigsten unter ihnen Kraft verleihen wird, sich durch den Besuch fremder Länder zu bilden, in entfernten Gegenden Arbeit und an fernen Heilquellen und Seegestaden Wiederherstellung ihrer Gesundheit zu suchen" [K. Mathy, 1837].

Die Errichtung eines übergreifenden Eisenbahnsystems, das die wichtigsten deutschen Städte und Gewerbegebiete miteinander verbinden sollte, galt neben der Einrichtung des Zollvereins als eine materielle Voraussetzung zur Bildung eines geeinten Deutschland. Friedrich List, der seit 1833 aktiv publizistisch und organisatorisch tätig war, wurde zu einem der wichtigsten Propagandisten eines Eisenbahnnetzes, das die deutschen Staaten miteinander verbinden sollte [. . .]. Im Gegensatz zu den Eisenbahnbefürwortern in einzelnen Städten und Regionen, denen es eher um eine Verbesserung ihrer relativen Position gegenüber verkehrsmäßig besser ausgestatteten Konkurrenten ging, betrachtete List den Ausbau eines nationalen deutschen Eisenbahnsystems als Mittel, die Reichseinigung voranzutreiben. In diesem Sinne hatte schon Goethe 1828 gemeint:

„Mir ist nicht bange, daß Deutschland nicht eins werde, unsere guten Chausseen und künftigen Eisenbahnen werden schon das Ihrige tun.“ [. . .]

Entsprechend schrieb List [1841]:

„Die wichtigste Seite eines allgemeinen Eisenbahnsystems ist für uns Deutsche nicht die finanzielle, nicht einmal die nationalökonomische, sondern die politische. Für keine andere Nation ist es von so unschätzbarem Wert als Mittel, den Nationalgeist zu wecken und zu nähren und die Verteidigungskräfte der Nation zu stärken.“ [. . .]

Die Eisenbahn steht [. . .] nicht nur für den nächstliegenden Zweck, die Verbindung der deutschen Länder zu einem einheitlichen ökonomischen und folglich auch kulturellen und politischen Gebiet. Sie wird darüber hinaus zum Ausdruck des „Neuen“ schlechthin, also der „Zukunft“ und des „Fortschritts“. Sie ist die natürliche Verbündete der Fortschrittspartei, denn sie bringt Bewegung in die erstarrten Verhältnisse. Bewegung im Gegensatz zu Stillstand, zum Beharren in überkommenen Zuständen, das war eine leitende Metapher der Liberalen und Demokraten. Das Tempo, das die Zeit gewann, der Schwung, in den die Verhältnisse gerieten, das waren die Vorstellungsformen, in denen die Umwälzungen durch das heraufziehende Industriesystem anschauliche Gestalt gewannen. Die neue Geschwindigkeit wird alle hergebrachten Bräuche und Gewohnheiten, Herrschaft, Aberglauben und Stagnation hinwegfegen.

Das Eisenbahnwesen war somit nicht nur tatsächliche Leittechnologie der beginnenden Industrialisierung – ihre Schnelligkeit, ihr unaufhaltsamer Fortgang, ihre eiserne Unerbittlichkeit machten sie zugleich zum herausragenden Symbol, im positiven wie im negativen Sinn. Die öffentliche Äußerung von Eisenbahnbegeisterung war daher oft zugleich eine politische Artikulation: Mit der neuen Technik konnten Demokratie und Republik gepriesen werden, ohne daß befürchtet werden mußte, daß die Zensur einschritt. [...]

Die Eisenbahn galt als eine Technik, die es in Zukunft unmöglich machen würde, Zensurverhältnisse aufrechtzuerhalten. Wenn alle Städte miteinander verbunden wären, wenn schneller und reger Reiseverkehr herrschte, schien es nicht mehr möglich, die Landesgrenzen gegen unerwünschte Gedanken abzusperren. Je nach politischem Standort war das ein Grund, die Einführung von Eisenbahnen zu begrüßen oder aber zu fürchten. Ein bayerischer Abgeordneter nannte sie in den dreißiger Jahren eine „Saat von Drachenzähnen, die eine Revolution erzeugen" [...]. Umgekehrt galt liberalen Abgeordneten die Eisenbahn als eine Garantie für bürgerliche Freiheiten, und sie äußerten dies auch explizit. So hieß es in einer Rede des Abgeordneten Merk vor der vergleichsweise liberalen badischen Ständeversammlung [1838]:

„In dem Ideenaustausch, welcher durch den Nationenverkehr notwenig entstehen muß, liegt ein großes Gegengewicht gegen die Censur, und bei einem solchen Verkehr wird es unmöglich seyn, eine Reaction gegen die Fortschritte des menschlichen Geistes mit Erfolg durchführen zu können." [...]

Andere [...] gaben ihrem Entsetzen vor dem Prosaischwerden, vor der Entzauberung der Welt durch die Eisenbahn vorbehaltslos Ausdruck, so etwa Friedrich Rückert:

„Ihr möchtet gern in allen Breiten
Die Welt mit Eisen überbrücken,
Um windschnell drüber hinzugleiten
Als wie ein Schiff auf Meeresrücken.

Ich aber möcht' in alle Weiten
Die Welt mit Rosenhecken schmücken,
Fußwandelnd langsam durchzuschreiten,
und überall nach Lust zu pflücken."

[...] Die geometrisch gerade Linie, die die Landschaft durchschneidet, die neue ungewohnte Geschwindigkeit, schließlich das Eisen, aus dem das Dampfroß gefertigt ist, sind anorganisch, unnatürlich, verletzen die Heiligkeit der Natur und beruhen, so lautet der Verdacht, auf einem Irrtum: als wollte der Mensch vorankommen, wo sein Leben doch endlich, ein kurzer Weg zwischen Geburt und Grab ist. [...] Joseph Görres, der katholische Kritiker der Französischen Revolution und der Moderne, sah die Heraufkunft des Zeitalters von Dampfmaschinen und Eisenbahnen als einen letztlich vergeblichen Versuch an, die menschliche Existenz zu verändern, der schließlich im „Verderben" enden müsse. In Anlehnung an das Bibelwort schrieb er [1832]:

„Und wäre ganz Deutschland mit Riegelbahnen von einem Ende bis zum andern in allen Richtungen belegt; und flögen Dampfwagen zu Tausenden in ihm über Berg und Thal; würden alle seine Flüsse von den Dampfschiffen bis zum tiefsten Grund durchfurcht, arbeiteten die Hebel sich müde in allen Winkeln, und wendeten sich um und um an allen seinen Straßen die Räder der Maschinen: was hülfe ihm das Alles, hätte es in dem klappernden Mechanismus seine Seele verloren!"

[...] In allen Lagern bestand bemerkenswerte Einigkeit darüber, daß die Eisenbahn die Welt grundlegend verändern würde. Befürworter wie Gegner sahen ähnliche Auswirkungen, nur bewerteten sie diese unterschiedlich. Es finden sich allerdings wenige Stimmen, die im Sinne der politischen Romantik versuchten, durch eine zusammenhängende Argumentation die Vorbehalte gegen die Eisenbahn zu artikulieren. Gedichte, poetische Klage, zum Teil auch Briefe und Tagebuchaufzeichnungen sind die wichtigsten Texte, in denen sich Ablehnung findet. Die einzige Stelle, an der ich auf eine explizite und ausführliche Polemik gegen die Eisenbahnen gestoßen bin, ist das „Berliner Politische Wochenblatt", eine Zeitschrift der romantischen Opposition in Preußen, in der Tradition von Adam Müller. Darin heißt es [1839]:

„Die Zeit hat Siebenmeilenstiefel angezogen, sie achtet nicht auf die stillen Blumen des Wiesengrundes: vorwärts! vorwärts! als ob es dahinten brennete, oder als ob sie ein unruhig Gewissen hätte und fürchtete, die Strafe möchte sie einholen. Wer treibet denn die Völker in solcher Hast? Ist doch Buonaparte längst begraben! ... Er ist abgelöst, an seine Stelle ist der Dampf getreten, nicht ein Schiff- und Wagentreiber allein, auch ein Völkertreiber."

Alf Lüdtke

Die Elektrifizierung der Gesellschaft

Diese parallele Ex- und Intensivierung der Eisenbahn-Erfahrung von Zeit und Raum wurde durch eine andere Sinneserfahrung überlagert, oder doch ergänzt: Im direkten wie im übertragenen Sinne „elektrisierte" sich die Gesellschaft. Die technischen bzw. kommerziellen Vorbilder fanden sich in London und New York: 1882 hatten private Gesellschaften die ersten Versorgungswerke für einzelne Stadtbezirke eingerichtet. Wenige Jahre später leuchteten in Paris die elektrisch illuminierten Schaufenster großer Kaufhäuser. In Deutschland „zündete" es besonders in Frankfurt: In wenig mehr als einem Jahr organisierte der Besitzer der „Frankfurter Zeitung“, des führenden liberalen Blattes des Deutschen Reiches, Theodor Sonnemann, die „Internationale Elekrotechnische Ausstellung“; sie öffnete im Frühjahr 1891. Während der Sommermonate wurde in großen Ausstellungshallen die Erzeugung von Strom vorgeführt. Zu sehen waren vor allem riesige Generatoren und die schier unerschöpflichen Möglichkeiten der Nutzung der neuen Energie: Das Publikum war fasziniert und drängte sich zu Hunderttausenden. Kurz darauf wurde die erste Überlandleitung in Deutschland von Lauffen am Neckar nach Frankfurt gebaut; die expandierende Mainmetropole begann mit Nachdruck, ein – allerdings nur innerstädtisches – Elektrizitätsversorgungsnetz aufzubauen.

Die Resonanz auf die neue Energie und ihre Nutzungsformen war ungeheuer. Dabei paarte sich die Erinnerung an Bekanntes (an das „Elektrisieren“ als Heilmethode) mit dem Reiz bisher ungeahnter Möglichkeiten, „das Dunkle“ aufzuhellen. Zugleich erregte aber auch der Aggregatzustand dieser Energie Staunen, gemischt mit (nicht selten ehrfürchtigem) Unverständnis. Im Unterschied zum zischend-heißen Dampf, zur stinkend-rußigen Kohle bzw. dem Feuer, dem öligen, ebenfalls stinkenden Petroleum oder dem riechbaren Gas (bzw. den sichtbaren Stahlzylindern der städtischen Gasanstalten) war der elektrische Strom nicht mehr greifbar – seine Erzeugungsquelle konnte weit entfernt, jedenfalls außer Seh- und Hörweite arbeiten. Wie sehr die Formen und Verwendungen der elektrischen Kraft die Phantasie anregten, für viele auch die Grenzen ihrer Fassungs- und Vorstellungskraft überstiegen, spiegelte sich in der Überfülle von allegorischen Darstellungen der neuen Energie. Beispielhaft war der Katalog der Frankfurter Ausstellung: Eine „Göttin des Lichts“ verkörperte den Anbruch des elektrischen Zeitalters – ihr Feuer übernahm die überirdische Botin unmittelbar von Prometheus.

Das Interesse des breiten Publikums richtete sich in erster Linie auf die elektrische Beleuchtung. Kundige Zeitgenossen verwiesen darauf, daß neben der Feuersicherheit die Tatsache zu beachten sei, daß der Strompreis nur noch halb so teuer war wie die Energie- bzw. Lichtversorgung auf Petroleumbasis – „was vor allem auf dem Lande die Ausbreitung der elektrischen Beleuchtung außerordentlich begünstigt" [H. Th. M. Kloss, 1913]. Besonders rasch stieg die Nutzung von Elektrizität für „Kraftzwecke". Vor allem ermöglichte „der Einzelantrieb von Arbeitsmaschinen (...) den Fortfall der häßlichen lichtraubenden arbeitsverzehrenden, lärmverursachenden und dem Arbeiter gefahrbringenden Transmissionswellen und Riemen, so daß die Arbeiter in elektrischen Betrieben unter viel günstigeren Bedingungen arbeiten" [Ders.]. Freilich dürfen Berichte über Umstellungen nicht überdecken, daß vielerorts die vorhandene Maschinerie keineswegs sofort oder vollständig ausrangiert wurde. Wichtig war aber, daß auch im täglichen Arbeitsablauf in den Fabriken die Chancen des industriellen Fortschritts nun auch den Arbeitenden selbst zugute kommen mochten. Nicht zuletzt konnten sie bei Arbeit an elektrifizierten Werkzeugmaschinen z.B. bei gleichen Akkordsätzen erhöhte Verdienste erwarten. Die Maschinen ließen sich mit gesteigerter Geschwindigkeit betreiben; die gemessene „Leistung" der Arbeitenden vermehrte sich deshalb z.T. um 10 bis 15%. Die Ziffern aggregierter Statistiken für Produktion und Verwendung von elektrischem Strom bestätigen die zeitgenössische Wahrnehmung vom explosionsartigen Wachstum: Der Gesamtverbrauch im Deutschen Reich stieg in den sechs Jahren von 1898/99 bis 1904/05 von 28,2 auf 111,5 Millionen kWh.

Elektrische Maschinen, vor allem auch Gebrauchsgüter und Geräte für „jedermann" wurden von einer der großen Herstellerfirmen, der „Allgemeinen Electricitäts-Gesellschaft" (AEG), als Mittel und Symbole der neuen Stufe des industriellen wie gesellschaftlichen Fortschritts geformt – und damit auch stilisiert. In der Berufung von Peter Behrens, dem Direktor der Düsseldorfer Kunstgewerbeschule, zum „künstlerischen Beirat“ im Jahre 1907 (bis 1914) fand diese – im Wortsinn – flächendeckende Verknüpfung von Verkaufsstrategie und Selbstdarstellung einen auch zeitgenössisch viel beachteten Höhepunkt. Behrens' Konzept einer „Industriekunst“ wandte sich gegen die vorherrschenden historisierenden Formgebungen; er vertrat eine strikt dekorationslose Einfachheit der Produkt- und Produktionsästhetik. Die gebrauchsorientierten Formen der von ihm entworfenen Lampen, Ventilatoren und Küchengeräte entwickelten jedoch einen hohen Identifikationsreiz: Massenkonsum, aber auch Einbindung der Arbeiterschaft schienen von einem solchen Gestaltungskonzept ebenso vorangebracht wie die Stärkung der internationalen Wettbewerbsfähigkeit der deutschen Industrie.

Werner Siemens
an seinen Bruder Karl in London (30. 10. 1877)
„Telephontrubel“ (1877)

Du wirst wohl zurück sein und meinen Brief erhalten haben. Wir sind hier jetzt in großem Telephontrubel! [Generalpostdirektor Heinrich von] Stephan erhielt gleichzeitig mit den unsrigen ein Paar amerikanische durch den Engländer (Deutsch-Engländer, der hergeschickt ist), welches leider besser geht als das von Euch gefertigte und auch besser als die unsrigen. Es sind kleine Konstruktionsdetails! Damit wurden neulich bei einem Diner bei Stephan Versuche gemacht, mit den unsrigen im Saal und mit den amerikanischen zwischen seinem Hause und der Hauptstation. Letzteres ging mit zwei unterirdischen Leitungen sehr gut. Darauf ist nach Potsdam, dann nach Brandenburg noch recht schön und deutlich gesprochen, gesungen worden usw. Nach Magdeburg wollte es nicht mehr gehen. Faktum, daß man mit *unterirdischer Doppelleitung* noch auf 10 deutsche Meilen deutlich sprechen kann! Das ist allerdings sehr überraschend. Stephan ist ganz wild und seine Beamten auch. Wir arbeiten gleich tüchtig darauf los, da alle Welt welche haben will! Ich habe auch schon Verbesserungen in Arbeit, von denen ich mir viel verspreche. Es beginnt damit eine neue Ära für unterirdische Leitungen, und es wäre sehr gut, wenn Ihr der Konstruktion billiger (dünner) Leitungen Eure ganze Aufmerksamkeit zuwendetet. Übermorgen geht es mit Stephan und seiner Suite (worunter auch ein englischer Ingenieur des post office und Millitzer aus Wien) nach Kiel, um Sprechversuche zwischen Kiel, Berlin und Frankfurt a.M. zu machen. Dann ein von uns gegebenes Diner in Bellevue von etwa 40 Gedecken. Oberpräsident und alle ersten Beamten! Der Rußschreiber und der neue Doppelstift (Schwarzschreiber) arbeiten brillant. Ersterer gibt ganz sicher und schön 1400 Worte per Stunde. Erfolg wird gut sein.

Stephan hat vor, jedem Berliner Bürger womöglich ein Telephon zu jedem anderen zur Disposition zu stellen!

Hans Dominik

Autodroschke und Motorrad

Die Autodroschken selbst galten bei ihrem Aufkommen noch unbedingt als Luxusfahrzeuge, die unter allen Umständen erheblich teurer als Pferdedroschken arbeiten müßten. Dem Versuch, ihren Tarif dem der Pferdefuhrwerke anzugleichen, prophezeite man ein wirtschaftliches Fiasko. Selbst unter den Mitgliedern der A.T.G. [Automobiltechnische Gesellschaft] gewann der Gedanke, daß der Motorwagen auch einmal wirtschaftlich mit dem Pferdegespann in Wettbewerb treten könnte, nur sehr langsam Boden. Ein Vorkämpfer für diese neue Idee war unser Gesellschaftsmitglied Alfred Simon, trotz seines alttestamentarischen Namens ein Urteutone, der zu jener Zeit die Garage von A. Wertheim mit fünfzig Lieferwagen unter sich hatte. Als einer der ersten hatte Wertheim seinen Belieferungsbetrieb motorisiert, und aus den Betriebszahlen, die Alfred Simon uns vorlegte, ließ sich 1904 mit einigem guten Willen immerhin schon die ungefähre wirtschaftliche Gleichwertigkeit von Benzin- und Hafermotor herauslesen. Daß aber der Motor das Pferd im Berliner Straßenverkehr einmal völlig verdrängen würde, hätten auch die größten Optimisten nicht für möglich gehalten ...

In den Jahren 1904 und 1905 ließ die Zuverlässigkeit noch viel zu wünschen übrig. Das mußte ich selbst erfahren, als ich mir im Frühjahr 1904 ein Einzylinder-Motorrad zulegte, das ich 1905 durch ein fünfpferdiges Zweizylinderrad ersetzte. Ich habe mit beiden Maschinen schöne Fahrten gemacht, doch ging ich grundsätzlich nur mit einem Rucksack auf die Reise, in dem sich Reserveteile im Gewicht von mehreren Kilogramm befanden. Immer reichte aber auch das nicht aus. Bei mancher Schmiede habe ich unterwegs haltgemacht und mir einzelne Teile, die zu Bruch gegangen waren, aus Draht und Blech selbst hergestellt. Wer nicht sein eigener Schlosser und Mechaniker sein konnte, der tat in jenen Jahren besser daran, das Motorfahren bleiben zu lassen; für den aber, der das konnte, war das Motorrad eine wundervolle Errungenschaft. [...] Es war anstrengend und zuweilen ein wenig abenteuerlich, aber man war ja noch jung und konnte den Reiz solcher Fahrt voll genießen. Gelegentlich kam ich auch durch Gegenden, wo man noch niemals ein Motorrad gesehen hatte. Als ich einmal in einem hannoverschen Dorf vor dem Wirtshaus haltmachte, sammelten sich die Eingeborenen, und ich hörte, wie einer zu einem anderen sagte: „Kiek mal, een Dampfrad!“ Vom Benzinmotor wußten die Leute noch nichts.

Wolfram Siemann

Die ökologische Revolution: Der neue Umgang mit der Natur

Viel zu wenig [. . .] ist bisher bedacht worden, daß sich seit dem 18. Jahrhundert [. . .] eine „ökologische Revolution“ Bahn gebrochen hat; seitdem änderte sich von Grund auf der menschliche Umgang mit der Natur – oder im weiteren Sinne: der Umwelt -, in welcher der Mensch als natürliches Wesen jeweils zugleich zum Objekt eigenen Handelns wurde. Neue Prinzipien und Praktiken bestimmten den Umgang mit den Wäldern, den Äckern, Gewässern, der Luft, der Landschaft und auch der Tierwelt. Aus der Sicht heutiger Kulturkritiker gerät das 19. Jahrhundert geradezu auf eine Anklagebank, indem es als Quelle langfristiger Entwicklungen begriffen wird, deren naturgefährdende Wirkungen heute offen zutage liegen. Es wird hingewiesen auf die vielfältigen Folgen der Industrialisierung [. . .], auf die Bevölkerungsexplosion mit der stark in die Landschaft eingreifenden Verstädterung, auf die neuen Leitwerte des materiellen Gewinns und des ungehemmten ökonomischen Wachstums, und allem liege eine gewaltige Ausbeutung natürlicher Rohstoffe und Energien zugrunde. Wer sich freilich nur aus einem solchen zeitgebundenen, aktuellen Krisenbewußtsein an die Vergangenheit richtet, blickt in sie wie in einen Spiegel und sieht nur sich selbst. Die Motive und Erwartungen, die Menschen des 19. Jahrhunderts bewogen, auf neue Weise in die Natur einzugreifen, waren zu vielfältig, um sie lediglich als Gewinninteresse bewerten zu können.

Umweltgeschichte setzt andere zeitliche Zäsuren als etwa die Geschichte der Industrialisierung oder der politischen Ereignisse. Die üblichen zeitlichen Einschnitte der politischen Geschichte wie 1789, 1848 oder 1871 zählen bei ihr ziemlich wenig. Es hebt sich vielmehr die Zeitspanne vom frühen 18. Jahrhundert bis zur Mitte des 19. Jahrhunderts, also von ca. 1700 bis 1850 ab; in ihr wandelte sich der menschliche Umgang mit den vier elementaren Umweltmedien Wald, Boden, Luft und Wasser auf grundlegende Weise.

Jener Umgang war während dieser Epoche gekennzeichnet von dem „Streben nach maximaler Nutzung *regenerativer* Ressourcen" [Joachim Radkau]. Leben und Wirtschaften beruhten also auf Quellen, die sich nicht endgültig verzehrten, sondern stets wieder aufbauten. Der Volkswirtschaftler Werner Sombart hat dafür den bildhaften Ausdruck vom „hölzernen Zeitalter" geprägt. Er verdeutlicht den alles überragenden Rang des Waldes, welcher als wichtigster Energieträger diente, als Weide für das bäuerliche Vieh, als Humuslieferant für die Äcker, als Vorratslager für den Baustoff Holz. Freilich haben Menschen schon seit Urzeiten, nicht erst seit dem 18. Jahrhundert, so gelebt. Dieses Jahrhundert hebt sich aus dem Fluß der Zeit aber als ein besonderes hervor, weil sich in ihm der Umgang der Zeitgenossen mit dem Wald und ihr Zeitbewußtsein auf charakteristische Weise änderten. Das Streben, die Wälder und das Holz maximal zu nutzen, stieß in jenem Jahrhundert nämlich erstmals an Grenzen. Die Zeitgenossen machten die Erfahrung der „Holznot" und begannen, das bevorstehende Ende ihrer Energieressourcen zu befürchten. Über das Jahrhundert hinweg mahnte eine Flut von Traktaten und Flugschriften, dem Raubbau am Wald entgegenzutreten und durch sorgfältiges Wirtschaften Brennholzmangel zu vermeiden. [. . .]

Die besorgniserregenden Prognosen ermunterten die Regierungen und Forstpraktiker des ausgehenden 18. Jahrhunderts, durch einen neuartigen – den wissenschaftlichen – Umgang mit dem Wald das Problem zu meistern. „Wissenschaftlich" hieß aber vor allem, die Nutzung der Wälder ökonomisch berechenbar zu machen, um frühzeitig die Schwelle zum Raubbau hin zu erkennen. Ökonomie und

Ökologie wurden nicht als Gegensatz, sondern als notwendige Zwillinge betrachtet. Wissenschaftlich bedeutete fortan: genaue Taxation, Vermessung der Forsten mit Karten, exakte mathematische Berechnung der Areale, Verzeichnis der Art des Bewuchses und der jeweiligen Bodenqualität. Der nassauische Oberforstrat Georg Ludwig Hartig formulierte in einem Lehrbuch im Jahre 1804 als Maßstab der Waldnutzung, „daß die Nachkommenschaft wenigstens eben so viel Vorteil daraus ziehen kann, als sich die jetzt lebende Generation zueignet. Eine solche, möglichst hohe und immer gleiche, also *nachhaltige* Benutzung der Wälder kann aber bei einer willkürlichen Bewirtschaftung und Holzabgabe aus den Forsten nicht stattfinden." Verantwortungsvoller Umgang mit dem Wald erwachse nicht aus geschätzten Erfahrungswerten und Augenmaß, sondern aus genauer Kalkulation, um dem Raubbau zu wehren, ihn überhaupt erst zu erkennen. Das Prinzip der Nachhaltigkeit war ein ethisches und zugleich ökonomisches Richtmaß. Bei Hartig hieß es: „Aus den Waldungen des Staates soll jährlich nicht mehr und nicht weniger Holz genommen werden, als bei guter Bewirtschaftung mit immerwährender Nachhaltigkeit daraus zu beziehen möglich ist." Daraus sprach die Hoffnung, Nutzung und Regeneration in einer gleichbleibenden Balance halten zu können; diese Lehre versagte freilich vor unkalkulierbaren Einbrüchen, wie sie für die Natur, die kein Laboratorium ist, charakteristisch sind. Schlechte Ernten, Naturkatastrophen, Stürme und Krankheitsbefall ließen sich nicht vorausberechnen. [. . .]

Der wohl tiefstgreifende Einschnitt der Umweltgeschichte lag für Deutschland in der Mitte des 19. Jahrhunderts. Von da an begann die massenhafte Nutzung der Steinkohle, welche den alten Energieträger Holz ersetzte. Seit jener Epoche des sogenannten Take-off (ca. 1850 – ca. 1875) erhielt die deutsche Wirtschaft dasjenige Profil, das für sie bis in die jüngste Vergangenheit kennzeichnend war: anfänglich

Schwerindustrie, dann Chemie- und Elektroindustrie. Energiemangel war plötzlich kein Problem mehr, denn Deutschland besaß reiche Kohlevorräte. Die Faszination der Dampfmaschine, gar der fahrenden als Eisenbahn, wurde zum Urerlebnis einer ganzen Generation. Freilich trat an die Stelle der überwundenen Furcht vor der Holznot das Bewußtsein, in einer neuen Krise zu leben. Die wachsenden Städte um die Fundstellen der Kohleförderung und der jungen Industrie schufen neue Probleme, welche nachhaltig die Umwelt belasteten. [...]

Wie beim Umgang mit dem Wald wandelte sich [...] auch die Haltung gegenüber dem Boden. Da die Naturkundler bisher an eine unerklärliche Lebens- und Zeugungskraft des Ackers geglaubt hatten, konnten sie nicht erklären, warum diese nachlasse und woher sie ihre Reserven beziehe. Erst ein neuer, der wissenschaftliche Zugang vermochte mit Theorie, Erfahrung und Experimenten aufzuklären, welchen Eigenschaften der Boden seine Produktivität verdankte und wie sich diese wiederherstellen und verbessern ließ. [...]

Den eigentlichen Durchbruch zu einer neuen Landwirtschaftswissenschaft bewirkte [...] Albrecht Daniel Thaer aus Celle, der es sich als Außenseiter – er war ursprünglich Arzt – zum Ziel gesetzt hatte, im Bereich der Landwirtschaft die Gesetze der Natur zu erkennen. Thaer hatte das landwirtschaftliche Schrifttum aus England gründlich studiert und daraus die Überzeugung entnommen, erst in Verbindung mit den Kenntnissen der Chemie lasse sich eine wissenschaftliche Lehre des Ackerbaus entwickeln. [...] Thaer begründete ein landwirtschaftliches Lehrinstitut bei Celle. Später folgte er einem Angebot des preußischen Staatskanzlers Hardenberg und richtete auf dem Rittergut Möglin zwischen Berlin und Frankfurt an der Oder ein Versuchsgut ein, wohin von weit her Landwirte kamen, um sich in den neuen Lehren unterrichten zu lassen. Thaer begründete die wissenschaftliche Bodenkunde; zugleich lehrte er aber, wie ein landwirtschaftliches Gut nach betriebswirtschaftlichen Gesichtspunkten betrieben werden mußte, um größtmöglichen Gewinn abzuwerfen. Er veröffentlichte zwischen 1808 und 1812 ein vierbändiges Hauptwerk mit dem Titel: „Grundsätze der rationellen Landwirtschaft". Man kann es als Geburtsurkunde einer Landwirtschaft betrachten, die rein wettbewerbswirtschaftlichen Prinzipien expandierender Märkte folgte. Thaer bezeichnete die Landwirtschaft darin als ein Gewerbe, „welches zum Zweck hat, durch Produktion (zuweilen auch durch fernere Bearbeitung) vegetabilischer und tierischer Substanzen Gewinn zu erzeugen oder Geld zu erwerben. Je höher dieser Gewinn *nachhaltig* ist, desto vollständiger wird dieser Zweck erfüllt. [. . .]"

Dieses Konzept nahm das Ergebnis der übergreifenden Zeitenwende vorweg, die sich als staatlich forcierter Wandel von der Ständeordnung zu einer Marktwirtschaft von Privateigentümern darbot; das erforderte zugleich auch einen Wandel im ökonomischen Denken. Genügte es bisher weitgehend, in einem geordneten landwirtschaftlich geprägten Lebensverband (im Idealtyp dem sogenannten „ganzen Haus") Güter und Geld vor allem für den Eigenbedarf zu erwirtschaften, war es unter den Bedingungen freier Eigentümer notwendig, die Produkte am Markt anzubieten.

Man verstand Thaer freilich oft falsch, indem man seiner Orientierung landwirtschaftlicher Produktion am Gewinn zwangsläufig Ausbeutung oder Schädigung der Natur unterstellte. Wie die Forstwirte kannten die frühen Landwirtschaftswissenschaftler das Prinzip der „Nachhaltigkeit", also das Gebot, auf Raubbau zu verzichten und den Boden so schonend zu nutzen, daß er auch kommenden Generationen in gleichem Maße dienen könne. [. . .]

Thaers Anregungen riefen ein lebhaftes Echo hervor, das sich in einer über ganz Deutschland verteilten Schülerschar fortsetzte. Dem Braunschweiger Reformator der Landwirtschaft Carl Sprengel gelang erstmals der experimentelle Beweis, daß Mineralstoffe die elementare Düngesubstanz darstellten. Statt der nun widerlegten alten „Humustheorie“ begründete Sprengel die Lehre von der Mineralstoffernährung der Pflanzen. Er schrieb Lehrbücher, gründete eine land- und forstwissenschaftliche Fachzeitschrift und erhob die Düngelehre zum Lehrprogramm einer landwirtschaftlichen Lehranstalt.

Doch nicht dieser – fast vergessene – Pionier der neuen Wissenschaft vom Landbau, sondern der Chemiker Justus Liebig popularisierte das Programm Thaers und die von Sprengel bereits entwickelten Düngelehren in Deutschland und weit darüber hinaus. Im Jahre 1840 veröffentlichte er das bahnbrechende Werk „Die Chemie in ihrer Anwendung auf Agrikultur und Physiologie“. Darin formulierte er als entscheidende Erkenntnis: „Als Prinzip des Ackerbaues muß angesehen werden, daß der Boden in vollem Maße wieder erhalten muß, was ihm genommen wird“. Liebig prognostizierte auch richtig die kommende industrielle Verfertigung von Kunstdünger; er schrieb, es werde eine Zeit nahen, wo man den Acker mit einer Auflösung von Wasserglas (kieselsaurem Kali), mit der Asche von verbranntem Stroh, wo man ihn mit phosphorsauren Salzen düngen werde, „die man in chemischen Fabriken bereitete, gerade so wie man jetzt zur Heilung des Fiebers und der Kröpfe Präparate gibt“. Liebig und seine Anhänger sahen sich gleichsam in der Rolle eines Arztes, der eine Schwäche oder Krankheit des Bodens therapierte. Sie lebten und argumentierten in der Erfahrung, daß der zeitgenössische Akkerbau Raubbau mit den Böden betrieb. Diesem wollte man entgegenwirken – in aufgeklärter Weise und in Distanz zu allen romantischen Naturphilosophien, welche die Urkraft in der Natur suchten, aber nicht erklären konnten, wovon die Pflanzen in ihrem Wachstum abhängig waren. [. . .]

An dem Programm der landwirtschaftlichen Versuchsstationen, wie es etwa Stöckhardt entwarf, wird der neue professionelle Charakter der Landwirtschaft besonders gut greifbar; er forderte: Untersuchung der Wachstumsbedingungen der Pflanzen, der Bestandteile der Atmosphäre, von Boden und Düngemitteln; Analyse der Bestandteile der Pflanzen, meteorologische Beobachtungen, Anbau neuer Nutzpflanzen, Erprobung landwirtschaftlicher Maschinen und Werkzeuge sowie Entwicklung einer landwirtschaftlichen Betriebswirtschaftslehre. Der neuartige Umgang mit dem Boden deutete auf einen säkularen Mentalitätswandel: Die Natur war nicht mehr durch eine mystische „vis vitalis" belebt, sie war entzaubert. Der Landwirt gewann die Herrschaft über seine Felder, emanzipierte sich damit auch von den traditionalen Hunger- und Teuerungskrisen. Er wurde zu einer Art chemischem Fabrikant, die Landwirtschaft wandelte sich von einer Erfahrungstätigkeit zur Technologie.

Die neue Lehre wurde durch die zeittypischen Formen des Vereinswesens zu einer gesellschaftlichen Kraft. Es bildete sich, über alle deutschen Staaten verteilt, eine Kette landwirtschaftlicher Vereine. Jährlich trafen ihre Mitglieder auf den Versammlungen der deutschen Land- und Forstwirte zusammen. Zahlreiche Fachzeitschriften unterstützten solche Aktivitäten, darunter insbesondere auch Stöckhardts Jahrbuch „Der Chemische Ackersmann", dessen erster Band im Jahre 1855 erschien, also ein Jahr nach dem Gipfel deutscher Auswanderung im 19. Jahrhundert. Noch wurde in Europa, und auch speziell in Deutschland, gehungert; die Sorgen, das Land könne nicht mehr für alle reichen, waren längst nicht gebannt. Um so mehr werden Erleichterung und Hochstimmung begreiflich, mit der der Herausgeber des „Ackersmanns" 1865 den zehnten Jahresband einleitete. Eine Reihe guter Ernten und die Fortschritte in der Bodenbearbeitung ließen ihn von „Wachstum und fruchtbaren Zeiten" sprechen, zu denen auch die Naturwissenschaften maßgeblich beigetragen hätten. Der Erfolg schien der neuen Lehre Recht zu geben; man wußte noch nicht von der Bodenbiologie und dem ökologischen Gleichgewicht der Mikroorganismen im Boden. Man behandelte ihn nicht nach Art eines ökologischen Systems, sondern gleich einer Retorte in einem Laboratorium, und in der Absicht, früheren Schaden und Raubbau abzuwenden, schädigte man durch die neuen Maßnahmen auf ungewollte Weise abermals den Boden. Grundsätzlich modern an der Situation war, daß man nun nicht mehr hinter das empirisch kontrollierte, wissenschaftliche Verfahren zurückgehen konnte, sondern die unvorhersehbaren Nebenwirkungen der wissenschaftlichen Eingriffe in die Natur als neue, ständig auftauchende Risiken wiederum mit wissenschaftlichen Methoden bekämpfen mußte.

Hans-Ulrich Wehler

Das zollvereinigte Deutschland

Für den Handel zwischen den deutschen Staaten – alsbald auch für ihren außerdeutschen Außenhandel – sind die einschneidenden Veränderungen in ihrer Zollpolitik während der fünfzehn Jahre von 1818 bis hin zum Deutschen Zollverein von 1834 und dann vor allem in der Folgezeit von grundlegender Bedeutung gewesen. [...] Die Motive und der Verlauf der Zollunionspolitik nach 1818 können einmal aus der Perspektive ihres erfolgreichsten Verfechters, Preußens, verfolgt werden; zum zweiten müssen aber auch die Gründe klargemacht werden, warum die sich schließlich zum Deutschen Zollverein zusammenschließenden anderen Staaten bei ihrer Kosten-Nutzen-Abwägung durch das Schwergewicht erkennbarer und erhoffter Vorteile zu dieser Entscheidung bestimmt wurden.

Für die Berliner Politik ist eine Trias von politischen Zielvorstellungen ausschlaggebend gewesen. In dem seit achtzig Jahren währenden Konkurrenzkampf mit Österreich stellte die Zollunionsstrategie ein wirtschaftspolitisches Instrument der großpreußischen Expansion dar, die auf lange Sicht auf die Dominanz in Norddeutschland und die Verbindung des westlichen Teils mit dem östlichen Kernstaat der Monarchie abzielte. Das hatte mit Nationalpolitik genauso wenig gemein wie die Ausdehnung der ökonomischen Einflußsphäre nach Süden, wodurch die Optionsbreite der Wiener Politik beschnitten und überhaupt Österreichs Vorrangstellung im Deutschen Bund wirksam unterhöhlt werden sollte. Außerdem durfte sich Berlin, zumal angesichts der Zweiteilung des Staates, handelspolitische Erleichterungen und auf längere Sicht auch wachstumsfördernde Effekte für seine Industrie versprechen. Und schließlich spielte erneut der öffentliche Finanzbedarf eine ganz zentrale Rolle. Die inzwischen auf fest kalkulierbare Geldmengen umgestellte staatliche Steuerwirtschaft blieb an den Grenzzolleinnahmen höchst interessiert, denn in Europa gehörte der preußische Zolltarif zu den Außenzöllen mit den niedrigsten Sätzen, in Deutschland aber besaß er die höchsten. Selbständige Einkünfte gestatteten es dem Hof und der Ministerialbürokratie, die Einberufung eines Parlaments, das „the power of the purse" besaß, weiterhin hinauszuschieben. Und die Aufteilung der Zollverwaltungskosten unter mehrere Staaten konnte den preußischen Anteil senken, während die Nettoeinnahmen bei florierender Wirtschaft stiegen.

Offensichtlich entfiel für die künftigen Zollunionspartner das Motiv einer freiwilligen Unterstützung großpreußischer Ausbreitungswünsche. Die Aussicht auf handelspolitische Verbesserungen zugunsten spezieller Interessen löste häufig die Furcht in mindestens ebenso wichtigen Wirtschaftskreisen aus, dem freien Konkurrenzkampf mit starken preußischen Rivalen nicht gewachsen zu sein. Die unleugbaren politischen und ökonomischen Pressionen Preußens vermochten da manches, aber nicht alles auszurichten. Der Schlüssel zur Erklärung der ausschlaggebenden Beitrittsgründe in der Zeitspanne bis 1834 – danach gewann der Zollverein als wirtschaftlicher Großraum ein zusätzliches Eigengewicht – liegt daher in der Fiskal- und Verfassungspolitik: in der spezifischen Attraktivität, welche die Vorzüge einer Zollunion gerade auch für die Finanzwirtschaft und gouvernementale Innenpolitik der Klein- und Mittelstaaten besaßen.

Ein simples Theorem der neoklassischen Wirtschaftstheorie besagt, daß Präferenzentscheidungen für neue institutionelle Lösungen von Problemen dann zustande kommen, wenn ihre Kosten die des alten Arrangements wahrscheinlich dauerhaft unterbieten. Was besagt das für die Beitrittserwägungen der späteren Zollvereinsmitglieder? Auch in den kleinen und mittelgroßen deutschen Staaten vollzog sich während der ersten Hälfte des 19. Jahrhunderts der Übergang zur staatlichen Steuerwirtschaft, die zum guten Teil auf Zöllen beruhte. In den Staaten ohne Parlament war das Interesse an wachsenden öffentlichen Einnahmen nicht weniger ausgeprägt als in den Verfassungsstaaten, wo die Regierung häufig versuchte, mit Hilfe autonomer staatlicher Einkünfte die Abhängigkeit vom Budgetrecht des Landtags zu umgehen, damit aber das Parlament generell abzuwerten und das Entscheidungsfeld restaurativ-konservativer Fürstenpolitik zu verteidigen oder gar auszuweiten. Auch konnten sich nur größere Staaten die beträchtlichen Kosten einer effektiven Zollverwaltung erlauben und damit regelmäßige Zolleinkünfte sichern. Der Erfolg der preußischen Zollunionspolitik beruhte daher ganz wesentlich auf der – in Denkschriften auch rechnerisch exakt untermauerten – Aussicht darauf, durch die Vereinheitlichung, Vereinfachung und Lückenlosigkeit des Grenzzollsystems die kollektiven Verwaltungskosten insgesamt erheblich zu mindern, dagegen die – nach der Kopfzahl der Einwohner – aufzuteilenden Einkünfte aus den stets zugrunde gelegten relativ hohen preußischen Außenzöllen ebenso erheblich steigern zu können. Als dieses Nutzenkalkül durch eindrucksvolle Erfahrungen bestätigt wurde, war die Existenz des Zollvereins aufs erste gesichert. Der Preis für die finanziellen und innenpolitischen Vorteile der kleineren Mitglieder bestand in einer gewissen außenpolitischen und ökonomischen Abhängigkeit von Berlin, deren Reichweite nicht leicht zu bestimmen ist, aber z.B. keineswegs ausschloß, daß Zollvereinsstaaten in den 1860er Jahren gegen Preußen Krieg führten (während der Handelsverkehr ungestört weiterlief!) und sich bis 1870 einer großpreußischen Lösung der deutschen Frage entschieden widersetzten.

Klar erkennbar durchlief die Zollunionspolitik seit 1818 sechs Etappen.

1. In den Jahren nach dem Inkrafttreten des preußischen Zollgesetzes [1818] wurden kleinere Enklaven, die wie Schwarzburg-Sondershausen, Anhalt-Köthen und Anhalt-Dessau von preußischem Staatsgebiet umschlossen lagen, nach zum Teil langwierigen Verhandlungen in das Zollsystem des übermächtigen Nachbarn einbezogen.

2. Frühzeitig erwies sich der Deutsche Bundestag trotz eines Verfassungsauftrages als unfähig, gemeindeutsche Zollfragen anzupacken. Andrerseits spürten die süddeutschen Staaten die Gefahr, die von der preußischen Zollpolitik ausging. Nach mehrjährigen Expertengesprächen, die zwischen 1820 und 1825 in Darmstadt und Stuttgart geführt wurden, trat 1828 ein Vertrag über die erste deutsche interregionale Zollunion zwischen Bayern und Württemberg in Kraft.

3. Im selben Jahr gelang es der Beharrlichkeit der Berliner Unterhändler, das Großherzogtum Hessen-Darmstadt zu einem Zollverein mit Preußen zu bestimmen, das damit seinem Ziel, eine ununterbrochene Verbindung zwischen den West- und den Ostprovinzen herzustellen, einen Schritt näher kam. Seither standen sich zwei relativ große Zollverbände gegenüber. Spätestens im Vorfeld dieser beiden Vertragswerke hätte die Wiener Politik entschlossen reagieren müssen. Bis in die frühen 20er Jahre hinein hatte Metternich

jedoch auf den großen internationalen Konferenzen die preußische Unterstützung benötigt, danach erhielt sich unter den konservativen Ostmächten ein Verhältnis ideologischer Affinität, aber vergleichsweise lockerer Kooperation, das Wien mit vielleicht nur potentiell bedrohlichen Zollproblemen nicht belasten mochte; eventuell unterschätzte Metternich damals auch die möglichen Folgen der preußischen Wirtschaftsdiplomatie. Die bayerisch-württembergische Zollunion nannte er indigniert ein „schlechtes Beispiel", Hessen-Darmstadt warf er schon „unbegreifliche Verblendung" vor, dessen Vertrag mit Preußen charakterisierte er heftig-theatralisch als „Teufelswerk" – aber eine entschlossene Gegenaktion, ein Veto auf Biegen oder Brechen blieb aus.

4. Allerdings kam noch im Dezember 1828 der heimlich von Metternich geförderte „Mitteldeutsche Handelsverein" zustande, der sich von Sachsen über die thüringischen Staaten, Hessen-Kassel und Nassau bis zu den Herzogtümern Braunschweig und Oldenburg sowie dem Königreich Hannover, wie ein schwer überwindbarer Sperriegel, aus dem Südosten nach Nordwesten reichend, quer durch Deutschland legte. 1829 wurde diese antipreußische Zollunion bis 1840 verlängert, aber noch im selben Jahre gelang Berlin der entscheidende Gegenschlag.

5. Im Juni 1829 band ein Handelsvertrag die preußisch-hessische Zollunion im Norden und die bayerisch-württembergische im Süden zur Überraschung aller Gegner eng zusammen. „Wenn diese Vereinigung zustande kommt", hatte kurz vorher der hannoversche Geheimrat v. Grote dem Frankfurter Bürgermeister Thomas prophezeit, werde „Österreich aus den deutschen Angelegenheiten gänzlich verdrängt", damit aber zeichne sich als Ergebnis ab, daß „der ganze Bund preußische Staatswirtschaft und Finanzgrundsätze adoptiert ..., was heutzutage eigentlich alles heißt, da sich alles um diese dreht". [...] Als Preußen außerdem noch der Bau zweier zollfreier, nach Hessen-

Darmstadt und Bayern-Württemberg führender Straßen durch Sachsen-Meiningen, Sachsen-Coburg und Reuss gelang, brach der „Mitteldeutsche Handelsverein" faktisch zusammen.

6. Der Tod eines der aktivsten preußischen Protagonisten der Zollunionspolitik, des Finanzministers Friedrich v. Motz, im Juni 1830 und die französische Revolution im folgenden Monat führten dazu, daß der Druck der Berliner Wirtschaftsdiplomatie zeitweilig nachließ. Aber schon im August 1831 gab Hessen-Kassel dem erneuten Drängen nach, indem es sich dem preußischen Zollverein anschloß. Damit wurde endlich eine breite Verbindung zwischen dem westlichen und östlichen Preußen erreicht. In Mitteldeutschland stießen Sachsen und die thüringischen Staaten hinzu, denen trotz Metternichs Opposition auch die bayerisch-württembergische Zollunion folgte. In einer Reihe von zwischenstaatlichen Verträgen, die im März und Mai 1833 zustande kamen, wurde der ökonomische Integrationsprozeß völkerrechtlich besiegelt und die Gründung des Deutschen Zollvereins vereinbart, der seit dem 1. Januar 1834 alle Vertragspartner umschloß. Eine einheitliche Außenzollgrenze – die Tarifsätze entsprachen aufs Ganze den preußischen von 1818 – zog sich seither um das „zollvereinte Deutschland", das eine große Freihandelszone mit 26 Mill. Einwohnern bildete (1837, d.h. mit 88,6% der deutschen Bevölkerung des Bundes ohne die Deutsch-Österreicher). Ursprünglich wurde der Zollverein für die Dauer von zwölf Jahren geschlossen. Falls eine Versuchsphase bis 1842 zufriedenstellend verlief, sollte ab 1846 die automatische Verlängerung gelten, zu der es dann sogleich kam, da sowohl die Regierungen als auch die öffentliche Meinung sich bis 1842 über den Erfolg des Zollvereins einig waren. [. . .]

Seiner Rechtsnatur nach bestand der Zollverein aus einem Bündel von jeweils befristet gültigen, bi- und multilateralen, schließlich insgesamt 130 Abkommen umfassenden Verträgen aus den Jahren von 1819 bis 1884; er endete im Herbst

1918 mit dem Untergang des Kaiserreichs. Wie die nordamerikanische Union wurde der Zollverein als offenes System definiert, das Beitrittswillige jederzeit aufnehmen konnte. Bereits 1835 traten z.B. Baden, Nassau und Frankfurt, 1841 Braunschweig und Luxemburg (bis 1918!) ein; der antipreußische „Norddeutsche Steuerverein" erlahmte in seinem Widerstand erst 1851, worauf Hannover und Oldenburg Mitgliederstaaten wurden. 1867 beugten sich die beiden Mecklenburgs und Lübeck, Schleswig-Holstein wurde nach der Annexion durch Preußen im selben Jahr einbezogen, und als letzte schlossen sich die Hansestädte Hamburg (1882) und Bremen (1884) an.

Die legislative Institution bildeten die jährlich abgehaltenen Generalkonferenzen der instruierten Delegierten aller Vereinspartner, die bis 1867 an der Einstimmigkeit bindender Beschlüsse festhielten. Die einzelstaatliche Souveränität der Mitglieder blieb im übrigen unberührt, entscheidungskompetente supranationale Organe wurden nicht geschaffen. Das Berliner „Zentralbüro" diente lediglich der Verteilung der Zolleinnahmen und der Zollvereinsstatistik. [...]

Schneller als es selbst den optimistischsten Hoffnungen entsprach, gingen die fiskalpolitischen Erwartungen in Erfüllung. Wegen des gemeinsamen Grenzzollsystems sanken dessen Verwaltungskosten von 1834 bis 1844 von einem Sechstel auf ein Zwölftel des anfallenden Zolleinkommens [...]. Die Nettoeinkünfte, die je nach der Höhe der Einwohnerzahl an die Mitgliederstaaten umgelegt wurden, stiegen um rund 90%, während die Bevölkerung im selben Zeitraum nur um 21% anwuchs. Preußen schnitt wegen seiner hohen pro-Kopf-Quote (55% der Nettoeinkünfte) vorteilhaft ab, aber gerade den nichtpreußischen Staaten flossen ungeahnt hohe Verteilungsgewinne zu: An die bayerische Staatskasse z.B. wurden in den ersten zehn Jahren 22 Mill. fl. Nettogewinn abgeführt, Württemberg erhielt 10 Mill., Baden 3 Mill., die thüringischen Kleinstaaten empfingen 4 Mill. T. Diese Steigerung des öffentlichen Einkommens erwies sich als ein finanzieller Kitt, der die Regierungen des „zollvereinten Deutschland" fester aneinander band. Auch die anfangs eher skeptische öffentliche Meinung in Süddeutschland schlug eindeutig um, die Erprobungsphase wurde zum Erfolgserlebnis, die Verlängerung warf für die Kabinette keine ernsthaft strittigen Probleme auf. [...]

Wie lassen sich die Wohlfahrts- und Wachstumseffekte kennzeichnen, die durch den Zusammenschluß der Zollvereinsstaaten ausgelöst wurden? Diese Auswirkungen sind nicht leicht zu bestimmen, sind jedenfalls nicht so transparent und auch nicht so schnell eingetreten wie die fiskalischen; eine exakte Quantifizierung ist praktisch unmöglich. Auch muß man sich vergegenwärtigen, daß es nicht sogleich um eine volle ökonomische Integration, sondern primär um den freien Warenhandel ging, während Kapitalbewegungen, Dienstleistungen usw. erst nach geraumer Zeit folgten. Trotzdem wird man generell konstatieren können, daß mit der Schaffung dieser großen mitteleuropäischen Freihandelszone, deren Einwohnerzahl schon bald die 30 Millionen-Grenze überstieg, ein expansionsfähiger Markt entstand, von dem zwar nicht sofort revolutionäre Veränderungen, aber schon auf mittlere Sicht stimulierende, folgenreiche Anstöße ausgingen. Unstreitig führte der Zollverein zu einer schnellen Intensivierung des Handels, regte zu Investitionen und Kapazitätsausweitungen an [...]. Nicht zuletzt beeinflußte er den Verlauf des kurz nach seiner Gründung einsetzenden Eisenbahnbaus, der ja gerade von der Erwartung eines weiterwachsenden Verkehrsvolumens und einer Verdichtung der Geschäftsbeziehungen zehrte. Insofern belebte der Zollverein die planende Phantasie der Unternehmer, setzte Energien frei, flocht das Netz der wirtschaftlichen Integration auf undramatische Weise dichter.

Lothar Gall

„Wahrhaft patriotischen Gedanken entsprungen": Die Gründung der Deutschen Bank

Das Selbstbewußtsein des deutschen Bürgertums wuchs, trotz vieler politischer Mißerfolge seit der gescheiterten Revolution von 1848, mit seiner ökonomischen Stärke und seinem gesellschaftlichen Einfluß, den es zugleich über eine immer stärker dominierende Stellung in Justiz und Verwaltung, in Wissenschaft und Ausbildungswesen erwarb. Ludwig Bamberger, einer der Mitbegründer und politischen Berater der späteren Deutschen Bank, erklärte Bismarck damals kühn zum Wegbereiter wider Willen der Bestrebungen des liberalen Bürgertums: Dieses werde auf dem durch ihn geschaffenen Fundament auch politisch bald den Sieg erringen.

Grundlage dieser Prophezeiung war das politische Zweckbündnis, das Bismarck nach 1866 mit dem rechten Flügel der bisher von ihm so leidenschaftlich bekämpften liberalen Partei, mit den Nationalliberalen, eingegangen war. Es führte in seinen innenpolitischen Konsequenzen zunächst im nördlichen Deutschland, im sogenannten Norddeutschen Bund, zu einem förmlichen Modernisierungsschub auf praktisch allen Gebieten des wirtschaftlichen und gesellschaftlichen Lebens; damals fielen die meisten der noch bestehenden handels- und gewerbepolitischen Beschränkungen. Die Folge war eine weitere Dynamisierung der Wirtschaft, die mittlerweile auf eine fast zwei Jahrzehnte anhaltende Phase der Hochkonjunktur zurückblicken konnte, und eine allgemeine Aufbruchstimmung: Die sogenannte Gründerzeit begann in Wahrheit schon in der zweiten Hälfte der sechziger Jahre des 19. Jahrhunderts und nicht erst nach 1871.

Wie sich die Erwartungen und Hoffnungen der Zeitgenossen, vor allem aus dem Bürgertum, aber auch weit über dieses hinaus, in jenen Jahren in spezieller Weise auf die Begründung eines Nationalstaates richteten, so waren sie, auch wo sie sich zum Freihandel bekannten, ganz selbstverständlich geneigt, die Wirtschaft, das wirtschaftliche Leben, in solchen Kategorien zu sehen und zu denken; man sprach nun fast allgemein von *Volks*wirtschaft, von *National*ökonomie. Was lag da näher, als für die Finanzierung des deutschen Außenhandels, die bisher im wesentlichen in den Händen von englischen und französischen Banken gelegen hatte, eine *deutsche* Bank mit Sitz im Zentrum der Vormacht des Deutschen Zollvereins und des bisherigen Norddeutschen Bundes zu gründen – mit der Perspektive, auch weitere Finanzierungsaufgaben in einer offenkundig so außerordentlich prosperierenden Wirtschaft zu übernehmen?

Folgerichtig erhielt das neue Finanzierungsinstitut den schlichten Namen „Deutsche Bank“. Durch „Allerhöchsten Erlass Sr. Majestät des Königs von Preussen“ wurde am 10. März 1870 ihr Gründungsstatut genehmigt. Es war die erste Aktienbank in Berlin und die zweite in Preußen überhaupt: Aktiengesellschaften waren hier zu diesem Zeitpunkt noch immer konzessionspflichtig, und Konzessionen wurden nur selten erteilt. Die Zeitgenossen registrierten daher mit Aufmerksamkeit, daß die preußische Regierung erstmals seit 22 Jahren, seit der Umwandlung des Kölner Bankhauses A. Schaafhausen in eine Aktiengesellschaft im Revolutionsjahr 1848, wieder eine Konzession vergab. [...]

Die Initiative zur Gründung ging von zwei besonderen Kennern des Bank- und Geldwesens aus: von Adalbert Delbrück (1822–1890) und von Ludwig Bamberger (1823-1899) – Privatbankier der eine, Politiker, Bankier und Währungsexperte der andere. Als „eigentlicher Begründer“ [Nachruf im Geschäftsbericht von 1890] der Bank ist Adalbert Delbrück anzusehen, der Chef des Bankhauses Delbrück Leo & Co. in Berlin. Das Bankhaus Delbrück gehörte damals zwar nicht in die allererste Reihe der Berliner Privatbankhäuser – hier dominierten Bleichröder, Mendelssohn, Magnus –, es besaß aber einen sehr guten Ruf. [. . .]

Mit dem Gedanken, „eine große Bank zu schaffen, hauptsächlich für den überseeischen Handel, die uns unabhängig machen sollte von England und den Kreditgewährungen, die der deutsche Kaufmann nur in London fand und suchen konnte", ging Adalbert Delbrück seit dem Frühjahr 1869 um. Er bemühte sich zunächst, das Berliner Bankhaus Mendelssohn für seine Idee zu gewinnen, ohne jedoch auf große Gegenliebe zu stoßen. Einen gewichtigen Förderer seiner Pläne fand er hingegen in dem weltläufigen und weitgereisten Ludwig Bamberger. Bamberger war zu jener Zeit gerade mit verschiedenen südamerikanischen und ostasiatischen Kreditgeschäften befaßt und gezwungen, einen großen Teil davon über London abzuwickeln. „Diese Erfahrungen" – so schrieb er später in seinen „Erinnerungen" – „gaben den Anstoß, daß, als Ende der sechziger Jahre, bei meinem ersten längeren Aufenthalt in Berlin Adalbert Delbrück [. . .] mir von dem Unternehmen einer zu gründenden Deutschen Bank sprach mit der Aufforderung, mich an deren Bildung und Organisation zu beteiligen, ich willig darauf einging im Hinblick auf die dem deutschen Bankwesen nach transatlantischen Gebieten zu erobernde Ausdehnung, für die ich mir einige Kenntnisse zutraute."

Diese Entscheidung erwies sich unter den gegebenen Umständen als Glücksfall. Denn Bamberger vereinigte in seiner Person in für die sich jetzt stellende Aufgabe geradezu idealer Weise den Bankier, den Politiker und den volkswirtschaftlichen Theoretiker. Er war in der Reichsgründungszeit nicht nur einer der führenden nationalliberalen Politiker, sondern auch eine zentrale Instanz in allen Fragen der Geld- und Währungspolitik. [. . .]

Die an dem Projekt Interessierten wurden nach Berlin eingeladen, wo am 22. Januar 1870 die Gründungsversammlung stattfand. Ein provisorischer Verwaltungsrat, dem zehn Personen angehörten, wurde gebildet, um die Konzession zu beantragen und die Verhandlungen mit der Regierung zu führen. Laut Statut sollte sich das neue Institut neben dem „Betrieb von Bankgeschäften aller Art" hauptsächlich „der Förderung und Erleichterung der Handelsbeziehungen zwischen Deutschland, den übrigen Europäischen Ländern und überseeischen Märkten" widmen, sprich Außenhandelsfinanzierung betreiben. Durch die vermehrte Industrieproduktion hatte auch das Handelsvolumen seit 1850 stark zugenommen. War der Außenhandel Deutschlands zwischen 1800 und 1835 um eben 40% gestiegen, so wuchs sein Volumen bis 1873 um insgesamt 420%. Er erreichte also durchschnittliche jährliche Wachstumsraten von rund 11%. Am höchsten waren die Zuwachsraten in den sechziger Jahren – geradezu eine Aufforderung an Privatbankiers wie Delbrück, diesen wachsenden Markt einem heimischen Institut zu erschließen, und ihn nicht nur ausländischen Banken zu überlassen.

Der Gedanke, aus dem die Deutsche Bank hervorging, war, wie Delbrück es ausdrückte, im wesentlichen ein „wirtschaftlich-politischer"; man verfolgte von Anfang an „zugleich ökonomische ... und nationale ... Ziele". Schon der Name „Deutsche Bank" enthielt ein Programm: Man wollte auf den Auslandsmärkten den englischen Banken ein ebenbürtiges deutsches Institut an die Seite stellen, sich von fremder Vormachtstellung befreien. Wie stark die Gründung der Deutschen Bank im nationalen Gedankengut der Zeit verwurzelt war, wird an der Denkschrift deutlich, die Bamberger im Auftrag des provisorischen Verwaltungsrates verfaßte und am 8. Februar 1870 an Bismarck sandte, um dem Antrag auf Konzessionierung zusätzliches Gewicht zu verleihen.

Die Deutsche Bank, so hieß es hier, habe „ihren Ausgangspunkt aus der Neugestaltung der nationalen Verhältnisse genommen, ihren tieferen Sinn aus der Gründung eines im Weltverkehr unter der Schutzmacht des Norddeutschen Bundes und des Zollvereins einig und stark dastehenden Deutschlands geschöpft". Daß die finanziellen Transaktionen des umfangreicher werdenden Welthandels nicht auch von einer deutschen Bank abgewickelt werden könnten, schade den nationalen Interessen. Nicht zuletzt, weil die Gründung der Deutschen Bank „wahrhaft patriotischen Gedanken entsprungen" sei, solle sich auch der Hauptsitz des Instituts in Berlin befinden.

In der Tat beruhte die Entscheidung für Berlin auf politischen Überlegungen: Für eine Außenhandelsbank wären die Hafenstädte Hamburg oder Bremen ein naheliegenderer Standort gewesen. Statt dessen entschieden sich die Gründer für die Hauptstadt Preußens und des Norddeutschen Bundes, die als Hauptstadt des Deutschen Reiches schon bald zur führenden deutschen Wirtschafts- und Finanzmetropole aufsteigen sollte. [. . .]

Das Programm der neuen Bank verband die Nationalstaatsidee mit einem Grundgedanken des 1834 gegründeten Deutschen Zollvereins, den vor allem Friedrich List formuliert hatte, nämlich Deutschland im Handel und in der industriellen Produktion möglichst unabhängig zu machen, sich vor allem von der Abhängigkeit von der industriellen und finanziellen Vormacht der damaligen Zeit, sprich Englands, zu befreien. Wenn diese Abhängigkeit de facto auch gar nicht so stark war – von den Zeitgenossen wie Adalbert Delbrück und Hermann Wallich, einem der ersten Direktoren der Bank, wurde sie doch als solche empfunden. Dazu kam, die Signalwirkung der Gründung verstärkend, noch ein weiteres: Die neue Gründung paßte auf das beste zu dem Bündnis Bismarcks mit den Liberalen, in die auf diese berechnete liberale Wirtschaftspolitik, galt doch die Aktienbank als die „liberale" Unternehmensform schlechthin, weil sie das Assoziationsprinzip aufgriff und, im Idealfall, breite gesellschaftliche Gruppen am Aufbau nationaler Wirtschaftsunternehmen beteiligte.

August Heinrich Hoffmann von Fallersleben
Gründerlieder (1872)

Gründers Morgenlied

Verschwunden ist die dunkle Nacht,
Schon glänzt die Börs' in neuer Pracht,
Zu leichtem Leben ist erwacht
Was noch in schweren Träumen lag,
Und seinen Kurs beginnt der Tag.

Ich atme auf vor Sorg' und Mühn,
Es ist um mich so frühlingsgrün,
Und wie die Blumen draußen blühn,
So blühet mir ein neuer Mut,
Und meine Aktien stehen gut.

Gründers Mittagslied

Ich bin ein Gründer froh und frisch,
Schon heute setz' ich mich zu Tisch
Als dürft' ich weiter mich nicht quälen
Als meine Zinsen nur zu zählen.

Gottlob, ich weiß mir selber Rat,
Nichts soll mich kümmern Stadt noch Staat:
Dem Gründerleben treu ergeben
Verschaff' ich mir ein würdig Leben.

Was gehet *das* Verdienst mich an?
Nur *der* Verdienst ist noch mein Mann:
Ich will mir flechten selbst zum Lohne
Aus Aktien eine Bürgerkrone.

Gordon A. Craig

Krupp, Stinnes, Flick – Kulturhelden ihrer Zeit

Gewiß, Deutschland wurde nicht vereinigt durch eine erfolgreiche Revolution der Mittelschicht, sondern durch die preußische Armee und Bismarcks Diplomatie, und außerdem erhielt die Mittelschicht nicht die politische Macht und Verantwortung, die sie in England und Frankreich erlangte, und vielleicht redete Geld deshalb nicht eine so laute Sprache wie in diesen Ländern. Dennoch führten die Triumphe der deutschen Industrie im letzten Viertel des 19. Jahrhunderts – das erste jener deutschen Wirtschaftswunder, die die westliche Welt beeindruckten – zur Bildung riesiger Privatvermögen, und es ist nicht daran zu zweifeln, [...] daß Besitz großen Reichtums gleichgesetzt wurde mit dem Besitz bewundernswerter Eigenschaften jeder Art. Großindustriellen insbesondere wurde eine maßlose Bewunderung gezollt, und sie wurden in gewisser Weise zu den Kulturhelden ihrer Zeit.

Drei Fälle lassen sich anführen, um dies zu illustrieren, der erste ist der des sogenannten Kanonenkönigs Alfred Krupp. Als Abkömmling einer Familie, die seit dem 16. Jahrhundert in Essen bekannt war, und Sohn eines Vaters, der Ruf und Vermögen der Familie geschädigt hatte, weil er zu früh versuchte, im Wettbewerb mit der britischen Industrie Gußstahl zu erzeugen, übernahm Alfred Krupp das Familienunternehmen im Jahre 1826. Nach bescheidenen Anfängen, während deren er die Firma über Wasser hielt, indem er eine Maschine zur Massenproduktion von Tafelbesteck konstruierte und Gußstahlprägewerke zum Goldwalzen herstellte, bot ihm das aufkommende Zeitalter der Eisenbahn Gelegenheiten, die er mit Tatkraft und Phantasie nutzte. Seine Hüttenarbeiter produzierten Gußstahl, den Firmen in ganz Deutschland zu Material für die Eisenbahn verarbeiteten, und Krupp stellte als erster nahtlose Radreifen her, die bei hohen Geschwindigkeiten nicht brachen. In den späten 40er und 50er Jahren bildete die Produktion für die Eisenbahn das Rückgrat des Unternehmens, bald darauf ergänzt durch Produkte für Schiffsausrüstung in Form von Achsen und Schiffsschrauben für Fluß- und Seedampfer.

Der wahre Wendepunkt im Schicksal der Firma Krupp, der sie zu internationalem Ruf emporführen sollte, kam 1851, als auf der Londoner Weltausstellung im Kristallpalast tausende Besucher angelockt wurden von einem Stand und dessen Hauptattraktion, einem Sechspfünder-Feldgeschütz, dessen Rohr nicht, wie bisher üblich, aus Bronze, sondern aus Gußstahl gefertigt war. Das Ausstellungsstück brachte Krupp eine Goldmedaille ein, denn es war seine Kanone. Was noch wichtiger war: es brachte ihm Kunden ein, und bald lieferte er Kanonen an Ägypten, Rußland, Holland, Großbritannien, die Schweiz, Spanien und Österreich. Mehr Schwierigkeiten hatte er in seinem Heimatland, wo er schon 1843 versucht hatte, das Zeugamt der preußischen Armee für seine Kanonenrohre zu interessieren. Erst 1859, auf Intervention von Kronprinz Wilhelm (des späteren Königs und Kaisers Wilhelm I.) erhielt Krupp den ersten preußischen Auftrag über dreihundert Gußstahlrohre für Feldgeschütze. Weil die Artillerieexperten nicht auf Krupp hörten, der gesagt hatte, seine Rohre funktionierten am besten mit Ladevorrichtungen, die er selbst entworfen und gegossen hatte, explodierten fünf der 160 Gußstahlgeschütze, die 1866 im Krieg gegen Österreich benutzt wurden, auf dem Schlachtfeld. Danach wurden die Preußen klug und verließen sich auf Krupps Urteil, und er wurde zum Waffenlieferant des Deutschen Reiches.

Als Alfred Krupp 1887 starb, war er der größte Industrielle des Kontinents. Nach den Feststellungen von Norbert Muhlen beschäftigte seine Firma 20 000 Arbeiter, lieferte jährlich insgesamt 23 000 Kanonen in alle Welt, von der Schweiz bis nach China, von Japan bis Montenegro, und stellte täglich 1000 Granaten, 500 Stahlräder, Achsen und

Federn und Tausende von Eisenbahnschienen her. Diese eindrucksvolle Produktionskapazität sollte von seinen Nachfolgern noch erweitert werden, denn Alfred Krupp war der Gründer einer Dynastie, die nicht nur den Zusammenbruch des Kaiserreichs, sondern auch den des Dritten Reichs überlebte, dem sie Rüstungsmaterial geliefert hatte mit dem gleichen Eifer wie schon der Kanonenkönig.

Galt Krupp in einem nationalistischen Zeitalter als heroische Gestalt und stützende Säule des Reichs, so erfreute sich Hugo Stinnes, dessen Karriere ihren Höhepunkt in den ersten Jahren der Weimarer Republik erreichte, öffentlichen Ansehens deshalb, weil er über eine Vorstellungs- und Willenskraft zu verfügen schien, die den Führern der Republik fehlten. Harold Nicolson, der ihn 1920 bei der Reparationskonferenz von Spa beobachtete, wie er die französische Delegation vor den Kopf stieß, schrieb, er habe „wie ein als Wildhüter verkleideter Ahasver gewirkt". An seiner Energie und Rücksichtslosigkeit als Unternehmer gab es aber keinen Zweifel, und als er starb, hinterließ er ein Industrie-Imperium, das jenes von Krupp in den Schatten stellte.

Stinnes begann recht bescheiden im Jahre 1893, als er ein Familienunternehmen übernahm, das sich auf Kohlenhandel und Binnenschiffahrt verlegt hatte, aber er zeigte sich von Anfang an entschlossen, weiter auszugreifen und Risiken einzugehen, und dies hatte ihn schon nach zehn Jahren in den Besitz der Deutsch-Luxemburgischen Bergwerks- und Hütten-AG und der Rheinisch-Westfälischen Elektrizitätswerke AG, des führenden Energieversorgungsunternehmens an der Ruhr, gebracht. In den Nachkriegsjahren baute er, unter Ausnutzung der heimischen Geldentwertung und Verwendung der ihm aus Anlagen im Ausland zufließenden harten Währung, rasch einen Industriekomplex auf, der auf seinem Höhepunkt 1535 gesetzmäßig selbständige Konzerne mit 2888 Zweigunternehmen umfaßte [. . .]. Das Geheimnis seiner Popularität lag in der Tatsache, daß der Erfolg seiner Unternehmungen als Schlag ins Gesicht der Alliierten erschien, die nach weit verbreiteter Meinung Deutschland in Armut halten wollten. Seinem Genie zum Anhäufen von Reichtum schienen keine Grenzen gesetzt zu sein; und als er starb, brachte die satirische Münchner Zeitschrift *Simplicissimus* ein Bild, auf dem man sah, wie Sankt Petrus am Himmelstor eine Glocke läutet, um die Engel zusammenzurufen, und sagt: „Stinnes kommt. Jetzt heißt's aufpassen, Kinder, sonst gehört ihm in 14 Tagen der ganze Betrieb!"

Ein noch bemerkenswerteres Beispiel als Stinnes war Friedrich Flick, dessen Geschichte zudem aufzeigt, wie Geld aus einem Fehlschlag einen Erfolg machen und die Vernunft kluger Menschen widerlegen konnte. Geboren 1883 als Sohn eines rheinländischen Bauern, der Grubenstempel für Bergwerke lieferte, wuchs Flick mit der festen Vorstellung von einer Karriere in Kohle und Stahl auf und bereitete sich methodisch darauf vor: Realgymnasium in Siegen, dreijährige Lehrzeit als Buchhalter in einer Gießerei in Weidenau, Studium in Köln mit Diplom der Wirtschaftswissenschaft. Dies verschaffte ihm die Stellung eines Prokuristen bei der Bremer Gießerei, wo er fünf Jahre tätig war, bis er in das Direktorium der Minden und Schwarte AG, eines der größten Eisenwerke im Siegerland, berufen wurde. Der neunundzwanzig Jahre alte Direktor benutzte diese Positionsverbesserung, um zu heiraten, und seine Frau, die Tochter eines Siegener Textilfabrikanten, brachte 30000 Reichsmark mit in die Ehe. Weil er in einem kriegswichtigen Betrieb tätig war, brauchte er nicht Soldat zu werden, als der erste Weltkrieg ausbrach. Dieser Konflikt verschaffte ihm vielmehr Gelegenheit zu hohen Gewinnen und ermöglichte es ihm, Fabriken zu kaufen und zu reorganisieren, die nicht so effizient arbeiteten wie die seine – Chancen, die Flick als Spekulationsgenie sich nicht entgehen ließ. Im Jahre 1915 war er zur AG Charlottenhütte GmbH Berlin übergewechselt, einer Firma mit 2000 Arbeitern, die Gruben, Schmelzöfen und Walzwerke besaß. Bis Kriegsende hatte er ihre Größe verdoppelt.

Wie Stinnes profitierte Flick von der Inflation während der Nachkriegszeit und investierte bedeutende Summen in neue Fabriken und Gruben; und 1926 hatte er seine verschiedenen Unternehmen zu einem Trust, den Vereinigten Stahlwerken, zusammengefaßt. Dieser geriet während der Weltwirtschaftskrise an den Rand des Bankrotts, wurde aber durch Intervention der Regierung Brüning gerettet, die Aktien von Flicks Gelsenkirchener Gruben zum dreifachen Börsenpreis aufkaufte. Diese Erfahrung lehrte Flick, daß es darauf ankam, sich mit den politischen Machthabern gut zu stellen, ganz gleich, wer sie waren, und so unterstützte er in der Folgezeit nicht nur die Politik des Naziregimes nach 1933, sondern profitierte auch von deren Arisierungsprogramm, indem er die ehemals jüdischen Hochofenwerke Lübeck AG erwarb. Diese Kollaboration führte zu einem Prozeß in Nürnberg wegen Kriegsverbrechen und einer Haftstrafe von sieben Jahren (von denen er fünf absaß). [. . .]

Blickt man auf die Laufbahn dieser drei Industriegiganten zurück, fällt es einem schwer, irgendeine Spur von Geistesadel oder Großzügigkeit zu entdecken. Von Krupp wurde gesagt, er habe nie einen Pfennig für Kunst und Wissenschaft, für die Armen oder die Gemeinschaft ausgegeben, und auf Flick und Stinnes trifft dies im großen und ganzen wohl auch zu. Es dürfte auch schwer fallen, bei ihnen eine echte Anhänglichkeit an ihr Land zu erkennen. Krupp gab Preußen kein Vorrecht auf den Erwerb seiner Waffen, sondern verkaufte die gefährlichsten darunter an Mächte, die sie vielleicht gegen seine eigenen Landsleute einsetzten. Stinnes erwarb sich einen Ruf als Patriot durch seine Äußerungen in Spa darüber, was mit den Franzosen geschehen würde, sollten sie Reparationen mit Gewalt einzutreiben versuchen. Doch als die Franzosen genau dies drei Jahre danach taten, als sie ins Ruhrgebiet einmarschierten, profitierte er nicht nur von der darauffolgenden Inflation, die er zu verlängern suchte, indem er sich weigerte, seiner schwer bedrängten Regierung finanzielle Unterstützung zu leisten, sondern bemühte sich auch nach Kräften um den Abschluß für beide Seiten profitabler Geschäfte mit französischen Konzernen. Was Flick betrifft, ist bei keiner seiner Unternehmungen ein nationales Interesse zu erkennen.

Diese Aspekte des Aufstiegs der drei Großindustriellen waren natürlich nicht allgemein oder zumindest nicht genügend bekannt, um die Bewunderung zu mindern, die Tausende von Deutschen ihnen zollten. Das mag zum Teil damit zusammenhängen, daß diese drei Männer in ihrer Arbeit total aufgingen. Krupp soll gesagt haben, Arbeit sei ein Gebet, und das war eine Bemerkung, die auch Stinnes und Flick gemacht haben könnten. [. . .]

Diese Einstellung konnte ihre Wirkung auf den normalen Deutschen nicht verfehlen, der zu dem Glauben neigte – den Luther verkündet hatte, der aber gewiß schon vor seiner Zeit existierte –, daß Gott jedem Menschen einen Beruf zugeteilt hatte und daß es seine Pflicht war, ihn so gut wie möglich auszuüben. Ob die Besessenheit und Ausschließlichkeit, mit der sich die Krupps, Stinnes und Flicks der unablässigen Mehrung ihres Reichtums widmeten, dieser Lehre entsprachen, danach fragten sich die wenigsten; ihr Erfolg schien alle Fragen ausreichend zu beantworten und ihre Bewunderung zu rechtfertigen. In ihrer Einstellung zum Verhalten ihrer reichsten Industriebarone schienen viele Deutsche nicht kritischer zu sein als Adolf Hitler, der 1930 Otto Strassers Ansicht, die nationalsozialistische Revolution müsse mit der Enteignung der Großindustriellen beginnen, mit den Worten zurückwies: „Halten Sie mich für so verrückt, daß ich die deutsche Großindustrie zerstören will? Die Unternehmer haben sich aufgrund ihrer Tüchtigkeit an die Spitze gearbeitet. Und auf Grund dieser Auslese, die wiederum die höhere Rasse beweist, haben sie ein Recht, zu führen.“

II. Herrschaft und Politik

Thomas Nipperdey

Der Deutsche Bund

1815 ist Deutschland nach dem endgültigen Zerfall von 1800 politisch als etwas Ganzes wiederhergestellt worden. Freilich nun in einer ganz neuen Form: als Deutscher Bund. Dieser Bund, der schon durch seinen Namen dem Prinzip des Föderalismus zugehört, hat für mehr als ein halbes Jahrhundert die realen politischen Erfahrungen der Deutschen mit dem Föderalismus, dem Leben in zwei politischen Ordnungen, der einzelstaatlichen und der gesamtdeutschen bestimmt; daran ist er – so ruhmlos seine Existenz gewesen ist – von entscheidender Bedeutung für die neuere deutsche Geschichte. Der Deutsche Bund war ein Bund der Staaten und Regierungen, primär ein Staatenbund, auf der Souveränität der Einzelstaaten aufruhend, mit schwachen bundesstaatlichen Elementen, Kompetenzen und Institutionen. Der Deutsche Bund war nicht das Staatswesen, das die entstehende Nation sich wünschte, kein Nationalstaat, kein Bundesstaat, nicht der Bund der deutschen Völker und Stämme; kein Staat der Konstitution, der Verfassung, der Repräsentation der Nation, des Parlamentes, der Grundrechte, kein Staat mit starker zentraler Gewalt, mit einheitlichen Gesetzen, mit einheitlicher Wirtschaft. Der Deutsche Bund war die Organisation eines obrigkeitlichen, eines restaurativen Föderalismus, der sich der nationalen und liberalen Bewegung des Jahrhunderts entgegenstellte, der Gegentypus zum Programm des Nationalstaates. Das ist das Ergebnis der Konstellation von 1814/15, Ergebnis der Machtverteilung der Zeit. Nicht die Völker, nicht die politischen Bewegungen oder öffentliche Meinungen, sondern die Regierungen der Staaten entschieden. Das Interesse der europäischen Mächte war gegen einen neuen Nationalstaat, war für die Selbständigkeit der deutschen Einzelstaaten. Das Interesse und das Machtbewußtsein der dynastisch-bürokratischen Rheinbundstaaten widersprach jeder Einschränkung ihrer neu gewonnenen Souveränität (und darum schon kam eine Erneuerung des alten Reiches nicht in Frage). Auch das Eigeninteresse des übernationalen Gesamtstaats Österreich stand einem nationaldeutschen Bundesstaat entgegen; in gewisser Weise gilt das schließlich auch für Preußen, dessen europäische Stellung bei Einordnung in einen Bundesstaat neben Österreich gelitten hätte. Der Wiener Kongreß hat sich mit vielen Zwischenlösungen zwischen Staatenbund und Bundesstaat beschäftigt – direktoriale Zentralgewalt, plurale Hegemonie, Stein und auf andere Weise Humboldt haben eher bundesstaatlich-nationale Verfassungspläne vorgelegt [...]. Letzten Endes sind die Zwischenlösungen – nach der sächsisch-polnischen Krise des Kongresses – am Souveränitätsanspruch der süddeutschen Staaten gescheitert.

Ehe wir die föderative Struktur dieses Bundes und sein Verhältnis zur liberalnationalen Bewegung ins Auge fassen, muß man ein Wort über seine europäische Funktion sagen. Der Bund war, nach der Intention Metternichs wie nach seiner faktischen Wirkung, ein System zur Sicherung von Frieden, Gleichgewicht und Stabilität in Europa. Der Partikularismus der Einzelstaaten gerade hielt ein deutsches und damit das europäische Gleichgewichtssystem aufrecht; er neutralisierte durch seine bloße Existenz Spannungen in Deutschland, zumal zwischen den Hauptmächten und zwischen Deutschland und Europa. Der Bund habe die Aufgabe, so meinte Humboldt, zu verhindern, daß Deutschland ein erobernder Staat werde: Das sei seine defensive Bestimmung. Gerade darum sei er ein Staatenbund. Die staatenbündische Existenz war also nicht nur ein Ziel in sich selbst, das der einzelstaatlichen Souveränität und ihrer Aufrechterhaltung entsprach, sondern sie war zugleich ein Mittel für ein übergeordnetes europäisches Ziel, die Aufrechterhaltung von Gleichgewicht, Stabilität und Frieden. Das ist der Grund, warum Historiker und Publizisten im neunzehnten wie im zwanzigsten Jahrhundert, die davon überzeugt waren, daß das nationale Prinzip und die Bildung von Nationalstaaten eine dauerhafte Ordnung Mitteleuropas wie Europas überhaupt sprengen würden, dem Deutschen Bund trotz seiner restaurativen Züge mit Verständnis und Sympathie gegenüberstanden.

Welcher Art war der Föderalismus, mit dem der Bund das deutsche Problem von Vielheit und Einheit löste? Der Bund war, kann man im Anschluß an Humboldt, den preußischen Bevollmächtigten auf dem Wiener Kongreß, sagen, ein Staatenbund mit eingesprengten bundesstaatlichen Elementen, noch immer, wie er meinte, ‚monströs' im Sinn überlieferter Staatslehre. Er war mehr als eine Allianz, denn er war ewig und unauflöslich. Er verband die selbständigen Staaten zu einer lockeren Einheit. Sein Zweck war begrenzt: Er sollte die innere und äußere Sicherheit Deutschlands und die Unabhängigkeit und Unverletzlichkeit seiner Staaten erhalten, also äußere und innere Gefahren abwehren. Im Inneren, so hieß es 1820, bestehe der Bund aus einer Gemeinschaft selbständiger, unter sich unabhängiger Staaten, in seinen äußeren Verhältnissen als eine in politischer Einheit verbundene Gesamtmacht. [. . .]

Es gab kein Oberhaupt und keine selbständigen zentralen Organe, zum Beispiel Gerichte, eine Militärverwaltung oder eine Instanz für Außenpolitik. An der Spitze stand ein Gesandtenkongreß, der Bundestag, bei dem für die wichtigsten Sachen Einstimmigkeit vorgeschrieben war, also ein Vetorecht galt. *De facto* wurde der Bund durch die Hegemonie der beiden ihm zugehörenden europäischen Großmächte, Österreich und Preußen, bestimmt; man kann von einer Doppelhegemonie sprechen. Die Staatsräson der beiden Großmächte und ihre latente Konkurrenz erlaubten mehr noch als das Vetorecht nur eine lockere Bundesstruktur, auch und gerade in der Zeit bis 1848, als Österreich und Preußen den Bund in Kooperation leiteten. Preußens potentielles Interesse an einer Intensivierung des Bundes hätte nur seiner eigenen Hegemonie dienen und zu einem Hinausdrängen Österreichs führen können; das wurde durch Österreichs Desinteresse an solcher Intensivierung konterkariert. Preußen war zu sehr, Österreich zu wenig am Bund interessiert, die Doppelhegemonie hielt das Gleichgewicht wie die lockere Struktur des Bundes aufrecht. Im ganzen lebte der Bund weniger durch institutionelle Einheit als durch moralisch-politische Einigkeit seiner Staaten.

Die Verfassungswirklichkeit des Bundes läßt sich dann in zweifacher Hinsicht charakterisieren. Einmal, der Bund beschränkte selbst seine Aktivität, ja blieb in vieler Hinsicht untätig. Eine eigene Außenpolitik hat er nicht getrieben, und selbst die Gemeinsamkeit der Verteidigungsorganisation blieb schwach. Zu möglichen einheitlichen Regelungen, vor allem auf den Gebieten der Wirtschaft (Zoll, Handel, Schiffahrt), des Rechts oder der Kirchenpolitik, oder gar zu einer einheitlichen Normierung von Grundrechten oder Verfassungssätzen ist es nicht gekommen. Die Erwartungen der Zeitgenossen in dieser Hinsicht wurden enttäuscht, die ‚Bedürfnisse der Nation‘ nach Pflege und Mehrung der Wohlfahrt nicht erfüllt, der Bund erwies sich wegen seiner Inaktivität als schwach, ja als Hindernis für Weiterentwicklung und ‚Fortschritt‘. Das war eine große Erfahrung und Enttäuschung, die die Zeitgenossen mit diesem Bund erlebten. Zum anderen aber wurde der Bund aktiv als Vehikel der Restaurationspolitik. Seit den Karlsbader Beschlüssen wurde er zum aktiven und repressiven Verteidiger des Status quo: der dynastischen Legitimität, der territorialen Souveränität, der föderativ staatenbündischen Ordnung gegen die liberale, die demokratische, die nationale Bewegung. Mit der Ausformung des sogenannten ‚monarchischen Prinzips‘ als Norm des Bundesrechts begrenzte er sogar die Verfassungshoheit der Einzelstaaten. Paradox genug: um die staatenbündische Existenz zu sichern, verstärkte der Bund zum Beispiel über die Maßnahmen der Bundesexekution und der Bundesintervention die bundesstaatlichen Elemente. Das war die andere große Erfahrung der Zeitgenossen: der Bund, das Organ des Föderalismus, als Inkarnation der Restauration, des Systems Metternich, der Gegnerschaft gegen den liberal-nationalen Geist der Zeit, gegen den politischen Willen der Nation, den Willen zur Verfassung.

Hans-Ulrich Wehler

Die Anfänge des modernen Nationalismus

Die Entstehung des Nationalismus hing von einer Reihe struktureller Voraussetzungen ab. Dazu gehörte insbesondere der Zerfall der traditionalen Legitimierung politischer Herrschaft und das korrespondierende Vordringen des säkularisierten Einheitsstaats. Dazu gehörte auch das Zerbröckeln der ständerechtlichen Sozialdifferenzierung und das anhaltende Wachstum der Bürgerlichen mit ihrem auf das Leistungsprinzip gegründeten Anspruch auf politische Gleichstellung mit dem Adel, wenn nicht gar auf den Vorrang in Staat und Gesellschaft. Dazu gehörte weiterhin die grundsätzliche Infragestellung der soziokulturellen Muster der Weltdeutung, die der alten Ordnung Halt und Verbindlichkeit gegeben hatten. Und schließlich mußte – das war eine wesentliche Vorbedingung – eine soziale Trägerschicht vorhanden sein, in der ursprünglich überall Intellektuelle dominierten, welche den Nationalismus zu einer umfassenden Ideologie zu entwickeln verstanden.

Deutliche Anzeichen der Veränderung waren hinsichtlich all dieser Vorbedingungen auch in Deutschland längst erkennbar, als eine Serie von dramatischen Ereignissen mit außerordentlich effektiven soziopolitischen und sozialpsychischen Auswirkungen diesen Wandel enorm beschleunigte. Den Revolutionen in Frankreich und Amerika folgte die Umgestaltung der politischen Landkarte durch den Reichsdeputationshauptschluß und die nachfolgenden Friedensverträge, die schmähliche Auflösung des tausendjährigen Heiligen Römischen Reiches, die Zerstörung und Neubildung von Staaten, die deutsche „Revolution von oben" in Gestalt der „defensiven Modernisierung", die Ausdehnung der französischen Hegemonialmacht, die xenophobe Reaktion auf die Fremdherrschaft und Napoleon als Universaldespot, der zugleich gehaßt und bewundert wurde. Dadurch, daß eine Turbulenz die andere jagte und sich schließlich mehrere überlagerten, wurden neuartige Sprengkräfte entbunden, welche die Glaubwürdigkeit der überkommenen Herrschaftsbasis und der Gesellschaftshierarchie, die weltlichen und geistlichen Loyalitätsbande, die handlungsorientierenden Wert- und Normensysteme zutiefst in Frage stellten.

Auf der andern Seite wurden dadurch neue Horizonte eröffnet, die es gestatteten – mancher meinte: erzwangen -, die staatlich-gesellschaftliche Zukunft im Sinne des Nationalismus und des Nationalstaats neu zu konzipieren, um auf diese Weise der Herausforderung einer Krisensituation in Permanenz zu begegnen. Auch in Deutschland war mithin [. . .] das Aufkommen des modernen Nationalismus trotz einer längeren Vorgeschichte an diese spezifische historische Konstellation gebunden, von der die Rezeption der nationalen Ideen und Mythen abhing; in einem exakt bestimmbaren Kontext übernahm der Nationalismus folglich spezifische Funktionen, ohne deren Kenntnis seine Entstehung und Ausbreitung nicht angemessen beschrieben und erklärt werden können [. . .].

Blickt man auf die deutschen Modernisierungskrisen des frühen 19. Jahrhunderts, weisen die Prozesse der Staatsbildung und Staatsregenerierung auf die dringende Aufgabe hin, den altertümlichen Untertanenverband in eine neue „Staatsnation" aus tendenziell rechtsgleichen, ohne Rücksicht auf mediatisierende Gewalten unmittelbar regierten Staatsbürgern zu verwandeln. Aufgrund ihrer prinzipiellen

Gegnerschaft gegenüber den inzwischen geschwächten und seither dauernd gefährdeten traditionalen und charismatischen Elementen der Herrschaftsrechtfertigung forderten die Verfechter des Nationalismus eine neue Legitimationsgrundlage in Gestalt des wahrhaft revolutionären Prinzips der Volkssouveränität, die nach ihrem ersten Triumph in den nordamerikanischen Staaten ihren Siegeszug von Frankreich aus fortsetzte, wobei sie zahlreiche mehr oder minder lang anhaltende Kompromisse mit den monarchischen und herrschaftsständischen Ordnungen eingehen mußte. An die Stelle unreflektierter Überlieferung und fürstlichen Gottesgnadentums sollte, dem herrischen Anspruch des Nationalismus zufolge, nunmehr der Konsens der zur Nation vereinigten Staatsbürger treten und damit die Legitimationskrise auf zeitgemäße Art gelöst werden. Die Zugehörigkeit zur Nation wurde freilich auch in Deutschland zunächst an die Qualifikation zum „Citoyen" durch Besitz oder Bildung gebunden, schottete also bürgerliche, adlige und bäuerliche Eigentümer und diplomierte „Gebildete" vom besitzlosen, ungebildeten „Pöbel" ab. Vorerst wurde ziemlich selten, etwa von einigen deutschen Republikanern, aus den Gleichheitsideen der Revolutionen die Konsequenz gezogen, alle Staatseinwohner zu politisch Gleichberechtigten zu erklären. Auf längere Sicht sollte sich jedoch die egalitäre Nationaldemokratie, die ausnahmslos jedermann als politischen Vollbürger verstand, als unaufschiebbare Forderung herausstellen.

Die allenthalben spürbare Integrationskrise sollte nicht nur durch die Reformgesetze und die bereits charakterisierten politischen Maßnahmen, sondern in den Augen seiner Vorkämpfer auch durch die einheitsstiftende Kraft des Nationalismus und des Nationalstaates, die beide eine exklusive Loyalität beanspruchten, gemeistert werden. [...] Der Nationalismus versprach einen überlegenen Ersatz für die tatsächlich oder nur vermeintlich überholten Bindungen an dynastische, religiöse, landschaftliche Traditionen. Im Prinzip wurde ihm ein neues Loyalitäts- und Deutungsmonopol zuerkannt, kraft dessen er über die Rangordnung sowohl der öffentlichen als auch der privaten Interessen entscheiden konnte; [. . .] im Namen der souveränen Nation konnte schlechterdings jedermann von der Staatsleitung in Anspruch genommen, für viele Zwecke erfaßt und zugleich mit dem Hinnahme und Gehorsamsbereitschaft verbürgenden „neuen nationalen Geist", wie man jetzt sagte, erfüllt werden. [. . .]

Ein gut Teil der Attraktivität des Nationalismus beruhte auch darauf, daß er die Suche nach einer neuen kollektiven Identität auf ein verheißungsvolles Ziel hinlenkte. Da das Revolutions- und Kriegszeitalter das eingelebte, tiefverwurzelte Zugehörigkeitsgefühl, das die Menschen an ihre regionalen, konfessionellen, staatlichen Überlieferungen gebunden hatte, vielerorts in Frage stellte, wenn nicht sogar zerstörte, entstand dort eine Art sozialpsychisches Vakuum. Im Kosmos der stabilisierenden affektiven Bindungen an eine jahrhundertelang wenig veränderte, plötzlich aber brüchig gewordene Lebensordnung wirkte sich das als „Verstörung" und Unsicherheit, damit auch als Bedürfnis nach neuen Orientierungswerten und Identifikationsmöglichkeiten aus. Diesem Bedürfnis, für das besonders Intellektuelle ein ausgeprägtes Sensorium besaßen, begegnete der Nationalismus mit dem leidenschaftlichen Appell, sich sowohl mit der verklärten Vergangenheit als auch mit der großartig ausgeschmückten Zukunft der Nation – auch wenn es diese in der Gegenwart erst neu zu schaffen galt – vorbehaltlos zu identifizieren. Die Nation in ihrer ehemaligen und wieder aufzurichtenden Größe wurde zum Fixpunkt eines neuen, haltgebenden Identitätsbewußtseins erklärt. [. . .]

Die Suche nach einer neuen nationaldeutschen Identität ist nun, das verdient nachdrücklich unterstrichen zu werden, mit der Funktion des Nationalismus als frühliberaler Emanzipationsideologie unauflöslich verbunden gewesen. Sie wandte sich gegen die Vormacht des Adels, der auch als

„Träger partikularstaatlicher Zersplitterung" galt, sie bekämpfte die altständische Versteinerung sozialer Ungleichheit, sie forderte die Befreiung von allen erstickenden Traditionen des Ancien Régime. [...] Der genuine Protest gegen die überlieferte soziale und politische Ordnung gehörte ebenso zu den – häufig übersehenen – freiheitlichen Ingredienzien des frühliberalen Nationalismus wie das – diese Kritik ins Positive wendende – Fernziel, alle fortschrittlich denkenden Staatsbürger, die durch Eigentum und Besitz, gemeinsame Sprache und Geschichte sich auszeichneten, in einem Nationalstaat mit denjenigen Verfassungseinrichtungen zu vereinen, die dem Entwicklungsniveau moderner Staaten, aber auch dem vielfach beschworenen „Nationalcharakter" entsprachen.

Otto Dann

Die Karlsbader Beschlüsse von 1819

Dieses nationale Projekt befand sich in den Jahren um 1815 in einer schwierigen Situation. Obwohl in der verfassungspolitischen Diskussion nach dem Ende der napoleonischen Herrschaft ein hoher nationaler Erwartungsdruck bestand, konnte weder von den Regierungen noch von der Nationalbewegung ein realistisches Konzept für eine nationale Staatsbildung vorgelegt werden. Es wurde die Stunde von Einzelaktionen und die Stunde der Jugend. [...]

Das von den protestantischen Studenten vieler deutscher Universitäten am 18. Oktober 1817 veranstaltete *Wartburgfest* stand bereits im Zeichen des nationalen Protestes gegen Kleinstaaterei und Neoabsolutismus. Es löste ein gewaltiges Echo aus und wurde zum demonstrativen Beginn einer nationalpolitischen Oppositionsbewegung. Aus dem Impuls des Festes heraus wurde die *Allgemeine Deutsche Burschen-*

schaft gegründet, die erste gesamtdeutsch konzipierte Organisierung innerhalb der Nationalbewegung. Mit ihrem jährlich stattfindenden ,Burschentag', einem nach demokratischen Grundsätzen gebildeten Nationalparlament der deutschen Studenten, wollten die Burschenschaftler für die weitere Entwicklung der Nation ein Zeichen setzen. In ihren ,Grundsätzen und Beschlüssen des 18. Oktober' waren nationale und radikaldemokratische Aussagen zu einem Programm vereinigt: „Die Lehre von der Spaltung Deutschlands in Norddeutschland und Süddeutschland . . ., in das katholische und das protestantische Deutschland ist irrig, falsch, unglückselig . . . Der Wille des Fürsten ist nicht das Gesetz des Volkes, sondern das Gesetz des Volkes soll der Wille des Fürsten sein . . . Freiheit und Gleichheit ist das Höchste, wonach wir zu streben haben . . . Von dem Ländchen, in welchem wir geboren sind, wollen wir niemals das Wort ,Vaterland' gebrauchen. Deutschland ist unser Vaterland." Solche Grundsätze verbanden die Studenten mit einer starken Aktionsbereitschaft; bei dem Jenaer Theologiestudenten Sand führte sie im März 1819 zu einem politischen Attentat, der Ermordung des Schriftstellers August v. Kotzebue.

Die Aktivitäten dieser ,nationalpolitischen Jugendbewegung' (Wolfgang Hardtwig) signalisierten eine erhöhte Spannung in der deutschen Gesellschaft. Nicht nur bei den Regierungen, auch bis weit in die bürgerliche Gesellschaft hinein war man beunruhigt über die Perspektiven einer nationalen Entwicklung vor der man zurückschreckte: eine revolutionäre Volksbewegung von unten. [. . .]

Metternich nutzte diese Krise und das mit ihr verbundene Interesse an Stabilität für seine Ziele der Restauration. Es gelang ihm, beginnend mit dem Aachener Kongreß von 1818, dem Deutschen Bund eine neue Funktion zu geben. Er nutzte die Empörung über das Sand-Attentat zu einem ,Bundes-Staatsstreich' (E. R. Huber), indem er Ende Juli 1819 in direkten Verhandlungen mit der preußischen Regierung ein verschärftes Vorgehen gegen die nationale Bewegung vereinbarte (Teplitzer Punktation), um im August in Karlsbad mit zehn Regierungen vier neue Bundesgesetze auszuhandeln, die vom Frankfurter Bundestag im September nur noch zu verabschieden waren.

Diese *Karlsbader Beschlüsse* bedeuteten für die nationale Entwicklung in Deutschland in zwei Hinsichten eine Weichenstellung. Sie ermöglichten ein koordiniertes Vorgehen gegen die nationale Bewegung (durch eine Überwachung der Universitäten und der Presse sowie die Errichtung einer eigenen Bundesbehörde, der ‚Zentral-Untersuchungskommission' in Mainz, zur Verfolgung von ‚Demagogen'), und der Deutsche Bund veränderte sich grundlegend: Der Bundestag verlor seine nationale Funktion. Er war nicht mehr der zentrale Ort einer Beratung und Entscheidungsfindung der deutschen Regierungen, sondern nur noch ein Koordinierungs- und Akklamationsorgan für Entscheidungen, die von den Hegemonialmächten außerhalb der Bundesinstitutionen getroffen wurden.

Seit den Karlsbader Beschlüssen gab es keinen Zweifel mehr über die politische Tendenz des Bundes. Alle diejenigen, die noch an nationale Entwicklungsmöglichkeiten im Rahmen des Bundes geglaubt hatten, wurden eines Besseren belehrt: sowohl Staatsvertreter, wie der württembergische Gesandte Karl August von Wangenheim, die den Bundestag verlassen mußten (sogenannte Epuration des Bundes 1823), wie auch die Vertreter bürgerlicher Initiativen. [...]

Die Reaktionspolitik des Deutschen Bundes war so effektiv, daß alle patriotischen Initiativen, die einen politischen Akzent hatten, zum Erliegen kamen. Von den 1819 einsetzenden Verfolgungen waren vor allem die Burschenschaften und in Preußen auch die Turnbewegung betroffen, darüber hinaus auch führende Vertreter des preußischen Patriotenkreises, Ernst Moritz Arndt z. B., inzwischen Professor an der neu eröffneten Universität Bonn, der nun als ‚Demagoge' diskriminiert und seines Amtes enthoben wurde. Es zeigte sich, daß die Nationalbewegung noch keine starke gesellschaftliche Kraft darstellte, daß sie in ihrem Kern aus einem Kreis aktiver Patrioten bestand, den man isolieren konnte. Doch zum Schweigen gebracht werden konnte die Bewegung, die der Befreiungskrieg ausgelöst hatte, nicht mehr.

Manfred Botzenhart

Verfassungsstaat und Restauration: Der süddeutsche Konstitutionalismus im Vormärz

Als oberster Grundsatz des deutschen Frühkonstitutionalismus galt das „monarchische Prinzip“, das erstmals bei der Restauration des französischen Königtums nach dem Sturz Napoleons formuliert worden war, um den Gedanken der monarchischen Souveränität mit den Prinzipien des modernen Verfassungsstaates zu versöhnen. [...]

Die Kompetenzen der frühkonstitutionellen deutschen Landtage bestanden vor allem in ihrem Recht zur Mitwirkung bei der Gesetzgebung. Der Gesetzesform bedurften alle Beschränkungen der persönlichen Freiheit sowie alle Eingriffe in das Eigentum der Bürger. Über ein förmliches Initiativrecht verfügten die Landtage nicht; sie konnten lediglich auf dem Weg der Petition die Einbringung bestimmter Gesetzesvorlagen durch die Regierung erbitten. Die Abgeordneten hatten des weiteren das Recht, aber auch die Pflicht, die zur Wahrnehmung der Staatsaufgaben notwendigen Steuern zu bewilligen. Ungeklärt war meistens auch, wie weit die aus dem Steuerbewilligungsrecht abgeleiteten Befugnisse zur Prüfung, Kontrolle und Festlegung der Staatsausgaben gingen. Vor allem an diesem Punkte sollten sich später die politischen Machtkämpfe zwischen Landständen und Regierungen entzünden. Die Kammern besaßen ferner die Möglichkeit der Verwaltungskontrolle. Vor allem waren ihnen die Minister für die Verfassungs- und Gesetzmäßigkeit ihrer Amtsführung verantwortlich, und diese ausschließlich juristisch, nicht politisch interpretierte Ministerverantwortlichkeit konnte auch durch förmliche Anklage geltend gemacht werden. Mit Ausnahme von Württemberg waren diese Rechte jedoch weitgehend illusorisch, da in der Regel die notwendigen gesetzlichen Bestimmungen über Straftatbestände, Verfahren, urteilende Instanzen und Strafen fehlten. Als ihre Hauptaufgabe betrachteten die Landtage schließlich die Wahrung der verfassungsmäßigen Rechte der Bürger. Die Grundrechtskataloge des süddeutschen Konstitutionalismus enthalten bereits recht weitgehende Bestimmungen über die Gewährleistung individueller Grundrechte und rechtsstaatlicher Garantien, lassen allerdings gesetzliche Beschränkungen der Pressefreiheit zu und schweigen von politischen Grundrechten wie der Vereinigungs- und Versammlungsfreiheit.

Ein positiv gestaltender Einfluß auf die politischen Entscheidungen war den Landtagen versagt. Ihre Tätigkeit war stets an die Mitwirkung der Regierungen gebunden. Aus eigenem Recht und aus eigener Initiative konnten sie nicht tätig werden. Alle faktischen Machtmittel des Staates lagen in der Hand der Regierungen. Es herrschte ein System „hinkender Gewaltenteilung" [Ernst Rudolf Huber] zugunsten der Exekutive, nicht – wie im Parlamentarismus – zugunsten der Volksvertretung.

Vor der Erörterung des Wahlrechts, des wichtigsten Indikators für das Mehr oder Weniger an Demokratie in den süddeutschen Verfassungen, ist zunächst daran zu erinnern, daß nur die Kleinstaaten des thüringisch-sächsischen Raumes und später Kurhessen das Einkammersystem hatten, während überall sonst ein Zweikammersystem bestand. In den Ersten Kammern stellten Angehörige des hohen Adels mit erblichem Sitz die stärkste Komponente dar, dazu kamen meistens noch auf Lebenszeit ernannte Pairs sowie solche Mitglieder, die ihren Sitz in der Kammer ihrem Amt als Bischof, Universitätsrektor u. dgl. verdankten.

Die Zweiten Kammern waren berufs- oder sozialständisch untergliedert, indem bestimmten Bevölkerungsgruppen feste Zahlen von Abgeordneten zugewiesen waren: In Bayern z.B. stellte die Geistlichkeit ein Achtel, der Grundadel ein Achtel, die Städte ein Viertel und die ländliche Bevölkerung die restliche Hälfte der Abgeordneten. [. . .]

Trotz dieser neuständischen Untergliederung galten sämtliche Mitglieder beider Kammern als Abgeordnete des ganzen Volkes mit freiem Mandat, und in den Kammern wurde nach dem Mehrheitsprinzip, nicht nach Kurien getrennt abgestimmt. Der entscheidende Schritt vom älteren Ständetum zum modernen Repräsentativsystem war also vollzogen. [. . .]

Was das Wahlrecht im einzelnen betrifft, so waren Unselbständige und Besitzlose in der Regel vom Wahlrecht ganz ausgeschlossen, ungefähr ein Fünftel bis ein Viertel der erwachsenen männlichen Bevölkerung. Doch auch darüber hinaus gab es noch erhebliche Ungleichheiten im Wahlrecht und Beschränkungen der Wahlfreiheit, vor allem durch die Ausgestaltung des indirekten Wahlverfahrens in den städtischen und ländlichen Wahlkreisen. In Württemberg z.B. stellten die Bürger mit der höchsten Steuerleistung eo ipso zwei Drittel der Wahlmänner, denen die eigentliche Abgeordnetenwahl oblag, und nur ein Drittel der Wahlmänner wurde von sämtlichen übrigen Wahlberechtigten gewählt. Das sei an einem Beispiel erläutert: Die Stadt Balingen hatte im Jahre 1844 insgesamt 715 Bürger im Sinne des Wahlgesetzes. 136 von ihnen hatten auf Grund von Zensusbestimmungen oder anderen Ausschließungsgründen kein aktives Wahlrecht; es verblieben somit 579 Wahlberechtigte. Nach dem gesetzlich festgelegten Schlüssel von 1:7 hatte die Stadt 102 Wahlmänner zu bestimmen; zwei Drittel davon, d.h. 68, waren Wahlmänner allein aufgrund ihrer hohen Steuerzahlung; lediglich die restlichen 34 Wahlmänner wurden von den übrigen 511 Wahlberechtigten gewählt.

Zu diesen Ungleichheiten des Wahlrechts traten dann noch faktische Einschränkungen der Wahlfreiheit bei indirektem Wahlverfahren mit öffentlicher Stimmabgabe. Dies läßt sich am Beispiel Baden besonders gut belegen. Hier war in den ländlichen Gemeinden auf jeweils 500 Einwohner ein Wahlmann zu wählen. Die Stimmen wurden vor einer Kommission öffentlich zu Protokoll gegeben, welche aus den Höchstbesteuerten des Ortes und Angehörigen der gemeindlichen Selbstverwaltung bestand; die letzteren waren nach dem Dreiklassenwahlrecht der badischen Gemeindeordnung gewählt worden. Das Ergebnis war, daß in der Regel der Bürgermeister und ein weiterer Gemeinderat zum Wahlmann bestimmt wurde, sonst noch allenfalls ein Bauer oder ein Gastwirt, welcher sicherlich ebenfalls das örtliche Honoratiorentum repräsentierte. In den Städten, wo mehr Wahlmänner im Verhältnis zur Gesamtbevölkerung gewählt wurden, war das Spektrum bürgerlicher Berufe größer. Aber auch hier reichte es nur in Ausnahmefällen über die Schicht der akademisch Gebildeten, der Beamten, der Kaufleute und selbständigen Gewerbetreibenden hinaus. Selbst konservative Zeitgenossen kritisierten an diesem Wahlrecht, daß es trotz formal breiter Grundlage die Wahl faktisch in die Hand der jeweiligen örtlichen Honoratioren lege, der städtischen Bourgeoisie, der Bauernkönige und Dorfmagnaten, „weil ihr Einfluß den meisten Urwählern schaden kann." [Franz Joseph v. Buß 1849 in der Wahlrechtsdebatte der Frankfurter Nationalversammlung]. Dieses Wahlrecht öffnete nicht nur der von den Liberalen viel beklagten *staatlichen* Wahlbeeinflussung Tür und Tor. Daß es von führenden badischen Liberalen noch in der Revolutionszeit unbefangen als allgemein oder ganz demokratisch bezeichnet werden konnte, ist aufschlußreich für deren Wortgebrauch und Demokratiebegriff. [. . .]

Die Versuche der Kammern zur Ausweitung der konstitutionellen Substanz des Verfassungslebens lösten innerhalb des Regierungslagers bei hochkonservativen Gruppen

Staatsstreichpläne aus. Doch blieben diese nicht zuletzt deshalb unausgeführt, weil Preußen und Österreich ihnen die Rückendeckung versagten. Man ging statt dessen zu einem System restriktiver Handhabung der Verfassungen über und versuchte, die Zusammensetzung der Kammern durch massive Wahlbeeinflussung, aber auch durch Verweigerung des zur Wahrnehmung des Mandats notwendigen Urlaubs für Beamten-Abgeordnete und sonstige Disziplinarmaßnahmen, in gouvernementalem Sinne zu steuern. Am berüchtigsten wurde in dieser Hinsicht der Fall des Friedrich List in Württemberg, dem wegen öffentlicher politischer Kritik ein Gerichtsverfahren wegen Beamtenbeleidigung angehängt wurde. Er verlor damit noch vor seiner Verurteilung zu Festungshaft das passive Wahlrecht. In der Tat gelang es den Regierungen seit Mitte der 1820er Jahre, mit derartigen Repressivmaßnahmen gouvernementale Mehrheiten in den Kammern herzustellen und auf diese Weise weiteren Konflikten vorzubeugen, bis die Ausstrahlungen der französischen Juli-Revolution Deutschland ergriffen.

Unter dem Druck revolutionärer Unruhen wurden jetzt auch in Hannover, Sachsen, Kurhessen und Braunschweig frühkonstitutionelle Verfassungen modernen Zuschnitts erlassen. In den süddeutschen Staaten gewann die liberale Opposition zunächst wieder an Kraft und bald auch an Angriffslust gegenüber den verunsicherten Regierungen.

Karl Gutzkow

Berlin 1830 (1839)

Es war am dritten August, und die Sonne brannte. In der großen Aula der Berliner Universität wurde der festliche Tag wie immer durch Gesang und Rede gefeiert. Hunderte von Studenten drängten sich hinter der Barre, vor welcher

Professoren, Beamte, Militärs saßen. Über dem Redner Boeckh sang unter Zelters Leitung der akademische Chor; Manitus entwickelte schon seinen sanften zärtlichen Tenor. Schmalz, der Selige, ging mit Haarbeutel und Degen von Stuhl zu Stuhl, um mit den Ministerialräten über Völkerrecht und die Freitischverwaltung zu sprechen. Gans war erhitzt und ungeduldig; er ließ Briefe von Raumer, die eben aus Paris gekommen waren, im Saale umlaufen. Der Kronprinz lächelte; aber alle, die Zeitungen lasen, wußten, daß in Frankreich eben ein König vom Thron gestoßen wurde. Der Kanonendonner zwischen den Barrikaden von Paris dröhnte bis in die Aula nach. Boeckh sprach von den schönen Künsten, aber niemand achtete diesmal seiner gedankenreichen Wendungen und klassischen Sprache; Hegel trat auf und nannte die Sieger in den wissenschaftlichen Wettkämpfen der Akademie. Jede Fakultät hatte einen Preisbewerber zu belohnen; aber niemand hörte darauf als der Beteiligte. Ich selbst vernahm mit einem Ohr, daß ich sechs Mitbewerber überwunden und den Preis in der philosophischen Fakultät gewonnen hätte; mit dem andern von einem Volke, das einen König entsetzt hatte, von Kanonendonner und Tausenden, die im Kampfe gefallen wären. Ich vernahm keinen der Glückwünsche, die man mir rechts und links darbrachte. Ich schlug das Etui nicht auf, welches die goldne Medaille mit dem Brustbilde des Königs enthielt; ich sah die Hoffnung nicht mehr, die man mir in einigen Jahren auf eine außerordentliche Professur machen konnte; ich stand betäubt an dem Portal des Universitätsvorhofes [...]. Ich lief dann, hier und dort von Glückwünschenden angehalten, zu Stehely und nahm *zum ersten Male* eine Zeitung vors Gesicht. Nie war das meine Gewohnheit gewesen. Die Stunde, wo die Staatszeitung desselben Abends erschien, währte mir unendlich lange; ich schämte mich, wenn man geglaubt hätte, ich wollte in den königl. Geburtstagsfeierlichkeiten meinen Namen gedruckt lesen. Nein, ich wollte nur wissen, wieviel Tote und Verwundete es in Paris gegeben, ob die Barrikaden noch ständen, ob noch die Lunten brennten, der Palast des Erzbischofs rauchte, ob Karl seinen Thron beweine, ob Lafayette eine Monarchie oder Republik machen würde. Die Wissenschaft lag hinter, die Geschichte vor mir.

Andreas Kraus

Das Hambacher Fest von 1832

Das Hambacher Fest war als Erinnerungsfeier an den Jahrestag der bayerischen Verfassung gedacht, der Plan war schon im Januar 1832 gefaßt worden, das Fest sollte keinen anderen Charakter haben als die vielen Festbankette und Festzüge für Abgeordnete, wie sie damals üblich waren. Dem Pfälzer Journalisten und vom König [Ludwig I.] entlassenen Landkommissar Siebenpfeiffer gelang es jedoch, den Charakter des Festes als Verfassungsfeier umzuwandeln in eine Demonstration für eine bessere Zukunft. Dabei stand ihm Wirth zur Seite, der Herausgeber der oppositionellen „Deutschen Tribüne", dessen Anliegen die deutsche Einheit war, nicht aber eine Würdigung einer bayerischen, also einer „partikularistischen" Institution, der bayerischen Verfassung. Zunächst wurde die Demonstration verboten, dann erlaubt. Das bedeutete eine zusätzliche Reklame, so daß es nicht zu verwundern war, daß Tausende, nach manchen Schätzungen Zehntausende, am 27. Mai zur Stelle waren, als der Festzug auf die Kästenburg bei Hambach unweit Neustadt an der Haardt sich in Bewegung setzte. Der Anmarsch vollzog sich mit belaubten Wagen, Wirth und Siebenpfeiffer ritten auf Pferden einher, alles war bekränzt und beflaggt. Auf dem Turm der Burg wehte die Fahne der Burschenschaft, schwarz-rot-gold. Musikkapellen der Bürgergarden der Umgebung spielten auf. Eine Flut von Reden ergoß sich über die unverdrossen aushaltenden Teilnehmer. Bemerkenswert waren nur zwei Reden, jene von Siebenpfeiffer und von Wirth. Siebenpfeiffer unterstrich noch einmal das Motto des Tages, das lautete: Kampf für Abschüttelung innerer und äußerer Gewalt, für Erstrebung gesetzlicher Freiheit und deutscher Nationalwürde. Er schloß mit dem Hochruf auf „Jedes Volk, das seine Ketten bricht und mit uns den Bund der Freiheit schwört. Vaterland, Volkshoheit, Völkerbund lebe hoch!" Die Rede Wirths war zum Teil noch schärfer pointiert. Sie begann mit einem Fluch über die Fürsten, die Verräter an der Nation, und endete mit einem dreimaligen Hoch auf die vereinigten Freistaaten Deutschlands und mit einem dreimaligen Hoch auf das konföderierte republikanische Europa.

Die Anteilnahme des Volkes, nicht weniger die glühenden Reden Siebenpfeiffers und Wirths alarmierten Wien und München gleichermaßen. Ludwig I. schickte [Feldmarschall] Wrede an der Spitze mehrerer Regimenter in die Pfalz, eine Welle von Verhaftungen setzte ein, die beiden Hauptredner wurden des Hochverrats angeklagt. Der Prozeß endete zwar mit einem Freispruch, ein neues Verfahren wegen Beamtenbeleidigung führte aber zu einer Verurteilung, zwei Gefängnisjahre genügten, um Wirth zu brechen. Siebenpfeiffer entzog sich der Strafe durch die Flucht, aber auch er verlor mit seinem Wirkungsfeld allen Einfluß. [. . .]

Alarmiert war durch die Vorgänge [. . .] auch Metternich; den Sturm auf die Frankfurter Hauptwache 1833 nahm er dann zum Anlaß für die Einleitung einer bundesweiten Gegenbewegung. Der Bundestag schuf eine neue Zentraluntersuchungskommission mit dem Auftrag der Kontrolle der ständischen Verhandlungen, mit der Pflicht zur Anzeige von Beschlüssen, welche im Widerspruch zu den Bundesverträgen stünden. Eine Welle von Verboten wurde erlassen, welche Zeitungen, Vereine und Versammlungen betrafen. 1834 wurden auf den Wiener Ministerkonferenzen alle diese Maßnahmen noch einmal zusammengefaßt zu einem

System zur Überwachung der Verfassungsorgane und der Presse und zur Kontrolle der Universitäten. Das war der Gipfel der Entwicklung seit 1819.

Wilhelm v. Kügelgen
an seinen Bruder Gerhard

„Bei uns herrscht die größte Aufregung“: Revolution in Berlin (1848)

[Ballenstedt, Anhalt-Bernburg]. *Am 20. März.* Scheußliche Nachrichten sind heute Morgen hier eingetroffen, durch Briefe und mündliche Ueberlieferungen von allen Seiten. In Berlin soll es fürchterlich hergehen und Gott weiß, ob in diesem Augenblick der König noch auf seinem Throne sitzt. Während großer Aufregung in Berlin, nachdem schon seit mehreren Tagen ernstliche Reibungen zwischen Pöbel und Militär stattgefunden hatten, war der König doch durch nichts zu bewegen gewesen Concessionen zu machen, da endlich rang ihm eine Deputation die Hauptbewilligung, die Constitution ab. Als nun die Deputation so guten Bericht brachte, brach ein ungeheurer Jubel aus und das Volk stürzte nach dem Schlosse um dem König ein Vivat zu bringen. Das am Schlosse aufgestellte Militär aber hielt dies für einen Angriff und feuerte. Da entflammte eine fürchterliche Wuth, die Bürger, bis dahin beflissen die Ruhe zu erhalten, rissen ihre weißen Binden vom Arm und machten gemeinschaftliche Sache mit dem Pöbel, die Dächer wurden abgedeckt und das Militär mit einem Steinhagel von oben begrüßt, kochendes Wasser, Meubles und aller Teufel zu den Fenstern herausgestürzt, die Kasernen angezündet und als der letzte Potsdamer Bahnzug abging, lagen die Leichen wie Häringe über einander. So weit gehen die Gerüchte und ich kann kaum die Zeitung erwarten, die erst um 4 kommt. Bei uns herrscht die größte Aufregung und ich bin schon den ganzen Morgen herumgelaufen und habe mit dem Bürgermeister eine lange Unterredung gehabt, damit wir uns so schnell wie möglich als Bürgerwehr bewaffnen, um gegen mögliche Angriffe des Pöbels uns zu schützen. Der Bürgermeister ist aber ein ungeschickter Mensch wie Brei, und gesetzlich können wir nur durch ihn handeln.

Wolfram Siemann

Die Revolution von 1848/49

Als sich die Nachricht von einer Revolution in Paris Ende Februar 1848 in Deutschland auszubreiten begann, folgte hierzulande eine Kette revolutionärer Ereignisse. Die Aktionen gewannen eine eigene Dynamik, und den Zeitgenossen erschien die Märzrevolution wie ein gewaltiges politisches und gesellschaftliches Beben – spontan, allgegenwärtig, bedrohlich für die einen, voll der Hoffnung für die anderen. Der zurückblickende Historiker hat im Gegensatz zu den Zeitgenossen die Chance, Abstand von dem Sog der Ereignisse zu gewinnen. Er kann das Geschehen zergliedern, um seiner Dynamik genauer auf die Spur zu kommen. Es hat sich inzwischen bewährt, zur Analyse verschiedene Handlungsebenen zu unterscheiden. Es sind insgesamt deren fünf: erstens die Basisrevolution, zweitens Presse und Vereinswesen, drittens die Parlamente, viertens die Ministerien und fünftens das Militär als wichtigste Säule fürstlicher Gewalt.

Die Basisrevolution umfaßte die spontanen Volksbewegungen. Sie meldete sich zu Wort auf den Straßenbarrikaden in Wien und Berlin, auf Protestversammlungen vor Rathäusern und Residenzen. Ganze Dorfgemeinschaften zogen im deutschen Südwesten vor die Schlösser ihrer adligen Standesherren. Volksversammlungen proklamierten aus ihrer Mitte die „Märzforderungen": Grundrechte, ein deutsches Parlament, Schwurgerichte und Volksbewaffnung. [...] Man kann geradezu von einer Fundamentalpolitisierung der Bevölkerung sprechen. [...]

Bauern, Knechte, Tagelöhner und das Gesinde auf dem Lande trugen zu etwa einem Drittel zu den Aktionen bei. Die angeblich bürgerlich-demokratische Revolution war in ihrer Frühphase zu einem Drittel Agrarrevolution! Freilich teilte die Landbevölkerung mehrheitlich noch nicht die politischen Ziele des Bürgertums. Manche verstanden unter „Preßfreiheit" nicht die Freiheit des gedruckten Wortes, sondern die Freiheit, nicht gepreßt zu werden und die bisherigen Zwingherren einmal selbst zu pressen. [...]

Der Anteil städtischer Unterschichten umfaßte ein weiteres Drittel: Handarbeiter, Lehrlinge, Gesellen, verarmte Handwerker, Eisenbahn- und Fabrikarbeiter beteiligten sich an diesen Aktionen, unter anderem während des Streiks im April, dann aber auch beim Maschinensturm in der Dampfschiffahrt und beim Eisenbahnbau. Blickt man auf die Opfer der Barrikadenkämpfe in Berlin, Frankfurt und Wien, auf die Verwundeten und Toten, dominierten auch hier die kleinen Handwerker, die Gesellen und Lehrlinge. Eine jahrzehntealte Krise des Handwerks – eine Strukturkrise – fand in den Barrikadenkämpfen ihr sichtbares Ventil. [...]

Die Basisrevolution kämpfte den Weg frei für eine zweite Handlungsebene: für eine durch Presse und Vereine gegliederte organisierte Öffentlichkeit. Die fürstlichen Kabinette mußten allenthalben Pressefreiheit gewähren und die freie Bildung von politischen Vereinen zulassen – erstmals in der deutschen Geschichte.

Im Jahre 1848 liegen die Anfänge ausgebildeter politischer Parteien in Deutschland. Welche Kriterien erfüllten sie? Es waren frei gebildete Organisationen; sie formten intern ihren Willen durch Abstimmungen und Mehrheitsentscheide; sie unterwarfen sich einem gemeinsamen Programm und standen Gleichgesinnten offen. Sie wollten Stimmen gewinnen für bevorstehende Wahlen. Das gelang ihnen ziemlich effektiv. Breite Teile der stadtbürgerlichen Bevölkerung bewiesen politische Reife. Es ist erstaunlich, wie schnell man sich zurecht fand im Umgang mit den parteitypischen Regeln. [. . .]

Das Neue und Besondere an diesen Parteien war: Sie handelten nicht mehr als Anhängsel einer Parlamentsfraktion oder Ergebnis staatlicher Förderung. Sie entwickelten ihr eigenes Leben. Grob gesehen hoben sich fünf Richtungen ab: Konservative, Konstitutionell-Liberale, Demokraten, politische Katholiken mit ihren Piusvereinen und die Arbeitervereine. [. . .]

Alle Regungen der Basisrevolution, der Presse und Parteien drängten auf politischen Einfluß, und diesen sah man konzentriert in den Landtagen und in der Frankfurter Nationalversammlung – der dritten Handlungsebene. Es wird oft übersehen, daß im Revolutionsjahr nicht nur in Frankfurt, Berlin und Wien gewählt wurde, sondern auch in München, Stuttgart, Oldenburg, Bremen, Altenburg usw. – eben überall dort, wo es Verfassungen zu revidieren und zu demokratisieren gab. Das vermehrte die politischen Aktivitäten und zerstreute sie. Es wurden politische Energien freigesetzt und zugleich durch den deutschen Föderalismus auch wieder absorbiert.

Auf dieser Ebene – in den Wahlkörperschaften – dominierten das Bildungsbürgertum und die Beamten. Es bildeten sich moderne Parlamentsfraktionen. Ihre Mitglieder, die Abgeordneten, hielten kontinuierlich mit ihren Wahlkreisen Kontakt. Die drei Handlungsebenen: Basisrevolution, organisierte Öffentlichkeit und Parlamente standen wechselseitig in Verbindung. Es entstand die Situation, wie sie für junge Repräsentativsysteme typisch ist: Wähler und Gewählte traten in eine gefährliche Spannung zueinander. Diese entlud sich gar einmal im September, als die Frankfurter

Nationalversammlung Gefahr lief, durch einen revolutionären Aufstandsversuch gesprengt zu werden.

Bereits die Zeitgenossen, nicht erst die Spötter über die Revolution, hatten ihre Probleme mit dem praktizierten Parlamentarismus. Mittlerweile haben die Urteile über das angeblich unpraktische Professorenparlament erheblich an Überzeugung verloren. Man hat gelernt, die Abläufe in Parlament und Fraktionen ernst zu nehmen, und weiß die ungewöhnliche Leistung des Paulskirchenparlaments und der Länderparlamente zu würdigen. Sie mußten gewissermaßen aus dem Nichts heraus neue Geschäfts- und Arbeitsformen finden. [...]

Die Parlamente von 1848, voran die Paulskirche, handelten unter immensen äußeren Bedrohungen und Pressionen; es herrschten schwere innere Gegensätze; trotzdem fand man auf parlamentarischem Wege Kompromisse und Ergebnisse. Es ist leicht vorstellbar, wie das Parlament unter äußerem Druck und innerer Zersplitterung hätte zerbrechen können. Die Abgeordneten hatten nur mäßige Erfahrungen aus ihrer Arbeit in den vormärzlichen Landtagen mitbringen können. Trotzdem zeigten sie sich selbst unter extremen Bedingungen der parlamentarischen Arbeitsweise gewachsen. Die ältere Forschung klagte über Konflikte und Fraktionierungen. Daß diese notwendigerweise zu einem demokratischen Repräsentativsystem gehören, wissen wir heute genauer als die obrigkeitsstaatlich geprägten Nachfahren der Revolution. [...]

Die Frage liegt nahe: Wenn das alles so vorzüglich gewesen sein soll – warum ist dann das Verfassungswerk gescheitert? Hier ist zu bedenken, daß die Abstimmungen in Frankfurt das Schicksal der Revolution als ganzer nicht ausschließlich, vielleicht nicht einmal ausschlaggebend entschieden. Die Dimensionen waren vielgestaltiger, so daß wir den Blick richten müssen auf die vierte Handlungsebene der Ministerien. Während der Märzereignisse waren die regierenden Fürsten kurzzeitig ohne Rat und Orientierung. In ihrer Not beriefen sie unverzüglich liberale Adlige und Bürgerliche in ihre Kabinette. Es entstanden die sogenannten „Märzministerien". Damit verhalfen die Monarchen scheinbar der vormärzlichen Opposition aus den Landtagen zur Regierung. Die Umbildung der Kabinette schien den lang erhofften Durchbruch des Bürgertums anzuzeigen.

Es ist notwendig, Geschehnisse nicht nur von ihrem Ausgang – hier vom Scheitern –, sondern auch von dem Erwartungshorizont der Beteiligten her zu sehen. Auf breite Kreise des Bürgertums mußten die Märzminister beruhigend wirken, gewissermaßen als Handschlag der Fürsten, fortab parlamentarisch-konstitutionelle Politik zu betreiben. Es schien so viel erreicht, daß es an der Zeit war, „die Revolution zu schließen", wie man sagte. In der Tat konzentrierten die neuen Regierungen vorwiegend ihre exekutive Gewalt darauf, gegenüber fortbestehenden revolutionären Erregungen „Ruhe und Ordnung" herzustellen. Sie erfüllten damit den eigentlichen Zweck, den ihnen die Fürsten zugedacht hatten: der Revolution die Dynamik zu entziehen. Einzelne Landesregierungen begannen im Herbst 1848, die demokratischen Vereine zu verbieten.

Auch die Provisorische Zentralgewalt beteiligte sich daran. Die Frankfurter Nationalversammlung hatte sie als nationale Zentralregierung eingesetzt. Es heißt immer wieder, sie sei nur ein kraftloses Phantom gewesen. Dieses angebliche Phantom richtete zwei Wochen nach dem Septemberaufstand am 3. Oktober 1848 einen Erlaß an sämtliche Einzelstaaten; er war im Kern ein Staatssicherheits-Erlaß. Die Landesregierungen sollten die bestehenden politischen Vereine ausforschen. [...]

Die Zentralgewalt und die Landesregierungen setzten zur Herstellung von Ruhe und Ordnung auch Truppen ein. Das führt zur fünften Handlungsebene, zum Militär in der Hand der Fürsten. Die Revolution war, wie man sagte, „vor den Thronen stehen geblieben". Und das bedeutete: Die Fürsten blieben im Besitz ihrer exekutiven Gewalt. Der

Offiziersadel, die einfachen Soldaten der stehenden Heere und die Beamten in der Verwaltung und Polizei standen in der Stunde des gegenrevolutionären Umschwungs bereit. [...]

Vor allem das Militär wurde eingesetzt, erstmals in der badischen Revolution im April 1848, dann in Einzelaktionen, massiv wiederum im September in Frankfurt, schließlich gipfelnd im Sommer 1849. Die letzte Phase revolutionärer Aufstandsbewegungen nach der Ablehnung der Kaiserkrone durch den preußischen König Friedrich Wilhelm IV. erfaßte Teile Preußens, Sachsens, die Pfalz, Baden und drohte auf das rechtsrheinische Bayern und auf Württemberg überzugreifen.

Das badische Beispiel lehrt, daß die Revolution dort erfolgreich war, wo die Truppen zu ihr übergingen. Das geschah vorwiegend in Wien, bei den Landwehraufständen im Rheinland und in Westfalen, vollends aber und konsequent in Baden nach der Vertreibung des Großherzogs. Die badische Revolution hatte gesiegt, als sie eine verfassungsgebende Landesversammlung und eine provisorische republikanische Regierung bilden konnte. Sie hatte tatsächlich Rückhalt in der Bevölkerung und im staatlichen Machtapparat gewinnen können, bei Soldaten, Verwaltungsbeamten und Richtern.

Die Gegenrevolution nahte von jenseits der badischen Grenzen. Der vertriebene Großherzog hatte von seinem Exil in Mainz aus Hilfe der preußischen und der Reichstruppen erbeten. Im Auftrag der Frankfurter Zentralgewalt lenkte deren Kriegsminister hessische, württembergische und nassauische Kontingente nach Baden. Bayerische, württembergische und österreichische Truppen standen von Osten und Süden her bereit. Die Revolutionäre kämpften um die Anerkennung der Frankfurter Reichsverfassung. Diese letzte Revolutionswelle fand ihr trauriges Ende in Rastatt am 23. Juli 1849, als 5600 in der Festung eingeschlossene Revolutionskämpfer kapitulieren mußten. Preußische Standgerichte liquidierten anders als in Sachsen und der Pfalz die

Revolution auf blutige Weise. Hinzu kamen Kriegsgerichte und reguläre Gerichte, die insgesamt tausend Verurteilungen aussprachen.

Bei allem ist noch zu bedenken: Die deutsche Revolution von 1848/49 war nur der Teil einer europäischen Bewegung. Und diese ist – mit Ausnahme der Schweiz – überall gescheitert. Bereits im Sommer und Herbst 1848 hatte das königs- und kaisertreue Militär die Aufständischen in anderen revolutionären Zentren Europas niedergeworfen: nacheinander in Krakau, Posen, Prag, Paris und Oberitalien. Die traditionellen Heere der Fürsten ließen sich eben nicht zur Revolution hinüberziehen. Im Kampf bewiesen sie durchweg ihre Überlegenheit, unterstützt durch moderne Technik. Anschaulich gesagt: Preußische Zündnadelgewehre zerstörten den nationalen Barrikadenmythos. Die Annahme liegt nahe, daß die stehenden Heere noch nicht hinreichend vom nationalen Gedanken erfaßt waren. Wenn die Preußen auf sächsische Freischärler, auf badische Soldaten schossen, verschwendeten sie kaum einen Gedanken darauf, daß ihnen Deutsche gegenüberstanden. Immer dort drohten in der Revolution Soldaten sich zu verweigern, wo sie das Bewußtsein hatten, auf Landsleute zu schießen. Landsleute hieß 1848 aber in den Augen der Soldaten offenbar noch vorwiegend: Preußen, Badener, Sachsen, Württemberger, Bayern usw., nicht aber Deutsche. Es fehlte ihnen das, was die Franzosen seit 1789 als „fraternité" – als weltbürgerliche und zugleich nationale Brüderlichkeit priesen.

Wenn der Niedergang der Revolution ein europäisches Ereignis war, ist auch die nachträgliche Frage müßig: Aber wenn Friedrich Wilhelm IV. die Krone doch angenommen hätte? Er hat nicht, weil er nicht der Romantiker auf dem Thron war, sondern ein kühl kalkulierender, machtbewußter Monarch, dem die Verfügungsgewalt über „seine" Soldaten mehr bedeutete als jede Verfassung. [. . .]

Die monarchisch-adligen Eliten erkannten in der Revolution – anders als ihre englischen Standesgenossen – nicht die Chance, die ihnen der gesellschaftliche Wandel bot. Kein Herrscher der größeren deutschen Staaten war willig zu einem Verfassungskompromiß auf der demokratischen Basis von 1848. Das bewiesen nicht zuletzt die nachfolgenden bitteren zehn Jahre der Reaktion. Die Fürsten hatten ihre bürgerlichen Märzminister erfolgreich täuschen können. Sie benutzten sie in der Stunde der Not, sie entließen sie in der Stunde der Reaktion.

Wolfgang Hardtwig

Die Gleichzeitigkeit des Ungleichzeitigen in der Reaktions- und Reichsgründungsära

In den Jahren nach der Niederlage der liberalen und demokratischen Revolutionäre, wenn nicht in der gesamten Reaktions- und Reichsgründungsära, stellt sich die Gleichzeitigkeit des Ungleichzeitigen [...] förmlich als die beherrschende Signatur der Epoche dar. Während die systematische und wohlkoordinierte Reaktionspolitik der deutschen Staaten bzw. des Deutschen Bundes eine evolutionäre Weiterentwicklung des politischen Systems blockierte, trat die Industrialisierung in Deutschland in ihre Take-off-Phase ein. Der Durchbruch der industriellen Revolution vollzog sich in den Jahren einer energischen politischen Unterdrükkung. Nebeneinander stehen dabei auch die – von der älteren Historiographie allerdings entschieden überzeichnete – Neigung des Bürgertums zum Rückzug aus der Politik und zur Anerkennung der Autoritäten einerseits und eine Reihe von Modernisierungsmaßnahmen andererseits. Diese verliehen der wirtschaftlichen Expansion Auftrieb und trugen damit dazu bei, daß sich der soziale Wandel neuerdings beschleunigte; oder sie versuchten bereits, depravierende Folgen dieses Wandels aufzufangen – so etwa die Einführung der Fabrikinspektion, die Beschränkung der Kinderarbeit und die Verkürzung der Arbeitszeit. In bisher nicht bekannter Selbstgewißheit trat bei dem sich jetzt in der Breite formierenden Wirtschaftsbürgertum ein ökonomisch-technisches Fortschrittsbewußtsein hervor, das sich auf ein neuartiges Zusammenspiel von Kapital, Technik und Wissenschaft stützte. Dem Beginn des modernen industriewirtschaftlichen Wachstums entsprach ein neuartiger Zukunftsoptimismus. Er schloß die Erwartung ein, daß der ökonomischen Gewichtsverschiebung weg vom Adel hin zum liberalen und nationalen Bürgertum ein entsprechender politischer Bedeutungsgewinn der Bürger unweigerlich folgen werde. Deutschland (ohne Österreich) wuchs ökonomisch zusammen, ein nationaler Markt und nationale Interessenvertretungen entstanden – auch dies ein erstaunliches Interferenzphänomen. Denn es zeigte sich, daß der industrielle Take-off auf den Nationalstaat nicht angewiesen war. Die rasche Industrialisierung kam ohne dessen Gehäuse aus, ohne daß umgekehrt die durchgreifende, die einzelstaatlichen Grenzen überspringende ökonomische Modernisierung die nationalstaatliche Einigung zwangsläufig nach sich gezogen hätte.

Die Hoffnung der konservativen Regierungen, daß ihr wirtschaftsliberaler Kurs und die Freisetzung der ökonomischen Interessen vor allem in Preußen das Bürgertum politisch stillstellen und mit dem partiellen, keineswegs vollständigen politischen Machtverzicht versöhnen würde, erfüllte sich allerdings nicht. Die Reaktionsära unterbrach weitgehend die Kontinuität der Vereins- und Parteientwicklung aus Vormärz und Revolutionszeit und verformte durch ihre Eingriffe auch die politische Willensbildung in den weiterbestehenden Landtagen. Seit sich jedoch die Repression in der „Neuen Ära“ lockerte, entwickelten sich in rapidem Tempo Frühformen des politischen Massenmarktes. Eine erstaunliche Zahl alter Achtundvierziger – von Heinrich von Sybel über Hermann Schulze-Delitzsch bis zu

Ferdinand Lassalle – betrat wiederum die politische Bühne und bestimmte das Geschehen wesentlich mit. In kürzester Zeit gewann die neugegründete Fortschrittspartei im preußischen Heeres- und Verfassungskonflikt die überwältigende Mehrheit der zweiten preußischen Kammer und focht nun, durch die Dynamik der Krise dahin getrieben, für die Parlamentarisierung der politischen Verfassung in Preußen. Der von einer kleinen Gruppe hochkonservativer Akteure gemeinsam mit dem König herbeigeführte Verfassungskonflikt selbst kann in seinem Gewicht kaum überschätzt werden. Denn hier wurden – so Nipperdey – „die Weichen der preußischen und der deutschen Geschichte noch einmal neu gestellt. Hier befestigt sich die konservative Prägung des Staates aufs Neue. Das hat für das deutsche Reich von 1871 und für seine Geschichte bis 1918, ja darüber hinaus, entscheidende Bedeutung gehabt". Der Konflikt stellte die Weichen – so ist zu ergänzen – für die Fixierung zweier neuer folgenreicher Ungleichzeitigkeiten bei zwei entscheidenden Modernisierungsschritten, die nach den mißglückten Anläufen von 1848/49 noch immer anstanden: die politische Partizipation mußte erweitert und durch die Parlamentarisierung des politischen Systems abgesichert werden; und die nationale Bewegung wartete noch immer darauf, daß die Nation auch zu staatlicher Einheit kam.

Es ist der Fortschrittspartei in Preußen bekanntlich nicht gelungen, im Verlauf der zwei Jahre von 1860 bis 1862 die konstitutionelle in eine parlamentarische Monarchie zu transformieren. Die Gründe dafür sind vielgestaltig. Zufälle wie die persönliche Statur des Kronprinzen Friedrich und das Auftreten der inkommensurablen Gestalt Bismarcks spielten eine erhebliche Rolle, aber auch diese sogenannten Zufälligkeiten verweisen zurück auf die Lagerung der Macht, wie sie sich in Preußen seit dem 17. Jahrhundert herausgebildet hatte und wie sie in der Reaktionszeit noch einmal verteidigt worden war. Die alten Eliten hatten die tradierte Struktur Preußens als Militär- und Beamtenstaat erfolgreich konserviert und den Übergang zum modernen Parteienstaat noch einmal hinausgeschoben. Die preußische Verfassung von 1850 hatte zwar spezifisch moderne rechtsstaatliche und demokratische Elemente aufgenommen. Die eingebauten monarchischen Vorbehaltsrechte erlaubten es aber im entscheidenden Moment immer wieder, sich auf die monarchisch-bürokratische Prägung des Staates zurückzuziehen. Der Adel hatte seine soziale und politische Vorrangstellung verteidigt, ja gegenüber den Reform- und Nachreformjahren zu Beginn des Jahrhunderts noch einmal ausgebaut. Die ländliche Junkerklasse hatte sich den Erfordernissen des Agrarkapitalismus frühzeitig angepaßt und war aus der Auflösung der ständischen Gesellschaft als ökonomisch erfolgreiche Klasse hervorgegangen, die zudem bis in die 1870er Jahre einen Teil ihrer alten Herrschaftsrechte verteidigte. Angesichts der Selbstbehauptung von Monarchie und Hof als dem eigentlichen Machtzentrum im Staat, das den Zugang zu Verwaltung, Diplomatie und Militär kontrollierte und in diesen Bereichen die königliche Prärogative ins Verfassungszeitalter hinüberrettete, kam es in Deutschland auch weniger als in Westeuropa zu einer kraftvollen Interessens- und Meinungsgemeinschaft zwischen Wirtschaftsbürgertum und Adel. Der Adel verteidigte seine gesellschaftliche und politische Macht am besten in der Allianz mit der ihm geneigten Monarchie; auf die Allianz mit einem grundsätzlich antiadelig eingestellten Wirtschaftsbürgertum konnte er verzichten, bis dieses selbst in der Abgrenzung „nach unten“ seine soziale und politische Nähe suchte.

Die Niederlage der Liberalen im Kampf um die Parlamentarisierung stabilisierte nun erneut und auf Dauer die unzeitgemäße Vormachtstellung des konservativen Adels im Staatsapparat des Verfassungsstaates. Tatsächlich kann man angesichts dieser Umstände für Preußen bis 1867/71 und auch für Preußen-Deutschland seit 1867/71 nicht von einem bürgerlichen Verfassungsstaat sprechen – und zwar umso weniger, als es dem liberalen Bürgertum auch 1867 und 1871 nicht gelang, innen- und verfassungspolitisch die wesentlichen Machtfragen für sich zu entscheiden. Die liberalen Abgeordneten des Verfassungsgebenden Reichstages des Norddeutschen Bundes erreichten gegenüber dem ursprünglichen Verfassungsentwurf zwar eine Erweiterung der Bundeskompetenz und der Budgetgewalt des Reichstages, aber der Militäretat blieb ausgenommen und der Versuch, verantwortliche Bundesminister zu schaffen, ist gescheitert.

Die Schwäche des liberalen Bürgertums im Kampf um die Parlamentarisierung erklärt sich freilich nicht nur aus dem durch die Verfassung von 1850 kaum gemilderten Überhang bürokratisch-monarchischer Strukturen des Anstaltsstaates Preußen ins bürgerliche Zeitalter. Sie ist bekanntlich auch auf die Erfolge der Bismarckschen Einigungspolitik zurückzuführen, die in ihren großpreußischen Motiven und deren national-verfassungspolitischer Ausmünzung wie auch in ihren Methoden ohne diese Beharrungskraft des altpreußischen Anstaltsstaates nicht zu denken ist. Für die Liberalen hatte das zur Folge, daß in ihrer Politik zwischen 1864 und 1871 eine neue Ungleichzeitigkeit – die von Einheits- und Freiheitsforderungen – schrittweise hervorzutreten begann. Es war überhaupt das Schicksal der preußischen Liberalen in diesen Jahren, von der Hoffnung auf die nationale Einigung zu leben und überholt zu werden von ihrer Verwirklichung. Lange und durchaus konsequent hatten sie an der gleichzeitigen Realisierung ihrer politischen Freiheits- und nationalen Einheitsforderungen festgehalten. Dann aber, seit Dezember 1863, begannen sie ihre macht- und verfassungspolitischen Forderungen in die Zukunft zu verschieben, um nationalpolitisch an der Entwicklung beteiligt zu werden. Daß sie dies nicht als „Opportunisten" getan haben, sondern genötigt durch ihre eigenen etatistischen Traditionen, ihre begrenzten Handlungsspielräume und durch die überlegene politische Gestaltungskraft Bismarcks, ist in den letzten Jahren mit zunehmender Deutlichkeit herausgearbeitet worden. Sie setzten – anfangs aus Überzeugung, später notgedrungen – auf die verfassungspolitische Entwicklungsfähigkeit erst Preußens durch die Liberalisierung der preußischen Machtstruktur von außen, vom zu schaffenden Nationalstaat her; dann des Norddeutschen Bundes, an dessen innenpolitischer Ausgestaltung sie in einem Maße beteiligt waren, das für den Augenblick über die verfassungspolitische Stagnation hinwegtrösten mochte; und schließlich auch des neu geschaffenen Reiches, an dessen Ausformung zu einem durchgreifend liberalisierten und vereinheitlichten Wirtschaftsraum sie sich ebenfalls wieder führend beteiligen konnten. Die zeitliche Schere, die sich zwischen der Verwirklichung von Einheit und Freiheit geöffnet hatte, ist nicht mehr geschlossen, die Parlamentarisierung des Reiches bis Oktober 1918 nicht erreicht worden.

Wilhelm v. Kügelgen
an seinen Bruder Gerhard

„Bismarck ist jetzt der populärste Mann in Preußen": Königgrätz 1866

[Ballenstedt, Anhalt-Bernburg]. *Am 5. Juli.* Gestern Abend war [Sohn] Benno's Ankunft, der von Coswig heraneilte, sehr tröstlich, auch für [Ehefrau] Julchen. O wie herzzerreißend ist der Anblick dieser Mutter! Sie thut was sie kann, sich zu fassen [. . .]. Gott helfe ihr und mir. Unser *geliebter* [Sohn] *Gerhard!* Ach daß er doch wenigstens den Sieg seines herrlichen Regiments, das er zum großen Theil mit bilden half, noch erlebt hätte! Doch das sind eitle Gedanken. Benno war gestern durch lauter flaggende Städte gekommen mit unermeßlichem Jubel, weil sich die Nachricht von einem neuen entscheidenden Siege bei Königgrätz verbreitet hatte. Auch soll die Post noch gestern Abend amtlich davon benachrichtigt worden sein, daß 8 Armeecorps an der Schlacht theil genommen und Benedek aufs Haupt geschlagen sei. Prag soll in preuß. Händen sein. Wenn das wahr ist – So eben die Zeitung; telegraphische Depesche des Königs an die Königin vom 3. Juli: „Großer Sieg über die Oestreicher. Alle 8 Corps 8 Stunden lang im Feuer; Oestreicher total geschlagen. Massen von Trophäen noch nicht zu übersehen. Unsere Verluste bedeutend. Wir sind Alle wohl; Gottes Gnade walte ferner über uns.“ – Es ist eine unerhörte Kraftentwicklung. Seit dem 27sten Juni alle Tage Schlachten, endlich dieser Sieg, der dem Kampfe vielleicht wesentlich ein Ende macht. Die Armee hat eine Vortrefflichkeit gezeigt wie man sie nicht geahnt hatte, von keiner Seite. Selbst die gerühmte oestreich. Cavallerie von der preußischen bei jedem Zusammentreffen geworfen. Bismarck ist jetzt der populärste Mann in Preußen. Alles schwärmt für ihn, auch die Demokraten. Ich hoffe er bringt uns ein einiges Deutschland zu Stande. Daneben Geheul und Wehklagen in den meisten Familien. Leicht waren diese Siege nicht; viel, sehr viel Blut geflossen. Aus Ballenstädt müssen noch 6 Offiziere an den Schlachten bei Gitschin und Königgrätz theil genommen haben, außerdem viele nächste Verwandte hiesiger Familien – von allen diesen noch keine Nachricht. Unser Haus ist den ganzen Tag überströmt von theilnehmendem Besuche aus allen Ständen. Das thut ja wohl; aber – ach unser Gerhard! – Drei liebe Kinder sind nun weg. O Herr mein Gott! wie es so bitter weh thut! – und die arme Braut, die immer so heldenmüthige Briefe schrieb – wie wird sie nun geknickt sein. Ich kann nicht weiter schreiben. Seid alle herzlich umfangen.

Wilhelm

Johann Jacob Oeri
an seine Eltern

„Das Resultat wird die deutsche Einheit sein“: Der Ausbruch des Deutsch-Französischen Krieges (1870)

Creutzburg [Oberschlesien] 21/7 70

Liebe Eltern,

[. . .] Wie es hier aussieht, davon macht Ihr Euch schwer eine Vorstellung. Der Krieg kam wie ein Blitz aus heiterm Himmel, heute sind es erst acht Tage seit der Emser Vorfall bekannt wurde und schon ist mehr als die Hälfte der waffenpflichtigen Leute fort. Soeben haben wir unserm Collegen Ulbrich das Comitat gegeben; derselbe verläßt eine junge sehr zarte und schwächliche Frau, deren erster Entbindung er so wie so mit großen Sorgen entgegensah. Poehlitz hat noch keine ordre erhalten; doch ist es nicht unwahrscheinlich, daß er sie noch bekommen wird. Was dann aus unsrer Schule werden wird, weiß der Himmel. Und so greift der Krieg in alle Verhältnisse ein. Jedermann muß urplötzlich sich mit dem Gedanken an das Außerordentliche vertraut machen.

Was man unter diesen Umständen über Louis Napoléon denkt und spricht, könnt Ihr Euch leicht sagen lassen. Die Wuth ist furchtbar und großartig, es ist nicht wie anno 66, wo man sich am Ende doch als den angreifenden Theil fühlte und wo nicht jedermann die politische Nothwendigkeit des Angriffes klar war; vielmehr ist das allgemeine Gefühl das, daß es gilt einen Tigersprung abzuwehren. Es giebt in diesem Momente in Norddeutschland keine Parteien mehr; kein Mensch agitiert für den Frieden, weil der Krieg als absolute Nothwendigkeit erscheint; es ist die zweite Auflage von 1813.

Bis Mitte der nächsten Woche wird Norddeutschland völlig gerüstet sein und mehrere hunderttausend Mann an der Gränze haben. Im Süden geht es vielleicht etwas langsamer; doch wird man auch da schon so weit sein, daß uns die Franzosen nicht leicht viel zuvorkommen können. Wenn Ihr diesen Brief habt, ist freilich vielleicht schon etwas geschehn. Jedenfalls ist es ein Kampf aufs Messer; wenn unsere Armee auch ein paarmal geschlagen wird, nachgegeben wird gewiß nicht und das Resultat wird die deutsche Einheit sein. Dieses Gefühl macht sich auch in Oestreich geltend. Bismarck ist dort gewiß recht verhaßt, aber doch sind alle Wiener-Blätter auf unserer Seite.

Dieter Langewiesche

Die Reichsgründung 1866/1871

Schon Zeitgenossen haben die Reichsgründung eine „Revolution von oben" genannt. Mit *Revolution* verband man seit 1789 die Vorstellung eines plötzlichen Fortschrittssprunges auf dem Weg in die Zukunft, erzwungen durch den Einsatz von Gewalt. Diese Gewalt ging aber 1866 und 1870 nicht von der Gesellschaft aus und war nicht gegen eine reformverweigernde staatliche Obrigkeit gerichtet. Sie kam vielmehr „von oben", vom preußischen Staat. Derselbe Staat, der 1849 die Revolution in Deutschland niedergeschlagen hatte, trat nun als Revolutionär auf. So empfanden es jedenfalls viele Zeitgenossen.

1864 hatte Preußen zunächst noch gemeinsam mit Österreich einen Krieg gegen Dänemark geführt. Es war kein Kabinettskrieg alten Stils, sondern ein deutsch-dänischer Nationalkrieg. Die deutsche Nation forderte Schleswig und Holstein für sich – wie 1848, doch im Gegensatz zu damals setzten die beiden deutschen Vormächte diese Forderung nun militärisch durch. Im ersten deutschen Einigungskrieg, wie man ihn im Rückblick nennen kann, trat Dänemark die

Herzogtümer Schleswig und Holstein an die beiden Repräsentanten des Deutschen Bundes ab. Doch damit endete diese preußisch-österreichische Allianz.

Die Konflikte, die aus diesem Erfolg hervortrieben, lösten 1866 den zweiten deutschen Einigungskrieg aus. Es war ein innerdeutscher Staatenkrieg, denn die Mitgliedsstaaten des Deutschen Bundes führten an der Seite Preußens und Österreichs Krieg gegeneinander. Doch es war zugleich ein innerdeutscher Nationalkrieg, der die deutsche Gesellschaft in zwei verfeindete Lager teilte. In ihm zerbrach der Deutsche Bund, dieses Geschöpf des Wiener Kongresses, der 1815 an die Stelle des untergegangenen Heiligen Römischen Reiches Deutscher Nation einen lockeren Staatenbund gesetzt und damit die föderative deutsche Staatstradition den neuen Verhältnissen angepaßt hatte. Nach innen war dieses Gebilde stark genug, den Zerfall Mitteleuropas in eine Vielzahl konkurrierender Einzelstaaten zu verhindern; nach außen blieb es schwach genug, um die europäischen Nachbarn nicht zu gefährden. Diese Föderation wurde 1867 ersetzt durch den preußisch beherrschten Norddeutschen Bund – ein nationaler Rumpfstaat, der bis etwa zur Mainlinie reichte. Dank seiner überlegenen politischen, aber auch militärischen und wirtschaftlichen Kraft werde er binnen kurzem die süddeutschen Staaten an sich ziehen – so glaubten, hofften oder fürchteten viele. Der Schritt zum kleindeutschen Nationalstaat, einem Staat ohne Österreich, unter preußischer Führung, schien nur noch eine Frage der Zeit zu sein.

Der innerdeutsche Nationalkrieg von 1866 und sein Ergebnis wurden als eine „Revolution von oben" empfunden, weil der preußische Staat zu vollenden schien, was den Revolutionären 1848/49 mißlungen war: Der kleindeutsche Nationalstaat zeichnete sich ab, und er entstand als Verfassungsstaat. Beides noch unvollendet, sowohl der Nationalstaat als auch der Verfassungsstaat, doch diese Grenzen würden sich überschreiten lassen – davon war die liberale

Nationalbewegung überzeugt. In einer Hinsicht hatte der preußische Staat 1866 sogar radikaler gehandelt als es die meisten Revolutionäre 1848 geplant hatten. Im Gegensatz zur föderativen Paulskirchen-Verfassung von 1849, die wie die Revolution vor den Thronen haltmachte, wagte es das nationalrevolutionäre Preußen von 1866, vier selbständige deutsche Staaten auszulöschen: das Königreich Hannover, Kurhessen, Nassau und die freie Stadt Frankfurt am Main. [...]

Bismarck radikalisierte die nationalstaatlichen Pläne von damals, indem er den Föderalismus stärker beschnitt, als es 1848 möglich gewesen wäre, aber er begrenzte auch die Parlamentarisierung, die in der Reichsverfassung von 1849 vorgesehen und in den Revolutionsjahren schon praktiziert worden war. Wie sich beides auswirken würde, die Schwächung des Föderalismus und des Parlamentarismus, mußte die Zukunft zeigen. Zunächst einmal wirkte die preußische Politik als ein nationalrevolutionärer Akt.

Die Konservativen waren entsetzt. Einer der ihren machte Revolution. „Nun ist aber die Revolution von oben durch Euch in Mode gekommen. Wehe Euch doppelt, wenn sie Euch nach hinweggespültem Rechtsgefühl in der Flut der Zeiten einmal selbst ergreift! Dann seid Ihr verloren!" Daß ein österreichischer Feldmarschall dies schrieb, kann nicht überraschen. Er und sein Monarch hatten die entscheidende Schlacht um Deutschland verloren. Doch auch ein konservativer Preuße wie Ludwig von Gerlach sprach von der „grundgottlosen Haupttat" Bismarcks, die zu einem allgemeinen „Versinken in der Revolution" führen werde. Kein Zweifel, die königstreuen Konservativen aller Richtungen haben die Gründung des deutschen Nationalstaates als Frevel wider die monarchische Legitimität erlitten, als eine revolutionäre Tat, ausgeführt von einem der ihren, der ihr Vertrauen mißbrauchte. Das alte Preußen, fürchteten sie, werde vernichtet, indem Bismarck dieses Preußen in den Dienst der nationalen Idee stellte.

Es ist kein Zufall, daß sich die Konservativen erst in den siebziger Jahren mit dem neuen Nationalstaat aussöhnten. Damals ging die „liberale Ära" zu Ende, wie die Zeitgenossen die Reformphase seit 1866 nannten. Als in dem innerdeutschen Nationalkrieg der Deutsche Bund zerbrach, begann eine Art Liberalisierungswettbewerb zwischen dem Norddeutschen Bund und den noch selbständig gebliebenen süd- und mitteldeutschen Staaten. Alle warben um die politische Öffentlichkeit. Der Reichstag des Norddeutschen Bundes griff mit einer Fülle von Gesetzen liberalisierend in Wirtschaft und Gesellschaft ein. Und auch die anderen Staaten gewährten nun Reformen, die sie zuvor lange verweigert hatten.

Die Liberalen hatten zwar ihre verfassungspolitischen Vorstellungen nur begrenzt durchsetzen können – parlamentarische Regierungssysteme entstanden nicht, im Zentrum der Herrschaftsordnung stand weiterhin der Monarch –, doch es schien nur noch eine Frage der Zeit, bis sich auch das erfüllen würde, was jetzt noch nicht erreicht werden konnte. Die Liberalen waren voller Optimismus. Und das mit guten Gründen. Standen sie doch an der Spitze einer nationalen Bewegung, die ihrem langerträumten Ziel, dem deutschen Nationalstaat, greifbar nahe war. Vor allem aber repräsentierten sie das moderne Deutschland, das in den sechziger Jahren einen mächtigen Industrialisierungsschub erlebte.

Die Reichsgründungsära fiel in eine wirtschaftliche Schönwetterperiode. Es ging aufwärts. Die aussichtslose Massenarmut der ersten Jahrhunderthälfte gehörte der Vergangenheit an, das Zeitalter des Pauperismus wurde durch eine Gesellschaft im Aufschwung abgelöst. Davon profitierte die nationale Bewegung. Sie setzte auf die Industriegesellschaft der Zukunft, sie identifizierte den Nationalstaat mit besserem Leben für alle und mit mehr Demokratie – jedenfalls für die Männer. Auch Frauen zu politischen Vollbürgern machen zu wollen, soweit waren die wichtigsten Träger der nationalen Bewegung noch nicht, weder die Liberalen noch die Demokraten. Frauenemanzipation gehörte damals noch nicht zur Fortschrittsidee der allermeisten Männer, auch nicht der politisch progressiven.

Die Liberalen waren die Herolde dieser Fortschrittseuphorie im Banne der männlichen Nation. Liberal sein hieß nun national sein, mit dem Fortschritt im Bunde stehen, die Moderne repräsentieren. Wer die Gesellschaft mit seinen Ideen durchtränkt, dem gehört die Zukunft. Daran glaubten die Liberalen. Durch die Ereignisse von 1866 schienen sie glänzend bestätigt zu werden. Bismarck hatte ihnen zwar den Griff nach der Regierungsmacht verwehrt, doch er mußte mit der von den Liberalen geführten Nationalbewegung paktieren. Er brauchte sie, um Österreich aus der deutschen Nation auszuschließen. Denn nur die Kraft der nationalen Idee ließ aus dem Staatenkrieg zwischen Preußen und Österreich um die Vormachtstellung in Deutschland einen innerdeutschen Nationalkrieg werden, einen Krieg um die territoriale Gestalt des künftigen deutschen Nationalstaates.

Das nationalstaatliche Ideal, das nun triumphierte, war nicht von Bismarck, nicht von den staatlichen Machthabern und ihren Verbündeten entwickelt worden. Sie versuchten zwar, es für ihre Interessen zu nutzen, aber zunächst doch nur widerwillig. Die Okkupation der nationalen Idee von rechts setzte erst später im wilhelminischen Deutschland ein. In der Reichsgründungsära war der Nationalstaat immer noch ein demokratisches Zukunftsversprechen. Eine Vielzahl von Organisationen pries es unablässig öffentlich an und stellte es der Gegenwart als Wunschbild entgegen. In diesem weiten Netz formierte sich die nationale Bewegung. Sie reichte in den sechziger Jahren von den gemäßigt Liberalen über entschiedene Demokraten bis zu den jungen sozialistischen Parteien. Diese Kräfte vertraten höchst unterschiedliche politische und gesellschaftliche Ziele und konkurrierten heftig untereinander, doch sie alle sahen im Nationalstaat die unverzichtbare Voraussetzung, um ihre Zukunftshoffnungen erfüllen zu können.

Hauptsprecher der bürgerlich-liberalen Nationalbewegung der Reichsgründungsära waren der 1859 gegründete „Deutsche Nationalverein“ und die liberalen Parteien, die in der ersten Hälfte der sechziger Jahre entstanden. Doch sie formten nur den institutionellen Kern. Umgeben wurde er von einem breiten Umfeld an gesellschaftlichen Organisationen und Veranstaltungen. Es reichte von wirtschaftlichen und beruflichen Interessenverbänden, die in dem Nationalstaat vor allem den einheitlichen großen Wirtschaftsmarkt vor Augen hatten, über die Vereine der Turner, Sänger und Schützen bis zu den großen Festen, auf denen das Bürgertum seine kulturelle Gestaltungskraft demonstrierte. Die Schillerfeiern von 1859 bildeten einen ersten Höhepunkt, große nationale Feste der Turner und Sänger schlossen sich an. Sie präsentierten der Öffentlichkeit eine nationale Einheit, die kulturell längst verwirklicht war, wirtschaftlich im deutschen Zollverein ein starkes Fundament besaß und auch von der Gesellschaft in dem dichten Netz von Organisationen vielfältigster Art bereits vorweggenommen wurde. Nur die staatliche Klammer – sie fehlte noch. Das war die Botschaft, die von der nationalen Bewegung unablässig ausging. Ihr mußten sich die deutschen Monarchen und Regierungen stellen. Preußen gelang das am besten. Warum?

Es war zu Beginn der Reichsgründungsära keineswegs selbstverständlich, daß der preußische Staat sich an die Spitze der nationalen Bewegung stellen würde. Auch wenn die von Historikern damals „wissenschaftlich“ beglaubigte Legende von der vermeintlich uralten deutschen Mission des Hohenzollernstaates dies hartnäckig behauptete. Gewiß, Preußen besaß bessere Voraussetzungen, sich in einen deutschen Nationalstaat einfügen zu können, als die alte deutsche Kaisermacht Österreich. Die Revolution von 1848/49 hatte die Probleme, dem Vielvölkerreich der Habsburgermonarchie eine nationalstaatliche Ordnung überzustülpen, drastisch sichtbar gemacht. Diese Probleme bestanden im Reichsgründungsjahrzehnt unverändert fort. Doch Österreich versuchte durchaus, mit ihnen fertig zu werden. Im Innern hatte es eine Reformära eingeleitet, die liberalen Wünschen entgegenkam, und im Deutschen Bund warb es um Reformen, die in Richtung Bundesstaat zielten, ohne jedoch den Versuch zu unternehmen, die Nationalbewegung durch ein Parlamentarisierungsangebot auf seine Seite zu ziehen.

Preußen hatte zwar nicht die Hypothek eines Vielvölkerreiches zu tragen, doch als ein Staat, der mit seinem Parlament und seiner liberalen Öffentlichkeit seit Anfang der sechziger Jahre einen scharfen Verfassungskonflikt austrug, bot es sich der nationalen Bewegung keineswegs als Bündnispartner an. Ganz im Gegenteil. Es ist die historische Leistung Bismarcks, die politischen Möglichkeiten erkannt zu haben, die sich Preußen im innerdeutschen Konkurrenzkampf gegen Österreich bieten würden, wenn es gelingen sollte, die nationale Bewegung und Preußen zusammenzuführen. Da wuchs nicht zusammen, was selbstverständlich zusammengehörte, auch wenn dies im Jubel über die gelungene Reichsgründung rückblickend von vielen so gesehen wurde.

Bismarck hatte nicht zielstrebig auf den deutschen Nationalstaat von 1871 hingearbeitet, wie es die nationale Heldenlegende vom Reichsgründer dann unermüdlich verklärte, und die deutsche Nationalbewegung hatte *diesen* Nationalstaat ebenfalls nicht gewollt. Er entstand vielmehr als ein Kompromiß, hervorgegangen aus zwei Kriegen, die den innenpolitischen Gestaltungsraum für die Akteure unvorhersehbar veränderten. Ob auch ohne diese Kriege der Nationalstaat entstanden wäre, kann niemand wissen. Zunächst hatten viele Menschen geglaubt, der norddeutsche Rumpfstaat sei, wie es ein Liberaler 1867 formulierte, nur noch „eine Haltestelle für uns, wo wir Wasser und Kohlen einnehmen, Atem schöpfen, um nächstens weiter zu gehen." Es kam jedoch anders.

Die Militärverträge mit den süddeutschen Staaten und der um ein deutsches Zollparlament erweiterte Zollverein verbanden die deutschen Staaten zwar enger als zuvor. Doch ob daraus ein einheitlicher deutscher Nationalstaat hervorgehen würde, war durchaus unsicher. Aus der Wirtschaftseinheit entstand nicht automatisch die staatliche Einheit. Nicht einmal der nationale Krieg gegen Frankreich schuf zwangsläufig den deutschen Nationalstaat. In den Möglichkeiten der Zeit lagen auch andere Lösungen, etwa ein lockerer Staatenbund oder der Fortbestand dessen, was es schon gab, ergänzt um einige Klammern zwischen Nord und Süd. Daß es anders kam, war das gemeinsame Werk Bismarcks und der nationalen Bewegung. Deshalb konnte die Reichsgründung verfassungspolitisch nur als Kompromiß zustande kommen. Wer sich innenpolitisch durchsetzen würde, blieb der Zukunft überlassen. Aus dieser Unentschiedenheit erwuchsen die zwei Gesichter des Deutschen Reiches.

Dieter Groh

„Innere Reichsgründung“ und „sozialistische Reichsfeinde“

Die „innere Reichsgründung“ suchte Bismarck vor allem durch Lösung der Arbeiterfrage mittels Sozialpolitik nachzuholen. Sie sollte die sich emanzipierende Arbeiterschaft in Staat und Gesellschaft reintegrieren, denn eine Emanzipation der Arbeiterklasse im Sinne voller sozialer und politischer Gleichberechtigung war unvereinbar mit der Struktur des Zweiten Reiches. Gleichwohl war ihre Emanzipation in einer Bewegung, die in einer „Integrationspartei“ gipfelte, dann der Preis, der für dessen Gründung, so wie sie sich vollzogen hat, bezahlt werden mußte. Integrationspartei bedeutete, dem Staat und der bürgerlichen Gesellschaft eigene Organisationen, eine eigene Subkultur, eine eigene Geschichtsphilosophie, eigene Verhaltensmuster und Loyalitäten, einen eigenen Vaterlandsbegriff und ein eigenes nationales Geschichtsbild entgegenzustellen. Bismarcks Versuch, die Emanzipation der Arbeiterklasse mittels einer „hors-la-loi"-Erklärung der sozialdemokratischen Organisationen rückgängig zu machen, mittels des „Sozialistengesetzes", hat diese dann entscheidend gestärkt. Bismarck scheiterte an der aus der Reichsgründung 1871 verbliebenen Aufgabe. Er hat sie zwar richtig als politische erkannt; aber aus Gründen der Staatsräson konnte er sie nicht politisch, d.h. mittels Gewährung auch politischer und nicht nur sozialer Gleichberechtigung lösen; was gleichzeitig bedeutet, daß auch letztere kaum über Ansätze hinausgelangen konnte.

Denn die Emanzipation der sich formierenden Arbeiterklasse aus sozialer Unterprivilegierung war ohne Aufhebung der politischen unmöglich. Die politische Gleichberechtigung der sozialdemokratischen Arbeiter hätte die Einführung eines parlamentarischen Systems erfordert. Dieses war aber mit der politischen und sozialen Struktur Preußens nicht zu vereinbaren und kam aufgrund der verfassungsrechtlichen Konstruktion Preußen – Reich für das Reich auch nicht in Frage. Eine parlamentarische Monarchie hätte die Majorisierung der in Preußen herrschenden Schichten, des grundbesitzenden Adels und der schwerindustriellen Bourgeoisiefraktion, durch Arbeiterschaft und kleines Bürgertum und als weitere Konsequenz einen Machtverlust der Krone bedeutet, die damit sowohl verfassungsrechtlich als auch personalpolitisch ihren ungeteilten Einfluß auf Armee und Exekutive verloren hätte. Die Kryptoparlamentarisierung Preußens durch seine herrschenden Schichten im Preußischen Abgeordnetenhaus verstärkte nur die konservative Präponderanz, während die faktische Parlamentarisierung der süddeutschen Staaten in den letzten Jahren vor Ausbruch des Weltkrieges für die Verfassungsstruktur des Reiches und für politische Entscheidungen – aufgrund des Übergewichts Preußens im Bundesrat – weitgehend quantité négligeable blieb.

Die Haltung der Sozialdemokratie im deutsch-französischen Krieg nach Sedan, die in weiten Kreisen als „vaterlandslos“ bewertet wurde, und ihre Solidaritätserklärung mit der Pariser Commune stand am Anfang von Bismarcks „cauchemar des révolutiones“, dem innenpolitischen Pendant zum „cauchemar des coalitions“; Begriffe, die allein schon geeignet sind, die innen- und außenpolitische Labilität des neugegründeten Reiches zu demonstrieren. Bismarcks bereits in den 60er Jahren zu beobachtende sozialpolitische Ansätze, die auf den wirtschaftspolitisch begründeten Widerstand der liberalen Bürokratie und des preußischen Handelsministers Graf Itzenplitz stießen, verdichteten sich in dem auf die Reichsgründung folgenden Herbst. Nachdem er sich davon überzeugt hatte, daß die Sozialdemokratie „mit uns im Kriege“ lebt und „losschlagen“ wird „gerade so gut wie die Franzosen, sobald sie sich stark genug dazu fühlt“, entwickelte er den Gedanken, sozialpolitische mit Repressivmaßnahmen gegen die Arbeiterbewegung zu kombinieren: „1. denjenigen Wünschen der arbeitenden Klassen (...), welche (...) eine Berechtigung haben, durch Gesetzgebung und Verwaltung entgegenzukommen, soweit es mit den allgemeinen Staatsinteressen verträglich ist, 2. staatsgefährliche Agitationen durch Verbots- und Strafgesetze hemmen, soweit es geschehen kann, ohne ein gesundes öffentliches Leben zu verkümmern.“

Bismarck machte sich, als er 1871 dieses Aktionsprogramm entwarf, keine Illusionen über das Verhältnis der sozialistischen Arbeiterbewegung zum preußisch-deutschen Staat, dessen „Umformung (...) in den sozialistischen Volksstaat“ sie anstrebe. Er machte sich auch keine Illusionen wie viele andere Konservative über die *Ursachen* der Arbeiterbewegung. Nicht irgendwelche Verschwörer oder „fremde Emissäre“ seien die Ursache dieser die „ganze civilisierte Welt durchziehenden Krankheit", stellte er in einem Brief an Wilhelm I. im Frühjahr 1872 fest: „(...) die besitzlosen Klassen in dem Maße, als ihr Selbstgefühl und ihre Ansprüche am Lebensgenuß allmählich steigen, (streben) sich auf Kosten der besitzenden Klassen die Mittel zur Befriedigung dieser Ansprüche zu verschaffen". Der langsame „Heilungsprozeß" könne nur durch staatliche Maßnahmen und fortschreitende Bildung und Erfahrung ins Werk gesetzt werden. Solange er noch nicht vollzogen sei, müßten aber auch alle Maßnahmen zur Abwehr „eines gewaltsamen Angriffs auf den Bestand des Besitzes" mittels „geeigneter Gesetze" getroffen werden. Zu diesem Zweck war Bismarck schon im Winter 1871/72 in Beratungen mit dem Justizminister eingetreten. Interpretiert man die sozialistische Arbeiterbewegung als Krankheit, die durch eine Kombination aus Sozialpolitik zugunsten der Arbeiter und Unterdrückung ihrer Organisationen zu heilen sei, so konnte man auch, wie Bismarck, hoffen, „beim rechten Eingreifen des Staates (...) die Mehrzahl der Arbeiter mit der bestehenden Staatsordnung auszusöhnen und die Interessen von Arbeitern und Arbeitgebern wiederum in Harmonie zu bringen".

Die sächsische Regierung hatte zur gleichen Zeit wie Bismarck im Winter 1871/72 die Initiative gegen die Arbeiterbewegung ergriffen, konnte aber schneller handeln als dieser. Ihr Versuch, im Bundesrat ein Ausnahmegesetz zur Beratung einzubringen, scheiterte ebenso wie Bismarcks Versuch, 1873 den Reichstag für Gesetzesverschärfungen zu gewinnen. Der Kulturkampf gegen Zentrum und „Ultramontanismus" hat offenbar die Energie, mit der gegen die Arbeiterbewegung vorgegangen wurde, kaum gedämpft.

Das Ergebnis der Reichstagswahl vom 10. Januar 1874, das Anwachsen der für die Sozialdemokratie abgegebenen Stimmen von 3,1% im Jahre 1871 auf 6,8% und die Wahl von 10 Abgeordneten, alarmierte Regierung und Öffentlichkeit. Erstere griff zu Verfolgungsmaßnahmen gegen beide Flügel der Arbeiterbewegung. Sie trafen besonders stark den ADAV und trugen nicht unerheblich zur Vereinigung der beiden Richtungen in Gotha 1875 bei, deren zentrale Organisation dann im März 1876 auch in Preußen verboten wurde. Trotzdem konnte sich das Vereinsleben relativ frei entfalten, da die SDAP in die Lokalorganisationen auswich und Bismarcks Versuch, die Reichsgesetze zu verschärfen, wiederum scheiterte. Die Unruhe in der bürgerlichen Öffentlichkeit wird durch eine Flut von Pamphleten bezeugt, von denen Treitschkes „Der Socialismus und seine Gönner" das heute noch bekannteste ist. In dieser Situation erlangten die Schlagworte von der „Reichsfeindlichkeit" und „Staatsfeindschaft" der Sozialdemokratie und daß sie der „Todfeind des preußischen Staates" sei, weite Verbreitung. Sie signalisierten die zunehmende Identifizierung der bürgerlichen Öffentlichkeit mit dem preußisch-deutschen Reich und gleichzeitig die zunehmende Gegnerschaft von Sozialdemokratie und Staat. Man glaubte aber immer noch, wie die Worte des ersten Berliner Staatsanwalts Tessendorf vom März 1875 belegen, im Sinne Bismarcks die Emanzipationsbewegung wieder integrieren zu können: „Wir wollen das Versammlungsrecht freigeben, es können sich die Sozialdemokraten zu Hunderttausenden versammeln, nur dürfen sie sich weder zentralisieren noch organisieren, sie dürfen keinen Staat im Staate bilden".

Als dann bei den Reichstagswahlen von 1877 die für die SDAP abgegebenen Stimmanteile auf 9,1% stiegen, dürfte dies Bismarck davon überzeugt haben, daß das Deutsche Reich von 1877 nicht mehr das Preußen von 1866 war, für das er die Vorzüge der gleichen und direkten Wahlrechte damals so beschrieben hatte: „In einem Land mit monarchischen Traditionen und loyaler Gesinnung wird das allgemeine Stimmrecht, indem es die Einflüsse der liberalen Bourgeoisklassen beseitigt, auch zu monarchischen Wahlen führen, ebenso wie in Ländern, wo die Massen revolutionär fühlen, zu anarchischen."

Aus der Waffe gegen die Liberalen, deren Mehrheit aufgrund der militärischen Erfolge von 1866 und der Reichsgründung, also durch die „Revolution von oben“ (Engels), von Bismarck gewonnen worden war, schien allmählich eine Waffe der Sozialdemokratie gegen die Regierung zu werden. Aber so wie man später von Seiten der Regierung die Anarchistengefahr manipulierte, um gegen die Öffentlichkeit eine Legitimation für scharfe Maßnahmen zu gewinnen, so jetzt die Sozialistengefahr. Bismarck hatte damals Erfolg, weil für ihn ein konservativ-dynastischer Staatsstreich, wie ihn Manteuffel vorgeschlagen hatte, genausowenig in Frage kam wie eine *parlamentarische Monarchie.* Und die Abschaffung des Reichstagswahlrechts mittels Staatsstreich war, weil sich die Sozialdemokratie noch in den Anfängen befand, auch nicht derart akut wie Ende der 90er Jahre. Es ging ihm nach 1871 vor allem darum, schon den Anfängen der Verbreitung einer revolutionären Ideologie unter den Arbeitermassen zu wehren. Von diesem Augenblick an war ein Ausnahmegesetz gegen die Sozialdemokraten nur noch eine Frage der Zeit, oder besser: der Gelegenheit. Die Geschichte seiner Durchsetzung durch Bismarck zeigt dies zur Genüge. Die Attentate auf Kaiser Wilhelm I. waren willkommene Anlässe, und das „rote Gespenst“ wurde dem Publikum, dessen Stimmen man für das Gesetz brauchte, so geschickt als Schreckgespenst vorgeführt, daß sich nach dem zweiten Attentat in der bürgerlichen öffentlichen Meinung eine geschlossene Front gegen die Sozialdemokratie bildete, die nur von wenigen mäßigenden Stimmen durchbrochen wurde. Sie ermöglichte Bismarck die Auflösung des Reichstags und sicherte eine für die Annahme des „Sozialistengesetzes“ günstige Zusammensetzung des Parlaments.

Reinhold Zippelius

Stichwort: Sozialpolitische Konflikte

Im Jahre 1863 hatte Ferdinand Lassalle den Allgemeinen Deutschen Arbeiterverein gegründet. 1869 hatten August Bebel und Wilhelm Liebknecht in Eisenach die marxistische Sozialdemokratische Arbeiterpartei ins Leben gerufen und das Eisenacher Programm verkündet. Beide Vereinigungen wurden 1875 auf dem Kongreß in Gotha zu der Sozialistischen Arbeiterpartei Deutschlands zusammengefaßt; das gleichzeitig beschlossene Gothaer Programm forderte Arbeitsschutzgesetze und eine sozialistische Umgestaltung des Staates und der Gesellschaft. Im Jahre 1890 nahm die Partei den Namen Sozialdemokratische Partei Deutschlands, SPD, an. 1891 beschloß sie das Erfurter Programm.

Nach zwei auf Kaiser Wilhelm I. verübten Attentaten erging im Jahre 1878 das Sozialistengesetz, das bis 1890 galt. Es verbot sozialistische Vereinigungen, Versammlungen und Druckschriften und sah die Ausweisung sozialdemokratischer Führer und Agenten vor.

Zugleich mit der Bekämpfung der Sozialdemokratie suchte Bismarck die soziale Frage durch eine Sozialgesetzgebung zu entschärfen, die für die ganze Welt vorbildlich wurde. Im Jahre 1883 erging das Krankenversicherungsgesetz, 1884 das Unfallversicherungsgesetz, 1889 das Alters- und Invaliditätsversicherungsgesetz. 1891 schloß sich das Arbeiterschutzgesetz an. Die ersten drei Gesetze wurden 1911 in der Reichsversicherungsordnung zusammengefaßt und durch eine Hinterbliebenenversicherung ergänzt. Im gleichen Jahr erging auch das Gesetz über die Angestelltenversicherung. Novellen zur Gewerbeordnung (1878, 1891) verbesserten den Schutz der Arbeitnehmer, unter anderem durch Fabrikinspektionen (1878). 1903 folgte ein Kinderschutzgesetz und 1911 ein Hausarbeitsgesetz. 1890 wurden eigene Gewerbegerichte geschaffen.

James J. Sheehan

Bismarck, die Liberalen und der Kulturkampf

Seinen bezeichnendsten und in vieler Hinsicht bedeutsamsten Niederschlag fand das Zweckbündnis zwischen Liberalismus und Bismarck-Staat im sogenannten Kulturkampf des Liberalismus gegen den Katholizismus. Dieser Kampf, in dessen Verlauf sich die schon seit langem schwelenden Gegensätze zwischen Katholiken und Liberalen zu einer bis dahin nicht gekannten Intensität steigerten, war das Ergebnis einer Reihe von Entwicklungen, die sich während der späten 60er und frühen 70er Jahre vollzogen hatten. Wie nicht anders zu erwarten, erfüllte die Entstehung eines von Preußen dominierten und daher vorwiegend protestantisch orientierten deutschen Staates die Katholiken mit gewissen Besorgnissen und bestärkte auf der anderen Seite die Liberalen in ihrer Absicht, sich in ihrem Kampf gegen den kirchlichen Einfluß der Machtmittel des Staates zu bedienen, zumal der Vatikan mit seinen jüngsten Angriffen auf die moderne Welt (am provozierendsten mit dem *Syllabus Errorum* und mit der Verkündung der päpstlichen Unfehlbarkeit) die finstersten Befürchtungen der Liberalen hinsichtlich des kirchlichen Obskurantismus und Autoritarismus bestätigt hatte. Dazu kam, daß die Reformen der „liberalen Ära" namentlich in Regionen, in denen eine besonders enge Verbindung zwischen der Kirche und den diese Reformen am heftigsten bekämpfenden Gruppen bestand, die ohnehin schon vorhandenen, tief wurzelnden Gegensätze zwischen Liberalen und Katholiken weiter verschärften.

Die Ereignisse spitzten sich zu, als der politische Katholizismus zu Anfang der 70er Jahre eine Reihe von Wahlsiegen erzielte, die bei den Liberalen den Ruf nach einem „Kulturkampf" gegen die Kirche laut werden ließen. Sybel schrieb bereits im Frühjahr 1871: „Jedenfalls müssen wir, was wir bisher gegen die Klerikalen im weißen Offiziersrock getan, jetzt gegen die Klerikalen in der Soutane tun." Bismarck war bereit, der antikatholischen Kampagne der Liberalen Rückendeckung zu gewähren, nicht weil er irgendein tieferes Interesse an den ideologischen Aspekten des Konflikts gehabt hätte, sondern weil er die neue katholische Partei als ein potentielles Sammelbecken für alle oppositionellen Elemente innerhalb der Grenzen des neuen Reichs betrachtete: der Hannoverschen Welfen, der süddeutschen Katholiken, der Polen aus den preußischen Ostprovinzen und der elsässischen und lothringischen Franzosen. Wie die Liberalen, so erschrak auch der Kanzler über die beträchtlichen Wahlerfolge, die die Katholiken auf Anhieb erzielten, und suchte nach Mitteln und Wegen, ihren politischen Einfluß einzudämmen. Das Resultat war eine Serie von Gesetzeswerken, die in drei Etappen durchgebracht wurden: Zunächst einmal wurde der kirchliche Einfluß auf dem Bildungssektor, jenem traditionellen Schlachtfeld der Auseinandersetzung zwischen Kirche, Liberalismus und Staat, zurückgedrängt; in der zweiten Phase, die in der Verabschiedung der berühmten preußischen Maigesetze von 1873 gipfelte, wurde die staatliche Aufsicht über eine Reihe innerkirchlicher Belange, insbesondere über die Ausbildung, Ernennung und Erziehung der Geistlichen, verschärft; in der dritten Phase schließlich wurden neue rechtliche Handhaben zur Bestrafung von Geistlichen geschaffen, die sich weigerten, den neuen Bestimmungen Folge zu leisten.

Das Bündnis, das die Liberalen im Kulturkampf mit der Regierung eingingen, beeinträchtigte, ebenso wie ihre Unterstützung der Bismarckschen Außenpolitik und des von Delbrück vorgelegten sozialökonomischen Programms, ihre Fähigkeit, den Kampf um politische Reformen konsequent und glaubwürdig zu führen. So ging beispielsweise 1871 ein erheblicher Teil der im Verlauf der Auseinandersetzung um das Militärbudget mobilisierten oppositionellen Energie durch die Verlagerung der Aufmerksamkeit auf den konfessionellen Kriegsschauplatz verloren. Ein Jahr später, als im liberalen Lager, angeregt durch die Debatte über mehr lokale Selbstverwaltung in Preußen, der Wunsch nach einer Verfassungsreform gerade um sich zu greifen begann, fielen die Liberalen notgedrungen in die antikatholische Kampagne ein, die ihren Abschluß in den Maigesetzen von 1873 fand, und im Eifer des Gefechts gingen die Reformansätze unter. Und schließlich gelang es der Regierung auch, die vehemente Oppositionsstimmung, die anläßlich der Heeresbudgetkrise von 1874 aufflammte, durch eine erneute Verschärfung des Kulturkampfs abzufangen. In allen diesen Fällen war es nicht nur Bismarcks taktisches Geschick, das den Lauf der Dinge in der geschilderten Weise steuerte, sondern auch der Umstand, daß die Liberalen hartnäckig an ihrer altvertrauten Überzeugung festhielten, daß der Kampf *gegen* den Staat immer dann aufgeschoben bzw. hinter ein Bündnis *mit* dem Staat zurücktreten müsse, wenn es gegen die Feinde der Liberalen in der Gesellschaft zu kämpfen galt. Der Kampf gegen die Kirche wurde im Namen der Freiheit und des Fortschritts geführt, trug aber letzten Endes zur Stärkung des Einflusses des bürokratischen Staates auf das öffentliche Leben in Deutschland bei.

Adolf Lüderitz
an Otto v. Bismarck

„Es muß No-mansland sein“: „Schutzgebiete“ für das Deutsche Reich (1884)

Bremen, 25. November 1884

Hochgebietender Herr Reichskanzler!

Wie ich Euer Durchlaucht bereits telegrafisch mitteilte, erhielt ich heute Morgen aus Durban ein Telegramm von Herrn August Einwald worin derselbe meldet, daß seine Reise erfolgreich gewesen sei.

Am 21. Mai ds. J. machte ich mit H. Einwald einen Kontrakt, dessen Inhalt, der Hauptsache nach, wie folgt lautet:

„Herr Einwald reist auf Kosten des Herrn Lüderitz auf direktestem Wege nach Zululand um dieses, soweit es möglich ist, für Herrn Lüderitz und seine Rechtsnachfolger zu erwerben.

Die Kaufkontrakte mit den in Frage kommenden Zuluhäuptlingen müssen so bündig nach Landesbrauch abgefaßt sein, daß sie von der deutschen Regierung als rechtsgültig anerkannt werden können und sodann der Schutz Deutschlands über dieses Gebiet proklamiert werden kann.

Durch die Kaufkontrakte müssen sämtliche Hoheitsrechte auf Herrn Lüderitz und seine Rechtsnachfolger übertragen werden und derselbe dadurch auch die weitgehendsten Befugnisse zum Betriebe von Handel, Gewerbe, Acker- und Bergbau, sowie zur Anlegung von Straßen, Eisenbahnen, Kanälen, Telegrafen usw. erhalten. Die Häuptlinge müssen sich verpflichten mit ihrer ganzen Macht diese Rechte des Herrn Lüderitz und seiner Rechtsnachfolger, sowie der Angestellten in dessen Dienste, gegen Übergriffe Dritter, Weißer oder Farbiger, zu schützen wenn sie dazu aufgefordert werden.

Bei Streitigkeiten unter sich müssen die Häuptlinge an die Entscheidung S.M. des deutschen Kaisers oder dessen Vertreters appellieren. Sie dürfen ferner, ohne die Einwilligung des deutschen Kaisers, keine Gebietsabtretungen an irgend eine andere Nation oder deren Untertanen machen.

Bei der Erwerbung des Zululandes handelt es sich zunächst um das Küstengebiet mitsamt der innerhalb der 3-Seemeilen-Zone liegenden Inseln, Felsen und Riffe.

Zu diesem Küstengebiete muß soviel Inland wie möglich kommen, wenn das ganze Land bis an die Grenzen, Umhlatuzifluß, Transvaal und Amatonga, nicht zu erwerben sein sollte.

Es versteht sich von selbst, daß nur Gebiete erworben werden, welche von keiner anderen zivilisierten Macht als bereits in Besitz genommen reklamiert werden können. Es muß, wie die Engländer es nennen – No-mansland sein."

Darf ich Euer Durchlaucht bitten zu veranlassen, daß auch dieses Gebiet jetzt unter den Schutz S.M. des deutschen Kaisers gestellt wird? [...]

Gott gebe, daß diese großen, nunmehr für Deutschland gesicherten Gebiete dem Vaterlande von Nutzen sind.

Ich habe die Ehre zu verharren Euer Durchlaucht gehorsamster und treuergebenster

F. A. E. Lüderitz

Hans-Ulrich Wehler

Vom „Schutzgebiet" zur Kolonie: Der deutsche Imperialismus

Bismarck ist dem Imperativ des pragmatischen, mithin des kommerziellen, freihändlerischen Expansionismus so lange wie möglich gefolgt, da er die finanziellen Belastungen, die militärischen Risiken und die politische Verantwortung, die eine staatliche Kolonialherrschaft unausweichlich mit sich brachte, illusionslos erkannte. „Die Kosten" staatlicher Kolonialpolitik überstiegen meist „den Nutzen", argumentierte er wie ein gestandener englischer Freihändler, ihre vermeintlichen „Vortheile" beruhten „zum größten Teil auf Illusionen". „Gebietserwerbungen außerhalb Europas" seien „eine Quelle nicht der Stärke, sondern der Schwäche für Deutschland" und daher strikt abzulehnen. Offensichtlich stand auch Bismarck unter dem Einfluß des ungeheueren Erfolgs des britischen mittelviktorianischen „Informal Empire"; er orientierte sich an diesem imponierenden Vorbild weltweiter Handelsherrschaft, als er jene Interessen förderte, die durch eine „Laissez-faire"-Überseepolitik befriedigt werden konnten. An der Kontinuität dieser Leitvorstellungen hat er von 1862 bis 1898 festgehalten, daran ist kein Zweifel möglich. Es gab auch in den achtziger Jahren keinen abrupten Bruch, keinen tiefen Gesinnungswandel, geschweige denn eine plötzliche Begeisterung für Kolonien. Wohl aber gab es neue, zwingende Motive, die ihn zeitweilig, entgegen seiner bisherigen Konzeption, dazu bestimmten, den riskanten Schritt zu einem staatlichen Engagement in afrikanischen und pazifischen „Schutzgebieten", schließlich in Staatskolonien zu tun. [. . .]

Als sich nach einer kurzen Erholungsphase während der zweiten Depression seit 1882 die schlimmen Erfahrungen der siebziger Jahre, wie es schien, wiederholten, ging davon eine geradezu traumatisierende Wirkung aus – nicht nur in Deutschland, sondern auch in anderen erneut krisengeschüttelten Ländern wie etwa den Vereinigten Staaten, in Frankreich und Belgien. Im Reich versagte der Schutz des Binnenmarkts durch den Protektionismus, der soeben noch als wichtigste antizyklische Remedur durchgesetzt worden war, gegenüber dem neuen weltwirtschaftlichen Abschwung. Da sich inzwischen die Agrarkrise mit der industriellen Depression überschnitt, wurden die großindustriellen und großagrarischen Führungsschichten gleichzeitig hart getroffen. Die sozialen Spannungen vertieften sich, das allgemeine Krisenbewußtsein dehnte sich aus, das Bismarckregime und seine Sammlungspolitik fanden sich einer schweren Belastungsprobe ausgesetzt. In dieser bedrohlichen Situation konnte sich das Berliner Machtzentrum nicht passiv-abwartend verhalten. Die jetzt erst nachhaltig unterstützte überseeische Expansion gehörte zu jenem Bündel von Gegenaktionen, welche die Krise entschärfen sollten.

„Die industrielle Entwicklung, die zu einer Überproduktion geführt hat", berichtete der französische Botschafter, „treibt Deutschland zu seinen Kolonialunternehmen." Mit zahlreichen anderen Beobachtern schloß sich der englische Außenminister diesem Urteil an: „Die wachsende soziale Unruhe in Deutschland, die Tendenz . . . zur Überproduktion" und der „laute Ruf" nach „neuen Absatzkanälen" zwängen Bismarck, konträr zu seiner bisherigen Überzeugung, zu dem „neuen Aufbruch" nach Übersee. Diese Diagnose wurde in Deutschland von einem breit gefächerten ideologischen Konsens geteilt, der sich in der Wirtschafts- und Geschäftswelt, in einem wachsenden Segment der öffentlichen Meinung, in der neu aufkommenden Expansionspublizistik und erst recht unter den auf Export und Kolonialbesitz gerichteten Interessengruppen herausbildete.

Die gewaltige Produktion der deutschen Industriewirtschaft brauche, hieß es da immer wieder, ein „Sicherheitsventil", das nur im Export, möglichst auch in eigenen Kolonien zu finden sei. Das „heilige Gebot", endlich „die Erweiterung unseres Wirtschaftsgebiets durch überseeischen kolonialen Besitz" oder kommerziell beherrschte Absatzmärkte zu fördern, dürfe nicht länger mißachtet werden. Monoton zog sich diese Forderung durch schier zahllose Äußerungen all jener hindurch, die am Entstehen des ideologischen Konsenses mitwirkten. Ohne außenwirtschaftliche Erfolge könne weder die Depression überwunden noch für den überdimensionierten Produktionsapparat, dessen Leistungen über die Bedürfnisse des Binnenmarktes längst weit hinausreichten, ein zuverlässiger „Abfluß" gefunden werden.

Gelinge das aber nicht sobald wie nur möglich – und damit wurde das zweite Hauptmotiv dieser leidenschaftlichen Debatte umschrieben -, drohe „die alles verschlingende soziale Revolution". Wegen der anhaltenden Krise erhebe „die sozialistische Revolution ... immer drohender ihr Schlangenhaupt". Kolonialerwerb bedeute daher einen „Akt der Selbstrettung", denn sonst bleibe für das „Proletariat die Hoffnung auf eine soziale Revolution der einzige Trost". „Pauperismus und Sozialdemokratie" – sie drohten in der unmittelbaren Zukunft, wenn die wirtschaftliche Lage nicht endlich entschärft werde. Die „gedrückten Wirtschaftsverhältnisse" und die „fortwährend mit Verbitterung wühlende sozialdemokratische Bewegung“ drängten, lautete die allgemeine Konsequenz, das Reich „unabweislich auf die Bahn einer überseeischen Politik", wenn der Bestand von Staat und Gesellschaft nicht in tödliche Gefahr geraten solle.

Die Regierung Bismarck hat auf die Wachstumsschwankungen, die immer nachdrücklicher auf die staatliche Intervention hinlenkten, auch auf die dramatischen Warnungen, die sie von allen Seiten her erreichten, vor allem mit einer vielfältigen Unterstützung der Exportwirtschaft reagiert. Der Hebel wurde an verschiedenen Stellen gleichzeitig angesetzt: Ausfuhrsondertarife im Eisenbahn- und Kanalwesen, Begünstigung der weiterverarbeitenden Exportgewerbe durch den Zolltarif von 1879, Direktsubventionen für den Bau von Hochseedampfern, Förderung von überseeischen Bankfilialen und „Exportmuseen“, dazu natürlich konsularische Unterstützung und vorteilhafte Handelsverträge – alle diese Maßnahmen muß man zusammen sehen, um zu erkennen, wie sich der junge Interventionsstaat in der Außenwirtschaft pragmatisch vorantastete. Die Politik, die dann in Afrika und im Pazifik letztlich auch zu Kolonien führte, stellt nur einen Ausschnitt aus diesem Repertoire der staatlich protegierten Außenhandelspolitik dar. Erst in diesem Kontext früher interventionsstaatlicher Experimente gewinnt der deutsche Wirtschaftsimperialismus seinen bestimmten und begrenzten Stellenwert.

Bismarck hat sich darüber mit aller wünschenswerten Klarheit ausgesprochen. „Unsere Kolonialbestrebungen sind Hilfsmittel für die Entwicklung . . . des deutschen Exports“, beschrieb er in nuce die funktionale Bedeutung der „Schutzgebiete“, die „nichts weiter“ darstellten „als ein weiteres Hilfsmittel zur Entwicklung . . . des wirtschaftlichen Lebens“. „Wenn der deutschen Gesamtheit das Kleid zu Haus zu eng wird, sind wir genötigt“, folgerte er, „dem deutschen Unternehmungsgeist Protektion zuteil werden zu lassen.“ Sein pragmatischer Expansionismus schmiegte sich einer schwierigen Lage an, die er mit vielen anderen als Sachzwang des industriellen Wachstums empfand.

Darüber hinaus bewegte sich die deutsche Wirtschaftsentwicklung nicht in nationaler Isolierung. Vielmehr war sie in einen erbitterten weltwirtschaftlichen Konkurrenzkampf aller mit strukturell gleichartigen Wachstumsproblemen ringenden Industriestaaten verflochten. Die vertraute Rivalität im europäischen Staatensystem wurde im globalen Maßstab fortgesetzt. Dieser Wettbewerb aller okzidentalen Industrieländer bildete eine der wichtigsten Bedingungen für ihr wirtschaftspolitisches Verhalten seit den 1880er Jahren und eine Grundvoraussetzung auch des „neuen Imperialismus". Ohne energische Starthilfe erschien es als illusorisch, in diesem Ringen, dessen Ausgang nach einer früh verbreiteten Auffassung über die endgültige Machtverteilung auf dem Erdball entschied, erfolgreich bestehen zu können.

Die Einsicht in die neuartige Zuspitzung der weltwirtschaftlichen Konkurrenz brachte auch Bismarck dazu, einen „prophylaktischen Imperialismus" zu praktizieren, der vor dem angeblich oder tatsächlich drohenden Zugriff einer rivalisierenden Macht die eigenen Ansprüche vorsorglich absteckte – und sei es auch nur, noch ehe der wahre Wert eines überseeischen Marktes zu erkennen war, um künftige Chancen rechtzeitig zu wahren. Wenn Berlin mit der Proklamierung der „Schutzgebiete" noch länger gewartet hätte, verteidigte er sich, „würden wir überhaupt nicht in die Lage gekommen sein, uns die Frage vorzulegen, ob wir dort eine deutsche Kolonie für möglich halten wollen. Längst würden andere zugegriffen haben." Auch Deutschland brauche aber solche „Versuchsstationen", um „ein Tor für deutsche Arbeit . . . und deutsche Kapitalanlage offen zu halten." [. . .]

Bismarck gab mithin einer Zangenbewegung von innen und außen allmählich nach: zum einen dem Druck der Wirtschaftskrise und der Interessenten, der Expansionsagitation und des konjunkturpolitischen Handlungszwangs;

zum andern dem Druck der verschärften internationalen Konkurrenz, die ihn sogar zu Präventivmaßnahmen antrieb, wie er sie in Europa stets vermieden hatte. Innerhalb von sehr kurzer Zeit wurden 1884/85 ganz unterschiedliche Projekte von Berlin unterstützt. An der südwestafrikanischen Küste war es der Bremer Kaufmann Adolf Lüderitz, dem die Reichspolitik ein „Schutzgebiet“ verschaffte, das in zum Teil heftigen Auseinandersetzungen mit London und Kapstadt schließlich die Ausdehnung des gegenwärtigen Namibia erreichte. Fast gleichzeitig wurde die westafrikanische Interessensphäre hanseatischer Handelshäuser, voran der Hamburger Firma Adolph Woermanns, vor dem englischen und französischen Zugriff unter Reichsschutz gestellt, woraus Kamerun und Togo hervorgingen. In Ostafrika wurden die dubiosen Verträge eines abenteuerlustigen Psychopathen namens Carl Peters von Berlin anerkannt; nach einem neuen Konflikt mit England entstand dort das „Schutzgebiet Deutsch-Ostafrika“. Auf Neuguinea gelang einem einflußreichen Konsortium mit Hansemann und Bleichröder die Einrichtung eines weiteren deutschen Protektorats.

Überall wollte Bismarck privaten Syndikaten der beteiligten Unternehmer, welche die Bedeutung ihrer Handelsinteressen und ihrer eigenen finanziellen Ressourcen wortreich beschworen hatten, die „Schutzgebiete“ als halbprivate Handelskolonien unter einem locker formalisierten, bewußt vage gehaltenen „Reichsschutz“ überlassen, den Konsuln und gegebenenfalls Kanonenboote wahrnehmen sollten. Dieser Plan, das verlockende Vorbild der britischen ostindischen Chartergesellschaft und ihrer Nachfolger nachzuahmen, ist innerhalb weniger Jahre gescheitert. Aufstände der Eingeborenenstämme, der daraufhin für unumgänglich gehaltene Einsatz von Truppenverbänden – ein Vorgeschmack künftiger Kolonialkriege –, das blamable Versagen der deutschen Investoren, die Konkurrenz der etablierten Kolonialmächte, deren Interesse oder offener

„Preclusive Imperialism" jetzt mit der deutschen Expansion zusammenstießen und eine staatlich sanktionierte Grenzziehung zwischen den Einflußsphären erforderten – unter dem pausenlosen Anprall dieser Krisen zerrann Bismarcks Wunschtraum von deutschen „Schutzgebieten" ohne die Last der Verantwortung für staatliche Territorialherrschaft. Schon nach vier Jahren mußten alle Protektorate in Reichskolonien umgewandelt werden, wie das die Interessenten seit jeher gefordert hatten. Auch Bismarcks Wirtschaftsimperialismus endete in kolonialem Gebietsbesitz – mit all jenen befürchteten Verpflichtungen, die der Berliner Politik daraus erwuchsen.

John C. G. Röhl

Wilhelm II.

1. Jede Skizze seines Charakters muß mit der Feststellung beginnen, daß er nie reifer wurde. Am Ende seiner 30jährigen Regierungszeit galt er immer noch als „junger", als „kindlich-genialer" Kaiser. Er schien unfähig, aus der Erfahrung zu lernen. Philipp Eulenburg, der ihn besser kannte als irgendein anderer, schrieb um die Jahrhundertwende, daß sich der Kaiser während der elf Jahre seiner Regierung zwar „in seinem äußeren Wesen [...] sehr beruhigt" habe. „Geistig aber hat sich nicht die geringste Wandlung vollzogen [...]".

2. Die berüchtigte Selbstherrlichkeit Wilhelms, die grobe Überschätzung der eigenen Fähigkeiten, die von seinen Zeitgenossen als „Cäsarenwahnsinn" oder *folie d'empereur* kritisiert wurde, verhinderte ebenfalls die Aufnahme von konstruktiver Kritik. Wie sollte der Kaiser auch lernen, wenn er seine Minister verachtete, selten empfing und kaum anhörte; wenn er der Überzeugung war, seine Diplomaten

hätten so „die Hosen voll", daß die ganze Wilhelmstraße zum Himmel stinke; wenn er selbst den Kriegsminister und den Chef des Militärkabinetts als „Ihr alten Esel" anredete, und zu einer Versammlung von Admiralen sagte: „Ihr wißt alle gar nichts. Nur ich weiß etwas, nur ich entscheide." Noch vor der Thronbesteigung warnte er: „Wehe, wenn ich zu befehlen haben werde!" Noch vor der Entlassung Bismarcks drohte er, jeden Gegner zu „zerschmettern". [...]

3. Der Kaiser hatte eine ganz ungewöhnliche Gabe, die Welt zu sehen, nicht wie sie war, sondern wie er sie sehen wollte. Im Sommer 1903 schrieb Eulenburg von der Nordlandreise an Reichskanzler von Bülow: „Wochenlang [...] mit dem lieben Herrn in Kontakt zu sein, öffnet ja auch dem weniger Eingeweihten die Augen – und auch dieser erschreckt über die immer mehr in Erscheinung tretende Tatsache, daß S. M. *alle* Dinge und *alle* Menschen lediglich von seinem persönlichen Standpunkt betrachtet und beurteilt. Die Objektivität ist völlig verloren, die Subjektivität reitet auf einem beißenden und stampfenden Rosse." [...]

4. Der Kaiser wütete gegen jeden, der nicht seinen Willen tat, und war voller Rachsucht gegen alle, die ihn „verraten" hatten. 1900 notierte Eulenburg, daß Wilhelm die Ermordung des deutschen Gesandten in China „als eine *persönliche* Beleidigung" auffaßte, für die er „durch die Truppen *Rache*" nehmen wollte. Dementsprechend telegraphierte er an Bülow: „Der Deutsche Gesandte wird durch meine Truppen gerächt. Peking muß rasiert werden." Wenige Wochen später befahl er dann in seiner wohl fürchterlichsten Rede den Truppen, die nach China eingeschifft wurden, sich wie die Hunnen zu benehmen: „Ihr sollt Beispiele abgeben von der Manneszucht und Disciplin, aber auch der Ueberwindung und Selbstbeherrschung. Ihr sollt fechten gegen eine gut bewaffnete Macht, aber ihr sollt auch rächen, nicht nur den Tod des Gesandten, sondern auch vieler Deutscher und Europäer. Kommt Ihr vor den Feind, so wird er geschlagen, Pardon wird nicht gegeben; Gefangene

nicht gemacht. Wer Euch in die Hände fällt, sei in Eurer Hand. Wie vor tausend Jahren die Hunnen unter ihrem König Etzel sich einen Namen gemacht, der sie noch jetzt in der Ueberlieferung gewaltig erscheinen läßt, so möge der Name Deutschland in China in einer solchen Weise bekannt werden, daß niemals wieder ein Chinese es wagt, etwa einen Deutschen auch nur scheel anzusehen." Das war keine einmalige Entgleisung. Während des Ersten Weltkrieges befahl er den Offizieren einer Division, keine Gefangenen zu machen. Und im September 1914, nach der Schlacht von Tannenberg, schlug er vor, daß die 90000 russischen Kriegsgefangenen so lange auf die Kurische Nehrung getrieben werden sollten, bis sie vor Hunger und Durst umkämen.

In der Innenpolitik war das nicht anders. 1899 meinte der Kaiser: „Ehe nicht die sozialdemokratischen Führer durch Soldaten aus dem Reichstag herausgeholt und füsiliert sind, ist keine Besserung zu erhoffen." Während eines Streiks der Berliner Trambahner 1900 drahtete Wilhelm dem Kommandeur von Berlin: „Ich erwarte, daß beim Einschreiten der Truppe mindestens 500 Leute zur Strecke gebracht werden." 1903 schilderte der Kaiser, wie er mit der kommenden Revolution fertig zu werden gedenke. Er würde alle Sozialdemokraten zusammenschießen, sagte er, aber erst, nachdem sie „ordentlich Juden und Reiche geplündert" hätten, denn er habe „Rache zu nehmen für ‚48 – *Rache!!!*" [. . .]

5. Wilhelms „Humor" hatte nicht selten einen verletzenden, ja bisweilen sadistischen Charakter. Obwohl sein rechter Arm so stark war, wie der linke nutzlos von der Schulter hing, amüsierte es ihn, seine Ringe nach innen zu drehen – um dann die Hand von Besuchern so fest zu drükken, bis ihnen die Tränen kamen. König Ferdinand von Bulgarien reiste „weißglühend vor Haß" von Berlin ab, nachdem der Kaiser ihm öffentlich einen wuchtigen Schlag auf den Hintern gegeben hatte. Dem Großfürsten Wladimir von Rußland schlug er mit dem Marschallstab auf den Rükken. Den Herzog von Sachsen-Coburg und Gotha, auch ein

Enkel der Queen, kniff und puffte der Kaiser derart in der Bibliothek, „daß der arme kleine Herzog eigentlich", wie ein Hofmarschall seinem Tagebuch anvertraute, „in regelrechter Weise verprügelt wird". Auch nach der Thronbesteigung des Herzogs kam es vor, daß der Kaiser ihm befahl, sich auf den Rücken zu legen, während Majestät sich dann auf den Bauch des Herzogs setzte.

Die nähere Umgebung des Kaisers blieb von solchen „Scherzen" nicht verschont. Ein Diplomat schrieb in sein Tagebuch während einer Schiffsreise: „Morgens machen wir mitsamt dem Kaiser gesundheitshalber ‚Freiübungen'. [...] Ein ulkiger Anblick: Wenn all die alten Kracher von Militärs gemeinsam die Kniebeuge machen müssen mit verzerrten Gesichtern! Der Kaiser lacht manchmal laut auf und hilft mit Rippenstößen nach. Die alten Knaben tun dann so, als ob diese Auszeichnung ihnen eine besondere Freude machen würde, ballen aber die Faust in der Tasche und schimpfen nachher unter sich über den Kaiser wie alte Weiber." Wiederholt beklagte sich auch Philipp Eulenburg über dieses „geradezu ekelhafte Schauspiel": „Alle alten Exzellenzen und Würdenträger [müssen] unter Geschrei und Witzen zum Turnen antreten." Als Eulenburg sich nach einem besonders enervierenden Tag auf der *Hohenzollern* nachts schlafen legte, hörte er um Mitternacht „plötzlich die laut lachende, schreiend schallende Stimme des Kaisers vor meiner Tür: Er jagte die alten Exzellenzen Heintze, Kessel, Scholl, etc. durch die Gänge des Schiffes zu *Bett.*" Auch daran änderte sich im Laufe der Jahre nichts. Noch während der zweiten Marokkokrise notierte der Chef des Marinekabinetts in seinem Tagebuch: „Beim Turnen morgens große Albernheit. S.M. schneidet Scholl mit einem Taschenmesser die Hosenträger durch."

6. Schließlich hatte der Kaiser eine Vorliebe für Uniformen, historische Kostüme, Schmuck und Juwelen, vor allem aber für kindliche Spiele in männlicher Gesellschaft. Einer seiner engsten Freunde, Graf Görtz, machte „heulende und

tanzende Derwische und allerlei Schnick-Schnack“ für den Kaiser. [...] Der Bruder Georg Hülsens, Dietrich, General und Chef des Militärkabinetts, starb 1908 an einem Herzanfall, während er in Donaueschingen – in einen großen Federhut und ein Ballettröckchen gekleidet – dem Kaiser vortanzte. [...]

Wiederholt äußerte der britische Premierminister Lord Salisbury die Befürchtung, daß Wilhelm II. nicht ganz normal sei. Ein späterer Premierminister Englands, Asquith, meinte 1911: „One is almost tempted to discern in some of the things he [Wilhelm II.] said [...] the workings of a disordered brain.“ Auch der liberale Außenminister Sir Edward Grey war der Meinung, der Kaiser sei „not quite sane, and very superficial“.

Im Frühjahr 1892 kam auch das französische Außenministerium aufgrund der Berichterstattung aus Berlin zu der Überzeugung, „der Deutsche Kaiser sei gemütskrank“ und „temporär unzurechnungsfähig“. Und um die gleiche Zeit erzählte der Großfürst Sergius, der mit Wilhelms Cousine Prinzessin Ella von Hessen-Darmstadt verheiratet war, daß „der Kaiser geisteskrank“ sei. Der langjährige Militärattaché Österreich-Ungarns, Freiherr von Klepsch-Kloth, kam ebenfalls zu dem Ergebnis, „daß er – wie man zu sagen pflegte – einen starken Hieb hatte“. [...]

Nach der berüchtigten Rede vom Februar 1897, in der er von Bismarck und Moltke als „Handlanger und Pygmäen“ sprach, wurden solche Urteile über Wilhelm II. Allgemeingut. [...] Bismarck erzählte jetzt offen, er habe sich 1890 nur deswegen gegen den Rücktritt gesträubt, „weil er die nichtnormale Geistesverfassung des Kaisers“ kannte und eine Katastrophe verhindern wollte. Einem Münchener Zeitungsredakteur teilte Bismarck mit, er habe bereits 1888 erkennen müssen, daß Wilhelm „von englischer und russischer Seite erblich belastet“ erscheine. [...]

Seit 1914 erschien in Amerika, England, Frankreich, Italien, Rußland und der Schweiz ein regelrechter Strom von

Büchern über die gestörte Psyche des Kaisers, und nach 1918 gab es auch in Deutschland eine Welle solcher Werke. Der Schweizer Psychiater Dr. Neipp diagnostizierte 1914 bei Wilhelm eine „maniaco-depressive Psychose", eine Ansicht, die in Deutschland noch vor Kriegsende Unterstützung fand. Dr. Paul Tesdorpf, ein in München lebender Psychiater, schrieb 1916 an den Reichskanzler, daß er „bereits seit Jahrzehnten" der festen Überzeugung sei, „daß der unter dem Namen der ‚Periodischen', das ist abwechselnd mit krankhafter psychischer Erregung und krankhafter psychischer Niedergeschlagenheit einhergehenden ‚Geistesstörungen' bekannte Krankheitszustand zu den zahlreichen [...] Äußerungen und Handlungen geführt hat, die seit Jahrzehnten bis auf den heutigen Tag von Allerhöchster Stelle ausgegangen sind und das Schicksal des Deutschen Reiches und seiner Angehörigen bestimmt haben". In der Tat gleicht die klinische Beschreibung der manisch-depressiven Gemütsstörung (der „endogenen Zyklothymie", wie man heute sagen würde) dem von uns ermittelten Seelenzustand des Kaisers so genau, daß es nicht erstaunlich ist, daß auch Emil Kraepelin und Robert Gaupp, die führenden Psychiater jener Epoche, seit langem schon die Meinung vertraten, Kaiser Wilhelm II. sei „ein typischer Fall periodischen Gestörtseins".

Ob man eine derartige psychiatrische Etikettierung akzeptiert oder nicht, in dem Fall Wilhelms II. müssen zwei weitere Elemente – ein physisches und ein psychologisches – berücksichtigt werden, und zwar sowohl einzeln als auch in der Interaktion. Es ist bekannt, daß Wilhelm während der Geburt körperlichen Schaden nahm, obwohl das Ausmaß der Verletzung bis heute ungeklärt geblieben ist. Abgesehen von dem nutzlosen und um etwa 15 cm zu kurzen linken Arm litt er [...] an besorgniserregenden Wucherungen im inneren Ohr: 1898 mußte er sich deswegen einer schweren Operation unterziehen. Daß während der Geburt auch das Gehirn geschädigt wurde, kann nicht ganz ausgeschlossen werden. Noch um die Jahrhundertwende lag in Deutschland die Sterblichkeit bei Steißgeburten bei 20%. Bei erstgebärenden Müttern war die Rate besonders hoch, da die größte Gefahr bei Steißgeburten darin besteht, daß die Nabelschnur durch den Kopf des Kindes komprimiert wird, was zum Ersticken führt. Wird die Nabelschnur länger als acht Minuten zerdrückt, ist das Kind mit Sicherheit tot. Und das königliche Baby, das am Nachmittag des 27. Januar 1859 zur Welt kam, mehr als 10 Stunden nach Abgang des Fruchtwassers, war in der Tat, wie es in dem ärztlichen Bericht heißt, „im hohen Maße scheintodt". Welchen Schaden Wilhelms Gehirn in diesen Stunden auch nahm, feststeht, daß der linke Arm nicht, wie die Ärzte annahmen, örtlich gelähmt, sondern durch eine während der Geburt entstandene Verletzung des Plexus brachialis, d.h. durch ein Abreißen der Nerven an der Halswirbelsäule, die für die Innervation der Muskeln im Arm verantwortlich sind, verursacht worden war.

Das ganze Erlebnis war für Vicky, die Princess Royal, entsetzlich. Die Geburt war trotz stundenlanger Inhalation von Chloroform extrem schmerzhaft verlaufen. Sie hatte erst ein Jahr zuvor im Alter von 17 Jahren geheiratet. Während der langen komplizierten Geburt ihres ersten Kindes mußte der „arme Dr. Martin" unter ihrem langen Flanellrock hantieren, damit der königliche Anstand gewahrt blieb. Vickys Reaktion auf die Geburt eines verkrüppelten Sohnes war, wie es scheint, ambivalent. Wäre *sie* männlich gewesen, hätte sie als erstes Kind der Queen Victoria in England bleiben und eines Tages Herrscher jenes geliebten Landes werden können. So aber blieb ihr nur übrig, durch das Gebären eines Sohnes ihr angeheiratetes Land so sehr wie möglich dem englischen Vorbild anzugleichen. Aber dieser Sohn hatte einen verkrüppelten Arm, er war nicht übermäßig begabt und zeigte recht früh ein heftiges Temperament, das zu wachsender Sorge Anlaß gab. Ihr Triumph wurde zur Niederlage. Sigmund Freud hat selber auf Vickys narzißtische Kränkung als Grundursache der späteren Störung Wilhelms hingewiesen. 1932 schrieb er: „Es ist gewöhnlich, daß Mütter, denen das Schicksal ein krankes oder sonst benachteiligtes Kind geschenkt hat, es für diese ungerechte Zurücksetzung durch ein Übermaß von Liebe zu entschädigen suchen. In dem zur Rede stehenden Fall benahm sich die stolze Mutter anders, sie entzog dem Kind ihre Liebe wegen seines Gebrechens. Als aus dem Kinde ein großmächtiger Mann geworden war, bewies dieser durch seine Handlungen unzweideutig, daß er der Mutter nie verziehen hatte".

Als die Ärzte mit ihren Arm- und Kopfstreckgeräten und ihrer Elektrisierungstherapie auf den jungen Wilhelm losgelassen wurden, als seine Erziehung in die Hand des nie-lächelnden, nie-lobenden Calvinisten Hinzpeter gelegt wurde, blieb nur eine kleine Hoffnung übrig für seine emotionale und geistige Stabilität: die unbedingte Liebe seiner Mutter. Sie aber erwies sich als nicht in der Lage, das Band des unbedingten Vertrauens herzustellen. Kein Wunder, daß Wilhelm sich gerade zu den Kräften hingezogen fühlte, die sie über alles perhorreszierte – zu Bismarck, zu den „kind nice young men" der Potsdamer Garderegimenter, zu der byzantinischen „Liebenberger Tafelrunde"; kein Wunder, daß er meinte, man könne nicht Haß genug gegen England haben. Als er mit 29 Jahren auf den Thron kam, konnte Wilhelm den ganzen Apparat der Armee, der Marine, des Staates, die ganze Arena der Weltpolitik ausnutzen, um sich Geltung zu verschaffen. Er konnte Admirale und Generale beim Frühsport umstoßen, ihnen die Hosenträger mit einem Taschenmesser durchschneiden, sie mit lautem Geschrei ins Bett jagen. Bis es zu spät war.

Fritz Fischer

Die Außenpolitik des kaiserlichen Deutschland und der Ausbruch des Ersten Weltkriegs

Das Deutsche Reich war nach Bismarcks Entlassung 1890 durch die russisch-französische Militärallianz von 1894 im Falle eines Konflikts durch einen Zweifrontenkrieg mit zwei Nachbargroßmächten bedroht. Dennoch ging Wilhelm II., seit 1888 (29jährig) Kaiser und seit 1897 beraten von dem neuen Staatssekretär der Marine, von Tirpitz, und dem neuen Staatssekretär des Auswärtigen und späteren Reichskanzler, von Bülow, zum Flottenbau und zur „Weltpolitik" über und forderte damit Großbritannien, eine dritte Großmacht und damals die stärkste Seemacht der Epoche, heraus. Tirpitz mag auch durch „Sozialimperialismus" motiviert gewesen sein, durch das Kalkül nämlich, mit dem neuen nationalen Symbol der Flotte die Nation gegen die Sozialdemokratie einigen zu können und, mehr noch, die Position des Reichstags im deutschen Regierungssystem durch das sog. „Aeternat" des Marinebudgets dauerhaft zu schwächen. Tatsächlich stimmten nach ernsten Bedenken und anfänglichem Widerstand am Ende fast alle bürgerlichen Parteien im Reichstag für den Flottenbau. Die konservativen Agrarier wurden durch hohe Schutzzölle dafür geradezu gekauft. Diese Unterstützung war zum Teil durch die direkten ökonomischen Interessen der Schwerindustrie verursacht, insbesondere durch langfristige Aufträge für Panzerplatten und Schiffsgeschütze. Ihr Erfolg war aber in erster Linie der durchorganisierten Propaganda des Reichsmarineamtes zu danken, das behauptete, nur durch eine Flotte könne auf lange Sicht die Zukunft Deutschlands als Industrie- und Handelsmacht gesichert werden und nur durch dieses Machtmittel würde es möglich sein, den Widerstand Englands gegen weitere Kolonialforderungen des Reichs zu überwinden. [...]

Aber welche kolonialen und Handelsinteressen bzw. -besorgnisse auch immer bestanden haben mögen, die instinktive Triebkraft für eine antibritische Politik kam von Kaiser Wilhelm II. persönlich, von seiner Haß-Liebe-Beziehung gegenüber Großbritannien, die sich von Kindheitseindrükken während seiner Besuche dort sowie durch seinen kindlichen Wunsch nährte, eine Flotte zu besitzen, die stärker sein sollte als die machtvolle Royal Navy. [...] 1903, nachdem das erste Flottengesetz von 1898 und das zweite von 1900 angenommen worden waren, stellte Theobald von Bethmann Hollweg, der spätere Reichskanzler, ein enger Freund, aber kein blinder Bewunderer des Kaisers, fest: „Danach täten die dem Kaiser Unrecht, die seine Politik eine schwankende nannten. Seine erste und Grundidee sei, Englands Weltstellung zugunsten von Deutschland zu brechen. [Man beachte das ominöse Wort ‚brechen', das hier wieder erscheint! F.F.]. Dazu bedarf es einer Flotte; um sie zu haben, vielen Geldes, und da nur ein reiches Land dies geben kann, soll Deutschland reich werden. Daher die Bevorzugung der Industrie, und die Wut auf die Landwirte, die, um nicht zu Grunde zu gehen, sich gegen diese Politik wehren."

Der Kaiser hielt an seiner antibritischen Politik mit drei Flottennovellen (1906, 1908, 1912) fest, die zu den zwei Flottengesetzen hinzukamen, und vernachlässigte die Armee. Vor allem wurde die Armee fast 20 Jahre lang, von 1893 bis 1913, nicht wesentlich vergrößert, obwohl doch die Planung des Generalstabs, der sog. Schlieffenplan, seit 1905 eine numerische Überlegenheit der deutschen Armee für den ersten entscheidenden Schlag gegen Frankreich erforderte. [...] Diese langjährige Vernachlässigung der Armee führte dann in der außenpolitischen Krise des Winters 1912/13, veranlaßt durch den ersten Balkankrieg, zu einer überstürzten außerordentlichen Vermehrung des Heeres 1913, was wiederum Europa, und insbesondere die Nachbarn Frankreich und Rußland, irritierte, welche mit der

Vergrößerung ihrer Armeen antworteten. Das wiederum führte neben dem See- nun auch zu einem Landwettrüsten. Im Juli 1914 erklärte der Großadmiral Tirpitz gegenüber dem Prinzen Heinrich, dem Bruder des Kaisers: „Die Flotte sei noch nicht so weit, ihr Auf- und Ausbau noch nicht abgeschlossen." Für einen Krieg, der für einen nahestehenden Zeitpunkt erwartet wurde, war die (kostspielige) Flotte nur von einem sehr begrenzten Wert.

Inzwischen war ein zweiter Gegensatz, der deutsch-französische, der seit 1871 infolge der Annexion von Elsaß-Lothringen durch das Deutsche Reich bestand, durch die deutsche Marokkopolitik neu belebt worden. Deutschland machte 1905 unter Ausnutzung der durch den russisch-japanischen Krieg und die Revolution bedingten Schwäche Rußlands den Versuch, durch Drohung gegen Frankreich (Tanger-Landung) die Entente Cordiale zu sprengen. Der Kaiser folgte nur sehr widerwillig dem Rat Bülows zu dieser dramatischen Aktion, da dies vorzeitig zu einem Krieg mit Frankreich und Rußland führen konnte, das seinen Ententepartner in dieser Krise unterstützte. Noch war die deutsche Flotte ja nicht fertig. In dieser Krise von 1905 begannen die ersten militärischen Absprachen zwischen den beiden Partnern der Entente Cordiale. Die deutschen Bemühungen um Marokko wiederholten sich 1911 mit dem „Panthersprung" nach Agadir.

Beide Male ging das Deutsche Reich bis an den Rand eines Krieges, mit dem einzigen Resultat, daß sich die englisch-französische Entente konsolidierte und durch erneute militärische Besprechungen sowie einen Notenaustausch verstärkt wurde. Wie bei der Flottenpolitik waren reale oder angebliche ökonomische Interessen – man hoffte, Eisenerz in Marokko zu finden –, Prestige- und Machtpolitik, aber auch territoriale Tauschobjekte im Spiel [. . .].

Inzwischen war ein dritter Gegensatz sichtbar geworden, der den Osten und Südosten Europas betraf und Österreich-Ungarn einschloß, den einzigen noch sicheren Bundesgenossen des Deutschen Reichs, nachdem Italien unter Einwirkung des deutsch-englischen und des deutsch-französischen Gegensatzes sich der Entente genähert hatte: das war der deutsch-russische Antagonismus, der unmittelbar zum Weltkrieg führte. Der Gegensatz zwischen dem Zarenreich und der Donaumonarchie über den vorherrschenden Einfluß auf die Balkanvölker ging ins 18. und 19. Jahrhundert zurück. Der Zar konnte, auch als Beschützer der griechisch-orthodoxen Kirche, die Nationalitätenbewegung, die im 19. Jahrhundert die Balkanvölker erfaßte, für seine Politik ausnutzen. Die Annexion der bis 1878 türkischen Provinzen Bosnien und Herzegowina, die seit dem Berliner Kongreß von 1878 und in dessen Auftrag von Wien verwaltet worden waren, durch Österreich-Ungarn im Jahre 1908 erbitterte das stammverwandte Serbien, wo seit 1903, nach einem Fürstenmord, eine Österreich feindliche Dynastie herrschte. Serbien diente nun als Basis für eine bosnische irredentistische Bewegung. Da Rußland erst durch eine Kriegsdrohung Berlins am 22. März 1909, durch den Einsatz der „Schimmernden Wehr", zur Anerkennung der Annexion gebracht wurde, richtete sich die russische öffentliche Meinung verstärkt feindselig gegen Deutschland [. . .].

Während der Balkankriege (November/Dezember 1912 und im Februar und Juli 1913) hielt Berlin die Wiener Regierung nachdrücklich von einem militärischen Vorgehen gegen Serbien zurück, weil dies unvermeidlich die Intervention Rußlands nach sich gezogen und so den Weltkrieg verursacht haben würde. Der deutsche Kanzler Bethmann Hollweg hat deshalb im Februar 1913 den österreichisch-ungarischen Außenminister Berchtold dahin gedrängt, sorgfältig die Konsequenzen eines österreichischen Krieges gegen Serbien und Montenegro zu überdenken [. . .]: Eine „objektive Prüfung" der Situation müsse zu dem Ergebnis kommen, „daß es für Rußland bei seinen traditionellen Beziehungen zu den Balkanstaaten beinahe unmöglich ist, ohne einen ungeheueren Verlust an Prestige einem militärischen Vorgehen Österreich-Ungarns gegen Serbien tatenlos zuzusehen". Konnte Bethmann Hollweg dies im Juli 1914 vergessen haben? Nein, er hatte es nicht vergessen, sondern zu dieser Zeit wollte er, wie wir sehen werden, den Krieg mit Rußland.

Seit September 1913, als die Vergrößerung der deutschen Armee wirksam zu werden begann, fand eine Wende im Denken der deutschen politischen und militärischen Führung statt. Die Bundesgenossenschaft des enttäuschten Österreich-Ungarn wurde jetzt wieder gesichert: Wien war enttäuscht über den Bukarester Frieden, der die Balkankriege im August 1913 abschloß, weil das mit ihm befreundete Bulgarien der Verlierer war, und es drängte auf Revision, gerade weil es unmittelbar kriegerisch nicht eingreifen konnte und durfte. In dieser Situation war der Kaiser – im Einvernehmen mit dem Auswärtigen Amt – im Oktober 1913 besonders aktiv, indem er nach Konopischt und Wien reiste, um mit Erzherzog Franz Ferdinand und Außenminister Berchtold zu sprechen, wobei er beiden Gesprächspartnern weitgehende Hilfszusagen für künftige Krisen machte.

Im November 1913 versuchten Kaiser Wilhelm und Moltke den König der Belgier, Albert, zu überreden, daß er im Falle eines Krieges den deutschen Truppen freien Durchmarsch durch sein Land gestatten würde. Denn der „Krieg mit Frankreich ist unvermeidlich und nahe bevorstehend", sagte der Kaiser. Und Moltke wiederholte: „Der Krieg mit Frankreich ist unvermeidlich", und, mehr noch, fügte er hinzu, „viel näher als Sie glauben". Die Belgier erkannten die Motive für die kriegerische Haltung der deutschen Generale. Wie so viele ihrer Landsleute, so resümieren sie, seien die Militärs „müde zu sehen, daß Frankreich Deutschland gegenüber sich in den schwierigsten politischen Fragen behauptet, ihm beständig entgegentritt, es in Mißerfolge verwickelt, sich seiner Vorherrschaft widersetzt, sich seinen kolonialen Wünschen widersetzt [...], seine

Armee ständig verzweifelt vermehrt, um das Gleichgewicht der Kräfte aufrechtzuerhalten, das seit langem, wie sie glauben, in Wirklichkeit nicht mehr existiert".

Das war auch die Meinung des Kanzlers Bethmann Hollweg. Am Geburtstag des Kaisers, am 27. Januar 1914, nannte er gegenüber dem französischen Botschafter Jules Cambon die gleichen Gründe für die Erbitterung Deutschlands. Deutschland brauche ein Betätigungsfeld für seine unaufhörlich wachsende Wirtschaft: „Deutschland sieht [...] seine Bevölkerung jeden Tag wachsen ohne Maßen; seine Marine, seine Industrie, sein Handel nehmen eine Entwicklung ohne Parallele [...] es ist verdammt dazu, sich in irgendeiner Weise nach außen auszudehnen." Während Frankreich sich in den letzten 40 Jahren ein immenses koloniales Imperium in der Welt gesichert habe, habe Deutschland noch nicht den „Platz an der Sonne" gefunden, der ihm gebühre. Bethmann Hollweg benutzte also das Schlagwort, mit dem Bülow die deutsche „Weltpolitik" eingeleitet hatte. [...] Das war die Drohung eines Mannes, der, wie Fritz Naumann und Theodor Wolff gleichermaßen bezeugen, den Krieg mit Frankreich und Rußland seit dem Dezember 1913 oder spätestens seit dem Februar 1914, also nach der Entlassung des prodeutsch gestimmten russischen Premierministers Kokowzow, als unvermeidlich betrachtet hatte, und der von da an die günstigste Gelegenheit suchte, bei der alle Voraussetzungen für einen siegreichen großen Krieg erfüllt sein würden: Österreich-Ungarn unmittelbar betroffen, Rußland der Angreifer und England neutral. [...]

Selbst die geheimen Nachrichten über englisch-russische Marineverhandlungen im Mai und Juni 1914 haben Bethmann Hollweg nicht entmutigt, nicht abgeschreckt. Er benutzte sie, um Druck auf London auszuüben, damit England eine Politik der Neutralität annehme. Am 16. Juni 1914 gab er [Botschafter] Lichnowsky den Auftrag, dem englischen Außenminister Grey zu erklären, daß in der gegenwärtigen Spannung Deutschland möglicherweise gezwungen sein könnte, seine Armee und seine Flotte (!) zu vermehren. Nur wenn Großbritannien und Deutschland ihre Politik wie im Dezember 1912 koordinieren würden, könnten sie die Gefahr eines europäischen Konflikts abwehren, der durch eine neue Balkankrise verursacht werden könne. Denn es gab zahlreiche aktuelle Konflikte auf dem Balkan.

Nach dem Attentat von Sarajewo [auf Erzherzog Franz Ferdinand und seine Frau] am 28. Juni 1914 instruierte Bethmann Hollweg am 29. Juni Lichnowsky, der zur Kieler Woche mit Blick auf das dort anwesende englische Geschwader einberufen worden war, Grey zu sagen, daß die österreichisch-ungarische Regierung nicht getadelt werden sollte, wenn sie die Provokation des Mordes von Sarajewo mit scharfen Maßnahmen beantworten würde, zumal nachgewiesenermaßen, wie er behauptete, diese Mordtat von Belgrad unterstützt worden sei. Zwar hat der Reichskanzler in der Woche nach dem Attentat den Kaiser in Potsdam viermal besucht und bei dieser Gelegenheit das Problem auch mit den Generälen diskutiert. Auch machte in dieser Zeit, am 3. Juli, der Kaiser seine berühmte Randbemerkung auf einen Bericht des deutschen Botschafters in Wien, von Tschirschy, „jetzt oder nie!“, „Mit den Serben muß aufgeräumt werden, und zwar bald!“, was von den deutschen Beamten als ein Befehl verstanden wurde. Dennoch war die Entscheidung, Sarajewo als Anlaß zu benutzen, um einen größeren militärischen Konflikt auszulösen, in keiner Weise primär durch den Wunsch motiviert, Österreich-Ungarn gegen Serbien zu unterstützen. Denn die serbische Frage, die für Österreich-Ungarn die alles überragende war, war für Berlin nur von zweitrangiger Bedeutung und nur das Mittel, um Rußland in den Konflikt zwischen Wien und Belgrad hineinzuziehen und damit den großen Krieg mit Rußland und Frankreich auszulösen. Eben das hoffte Wien aber mit Hilfe Berlins zu vermeiden. Bethmann Hollweg war dabei sicher, die Neutralität von Großbritannien erreichen zu können, wenn er Rußland als den „Angreifer" und Deutschland als die „angegriffene Partei" hinstellen würde, so wie es vor dem Krieg oftmals in den führenden deutschen Zirkeln als Vorbedingung für die Auslösung des allgemeinen Krieges diskutiert worden war. [. . .]

Bethmann Hollwegs Politik war nicht darauf gerichtet, einen Kontinentalkrieg zu verhüten, sondern darauf, eine möglichst günstige Ausgangsposition für Deutschland zu gewinnen für den großen Krieg, von dem angenommen wurde, daß er unmittelbar bevorstehe. Nachdem er Österreich vom 25. Juli an immer weiter gedrängt hatte, war ihm sehr wohl bewußt, daß Wien am Dienstag, dem 28. Juli, Serbien den Krieg erklären würde, obwohl die österreichische Mobilmachung nicht vor dem 4. August beendet sein konnte, so daß also genug Zeit für Verhandlungen geblieben wäre, die nun abgeschnitten wurden, und daß Wien am folgenden Tag, Mittwoch, dem 29. Juli, Belgrad bombardieren würde. Bethmann Hollweg erkannte ganz genau, welche Wirkung diese beiden Aktionen auf die russische öffentliche Meinung und die russische Regierung haben mußten.

An diesem Dienstag, dem 28. Juli, „fiel" der Kaiser wieder „um", als er aussprach, daß die serbische Antwort, die man ihm erst an diesem Morgen vorgelegt hatte, auf das österreichische Ultimatum ausreichend sei, und seinen „Halt-in-Belgrad"-Vorschlag machte. Doch schon am nächsten Tag, dem 29. Juli, wurde er, auch mit Hilfe der Kaiserin und des Kronprinzen, wieder auf die pro-Kriegs-Linie gebracht. An diesem Tage wurde in den Besprechungen in Potsdam zwischen Kaiser, Kanzler und den Militärs die Entscheidung für die unmittelbare Auslösung des Krieges getroffen. Der Kanzler hatte nun seinen wichtigsten Beitrag zu dem bevorstehenden kontinentalen Krieg zu leisten, nämlich die britische Neutralität durch einen förmlichen Vertrag zu sichern. Er besprach dies spät am Abend des gleichen Tages mit Goschen, dem britischen Botschafter in Berlin. Die britische Regierung erfuhr durch dieses Gesprach, daß die deutsche Regierung sich für den Krieg entschieden hatte und entschlossen war, ihn entsprechend dem „Schlieffenplan“ mit dem Angriff auf Belgien zu beginnen und damit die belgische Neutralität zu verletzen. London wies den Vorschlag Berlins für einen Neutralitätsvertrag am 30. Juli zurück.

Es ist bekannt, daß unmittelbar nachdem Goschen am 29. Juli nachts den Kanzler verlassen hatte, ein Telegramm von Lichnowsky eintraf, das nochmals die britischen Vermittlungsvorschläge wiederholte, aber auch die Warnung enthielt, Großbritannien könnte kein Zuschauer bleiben, falls Deutschland Frankreich angreifen sollte. Der Kanzler wurde einen Moment unsicher und sandte dann zwei sogenannte „Weltbrand“-Telegramme an Wien, aber nur halbherzig, denn was ihn wirklich beschäftigte, das war das Abwarten der russischen Generalmobilmachung; und er hatte die Nerven und die Energie, auf diesem Abwarten trotz stärksten Drängens der deutschen Militärs auf die sofortige eigene Mobilmachung zu bestehen. Als dann am Mittag des 31. Juli die Nachricht von der russischen Generalmobilmachung offiziell bestätigt wurde, proklamierte man sofort den „Zustand drohender Kriegsgefahr“ in Berlin, auf den binnen 24 Stunden die Mobilmachung folgen mußte. An diesem Mittag übersiedelte der Kaiser mit seiner gesamten Familie, vom Volk jubelnd begrüßt, von Potsdam nach Berlin und hielt dort seine erste Rede an das Volk. An diesem Nachmittag wurden je ein Ultimatum an Rußland (auf 12 Stunden befristet) und an Frankreich (auf 18 Stunden befristet) abgesandt. Diese Ultimaten, von denen das erste die sofortige Rücknahme der russischen Generalmobilmachung forderte, machten den großen Krieg unvermeidlich.

Peter Brandt

Die SPD und der Erste Weltkrieg

Welche Haltung die deutsche Sozialdemokratie zum Krieg einnehmen würde, war Ende Juli/Anfang August 1914 schwer kalkulierbar. Zwar hatte [...] die Identifikation mit dem Deutschen Reich – und nicht nur mit der eigenen Vorstellung von der deutschen Nation – seit Aufhebung des Sozialistengesetzes nahezu stetig zugenommen, doch schien durchaus möglich, daß die internationalistischen und fundamental-oppositionellen Traditionen der Partei bei der Entscheidung über die Bewilligung der Kriegskredite stärker zur Geltung kommen würden, als es dann geschah. Selbst Eduard David, Revisionist und einer der profiliertesten Sprecher eines regierungsloyalen Kurses im Krieg, hielt nach einer Sitzung der Reichstagsfraktion am 31. Juli eine Stimmenthaltung für denkbar, wenn die Sozialisten Frankreichs ebenso verführen.

Am 3. August, als Hermann Müller nach der Rückkehr aus Paris mitteilen mußte, die französischen Genossen betrachteten den bevorstehenden Krieg ihrerseits als einen Verteidigungskrieg und seien entschlossen, ihn zu unterstützen, waren die Zweifel der meisten Abgeordneten beseitigt. Nur 14 von ihnen votierten für die Ablehnung, aber 78 für die Annahme der Kriegskredite. Im Reichstagsplenum stimmte die Fraktion dann am 4. August traditionsgemäß geschlossen zu. [...]

Für die Entscheidung vom 3./4. August waren verschiedene Motive ausschlaggebend. Nicht unbegründet war die Furcht vor Verfolgung bei einer ablehnenden Haltung zum Krieg. Die Militärbehörden hatten konkrete Unterdrükkungsmaßnahmen einschließlich der Verhaftung wichtiger Funktionsträger vorbereitet, auf deren Durchführung erst nach der Klärung der sozialdemokratischen Position definitiv verzichtet wurde. Gerade wenn man mit einem kurzen siegreichen Krieg rechnete, gewann das Überleben der Organisationen, Voraussetzung späterer Handlungsfähigkeit, leicht Priorität. Diese Organisationen und ihr Einfluß in der Gesellschaft galten als die größte Errungenschaft nicht nur der deutschen, sondern der internationalen Klassenbewegung; sie sollten unter nahezu allen Umständen erhalten bleiben.

In Verbindung mit der drohenden Repression übte die nationalistische Masseneuphorie, das „Augusterlebnis", eine Sogwirkung aus, der sich nur wenige entziehen konnten. Zwar hatte der Aufruf des Parteivorstands zu Friedensdemonstrationen nach dem österreichischen Ultimatum an Serbien eine breite Resonanz gefunden, und von regelrechter Kriegsbegeisterung konnte in Kreisen der Arbeiterschaft, anders als in den bürgerlichen und kleinbürgerlichen Schichten, auch nach Beginn der Mobilmachung kaum die Rede sein. Doch machte es die Hektik der ersten Augusttage kaum möglich, die Haltung der Parteibasis im Verhältnis zu der der Gesamtbevölkerung zuverlässig zu analysieren. Die sozialdemokratischen Reichstagsabgeordneten befürchteten gewiß zu Recht den Volkszorn, zumindest eine verstärkte Isolierung von nichtsozialistischen Segmenten der Bevölkerung, also der Mehrheit, falls sie die Kriegskredite ablehnten. Unklar ist, inwieweit sie annahmen, damit auch eine Entfremdung von den eigenen Mitgliedern und Anhängern vermeiden zu müssen.

Hinsichtlich der unmittelbaren Verantwortung für die Eskalation der Julikrise war die Einschätzung der SPD-Führung weniger eindeutig als nach außen erkennbar. Zwar zweifelte kaum jemand generell an den friedlichen Absichten des Kaisers und des Reichskanzlers, aber es hatte doch zunächst eine deutliche Kritik an der Rolle einer „Kriegspartei" auch in Deutschland gegeben. Diese Kritik wurde von der SPD jetzt teils verdrängt, teils bewußt zurückgestellt. Im Zuge der einmal getroffenen Entscheidung beugten sich führende Sozialdemokraten überraschend schnell der Logik des Präventivkriegs.

Wesentlicher als die Einschätzung der einzelnen diplomatischen und militärischen Schritte war für die SPD-Mehrheit offenbar die schlichte Tatsache der Kriegsgegnerschaft des zaristischen Rußland, das als besonders aggressiv und gefährlich und als das Hindernis der freiheitlichen Entwicklung Europas schlechthin galt, sowie die Vorstellung, Deutschland mit allen angenommenen progressiven Möglichkeiten sei in seiner staatlichen und wirtschaftlichen Existenz bedroht. Beide untrennbar miteinander verbundenen Gesichtspunkte konnten sich auf die sozialdemokratische Tradition, die Autorität von Marx und insbesondere Engels berufen. Gegenüber Rußland gingen deutscher Kulturchauvinismus und sozialistisches Sendungsbewußtsein oftmals Hand in Hand. Der Parteikassierer und spätere preußische Ministerpräsident Otto Braun sah die „halbasiatischen, schnapsgefüllten russischen Kosakenhorden die deutschen Fluren zerstampfen, deutsche Frauen und Kinder martern, die deutsche Kultur zertreten". In der Chemnitzer „Volksstimme" erklärte Gustav Noske am 1. August die Bereitschaft der Sozialdemokraten, „alles, was es an deutscher Kultur und deutscher Freiheit gibt, gegen einen schonungslosen und barbarischen Feind" zu verteidigen.

Die innenpolitischen Motive für die Unterstützung des Krieges wurden am klarsten auf dem rechten Parteiflügel formuliert: bei den gemäßigten Gewerkschaftern und den, vorwiegend süddeutschen, Reformisten. Bereits am 2. August erklärte die Gewerkschaftsführung ihre Bereitschaft zur Kooperation in allen sie betreffenden Fragen und präjudizierte damit die Entscheidung der SPD-Reichstagsfraktion. Eine Gruppe von rund einem Viertel der Abgeordneten soll entschlossen gewesen sein, in jedem Fall für die Kriegskredite zu stimmen. [. . .]

Der Krieg werde nun, so nahm man an, die Stagnation der innenpolitischen Entwicklung Deutschlands überwinden, wenn sich die Sozialdemokratie loyal und gegenüber den anderen politischen Kräften kooperativ verhalte. Von der Notwendigkeit, breite, auch oppositionelle Volksmassen zu mobilisieren, werde auf den Staat ein unwiderstehlicher Reformdruck ausgehen. Vor allem anderen erwarteten die Reformisten die Einführung des gleichen Wahlrechts in Preußen und damit die Beseitigung des möglicherweise entscheidenden Hindernisses für den schrittweisen Übergang Deutschlands zur parlamentarischen Demokratie. [...]

Die Entscheidung für die „Politik des 4. August" wurde möglich durch das Zusammengehen des breiten rechten Zentrums der Partei, hauptsächlich repräsentiert von Friedrich Ebert und Philipp Scheidemann, mit der reformistischen und gewerkschaftlichen Rechten. Auch emotional wurden die führenden Sozialdemokraten, aber auch breitere Kreise der Funktionäre, stark von dem Erlebnis klassen- und parteiübergreifender nationaler Einheit im August 1914 beeinflußt. Für sie, die seit jeher gefühlsmäßig patriotisch empfanden, wirkte nach den Anfeindungen und moralischen Verdächtigungen der Vergangenheit die plötzliche Anerkennung ihrer loyalen Haltung durch die Regierung und die bürgerlichen Parteien geradezu befreiend. Erstmals wurden sozialdemokratische Politiker gleichberechtigt zu Besprechungen vom Kanzler herangezogen, erstmals fand die SPD den Beifall ihrer innenpolitischen Gegner (außer den Konservativen). David notierte am 4. August 1914 in sein Tagebuch: „Der ungeheure Jubel der gegnerischen Parteien, der Regierung, der Tribünen, als wir uns zur Zustimmung erheben, wird mir unvergessen sein. Es war im Grunde eine uns dargebrachte Ovation."

Wo Rechtssozialisten wie David sich bestätigt fühlten, hatten andere eine Art Bekehrungserlebnis. Der bisherige Linksradikale Konrad Haenisch beschrieb 1916 im Rückblick, wie „plötzlich die furchtbare Spannung sich löste". Man wagte endlich, „das zu sein, was man doch war (...) aus vollem Herzen, mit gutem Gewissen und ohne jede Angst, dadurch zum Verräter zu werden", durfte man einstimmen „in den brausenden Sturmgesang: *Deutschland,*

Deutschland über alles!". „Als in uns das *lebendige Deutschland* über eine *tote Ideologie des Internationalismus* (nicht über den internationalen Gedanken an sich!) siegte, da siegte (...) *der alte Großdeutsche* Wilhelm Liebknecht in uns über den *Flüchtling* Wilhelm Liebknecht." [...]

Den Gegenpol zur Politik des 4. August bildete die äußerste Linke. In der Auseinandersetzung mit der Parteimehrheit radikalisierte sie nicht nur ihre Position, sondern löste sich in gewisser Weise von der gemeinsamen Tradition der Vorkriegssozialdemokratie. Die neue Namensgebung bei der organisatorischen Verselbständigung Ende 1918, *Kommunistische* Partei Deutschlands im Rückgriff auf den Bund der Kommunisten von 1847, war dafür ein Symbol. Zunächst standen die Repräsentanten des Linksradikalismus der Haltung der Parteimehrheit beinahe fassungslos gegenüber – auch in Erkenntnis der eigenen Isolierung. Erst die Verbindung mit dem Reichstagsabgeordneten Karl Liebknecht schuf der linksradikalen Strömung ein Kristallisationszentrum. Liebknecht war schon vor 1914 als Sprecher des Protests gegen die Aufrüstung, die Machenschaften der Rüstungsindustrie und den inneren Militarismus hervorgetreten, galt aber nicht als Mann der äußersten Linken. Nach dem Ausbruch des Kriegs näherte er sich indessen rasch den revolutionären Marxisten um Rosa Luxemburg und wurde sogar zum besonders entschiedenen Vertreter ihrer Position zum Weltkrieg. [...]

Der Ruf nach Annexionen in Teilen der bürgerlichen Presse, die deutsche Besatzungspolitik und die Kriegsgreuel ließen für Liebknecht am Charakter des Krieges schon bald keinen Zweifel mehr zu. „Es handelt sich", schrieb er im November 1914, „um einen imperialistischen Krieg reinsten Wassers, und zwar vor allem auf deutscher Seite (...) Es ist kein deutscher Verteidigungskrieg und kein deutscher Freiheitskrieg, sondern ein kapitalistischer Angriffs- und Eroberungskrieg". Dem Prinzip der Landesverteidigung, wie es auch die Fraktionsminderheit bejahte, wollte er in dieser

Situation keine Geltung mehr zubilligen, und er formulierte gegen den Burgfrieden im Mai 1915 die Parole: „Der Hauptfeind jedes Volkes steht in seinem eigenen Land. *Der Hauptfeind des deutschen Volkes steht in Deutschland: der deutsche Imperialismus, die deutsche Kriegspartei, die deutsche Geheimdiplomatie.*" Der Mehrheit warf er vor, daß die von ihr vermeintlich verfolgten Ziele, Demokratisierung des Staates und annexionsloser Friede, mit der Methode des Burgfriedens gerade nicht erreicht werden könnten.

Gordon A. Craig

Der Zusammenbruch des Deutschen Reiches

Nach Kriegsende wurde viel über Hindenburgs sträfliche Dummheit geschrieben und darüber, daß Ludendorff die gesamte Sicherheit der Nation als Pfand für ein gefährliches Glücksspiel eingesetzt habe, während sie ihre Position scheinbarer Stärke hätten ausnutzen können, um durch Verhandlung gemäßigte Bedingungen zu erreichen. Abgesehen davon, daß es keine Gewähr dafür gibt, daß die Alliierten auf ein Verhandlungsangebot eingegangen wären, wird bei diesem Argument die Tatsache übersehen, daß weder die Oberste Heeresleitung noch die sie stützenden Wirtschaftskreise imstande waren, gemäßigte Bedingungen zu akzeptieren. Ihre größte Befürchtung war, daß die Demokratie in Deutschland stärker würde, und sie waren überzeugt, daß nur ein totaler Sieg mit reichlichen Annexionen in Ost- und Westeuropa das deutsche Volk von seinem Wunsch nach Selbstregierung ablenken könne. Die Oberste Heeresleitung unterdrückte daher jede Diskussion über Verhandlungen, plante ihre Großoffensive und setzte alle ihre Propagandamittel ein, um die Deutschen zu versichern, daß sie nicht scheitern könne.

Am 21. März 1918 wurde Ludendorffs Frühjahrsoffensive mit Kanonendonner eröffnet, und die gesamte deutsche Armee wurde an die britische Front zwischen Saint-Quentin und Arras geworfen. Doch aufgrund von Treibstoffknappheit bei den motorisierten Einheiten und anderen logistischen Mängeln ließ ihre Schwungkraft nach einem beeindruckenden Start nach, und es waren keine Reserven vorhanden, um den Druck gegen den Feind aufrechtzuerhalten. Als die deutsche Armee die erwartete Lücke zwischen den Alliierten nicht entdeckte [. . .], ließ Ludendorff sich von seinem Schlüsselziel abbringen und verlagerte den Angriff auf Punkte, wo der Durchbruch leichter erschien. Doch seine Vorstöße wurden jetzt schwächer und immer planloser. Im Juli, als er sich in Sichtweite der im September 1914 gehaltenen Stellung befand, begann die Großoffensive ins Stocken zu geraten.

Dann, am 8. August, zerfetzten Massen von alliierten Panzern die deutschen Stellungen. Dies war der „schwarze Tag des deutschen Heeres". Anfang September stürmten die alliierten Armeen in alle Gebiete. Die Amerikaner, für deren Fernbleiben von Europa sich die deutsche Marine verbürgt hatte, gewannen ihre erste Schlacht bei Saint-Mihiel und marschierten an der Maas in die Argonnen ein.

Jetzt setzte am anderen Ende Europas der Auflösungsprozeß ein. Mitte September zerschlugen die Franzosen die bulgarischen Stellungen und stießen ungestüm nach Serbien vor. Die Bulgaren ersuchten unverzüglich um Waffenstillstandsbedingungen und unterzeichneten sie am 29. September. Die Türkei war den aufeinander zulaufenden alliierten Armeen ausgeliefert, und ihre Regierung folgte dem Beispiel der Bulgaren. Schon vor Beginn dieser Ereignisse hatten die Österreicher ihrem Verbündeten mitgeteilt, daß sie nicht länger durchhalten könnten, und waren in diplomatische Verhandlungen mit den Alliierten eingetreten.

Selbst der unbesiegbare Ludendorff konnte den schnellen Gang der Ereignisse nicht aufhalten. Am 3. Oktober setzte er fassungslos seine Regierung davon in Kenntnis, daß sie um Frieden ersuchen müsse. Prinz Max von Baden, der gerade zum Reichskanzler ernannt worden war, konnte diese Nachricht nicht glauben. Er war, wie die meisten Deutschen, noch im September überzeugt gewesen, daß der Sieg sicher sei.

Der amerikanische Präsident lehnte die Bitte um Friedensbedingungen rundweg ab, indem er dem Kanzler mitteilte, er würde sich nicht einmal mit seinen Alliierten beraten, solange er nicht die Gewißheit habe, daß die Deutschen bereit seien, ihre Waffen niederzulegen und die vierzehn Punkte als Basis für den Frieden zu akzeptieren, und ferner, solange er nicht sicher sei, daß die deutsche Regierung wirklich das deutsche Volk repräsentiere. Prinz Max von Baden tat sein Bestes, um Wilson durch Deutschlands Annahme der Bedingungen zufriedenzustellen. Wilson leitete das Gesuch an seine Verbündeten weiter, und die Waffenstillstandsverhandlungen begannen. Bis die Bedingungen ausgearbeitet worden waren, hatte die Revolution Berlin und andere Großstädte erfaßt, und der Kaiser war nach Holland geflohen. Als die deutschen Vertreter am 11. November 1918 die Waffenstillstandsbedingungen unterzeichneten, lag ihr stolzes Kaiserreich in Trümmern.

Theodor Wolff

„Die größte aller Revolutionen“: Das Ende des Kaiserreichs (1918)

Berliner Tageblatt vom 10.11.

Die größte aller Revolutionen hat wie ein plötzlich losbrechender Sturmwind das Kaiserliche Regime mit allem, was oben und unten dazugehörte, gestürzt. Man kann sie die größte aller Revolutionen nennen, weil niemals eine so fest gebaute, mit so soliden Mauern umgebene Bastille so in einem Anlauf genommen worden ist. Es gab noch vor einer Woche einen militärischen und zivilen Verwaltungsapparat, der so verzweigt, so ineinander verfädelt, so tief eingewurzelt war, daß er über den Wechsel der Zeiten hinaus seine Herrschaft gesichert zu haben schien. Durch die Straße von Berlin jagten die grauen Autos der Offiziere, auf den Plätzen standen wie Säulen der Macht die Schutzleute, eine riesige Militärorganisation schien alles zu umfassen, in den Ämtern und Ministerien thronte eine scheinbar unbesiegbare Bürokratie. Gestern früh war, in Berlin wenigstens, das alles noch da. Gestern nachmittag existierte nichts mehr davon.

III. Bildung und Wissenschaft, Religion und Kultur

Gordon A. Craig

Das deutsche Schulwesen

Eines der Dinge, die Ausländer beim Besuch deutscher Länder im letzten Drittel des 19. Jahrhunderts am meisten beeindruckten, war ihr, wie es schien, ausgezeichnetes Volksschulsystem; dieser Eindruck kam sicher nicht von ungefähr. Wenn man eine niedrige Analphabetenrate als Maßstab für die Güte eines elementaren Bildungssystems betrachtete, wies Deutschland zweifellos die beste Bilanz in ganz Europa auf. Selbst ein politisch so fortschrittliches Land wie Großbritannien besaß vor dem Forster Education Act von 1871 nichts, das man ein umfassendes System der elementaren Schulbildung hätte nennen können, und eine gesetzliche Schulpflicht gab es für englische Schulkinder erst ab 1880. [...] Im Gegensatz dazu hatten die deutschen Staaten schon im 18. Jahrhundert Volksschulen eingerichtet und Gesetze verabschiedet, die den meisten Kindern den Schulbesuch zur Pflicht machten. Die deutschen Herrscher betrachteten es als ihre Pflicht, darauf zu sehen, daß ihre Untertanen die Grundbegriffe der Bildung erlernten, und in manchen deutschen Staaten mußten Kinder, die keine kirchliche Schule besuchten, in eine staatliche Elementarschule gehen, bis sie 13 oder 14 Jahre alt waren. In Preußen, das schon im 18. Jahrhundert durch die Aufmerksamkeit, die es der Volksbildung widmete, aus dem Rahmen gefallen war, gab die 1806 durch Napoleon erlittene Niederlage den Anstoß zu einer Verdoppelung der Anstrengungen. Die preußische Reformpartei jener Zeit betrachtete die Bildung der Massen als den Schlüssel zur moralischen und physischen Wiedergeburt ihres Landes, und sie fand darin die Unterstützung ihres Königs Friedrich Wilhelm III., der sagte: „Wir haben in der Tat Gebiete eingebüßt, und es ist wahr, daß der Staat an äußerer Größe und Macht verloren hat, und gerade deshalb ist es mein feierlicher Wunsch, daß der Volksbildung größte Aufmerksamkeit geschenkt wird."

In den Jahren danach wurden die preußischen Elementarschulen, umgetauft in Volksschulen, ausgebaut und ihr Lehrplan reformiert, und sie wurden nach der Vertreibung der Franzosen zum Modell für die Schulpolitik der benachbarten Staaten. Der Nachdruck, mit dem in diesen Volksschulen die Vermittlung grundlegender Fertigkeiten betrieben wurde, sorgte dafür, daß nach 1830 fast alle Deutschen lesen und schreiben konnten; und am Ende des Jahrhunderts betrug die Analphabetenrate unter Armeerekruten nur noch 0,05 Prozent.

Es bestand zweifellos ein Zusammenhang zwischen diesem vergleichsweise hohen Bildungsstand und dem bemerkenswerten Wachstum der deutschen Industrie nach 1871, denn die moderne Industrie benötigte in weiten Bereichen Bedienungspersonal und Angestellte, die lesen konnten; ironischerweise entwickelten viele Fabrikbesitzer, die von dieser Fähigkeit ihrer Arbeiter profitierten, im Lauf der Jahre eine Abneigung gegen sie, da sie ebenso leicht auf die Lektüre sozialistischer Literatur verwendet werden konnte wie auf das Durchlesen von Zeittabellen und Arbeitsanweisungen. Diese furchtsamen Unternehmer waren freilich nicht die einzigen Kritiker der Weiterentwicklung des elementaren Bildungswesens. Die Grundbesitzer im Osten beklagten sich, daß die Schulbildung die Landarbeiter dazu verführe, die Scholle zu verlassen und sich eine einträgliche Arbeit in der Stadt zu suchen; liberale Mittelständler, die früher Lippenbekenntnisse zu einer Verbreiterung der Bildungsbasis abgelegt hatten, begannen sich nun ängstlich zu fragen, ob ihre Ergebnisse nicht die bestehende Ordnung untergraben könnten; und mancher vielgelesene Publizist vertrat die Ansicht, die betonte Förderung der Volksbildung sei gefährlich, weil sie zwangsläufig zu einer Verminderung der Qualität der deutschen Bildung im allgemeinen führen müsse. [...]

Was immer man von den Befürchtungen der Kapitalisten und der Junker halten mag, ohne Zweifel war der Gedanke, das Volksbildungssystem stelle eine potentielle Bedrohung für die gesellschaftliche und intellektuelle Hierarchie Deutschlands dar, eine ans Wahnhafte grenzende Übertreibung. In Wahrheit war dieses System eine der Hauptstützen der bestehenden Ordnung. Seit 1815 waren die preußischen Schulen (und was in diesem Zusammenhang über Preußen gesagt wird, traf im allgemeinen auch für die anderen deutschen Staaten zu) ausnahmslos von Männern mit streng konservativen Ansichten in bezug auf die Bildungsbedürfnisse und -rechte der Massen geleitet worden. Altenstein, während der zwanziger und dreißiger Jahre preußischer Kultusminister, machte kein Geheimnis aus seiner Auffassung, es dürfe den Volksschulen nicht erlaubt sein, die gemeinen Leute aus der ihnen von Gott und der menschlichen Gesellschaft zugewiesenen Sphäre herauszuheben; und die Wachsamkeit, die er in dieser Hinsicht an den Tag legte, wurde von seinen Nachfolgern nach der Revolution von 1848 eher noch strenger gehandhabt. König Friedrich Wilhelm IV. schob die Verantwortung für diese Katastrophe nämlich den Volksschullehrern zu, und dementsprechend wurden, sobald die Ordnung wiederhergestellt war, abhelfende Maßnahmen getroffen. 1854 erließ der Kultusminister von Raumer Anweisungen, die bis 1872 in Kraft bleiben sollten und den Lehrern deutlich zu verstehen gaben, daß es ihre Aufgabe war, ihren Schützlingen Disziplin, Ordnung und Gehorsam gegenüber der Obrigkeit beizubringen. Dieses Gebot wurde allem Anschein nach befolgt (den angeblich revolutionären Lehrern von 1848 wurde eine Generation später das Verdienst für den Sieg von Königgrätz zugesprochen), wobei man sich auf einen Lehrplan stützte, der auf die Fächer Religion (mit ihr fing der Schultag an), Lesen, Schreiben, Rechnen und Singen beschränkt war.

Während der Vorherrschaft der Nationalliberalen in den siebziger Jahren versuchte der preußische Kultusminister

Adalbert Falk, den Lehrplan durch die Einführung der Fächer Geschichte, Geographie, Naturwissenschaft und Geometrie zu erweitern und ein wenig vom sturen Paukunterricht wegzukommen. Diese Reformen waren lobenswert, aber es ist gerade in Anbetracht ihres liberalen Ursprungs eine Ironie, daß sie der Regierung neue Möglichkeiten in die Hand gaben, ihre Untertanen zur Gefügigkeit gegenüber dem *status quo* zu zwingen. 1889 erklärte Wilhelm II., er mache sich schon länger Gedanken darüber, ob sich die Schule nicht in verschiedener Beziehung zum Kampf gegen die Sozialdemokratie nutzbar machen ließe. Der Schule werde dabei zunächst die Aufgabe zufallen, das Fundament für eine gesunde Auffassung der politischen und sozialen Verhältnisse zu legen, indem sie die Gottesfurcht und die Vaterlandsliebe förderte. Der Geschichtsunterricht, so glaubte er, werde sich in dieser Hinsicht als besonders geeignet erweisen. „Die Belehrung über die Verderblichkeit der Sozialdemokratie", verkündete er in einer Kabinettsordre vom 30. August 1889, „hat hierbei, ohne in eine nähere Erörterung der sozialistischen Theorien einzutreten, an der Hand des gesunden Menschenverstandes zu erfolgen. Die Unmöglichkeit der sozialdemokratischen Bestrebungen ist an den positiven Zielen der Sozialdemokratie nachzuweisen und für jugendliche Gemüter faßlich zu gestalten." Weiter verlangte der Kaiser, die höheren Lehranstalten sollten nicht junge Griechen und Römer, sondern junge Deutsche erziehen und ihnen in erster Linie ein Verständnis für die Stellung ihres Landes in der gegenwärtigen Weltlage vermitteln. Zu diesem Zweck müsse die neuere deutsche Geschichte stärker in den Vordergrund gestellt werden, während alte und mittelalterliche Geschichte in erster Linie mit dem Ziel gelehrt werden sollten, bei den Schülern Verständnis und Bereitschaft für Heroismus und historische Größe zu wecken. Diese allerhöchsten Empfehlungen verfehlten ihre Wirkung nicht.

Noch wichtiger war der Umstand, daß die bloße Organisationsstruktur des deutschen Schulsystems als Hemmschuh für die soziale Mobilität wirkte und zur Betonierung des bestehenden gesellschaftlichen Systems tendierte. Das ganze 19. Jahrhundert hindurch ging die große Mehrzahl der deutschen Kinder nur acht Jahre lang zur Schule, und zwar zur Volksschule. Es war nicht vorgesehen, daß sie nach höherer Bildung strebten, und so sie es wollten, wurde es ihnen schwer gemacht. Der Weg zur höheren Bildung und zu den einträglicheren Berufslaufbahnen und den damit verbundenen gesellschaftlichen Vorteilen führte über eine der weiterführenden Schularten – über das Gymnasium, das eine humanistische Ausbildung mit streng klassischer Orientierung bot, über die Oberrealschule, an der im wesentlichen moderne Sprachen, Mathematik und naturwissenschaftliche Fächer gelehrt wurden, sowie über das Realgymnasium, das mit seinem Lehrplan eine Mischung zwischen den beiden anderen darstellte. Diese weiterführenden Schulen übernahmen ihre Schüler im Alter von zehn Jahren, nachdem sie vier Jahre lang an Volksschulen unterrichtet worden waren. Die Schüler durchliefen dann noch einmal neun Schuljahre, um danach das Abitur oder die Reifeprüfung abzulegen. Das Abitur gab dem, der es abgelegt hatte, das Recht, sich an einer Universität einzuschreiben, ein Recht, das bis 1900 den Absolventen der anderen weiterführenden Schulen nicht zustand, die sich im allgemeinen, wenn sie weiterstudieren wollten, an einer der Technischen Hochschulen einschrieben.

Die große Masse der Schüler wurde durch eine Anzahl von Faktoren daran gehindert, den höheren Bildungsweg einzuschlagen. Wenn ein Volksschüler nicht nach der vierten Klasse auf eine höhere Schule überwechselte, war es ihm praktisch unmöglich, jemals eine universitäre oder eine höhere technische Ausbildung zu erlangen; war dieser Augenblick erst einmal verpaßt, dann gewannen die Schüler der höheren Schule so schnell einen Wissensvorsprung in den Fremdsprachen und in anderen Fächern, die an der Volksschule nicht gelehrt wurden, daß ein späterer Übergang, selbst wenn er gestattet gewesen wäre, nicht mehr sinnvoll war. Das Überwechseln zum richtigen Zeitpunkt wurde jedoch den meisten Kindern schwer gemacht. Die Lehrer förderten es nur selten, denn sie hatten selbst in der Regel keine höheren Schulen, sondern lediglich eine normale Schul- bzw. Berufsausbildung absolviert und neigten nicht dazu, etwaige Bildungsambitionen ihrer Schüler zu unterstützen; das gleiche gilt von örtlichen Pfarrern oder Priestern, die in hierarchischen sozialen Vorstellungen befangen waren und sich daher, wenn sie um Rat gefragt wurden, meist gegen das Gymnasium aussprachen. Dazu kam, daß die finanzielle Belastung abschreckend wirkte. Die Kosten für eine abgeschlossene höhere Schulbildung beliefen sich nach Angaben von Fritz Ringer auf zwischen 4000 und 8000 M, eine Summe, die jenseits der Möglichkeiten der meisten Arbeiter- und Angestelltenfamilien lag, und eine riskante Spekulation selbst für diejenigen, die sie sich leisten konnten, da sie über kein verläßliches Mittel verfügten, im voraus festzustellen, ob ihre Kinder die nötige Begabung für einen erfolgreichen Abschluß der höheren Schule besaßen. Der Umstand, daß der Unterricht an den weiterführenden Schulen in Deutschland so aufgebaut war, daß der Hilfe der Eltern beim Lernen zu Hause eine große Bedeutung zukam, und die Tatsache, daß die Quote derer, die die Schule abbrachen – eine Quote, die bis zu zwei Drittel derer betrug, die in die weiterführenden Schulen eintraten -, bei den Kindern am höchsten war, deren Eltern keine höhere Schule besucht hatten, ließen eine solche Investition noch risikoreicher erscheinen. Der am stärksten hemmende Faktor dürfte letzten Endes aber das fehlende gesellschaftliche Selbstvertrauen, die soziale Angst gewesen sein; das Gefühl, daß die Welt der höheren Bildung „den Reichen“ oder den „besseren Leuten“ vorbehalten war, und daß nichts Gutes dabei herauskam, wenn man dort eindrang. Ralf Dahrendorf hat darauf hingewiesen, daß diese Einstellung selbst heute noch, in der zweiten Hälfte des 20. Jahrhunderts, eine der Hauptursachen für die Bildungsungleichheit in Deutschland darstellt – „eine Haltung des Traditionalismus, der die Möglichkeiten, die Bergwanderung zu den Gipfeln der Schichtung durch die Seilbahn der Ausbildungsinstitutionen abzukürzen, gleichgültig sind ..." Im 19. Jahrhundert war diese Haltung noch unendlich stärker ausgeprägt und trug ganz wesentlich mit dazu bei, daß von den an preußischen Universitäten zwischen 1887 und 1890 eingeschriebenen Studenten kaum jeder tausendste aus einer Arbeiterfamilie stammte. Um die Jahrhundertwende war es bereits jeder hundertste [...]. Die Väter von 25,1 Prozent aller deutschen Universitätsstudenten bekleideten entweder einen Regierungsposten oder waren Lehrer an Hochschulen.

Aus diesen Zahlen wird deutlich, daß das deutsche Schulsystem – wie auch das in England, Frankreich und anderen Ländern, denn es soll nicht der Eindruck entstehen, daß Deutschland hier eine Ausnahmeerscheinung darstellte – weit entfernt davon, die soziale Mobilität zu fördern, durch seine Struktur dafür sorgte, daß die Massen blieben, wo und was sie waren. Dies wird unterstrichen durch die Tatsache, daß die höheren Stellen im Staatsdienst Männern mit höherer Schulbildung vorbehalten blieben. Wer sechs Jahre eine weiterführende Schule absolviert hatte, wurde von der allgemeinen Wehrpflicht befreit und bekam die Möglichkeit, sich stattdessen zu den Einjährig-Freiwilligen zu melden, was ihm für später den Titel eines Reserveoffiziers garantierte. Der Besuch einer weiterführenden Schule war auch die Vorbedingung für die Zulassung zu den verschiedenen Staatsexamen, die man ablegen mußte, um in die mittlere Laufbahn des öffentlichen Dienstes eintreten zu können, während die Staatsprüfungen für die gehobenen Ränge des Staatsdienstes ebenso wie für die höheren Lehrämter von einem akademischen Studium abhängig waren. Da noch 1890 85 Prozent der Studenten an preußischen Universitäten ein humanistisches Gymnasium durchlaufen hatten, konnte Nietzsche sich in seinen Baseler Vorträgen mit gutem Grund über das deutsche Gymnasium als „eine gewisse Staffel der Ehre" lustig machen und über den preußischen Staat als einen „Mystagogen der Kultur", der es seinen Dienern zur Pflicht mache, mit der Fackel der Volksbildung vor ihm zu erscheinen, „in deren unruhigem Lichte sie ihn selbst wieder erkennen sollen als das höchste Ziel, als die Belohnung aller ihrer Bildungsbemühungen".

Friedrich Paulsen

Eine Dorfschule in den 1850er Jahren (1909)

Meine erste Schule ist mir noch ganz gegenwärtig. In einem großen Raum war die ganze Schülerschar beisammen, von kleinen Kindern bis zu halberwachsenen Burschen und Mädchen: es galt bei uns in Schleswig-Holstein die Ordnung, daß Mädchen erst mit fünfzehn, Knaben mit sechzehn Jahren konfirmiert wurden und die Schule verließen. Die Einteilung der Gesamtheit in eine Ober- und Unterklasse war durch einen breiten Gang markiert, der den Raum halbierte. In der Oberklasse saßen wohl etwa 40–50 Knaben und Mädchen, nach Bänken getrennt, in der Unterklasse mochten 60–80 sein, Knaben und Mädchen in den Bänken durcheinander. So im Winter, im Sommer schmolz die Zahl auf die Hälfte und weniger zusammen. Der Unterricht geschah in der Weise, daß der Lehrer sich bald der einen, bald der andern Klasse widmete, meist natürlich der Oberklasse; währenddessen beschäftigte sich die andere Klasse still für sich, die Oberklasse z.B. mit Rechnen oder Schreiben, die Unterklasse vor allem mit Lesenlernen. Das Lesenlernen war damals noch eine ungemein schwierige Kunst, deren Erlernung in der Schule nach der alten Methode jahrelang in Anspruch nahm und von manchem, bei unregelmäßigem Schulbesuch war es fast Regel, nie zu einiger Sicherheit gebracht wurde. Die Übung geschah in der Weise: es wurden Tabellen an Gerüsten, die an den Tischen befestigt waren, aufgestellt; je zwei oder drei Schüler hatten mit einem ‚Untergehülfen' als Lehrer, der einen Stock als Zeiger in der Hand hielt, eine zusammen. Zuerst eine Tabelle mit den Buchstaben; dann kamen Syllabiertabellen, a–b: ab, b–a: ba usw; endlich Tabellen mit Wörtern: a-p: ap, f–e–l: fel, Apfel. Hatte sich einer in ein, zwei Jahren, es konnten aber auch drei oder vier und mehr werden, durch die Tabellen durchgearbeitet, dann kam er in den Katechismus, zuerst den kleinen, hierauf den großen, um nun endlich die Frucht der Lesekunst zu genießen: Das Auswendiglernen ...

Ein Schultag verlief nun etwa so: Er begann morgens und endete abends mit gemeinsamem Gesang und Gebet der ganzen Schule. Gesungen wurde stehend, oft bis zur Erschöpfung, und nicht bloß im figürlichen Sinn: ich bin wiederholt eigentlich zusammengebrochen, Hitze, Anstrengung und vor allem die unbequeme Stellung (man stand mit gebeugten Knien eingeklemmt zwischen Tisch und Bank) brachten mir ein paarmal einen Ohnmachtsanfall. Dann folgte der Religionsunterricht, an dem wieder die ganze Schule teilnahm, die Unterklasse mehr passiv, womit übrigens der Oberklasse nicht eben eine bedeutsame Aktivität zugeschrieben werden soll. Die Aufgabe bestand darin, die gegebenen Formeln des Katechismus herzusagen und die aufweisenden Erklärungen des Lehrers zu wiederholen, dazu Sprüche aus der Bibel aufzusagen oder aufzuschlagen und vorzulesen. Unser Ausdruck für dieses Ganze war: ‚Examel halten'. Ich sehe noch den Lehrer den breiten Mittelgang auf und ab humpeln, er hatte ein kurzes Bein und hinkte stark, und höre ihn mit etwas dröhniger Stimme die Formeln vorsagen und wieder einfordern, in denen Sünde und Buße, Gnade und Erlösung, ewige Seligkeit und ewige Verdammnis definiert wurden. Die ewige Seeligkeit wurde uns als ein immerwährendes und immer wachsendes Vergnügen vorgestellt. Warum immer wachsend? Wenn sie gleichbliebe, gewöhnte man sich daran und hätte kein großes Vergnügen mehr daran.

Dann kam die Lesestunde: für die Kleinen das Buchstabieren usw., für die Großen das Bibellesen. Wer über die Tubalkain und Nebukadnezar ohne Stolpern hinwegkam, durfte schon immer ein wenig stolz auf seine Leistung sein. Eine besondere Übung war hier auch das Bibelaufschlagen: 2. Kor 7 V. 14 oder 1. Makkabäer 5, 18: wer's am ersten hatte, durfte vorlesen. Was dort stand, war einerlei. Die Übung diente vor allem dazu, in der Reihenfolge der biblischen Bücher festzumachen.

Nach der Pause, in der erst die Mädchen, dann die Knaben entlassen wurden, folgte die Rechenstunde, wo natürlich wieder den verschieden Geförderten verschiedene Aufgaben gestellt waren, vom Zahlenlernen und Addieren bis zu Regeldetrie und dem Wurzelausziehen. In der Oberklasse wurde ebenso wie in der Unterklasse die Sache rein mechanisch vorgemacht.

Mit dem Mittaggebet um elf Uhr war der ersehnte Schluß erreicht. Alles rannte in eiligstem Tempo nach Hause, denn ein Frühstück gab es nicht mit in die Schule.

Der Nachmittagsunterricht begann mit der Schreibstunde. Die Kleinen schrieben auf die Schiefertafel, die Größeren nach Vorlagen, die ausgeteilt wurden, mit Tinte ins Buch. Die allein erlaubte Form der Feder war der Gänsekiel. Der Lehrer saß jeden Tag die erste Hälfte der Stunde und schnitt Federn, die von Zeit zu Zeit eingeliefert werden mußten, ebenso wie ein Tintenschilling. In der zweiten wurde das Geschriebene nachgesehen und verbessert. Aufregender pflegte die zweite Stunde zu sein: es war die Aufsagestunde: einmal in der Woche wurden die aufgegebenen Gesangbuchverse und Bibelsprüche oder der Katechismus abgehört, der Reihe nach, jeder kam dran. Und an jeden kam auch, bald öfter, bald seltener, je nach Begabung, für das Memorieren und aufgewendeten Fleiß die Reihe der

Strafexekution. Bei manchem wußte man es vorher, er war stets unter denen, die sich ihre Last Prügel holten. Mit einer gewissen Spannung, gemischt aus Angst, Schadenfreude und der Aufregung, welche die Anwesenheit bei jeder schmerzlichen Operation gibt, sah man dem Augenblick entgegen, wo das Tau, ein dickes Schiffstauende, zum erstenmal in Wirksamkeit trat, um dann in der Regel bis zum Schluß der Stunde nicht mehr zur Ruhe zu kommen. Daß durch dieses Universalwerkzeug, es diente zur Abstrafung aller Sünden, die Fähigkeit, sich zu besinnen und das Gelernte hervorzubringen, gesteigert worden wäre, glaube ich nicht beobachtet zu haben; eher brachten Geschrei und Tränen der Heimgesuchten und Aussicht auf gleiches Schicksal wohl Assoziationshemmungen hervor, die auch den hereinfallen ließen, der unter heiterem Himmel mit seinem Vers glücklich durchgekommen wäre. Gerade die Fleißigen und Ängstlichen litten darunter, die Trägen waren bald so abgebrüht, daß es ihnen nicht mehr ausmachte als der Vorübergang einer Wolke vor der Sonne.

Alfred Wendehorst

Promotion in Erlangen

Obwohl das Alte Reich 1806 zu bestehen aufgehört hatte, beruhte das Promotionsrecht der älteren Universitäten noch auf kaiserlichen Verleihungen. Das Graduierungsverfahren selbst, dessen Wandlungen noch nicht sehr genau erforscht sind, hatte sich im Laufe des 18. Jahrhunderts zu formalisieren, aber in den Anforderungen noch nicht zu vereinheitlichen begonnen. Für die Promotion zum Doktor wurde die Vorlage einer selbständigen schriftlichen Abhandlung erwartet oder gefordert; die Maßstäbe, an denen sie gemessen wurde, waren extrem unterschiedlich. Dazu kamen zwei mündliche Prüfungen, Tentamen und Rigorosum, schließlich die aus dem Mittelalter bekannte feierliche öffentliche Disputation in lateinischer Sprache, welcher mehr oder weniger genau vereinbarte Thesen zugrunde lagen, die es vom Promovenden zu verteidigen galt. Die im 18. Jahrhundert im Mittelpunkt des Verfahrens stehende Disputation verlor um die Jahrhundertwende so stark an Bedeutung, daß eine Promotion in absentia nicht mehr ausgeschlossen wurde. Das gilt auch für die vormärzliche Friedrich-Alexander-Universität.

Der Kalauer von dem Eisenbahnzug, der in der Universitätsstadt zehn Minuten Aufenthalt habe, um einem Reisenden die Promotion zu ermöglichen, wurde nicht nur auf Erlangen bezogen, sondern auf jede Universitätsstadt, die nicht wie München oder Leipzig einen Kopfbahnhof hatte, sogar auf Göttingen. Aber die Pointe des Witzes beruht auf einer falschen Voraussetzung, da eine wenn auch noch so kurze Präsenzpflicht bei der Graduierung unterstellt wird. Tatsächlich brauchte man bis über die Mitte des 19. Jahrhunderts hinaus für eine Promotion – auch hier steht Erlangen keineswegs allein – die Universitätsstadt nicht unbedingt aufzusuchen.

Die bekanntesten Erlanger Promotionen in der ersten Hälfte des 19. Jahrhunderts, die des Chemikers Justus Liebig (1803–1873) im Jahre 1822 und die des Dichters Friedrich Hebbel (1813–1863) im Jahre 1846, erfolgten in absentia des Promovenden. Liebig hatte immerhin noch in Erlangen studiert, hier Schelling gehört, sich freilich von dessen Naturphilosophie lautstark abgewandt und eine auf Experiment und Beobachtung gegründete Naturwissenschaft betrieben. So wurde 1822 auf Antrag Professor Kastners seine Arbeit *Über das Verhältnis der Mineralchemie zur Pflanzenchemie* zusammen mit zwei Abhandlungen aus dem Vorjahr als Dissertation angenommen. Hebbel dagegen, ohne erkennbare Kontakte zu Erlangen, reichte seine Dissertation *De problemis quibusdam artis dramaticae* (Über einige Probleme der dramatischen Kunst), wie er selbst bekannte, „bei einer Universität (ein), wo es die wenigsten Umstände macht". Erst nach einer 1858 von der Universität Berlin ergriffenen Initiative wurden Promotionen in absentia nach und nach ausgeschlossen. Da eine rigorose, ja überhaupt eine mündliche Prüfung nicht unbedingt vorgesehen war, konnte man die Promotion praktisch erkaufen, falls sich jemand fand, der die Dissertation schrieb. Doch konnte man auch gegen das Versprechen, diese nachzuliefern, promoviert werden, ohne befürchten zu müssen, daß dieses Versprechen unter allen Umständen eingefordert wurde. Denn die für eine Promotion zu entrichtenden Gebühren waren verhältnismäßig hoch und kamen vielen zugute. Sie setzten sich zusammen aus mehr als einem Dutzend Entgelten, sowohl für alle am Verfahren Beteiligten, angefangen vom Dekan, über den Syndikus bis zu den Pedellen, als auch für einige gemeinnützige Einrichtungen wie die Universitätsbibliothek und die Witwenkasse. Die Gebühren beliefen sich 1837 bei der Promotion zum Licentiaten der Theologie auf 178 Gulden und 30 Kreuzer, bei der Promotion vom Licentiaten zum Doktor auf weitere 121 Gulden und 30 Kreuzer. Im Jahre 1835 kostete der juristische Doktor 225 Gulden, 1837 der medizinische 167 und der philosophische 100 Gulden. Zum Vergleich: Im Jahre 1842 betrug die Immatrikulationsgebühr 5 Gulden und 36 Kreuzer.

Bis zum Bundes-Universitätsgesetz von 1834, das die Lehrbefugnis regelte (Habilitation), konnte nach der Promotion das Recht verliehen werden, an der Universität zu lehren. Das ganze Promotionswesen, vor allem aber die Art der Erteilung der Lehrbefugnis wurde bereits in den zwanziger Jahren vielfach als ein Relikt empfunden, das nicht mehr in die Zeit paßte. Der [...] Ministerialkommissär Freudel, der seit den Karlsbader Beschlüssen in Erlangen auch das Promotionsverfahren zu überwachen hatte, schrieb aus hier gewonnenen Erfahrungen: „Ein Tentamen und Examen, der Öffentlichkeit entzogen, dessen Resultate die Fakultät für sich behält, eine Dissertation, die keine Bürgschaft des ipse feci aufweist, eine öffentliche Disputation im nothdürftigen Latein und unter zuweilen sehr seichten Opponenten verteidigt, und der Doktor – der Doktor legens, der Professor – ist fertig. Vom Auditorium, vom Commershaus weg eilt der vielleicht mehr lehr- als lernbegierige Neucreirte auf den Catheder, um aus seinen kaum trockenen Collegienheften nun selbst Vorlesungen zu halten." Nach der Jahrhundertmitte haben sich die kleineren Universitäten bei den Promotionen den höheren Anforderungen der großen allmählich anpassen müssen, wollte man Schaden für das Ansehen der Universität vermeiden und den Schein der Gleichrangigkeit aufrechterhalten. In der Juristischen, dann auch in der Philosophischen Fakultät hat schließlich das bereits stark formalisierte und durch Leistungsmessung einen hohen Grad an Objektivität sichernde Staatsexamen dazu beigetragen, das vormoderne Promotionswesen stark umzugestalten.

Nach dem Anschluß Erlangens an Bayern (1810) konnten auch hier zunächst die Juristen und Kameralisten ihr Studium nicht nur mit den alten akademischen Graduierungen abschließen, sondern – nach dem durch ein inneruniversitäres Absolutorium auch formal abgeschlossenen Universitätsstudium und einem einjährigen Vorbereitungsdienst – entsprechend der bayerischen Staatsdienerpragmatik von 1805 ein damals „Concurs-Prüfung" genanntes Staatsexamen ablegen. Examinatoren waren zunächst ausschließlich eigens beauftragte Räte aus den Verwaltungs- und Justizbehörden. In diesem Qualifikationsverfahren wurde die „Fähigkeit" eines Kandidaten nicht nur an einer immer differenzierter werdenden Notenskala gemessen, sondern auch mit dem der anderen Bewerber für den Staatsdienst in einen Vergleich gesetzt, dessen Ergebnis die künftige soziale Stellung des Kandidaten weitgehend bestimmte. Aus der Entkoppelung von Studium und Berufszugang und dem

Wettbewerbscharakter des Staatsexamens, in welchem die schriftlichen Leistungen unter Klausurbedingungen zu erbringen waren, ergab sich für die Betroffenen aber auch eine ganz andere Prüfungssituation als bei den herkömmlichen, die berufliche Zukunft viel weiter offenlassenden Promotionen zum Magister, zum Licentiaten oder zum Doktor. Der Unterschied blieb überall dort bis heute wirksam, wo das Staatsexamen nicht zur formellen Voraussetzung für die akademische Graduierung wurde, in erster Linie also in der Philosophischen Fakultät. Wurde das Staatsexamen Voraussetzung für die Promotion, verfuhr man bei dieser auch in Erlangen großzügiger. Konnte der Kandidat doch aus der Staatsprüfung auch in den Einzelheiten kontrollierbare Leistungen vorweisen, welche ihn zur Übernahme eines öffentlichen Amtes befähigten. Da diese auf Grund einer lediglich akademischen Prüfung nicht mehr möglich war, verlor der Doktortitel nun außerhalb der Universität seine berufsqualifizierende Relevanz.

Gerhard A. Ritter

Staat und Forschung im 19. Jahrhundert

Der Begriff „Großbetrieb der Wissenschaft" wurde bekannt durch einen Artikel des bedeutenden Theologen und Wissenschaftspolitikers Adolf von Harnack in den Preußischen Jahrbüchern 1905. Schon vorher hatte allerdings der berühmte Althistoriker Theodor Mommsen in einer Rede vor der Preußischen Akademie der Wissenschaften 1890 ausgeführt: „Auch die Wissenschaft hat ihr sociales Problem; wie der Grossstaat und die Grossindustrie, so ist die Grosswissenschaft, die nicht von Einem geleistet wird, ein nothwendiges Element unserer Culturentwickelung, und deren rechte Träger sind die Akademien oder sollten es sein." Was

Harnack und Mommsen meinten, war vor allem das Zusammenwirken eines größeren Kreises von Gelehrten in Akademien oder lokalen, nationalen und internationalen wissenschaftlichen Vereinigungen bei der Bewältigung großer gemeinsamer wissenschaftlicher Aufgaben. Dazu gehörte die Herausgabe eines Thesaurus Linguae Latinae, eines Wörterbuchs der lateinischen Sprache, die zunächst vom Kartell der deutschsprachigen Akademien getragen wurde, genauso wie die internationale Zusammenarbeit etwa im Bereich der Meteorologie, der Erdvermessung und der Astronomie.

Schon vorher – in der frühen Neuzeit – hatten einzelne Fürsten mit erheblichen Mitteln Observatorien unterhalten, durch die gezielte Förderung der Kartographie und der Zeitmessung zur Verbesserung der Navigation beigetragen und Forschungen gefördert, von denen sie Hilfe bei der Lösung konkreter staatlicher Aufgaben, bei der Entwicklung des heimischen Gewerbes und bei der Steigerung des Wohlstandes ihres Landes erwarteten. Trotz des gelegentlich beeindruckenden Ausmaßes derartiger Projekte handelte es sich noch nicht um „Großforschung", die sich nicht allein quantitativ definieren läßt. Kennzeichnend für die moderne Großforschung ist vielmehr unter anderem das zunehmend engere Zusammenspiel von Wissenschaft, Wirtschaft und Staat, das sich in Deutschland in ersten Ansätzen im Laufe des 19. Jahrhunderts herausbildete.

Diese im Vergleich der modernen Industriestaaten frühe Entwicklung hat eine ihrer Ursachen in der vor allem im Unterschied zu den angelsächsischen Ländern sehr weitgehenden „Durchstaatlichung des Wissenschaftsbetriebes" [Rüdiger vom Bruch] seit dem 18. und in neuer Form seit den Napoleonischen Kriegen am Anfang des 19. Jahrhunderts. Auch die Gründung der Universität Berlin, die – auf Wilhelm von Humboldts Konzept der Einheit von Forschung und Lehre beruhend – für lange Zeit die wohl führende Universität der Welt wurde, war ja eine staatliche

Veranstaltung. Ein zweiter Faktor war das starke Interesse der deutschen Staaten an der Förderung von technischer Ausbildung über die Gewerbeschulen und von naturwissenschaftlicher Forschung in den Universitäten und Technischen Hochschulen. Drittens wurden aufgrund der Pionierrolle, die Deutschland bei der Anwendung naturwissenschaftlicher Ergebnisse besonders in der elektrotechnischen, optischen und chemischen Industrie in der Welt vor 1914 spielte, die Zusammenhänge zwischen der ökonomischen Leistungsfähigkeit und dem Stand der Forschung früh erkannt und damit auch einem Zusammengehen von Wissenschaft, Staat und Wirtschaft die Wege geebnet. Ein viertes Element, das vor allem das Prestige und die Wirkung der Wissenschaft in der Gesellschaft verstärkte, war der Übergang zum Interventions- und Sozialstaat, der in Deutschland nicht zuletzt aufgrund älterer Traditionen schon im letzten Viertel des 19. Jahrhunderts und damit im internationalen Vergleich sehr früh erfolgte. Diese Entwicklung trug wesentlich bei zur Erweiterung des Bereichs der staatlichen Daseinsvorsorge, zur Ergänzung der Ordnungsverwaltung durch die staatliche und kommunale Leistungsverwaltung, zum Ausbau der Sozial- und Wirtschaftsstatistik, zur Entwicklung der empirischen Sozialwissenschaften und zur Förderung der medizinischen Forschung. All diese Faktoren führten am Ende des 19. und am Beginn des 20. Jahrhunderts zur Entstehung außeruniversitärer Forschungseinrichtungen verschiedener Struktur und Organisation, in denen sich Elemente früher Großforschung aufzeigen lassen.

Die Wissenschaften wie die führenden deutschen Universitäten und die in ihnen entstehenden Burschenschaften waren neben Teilen der Wirtschaft wesentliche Träger der deutschen Einheitsbewegung im 19. Jahrhundert gewesen. Schon 1822 entstand mit der „Gesellschaft deutscher Naturforscher und Ärzte“ die erste gesamtdeutsche Wissenschaftsorganisation, die sich, in bewußter Frontstellung gegen die bisherigen, auf landesherrlichen Privilegien beruhenden Gesellschaften, die Herstellung der Einheit der deutschen Wissenschaften und die Bekanntmachung ihrer Errungenschaften in der Welt zum Ziel setzte. Es entsprach diesem gesamtdeutschen Charakter von Wissenschaft und Forschung sowie der zunehmenden internationalen Zusammenarbeit und dem gleichzeitig immer schärfer werdenden internationalen Wettbewerb in den Wissenschaften, daß trotz der verfassungsrechtlichen Zuordnung von Forschung und Lehre zu den Einzelstaaten auch das Deutsche Reich bereits bald nach seiner Gründung 1871, gegen starke föderalistische Bedenken, wesentliche Initiativen zur Förderung der Forschung entwickelte.

Die Zuständigkeit des Reiches für die Außenpolitik führte zur Übernahme deutscher wissenschaftlicher Institutionen im Ausland, wie des 1829 in Rom gegründeten „Instituts für archäologische Korrespondenz", das in „Archäologisches Institut des Deutschen Reiches" umbenannt und durch die Einrichtung einer Zweigstelle in Athen ausgebaut wurde. 1874 bewilligte der Reichstag erstmals Gelder für deutsche Ausgrabungen in Olympia, denen weitere von Preußen initiierte erfolgreiche Ausgrabungen in Griechenland, Kleinasien und Ägypten folgten. Das Reich entrichtete schließlich regelmäßige Beiträge für das Deutsche Kunsthistorische Institut in Florenz, das Deutsche Haus in Kairo, die deutschen Zoologischen Stationen in Neapel und Rovigno und 1914 für eine aerologische Station auf Spitzbergen. Es unterstützte die Arbeiten deutscher Forscher im Ausland, z.B. in China, wissenschaftliche Expeditionen und die Teilnahme deutscher Wissenschaftler an internationalen Organisationen, Ausstellungen und Kongressen. Es war vor 1914 durch regelmäßige Beiträge an der Finanzierung des Unternehmens der Erdvermessung, der Arbeit der internationalen Seismologischen Assoziation und der Internationalen Organisation für Luftschiffahrt beteiligt. Auch die internationale Erforschung der nordischen Meere, die die

Seefischerei unterstützen sollte, die internationalen Bibliographien für Naturwissenschaften und Sozialwissenschaften und das internationale Landwirtschaftliche Institut in Rom wurden vom Reich mitgetragen.

In Deutschland selbst übernahm das Reich mit einem Zuschuß von Österreich 1875 die Finanzierung der 1819 auf Initiative des Freiherrn vom Stein in Preußen gegründeten und vorher auch durch Zuwendungen des Deutschen Bundes unterhaltenen „Monumenta Germaniae Historica". Weiterhin unterstützte das Reich schließlich die Herausgabe der Monumenta Germaniae Paedagogica und des Grimmschen Deutschen Wörterbuches. Die Limes-Ausgrabungen wurden finanziert und Beiträge für Institutionen und Museen mit einem gesamtdeutschen Charakter – wie das Römisch-Germanische Museum in Mainz, das Germanische Museum in Nürnberg, das Deutsche Museum in München, die Zentralstation für Erdbebenforschung in Straßburg und die Leopoldinisch-Karolingische deutsche Akademie der Naturforscher in Halle – geleistet. Trotz dieser Tendenzen zur Zentralisierung auf Reichsebene lag allerdings das Schwergewicht der Forschungsförderung im Kaiserreich bei den Einzelstaaten und hier insbesondere bei Preußen.

Neben der Unterstützung deutscher wissenschaftlicher Institutionen im Ausland und gesamtdeutscher wissenschaftlicher Unternehmen sind für das Kaiserreich im Bereich der Naturwissenschaften und Technik auch die ersten Staatsanstalten des Reiches zu nennen, ein Organisationstyp der Forschung, den es auf der Ebene der Einzelstaaten, besonders Preußens, in Ansätzen schon in der ersten Hälfte des 19. Jahrhunderts gab. Dabei wurde die Kompetenz des Reiches zum Aufbau solcher Institutionen vor allem aus der traditionellen Staatsaufgabe der Aufsicht, Normierung und Kontrolle, etwa im Meß- und Eichungswesen, abgeleitet.

1887 wurde so, gegen zunächst erhebliche Widerstände des Reichstages sowie des Vereins deutscher Ingenieure

(VdI) und der Deutschen Gesellschaft für Mechanik und Optik, die eigene abweichende Interessen verfolgten, die Physikalisch-Technische Reichsanstalt (PTR) unter dem Physiker Hermann von Helmholtz als ihrem ersten Präsidenten gegründet. Initiativ waren dabei außer Helmholtz vor allem der Industrielle Werner von Siemens und der Astronom Wilhelm Foerster, der als Direktor der 1868 vom Norddeutschen Bund und später vom Reich übernommenen preußischen Normal-Eichungskommission die Leitung der Neuorganisation des deutschen Maß- und Gewichtswesens übernommen hatte. Das zentrale Ziel, die deutsche Industrie im internationalen Wettbewerb durch den Ausbau der naturwissenschaftlichen Forschung zu fördern, das Siemens mit der Gründung der PTR verfolgte, hatte er bereits am 11. Juni 1883 klar formuliert: „Die naturwissenschaftliche Forschung bildet immer den sicheren Boden des technischen Fortschritts und die Industrie eines Landes wird niemals eine international leitende Stellung erwerben und sich selbst erhalten können, wenn das Land nicht gleichzeitig an der Spitze des naturwissenschaftlichen Fortschritts steht. Dieses herbeizuführen ist das wirksamste Mittel zur Hebung der Industrie".

Allerdings erfüllten sich die weitergehenden Erwartungen von Siemens und Helmholtz, ein großzügiges, mit modernen Apparaten und zahlreichem wissenschaftlichem Personal ausgestattetes staatliches Zentrum der Experimentalphysik zu schaffen, nur zum Teil. Die Institution mußte sich, neben den Dienstleistungen der Normierung, Prüfung und Zulassung von physikalischen Meßwerkzeugen und der ihr durch Gesetz von 1898 übertragenen Stellung als technischer Oberbehörde für das gesamte Eichwesen im Bereich der Elektrizität, in der eigenen Forschung im wesentlichen auf die wissenschaftliche Fundierung der verschiedenen Zweige der Metrologie beschränken. Trotzdem hat die Physikalisch-Technische Reichsanstalt, die Modell für den Aufbau des „National Physics Laboratory" in England

1899, des „National Bureau of Standards“ in Washington 1901 und eines ebenfalls noch vor dem Ersten Weltkrieg errichteten japanischen Instituts für physikalische und chemische Forschung stand, der Forschung wesentliche Impulse gegeben. So brachten Messungen über die Verteilung der Lichtintensität eines elektrisch geheizten Hohlraumstrahlers Max Planck dazu, seine Strahlungsformel aufzustellen und die Quantentheorie zu begründen, die anschließend in der Physikalisch-Technischen Reichsanstalt experimentell überprüft wurde. Auch die Arbeiten über Wärmestrahlung, für die der Helmholtz-Schüler Wilhelm Wien 1911 den Nobelpreis für Physik erhielt, sind in der PTR vorgenommen worden.

Die Kompetenz des Reiches für die „Maßregeln der Medizinal- und Veterinärpolizei“ nach Artikel 4.15 der Reichsverfassung von 1871 führte schon 1876 zur Gründung des Kaiserlichen Deutschen Gesundheitsamtes. Als dessen Mitglied machte Robert Koch in dem bakteriologischen Laboratorium des Amtes, das auf seine Anregung hin errichtet worden war, seine bahnbrechenden Entdeckungen des Tbc- und des Cholera-Erregers.

Ein weiteres Beispiel gezielter staatlicher Forschungsförderung war die Biologische Reichsanstalt für Land- und Forstwirtschaft, die zunächst im Rahmen des Kaiserlichen Deutschen Gesundheitsamtes 1898 gegründet wurde, aber seit 1905 selbständig war. Sie unterstrich das traditionell starke Engagement des Staates in der Landwirtschaft. In diesem Sektor gibt es im Unterschied zur Industrie, in der die Ausgaben der Wirtschaft für Forschung und Entwicklung die des Staates erheblich übersteigen, auch bis heute kaum eigene Forschungen.

Mit der Gründung dieser Forschungsanstalten des Reiches, insbesondere der Physikalisch-Technischen Reichsanstalt, wurde ein neuer Weg in der Förderung von Wissenschaft und Technik durch den Staat begangen. Die Neugründungen unterstrichen die Verantwortung des Gesamtstaates für die Forschung, begründeten für Teilbereiche der Forschung die Trennung von der akademischen Lehre und kennzeichneten den Durchbruch der Methode der Teamarbeit in der naturwissenschaftlichen Forschung. Zudem wurde zum erstenmal „die naturwissenschaftliche Grundlagenforschung bewußt für die Entwicklung von Technik und Wirtschaft mobilisiert" [Reimar Lüst] und damit die moderne Großforschung in Deutschland begonnen.

Albert Schweitzer

Wie ich dazu kam, Arzt im Urwald zu werden

Die Lehrtätigkeit an der Universität Straßburg, die Orgelkunst und die Schriftstellerei verließ ich, um als Arzt nach Äquatorialafrika zu gehen. Wie kam ich dazu?

Ich hatte von dem körperlichen Elende der Eingeborenen des Urwaldes gelesen und durch Missionare davon gehört. Je mehr ich darüber nachdachte, desto unbegreiflicher kam es mir vor, daß wir Europäer uns um die große humanitäre Aufgabe, die sich uns in der Ferne stellt, so wenig bekümmern. Das Gleichnis vom reichen Mann und vom armen Lazarus schien mir auf uns geredet zu sein. Wir sind der reiche Mann, weil wir durch die Fortschritte der Medizin im Besitze vieler Kenntnisse und Mittel gegen Krankheit und Schmerz sind. Die unermeßlichen Vorteile dieses Reichtums nehmen wir als etwas Selbstverständliches hin. Draußen in den Kolonien aber sitzt der arme Lazarus, das Volk der Farbigen, das der Krankheit und dem Schmerz ebenso wie wir, ja noch mehr als wir unterworfen ist und keine Mittel besitzt, um ihnen zu begegnen. Wie der Reiche sich aus Gedankenlosigkeit gegen den Armen vor seiner Türe versündigte, weil er sich nicht in seine Lage versetzte und sein Herz nicht reden ließ, also auch wir.

Die paar hundert Ärzte, die die europäischen Staaten als Regierungsärzte in der kolonialen Welt unterhalten, können, sagte ich mir, nur einen ganz geringen Teil der gewaltigen Aufgabe in Angriff nehmen, besonders da die meisten von ihnen in erster Linie für die weißen Kolonisten und für die Truppen bestimmt sind. Unsere Gesellschaft als solche muß die humanitäre Aufgabe als die ihre anerkennen. Es muß die Zeit kommen, wo freiwillige Ärzte, von ihr gesandt und unterstützt, in bedeutender Zahl in die Welt hinausgehen und unter den Eingeborenen Gutes tun. Erst dann haben wir die Verantwortung, die uns als Kulturmenschheit den farbigen Menschen gegenüber zufällt, zu erkennen und zu erfüllen begonnen.

Von diesen Gedanken bewegt beschloß ich, bereits dreißig Jahre alt, Medizin zu studieren und draußen die Idee in der Wirklichkeit zu erproben. Anfang 1913 erwarb ich den medizinischen Doktorgrad. Im Frühling desselben Jahres fuhr ich mit meiner Frau, die die Krankenpflege erlernt hatte, an den Ogowe in Äquatorialafrika, um dort meine Wirksamkeit zu beginnen.

Ich hatte mir diese Gegend ausgesucht, weil elsässische, dort im Dienste der Pariser evangelischen Missionsgesellschaft stehende Missionare mir gesagt hatten, daß ein Arzt dort, besonders wegen der immer mehr um sich greifenden Schlafkrankheit, sehr notwendig sei. Diese Missionsgesellschaft erklärte sich bereit, mir auf ihrer Station in Lambarene eines ihrer Häuser zur Verfügung zu stellen und mir zu erlauben, dort auf ihrem Grund und Boden ein Spital zu bauen, wozu sie mir auch ihre Hilfe in Aussicht stellte.

Die Mittel für mein Werk jedoch mußte ich selber aufbringen. Ich gab dazu, was ich durch mein in drei Sprachen erschienenes Buch über J.S. Bach und durch Orgelkonzerte verdient hatte. Der Thomaskantor aus Leipzig hat also mitgeholfen, das Spital für die Neger im Urwald zu bauen. Liebe Freunde aus Elsaß, Frankreich, Deutschland und der Schweiz halfen mir mit ihren Mitteln. Als ich Europa verließ, war mein Unternehmen für zwei Jahre gesichert. Ich hatte die Kosten – die Hin- und Rückreise nicht einbegriffen – auf etwa fünfzehntausend Franken für das Jahr veranschlagt, was sich ungefähr als richtig erwies.

Mein Werk lebte also – wie der naturwissenschaftliche Ausdruck lautet – in Symbiose mit der Pariser evangelischen Missionsgesellschaft. An sich aber war es überkonfessionell und international. Es war meine Überzeugung und ist es noch heute, daß die humanitären Aufgaben in der Welt dem Menschen als solchem, nicht als dem Angehörigen einer bestimmten Nation oder Konfession nähergebracht werden müssen.

Thomas Nipperdey

Der Kölner Dom als Nationaldenkmal

Die Vollendung des Kölner Doms im 19. Jahrhundert steht, wie wir alle wissen, im engen Zusammenhang mit der deutschen Nationalbewegung. Der Dom wurde zu einem Symbol der Nation, er wurde, wie die Zeitgenossen sagten, zum Nationaldenkmal oder zumindest zum nationalen Denkmal. Ich vergegenwärtige zunächst die Geschichte dieser Bestrebungen.

1814 schlug Ernst Moritz Arndt vor, den Tag der Schlacht bei Leipzig zu feiern, „der wir es danken, daß wir wieder ein ganzes Volk werden können . . ., ein starkes und mächtiges Bindungsmittel aller Teutschen“, und dafür ein Denkmal zu errichten, das eigentlich „groß und herrlich sein müsse wie ein Koloß, eine Pyramide, ein Dom zu Köln“. Dieser Anstoß führte zu einer ganzen Reihe von Denkmalsentwürfen, zu denen, besonders auffallend, eine ganze Reihe von Denkmalskirchen gehören; Schinkel hat kurz darauf einen Dom als preußisches Denkmal für die

Freiheitskriege entworfen, und auch Klenze entwarf eine Kirche als Friedensdenkmal. Im Rahmen dieser Diskussion hat Joseph Görres im Rheinischen Merkur vom 20. November 1814 geschrieben, die Nation sei gegenwärtig noch nicht reif, ein eigenes Nationaldenkmal zu bauen, sie solle sich den „unvollendeten Vermächtnissen der Vergangenheit" zuwenden, insbesondere dem Ausbau des Kölner Domes. Der Dom wird in Görres' Artikel zum Symbol, in seinem unfertigen Zustand ein ewiger Vorwurf, ein Bild „von Teutschland in seiner Sprach- und Gedankenverwirrung, seinem inneren Hader und seiner Eigensucht, seinem Niedergang und seiner Zerrissenheit", seine Vollendung ist das „Dankesopfer für die Befreiung von französischer Knechtschaft", der vollendete Dom wird „das wahre Nationaldenkmal", das Symbol „des neuen Reiches, das wir bauen wollen". Görres hat damit dem entstehenden ästhetisch-historischen und denkmalpflegerischen Interesse am Kölner Dom die entschieden nationalpolitische Wendung gegeben. Der Vorschlag fand eine relativ breite Resonanz, bei den Patrioten wie Stein und Arndt, bei Politikern wie Humboldt, bei den Künstlern und Kunstfreunden wie Runge und Goethe, bei Monarchen, wie den Königen von Bayern und Württemberg und zumal dem preußischen und bayerischen Kronprinzen, und letzterer äußerte die Idee, in diesem Dom die Statuen berühmter Deutscher aufzustellen. Freilich, diese Begeisterung für den Dom war, wie so vieles in diesen Jahren, nur kurzfristig; bald nach 1815 treten die nationalpolitischen Töne ganz hinter den denkmalpflegerischen Aufgaben und den ‚rein' historischen und ästhetischen Interessen zurück.

Um 1840, als bautechnisch nach Abschluß der Erhaltungsarbeiten die Entscheidung über den Fortbau anstand, setzt die neue Dombaubewegung ein, getragen von den Dombauvereinen, begleitet von einer Fülle von Domliteratur: Der Dom wird zum Nationaldenkmal, sein Weiterbau zur nationalen Sache. Der preußische König wird der Protektor des Dombaus, und er steht – nationalpolitisch jedenfalls – im Mittelpunkt des großen Dombaufestes vom 4. September 1842.

In dieser merkwürdigen Bewegung verbinden sich mannigfache Elemente: rheinischer Heimatsinn, Rheinromantik und patriotische Rheinstimmung von 1840, katholischer Kirchensinn und katholische Erneuerung, der Wunsch nach Frieden zwischen Kirche und Staat, nach Integration des Rheinlandes in den preußischen Staat, bürgerlicher Kunst- und romantischer Geschichtsenthusiasmus, nationale Hoffnung und Sehnsucht. Gott – Kunst – und Vaterland, das ist die etwas banale Formel, die immer wiederkehrt. [...]

Im 19. Jahrhundert nimmt die Kunst einen außerordentlich hohen Rang in der Skala menschlicher Lebenswerte ein; sie gewinnt Autonomie, Autonomie sowohl gegenüber der Religion wie gegenüber der bloßen Zweckverwendung. Sie repräsentiert die Welt des „Idealen", sie gehört zu den höchsten Errungenschaften der Menschheit, eines Volkes, einer Epoche, sie wird als „ewig", „göttlich" etc. bezeichnet. Wir können von einer quasi religiösen Verehrung der Kunst sprechen (gelegentlich, wie bei Jacob Burckhardt, rückt sie schon an die Stelle von Religion); die Museen werden die großen Tempel des gebildeten Bürgertums. Auch bei einem durchaus frommen und durchaus politischen Mann wie August Reichensperger, einer der Zentralfiguren der Dombewegung, ist der religiöse Klang seiner Äußerungen zur Kunst unüberhörbar. Das alles gilt natürlich zunächst für das gebildete Bürgertum, für das die Vertrautheit mit Kunst einfach ein Wesenselement der Bildung ist. Aber das reicht über das Esoterische und Elitäre hinaus. Die Verehrung der Kunst war volkstümlich. Die großen historischen Bauten beflügelten den Lokal- und Regionalpatriotismus; die populären Denkmalsbewegungen in den 40er Jahren, anläßlich der Schillerdenkmäler etwa, zeigen, welche Rolle die ‚Weihe', die die Kunst dem gemeinsamen Leben vermittelte, auch beim einfacheren Volk spielte. Das Symbol des obersten innerweltlichen Wertes ‚Nation' in einem großen Kunstwerk zu finden, war von daher naheliegend.

Hier ist nun auf das besondere ideenpolitische Verhältnis der Zeit zur Gotik hinzuweisen. Entscheidend ist, daß sich während der romantisch-idealistischen Neubewertung der Gotik im zweiten Jahrzehnt des 19. Jahrhunderts die These vom deutschen oder doch germanischen Ursprung oder Charakter der Gotik durchsetzte. Die Deutschen erst hätten diesen Stil entwickelt, in dem die Architektur erst zum Ausdruck von Geist, von Unendlichkeit, Innerlichkeit, Spiritualität, von Transzendenz geworden sei. Wesen der Gotik und Wesen des Deutschen – germanisches Prinzip – entsprachen sich, und beides entsprach in besonderer Weise einer höchsten Form des Christlichen. In der Domgeschichte verband sich diese neugotische Bewegung mit der nationalen Bewegung: Wenn gotisch und deutsch identisch waren, dann war der Kölner Dom wie von selbst Denkmal der Deutschen; für die Anhänger des germanischen Prinzips der Gotik waren die Deutschen eben das Herzvolk der Germanen. 1842 gerade haben viele, so Ernst von Bandel, der Erbauer des Hermann-Denkmals, gegen die Walhalla als deutsches Nationaldenkmal polemisiert, weil sie – undeutsch – ein griechischer Tempel sei. Nebenbei, auch die Engländer, auch die Franzosen nahmen die Gotik als Ausdruck ihres nationalen Wesens in Anspruch – darum wurde das englische Parlament gotisch gebaut, darum sollte auch das Foreign Office gotisch gebaut werden, und allein Ansehen und Einfluß Palmerstons, für den das Foreign Office des Britischen Empire natürlich nur im klassischen Stil gebaut werden konnte, haben das verhindert; Gilbert Scotts Entwurf diente dann zum Bau des Bahnhofs St. Pancras. Die Deutschen kamen 1841 freilich in Schwierigkeiten, als Mertens seine Entdeckung publizierte, daß die Gotik französischen Ursprungs sei. Reichensperger behalf sich 1844 mit der Auskunft, Nordfrankreich, das Ursprungsland der

Gotik, habe unter „der Botmäßigkeit der germanischen Rasse" gestanden; er berief sich dabei auf Tocqueville und nannte die Gotik weiterhin die christlich-germanische Baukunst. Oder man betonte wenigstens etwas einleuchtender, wie Franz Kugler, der gotische Stil sei in Deutschland am charakteristischsten und vollendetsten entwickelt worden, und konnte so an der Nähe von Gotik und Deutschtum festhalten.

Die nationale Gotikbegeisterung stand in einer eigentümlichen Beziehung zum Problem der Religion. Die Neugotiker übernahmen die romantisch-idealistische Interpretation vom spezifisch christlichen Charakter der Gotik. Reichensperger appellierte 1845 an die Protestanten, mit der Vollendung des gotischen Domes gegen die un- und antichristlichen Tendenzen der Zeit, gegen die Freigeisterei und, das war die erstaunliche Wendung, den mit ihr verbundenen Berliner Klassizismus Front zu machen; ja er meinte, wenn die Päpste in Rom gotisch gebaut hätten, wären sie nicht der Renaissance verfallen, hätten sie die Reformation abschlagen können, kurz, die Gotik hätte die Einheit der Kirche bewahrt. Aber die gemeinchristliche Interpretation der Gotik, in den 1810er Jahren noch selbstverständlich, war in den 1840er Jahren nur noch schwer aufrechtzuerhalten. In der offiziösen Rhetorik ersetzte darum der Appell an den Frieden zwischen den Konfessionen die Berufung auf das gemeinchristliche Erbe. Die publizistische Interpretation der Gotik war jetzt häufig konfessionalisiert. Wie überall hatte die Rückbesinnung auf das Christliche zu einer Rückbesinnung auf die Konfessionen geführt. Für Reichensperger und für viele rheinische und bayerische Dombaupatrioten hatte die Gotik einen spezifischen katholischen Charakter, gerade darum war sie ein geeignetes Ideal für die Verbindung von Deutschtum, Nationalbewegung und Katholizismus, für eine katholisch-nationale Reichstradition. Dagegen opponierten die Protestanten. Gotik wurde zum Vorläufer der reformatorischen Freiheit und Innerlichkeit, wurde antikatholisch – gegen den Stil der Priesterherrschaft, die Romantik – gedeutet, wurde Vorläufer der protestantischen Geistesfreiheit. Hier fängt die Vorliebe eines späteren religiös getönten, aber unchristlichen Nationalismus für die Deutschheit und mystische Tiefe der Gotik an, die dann etwa in den 20er und 30er Jahren unseres Jahrhunderts eine so große Rolle gespielt hat. Auf der anderen Seite gab es genug nüchterne Leute, die gegen all solche Verquickungen von Nationalität und Kunststil und Religion polemisierten, die den katholisch-mittelalterlichen (und internationalen) Charakter der Gotik betonten und darum den Dom als Denkmal ablehnten oder die für ein Denkmal des 19. Jahrhunderts Formen des 19. Jahrhunderts forderten. Aber sie waren in der Minderheit.

Wir sind unversehens schon bei unserem letzten Problem: der Erhebung einer Kirche zum Nationaldenkmal, dem Zusammenhang von Nation, Religion und Kirche.

Man kann sich nicht vorstellen, daß ein oder zwei Jahrzehnte vor dem Vorschlag von Görres, den Dom als Denkmal auszubauen, Monarchen einen existenz-entscheidenden Sieg oder die Nation sich selbst durch den Bau einer Kirche hätte feiern wollen, daß eine Kirche nationale Repräsentation übernommen hätte. Das war 1814 etwas Neues. Das hing zunächst mit der Erneuerung des religiösen Bewußtseins im Jahrzehnt Napoleons zusammen, mit der Abkehr vom altgewordenen Rationalismus und der Wendung gegen den Glauben der Klassik an die Welt und das sich bildende Individuum, mit der romantischen Gefühlswendung, den Sinnzweifeln und der Sinnsuche, mit der rigorosen Re-Ethisierung des Lebens; und die Lebensläufe der beiden frühen Protagonisten des Domes, Arndt und Görres, ihre langsame Rückwendung zum Christentum, würden die allgemeine Tendenz sinnfällig machen. Diese Erneuerung des Christentums war zunächst überkonfessionell, das Gemeinchristliche: Gefühl, Erfahrung und Ethos rangierten weit vor Dogma und Institutionen, dem spezifisch Konfessionellen. Man glaubte an eine höhere Einheit der Kirchen. [...]

Die Verbindung von Christlichkeit und Nationalismus in Deutschland hing natürlich vor allem damit zusammen, daß das deutsche Nationalbewußtsein sich in der Gegnerschaft gegen die französische Eroberung und 20 Jahre *nach* der französischen Revolution erst als politische Kraft entwickelte; es war eine *nachrevolutionäre* Erscheinung und mußte sich nicht mehr im Aufstand gegen die Kirche als eine Macht des ancien régime behaupten, vielmehr gegen die anti- oder achristlichen Mächte der Revolution und des französischen Imperialismus. Die deutsche Nationalbewegung, so revolutionär sie in ihren Zielen war, war von ihrem Ursprung her unrevolutionär, keine nationale Revolution: Am Anfang standen nicht gemeinsame Tat und gemeinsamer Wille, sondern gemeinsame Erinnerung, gemeinsam wieder ergriffene Geschichte; daraus erfuhr man jenseits aller Spaltungen und aller Ohnmacht, wer man war. Das war einer der Hauptgründe, warum die Nationalbewegung so stark an den christlichen Bestand der eigenen Tradition gebunden blieb. Daneben hängt die christliche Prägung des deutschen Nationalismus auch damit zusammen, daß es in Deutschland auf Grund der aufgeklärten, idealistischen und romantischen Umformungen des Christentums und der eigentümlichen Geschichte der kulturellen Säkularisierung keinen scharfen Bruch zwischen Christentum und Modernität gegeben hat. Kurz, der frühe Nationalismus in Deutschland war christlich geprägt. Darum waren die Architekturpläne von 1789 klassizistisch, die von 1813 gotisch. Darum konnte eine katholische Kirche, in einem mehrkonfessionellen Land doch ein Trennungszeichen, als Symbol der nationalen Erinnerung und Identität immerhin gedacht werden. Die Nationalbewegung und dieser Dom waren zugleich gegen die bestehenden deutschen Partikularstaaten und gegen die antichristliche Revolution gewendet, und beides war durch den Rückgriff auf Geschichte und Erinnerung verbunden.

1840 hatte sich die Lage geändert. Die erneuernde Rückbesinnung auf das Christentum hatte, wir sagten es, zu einer Erneuerung der Konfessionen geführt. Die – uns fremd gewordene – Bedeutung von Religion und Konfession in der öffentlichen Debatte in der Mitte des 19. Jahrhunderts kann man sich gar nicht groß genug vorstellen. Der Nachklang jenes Enthusiasmus von 1813 und seine Verbindung von Nation und überkonfessioneller Christlichkeit war noch vorhanden, aber nun gedämpfter. Der nationale Symbolwert des Domes wurde jetzt mit dem konfessionellen Frieden, der Eintracht der Konfessionen verbunden. Friedrich Wilhelm IV. hat den Gedanken der Zusammenarbeit der Konfessionen gegenüber der unchristlichen Modernität in die Dombaubewegung geradezu hineingetragen. Die Spende eines angeblichen Ringes von Luther für den Dombau, aus Magdeburg, einer Symbolstadt des Protestantismus, wurde in der Presse als Zeichen und Aufforderung zur Eintracht angesehen, Luther selbst sollte am Kölner Dom bauen. Aber die Mehrheit der Äußerungen thematisiert eher die Unterschiedlichkeit der Konfessionen. Reichensperger und Eichendorff betonen, daß der Dom ein „Denkmal des Katholizismus", „durch und durch katholisch", der „lebendigste Gegensatz zum Protestantismus" sei. Und die Protestanten müssen entsprechende Vorbehalte überwinden; man baue, so heißt es einmal, den Dom nicht Rom, der Quelle der Zwietracht und der konfessionellen Unduldsamkeit, sondern den deutschen Brüdern als Dom des Vaterlandes. Oder, ich sagte es schon, der gotische Dom wird als Vorstufe der Reformation, der Vollendung des germanisch-deutschen Prinzips gedeutet, ja, Jung-Hegelianer und Freireligiöse nehmen den Dom für die Idee einer freien deutschen Kirche des Geistes gegen Pfaffentum und Orthodoxie, also gegen jegliche Konfession, in Anspruch.

Diese im Grunde auseinanderlaufenden konfessionalistischen Deutungen werden in der Kritik am Dombau noch verschärft. Es gab bei den Katholiken viele Vorbehalte gegen die Ausweitung der Domsache zu einer säkularen Nationalsache, gegen die falsche Ausgleichung mit den Protestanten (der Gegensatz der Konfessionen sei unvereinbar, meinten die Historisch-Politischen Blätter), mit Preußen und dem Staat, unmittelbar im Schatten des Kölner Ereignisses von 1837. Und umgekehrt wieder bei den Protestanten: Köln sei das Symbol ultramontaner Intoleranz, man solle den Dom den Katholiken überlassen, er könne nicht zum Symbol nationaler Einheit werden. F. Th. Vischer formuliert diese Überzeugung scharf: Nur der Protestantismus stehe gegen „den Fanatismus der Priester", für Geist und Freiheit, für den modernen nationalen Staat. Und von hier ist der Übergang zur antiklerikalen, antikirchlichen Kritik nicht weit, wie sie Heine formuliert: „Er wird nicht vollendet und das ist gut – denn eben die Nicht-Vollendung macht ihn zum Denkmal von Deutschlands Kraft – und protestant'scher Sendung." Die nationale Einheit, das ist schließlich die These der radikaleren Kritik, muß nicht nur vom Katholizismus, sondern überhaupt vom Christentum emanzipiert werden. Der Anspruch einer Kirche als Symbol war in der Trennung der Konfessionen und der Härte ihrer Konflikte wie bei dem diese Konflikte überlagernden Konflikt von traditioneller Kirchlichkeit und Modernität nicht durchzuhalten. Eine Kirche konnte nicht mehr Vereinigungspunkt der Nation sein: Die Konfessionsunterschiede und der aufkommende Bruch zwischen Modernität und Christlichkeit erwiesen sich als die beherrschenden Realitäten – der Nationalismus konnte nur neben und über ihnen existieren, das hat das Ende der Domgeschichte gezeigt. Aber in den 1840er Jahren war das noch nicht so weit: Darum war das die Stunde der Dombaubewegung.

David Friedrich Strauß

‚Das Leben Jesu, kritisch bearbeitet' (1835/36)

Man könnte sagen und hat oft gesagt, das Ungenügende der evangelischen Lebensnachrichten über Jesum ergänze sich reichlich dadurch, daß wir sein Werk, die christliche Kirche, noch vor uns haben, und nun von diesem auf seinen Urheber zurückschließen können. So wissen wir ja z.B. auch von Shakespeare wenig Geschichtliches, und manches Fabelhafte wird ihm nachgesagt; wir lassen uns das aber wenig anfechten, da seine Dichtungen uns in den Stand setzen, uns das Bild seiner Persönlichkeit in voller Deutlichkeit herzustellen. Die Vergleichung wäre treffend, wenn wir das Werk des galiläischen Propheten ebenso aus der ersten Hand hätten, wie die Werke des britischen Dichters. Aber jenes Werk ist durch gar viele Hände hindurchgegangen, die sich aus Einschiebungen, Auslassungen und Umänderungen aller Art kein Gewissen gemacht haben; die christliche Kirche ist schon in ihrer frühesten Gestalt, wie sie im Neuen Testament erscheint, bereits durch so viele andere Faktoren, als die Persönlichkeit Jesu mitbestimmt, daß der Rückschluß von ihr auf ihn ein höchst unsicherer ist. Schon der auferstandene Christus, auf welchen die Kirche gegründet wurde, ist ja ein anderer, als der Mensch Jesus gewesen war, und von hier aus bildete sich dann die Vorstellung von ihm und seinem Erdenleben, wie die Gemeinde selbst, in einer Weise um, daß sehr die Frage ist, wenn Jesus etwa um die Zeit der Zerstörung Jerusalems wiedergekommen wäre, ob er in dem Christus, den man damals in der Gemeinde predigte, sich wiedererkannt haben würde.

Ich glaube nicht, daß es so schlimm steht, wie schon behauptet worden ist, daß wir von keinem einzigen der Aussprüche, die in den Evangelien Jesu in den Mund gelegt werden, gewiß wissen können, ob er denselben wirklich getan hat. Ich glaube, daß es deren gibt, die wir mit aller der

Wahrscheinlichkeit, über welche ja in geschichtlichen Dingen ohnehin nicht hinauszukommen ist, Jesu zuschreiben dürfen, und habe oben die Zeichen bemerklich zu machen gesucht, woran wir solche erkennen können. Aber sehr weit erstreckt sich diese der Gewißheit nahekommende Wahrscheinlichkeit nicht, und mit den Taten und Begebenheiten des Lebens Jesu sieht es, seine Reise nach Jerusalem und seinen Tod ausgenommen, noch übler aus. Weniges steht fest, und gerade von demjenigen, woran der Kirchenglaube sich vorzugsweise knüpft, dem Wunderbaren und Übermenschlichen in den Taten und Schicksalen Jesu, steht vielmehr fest, daß es nicht geschehen ist. Daß nun aber von dem Glauben an Dinge, von denen zum Teil gewiß ist, daß sie nicht geschehen sind, zum Teil ungewiß, ob sie geschehen sind, und nur zum geringsten Teil außer Zweifel, daß sie geschehen sind, daß von dem Glauben an dergleichen Dinge des Menschen Seligkeit abhängen sollte, ist so ungereimt, daß es heutzutage keiner Widerlegung mehr bedarf.

Nein, die Seligkeit des Menschen, oder verständiger gesprochen, die Möglichkeit, daß er seine Bestimmung erfülle, die ihm eingepflanzten Kräfte entwickle, und damit auch des entsprechenden Maßes von Wohlsein teilhaftig werde, sie kann – darin behält der alte Reimarus ewig Recht – unmöglich an der Anerkenntnis von Tatsachen hängen, über welche unter Tausenden kaum einer eine gründliche Untersuchung anzustellen, und schließlich auch dieser zu keinem sichern Ergebnis zu kommen imstande ist. Sondern, so gewiß die menschliche Bestimmung eine allgemeine und jedem erreichbare ist, müssen auch die Bedingungen, sie zu erreichen, d.h. außer und vor dem Willen, der sich nach dem Ziel in Bewegung setzt, die Erkenntnis dieses Zieles selbst, jedem Menschen gegeben, sie darf nicht eine zufällige, von außen kommende Geschichtskenntnis, sondern muß eine notwendige Vernunfterkenntnis sein, die jeder in sich selber finden kann. Das will jener tiefsinnige Ausspruch von Spinoza sagen, zur Seligkeit sei es nicht in allewege nötig, Christum nach dem Fleisch zu kennen; aber mit jenem ewigen Sohn Gottes, nämlich der göttlichen Weisheit, die in allen Dingen, besonders im menschlichen Gemüte zur Erscheinung komme, und in ausgezeichneter Weise in Jesus Christus zur Erscheinung gekommen sei, verhalte es sich anders: ohne diese könne allerdings niemand zur Seligkeit gelangen, weil sie allein lehre, was wahr und falsch, gut und böse sei. Wie Spinoza, so unterschied auch Kant von der geschichtlichen Person Jesu das in der menschlichen Vernunft liegende Ideal der gottwohlgefälligen Menschheit, oder der sittlichen Gesinnung in ihrer ganzen Lauterkeit, wie sie in einem von Bedürfnissen und Neigungen abhängigen Weltwesen möglich ist. Zu diesem Ideale sich zu erheben, sei allgemeine Menschenpflicht; allein, obwohl wir uns dasselbe nicht anders vorstellen können, als unter dem Bilde eines vollkommenen Menschen, und obwohl, daß ein solcher Mensch einmal gelebt habe, nicht unmöglich sei, da wir ja alle jenem Ideale gleichen sollten, so komme es doch nicht darauf an, daß wir von der Existenz eines solchen Menschen wissen oder daran glauben, sondern lediglich darauf, daß wir jenes Ideal uns vorhalten, es als für uns verpflichtend anerkennen, und uns ihm ähnlich zu machen streben.

Diese Unterscheidung des historischen Christus von dem idealen, d.h. dem in der menschlichen Vernunft liegenden Urbilde des Menschen wie er sein soll, und die Übertragung des seligmachenden Glaubens von dem ersteren auf das letztere, ist das unabweisliche Ergebnis der neueren Geistesentwicklung; es ist die Fortbildung der Christusreligion zur Humanitätsreligion, worauf alle edleren Bestrebungen dieser Zeit gerichtet sind.

Wolfgang Röd

Der Umbruch in der Religionsphilosophie: David Friedrich Strauß

David Friedrich Strauß wurde 1808 in Ludwigsburg geboren, studierte in Tübingen Theologie und geriet bald in den Bannkreis der Hegelschen Philosophie. Sein „Leben Jesu" (2 Bde. 1835–1836) machte ihn berühmt und (in manchen Kreisen) berüchtigt, weil hier mit Entschiedenheit der religiöse Kern der Evangelien als Mythus gedeutet wurde. Obwohl Strauß 1839 einen Ruf nach Zürich erhalten hatte, konnte er seine Lehrtätigkeit nicht aufnehmen, da die Behörde unter dem Eindruck der durch die Berufung ausgelösten Unruhen den eben Berufenen in den Ruhestand versetzte. 1848 war er Landtagsabgeordneter in Stuttgart, 1874 starb er in Ludwigsburg.

In dem erwähnten Werk distanzierte sich Strauß sowohl von der supranaturalistischen als auch von der rationalistischen Betrachtungsweise der Evangelien und stellte ihnen die mythische Deutung gegenüber. In gewissem Sinne sind, wie er meinte, die Lehren von Christi übernatürlicher Geburt, von seinen Wundern, von seiner Auferstehung wahr; ihre Wahrheit liegt aber nicht auf der historischen Ebene, so wie sie auch nicht bloß Legenden sind: Sie haben den Charakter von Mythen, das heißt, sie drücken metaphysische Ideen in Form von Erzählungen aus, die anschauliche Tatsachen und Vorgänge, oft solche phantastischer Art, betreffen. Strauß stand nicht an zu erklären, daß der Inhalt der höchsten Religion, nämlich der christlichen, mit der höchsten philosophischen Wahrheit zusammenfalle. Voraussetzung einer solchen Deutung ist die Befreiung von dogmatisch religiösen Anschauungen durch die Philosophie. Ist diese Voraussetzung erfüllt, dann wird es möglich, die Berichte der Evangelien mit anderen Mythen auf dieselbe Stufe zu stellen: Der Mythus ist, wie Schelling gelehrt hatte, der

Träger der ersten Regungen des menschlichen Geistes. Schellings Annahme, daß sich in den Mythen Gott geoffenbart habe, ist nach Strauß allerdings abzulehnen: Die Lehre von der Offenbarung (namentlich im Sinne der Inspiration der Verfasser der biblischen Berichte) ist selbst ein Mythus.

Der biblische Mythus läßt sich aber auch nicht als Werk einzelner Individuen auffassen, sondern er ist eine Leistung „des allgemeinen Individuums", dessen gemeinsames Produzieren erst die mündliche Überlieferung möglich macht. Hier findet sich bereits die für die spätere historisch-kritische Exegese charakteristische Auffassung, daß die Evangelien als Ausdruck des Glaubens der urchristlichen Gemeinde, nicht als historischer Bericht gelesen werden müssen.

Der Unterschied von Strauß' Auffassung gegenüber dem traditionellen Verständnis der Evangelien wird vor allem im Hinblick auf die Christologie deutlich. Nach der herkömmlichen Auffassung war Jesu Tod Teil seiner messianischen Bestimmung. Jesus galt ihr zufolge nicht als gewöhnlicher Mensch, sondern als Fleisch gewordenes Wort Gottes, das schon vor seinem irdischen Auftreten in Gott gewesen war. Nach Strauß enthalten die Evangelien dagegen wesentlich die Lehre von der Verbindung der göttlichen und der menschlichen Natur. Wenn diese Verbindung auf ein Individuum – Jesus – beschränkt wird, dann bleibt unbegreiflich, wie die beiden Naturen, ungeachtet ihrer Verschiedenheit, eine Einheit bilden sollen. Die Schwierigkeit haben weder Hegel noch dessen Schüler überwinden können, und sie bleibt solange unüberwindbar, als nicht eingesehen wird, daß jene Einheit nicht in einem einzigen Individuum, sondern in der Menschheit realisiert ist. Die Lösung ergibt sich dadurch, „daß als Subjekt der Prädikate, welche die Kirche Christo beilegt, statt eines Individuums eine Idee, aber eine reale, nicht kantisch unwirkliche, gesetzt wird". [Das Leben Jesu II, S. 733]. Diese Idee ist die Idee der (menschlichen) Gattung: „Die Menschheit ist die Vereinigung der beiden Naturen, der menschgewordene Gott (...);

sie ist das Kind der sichtbaren Mutter und des unsichtbaren Vaters: des Geistes und der Natur; sie ist der Wundertäter: sofern im Verlauf der Menschengeschichte der Geist sich immer vollständiger der Natur bemächtigt (...); sie ist der Sterbende, Auferstehende und gen Himmel Fahrende: sofern ihr aus der Negation ihrer Natürlichkeit immer höheres geistiges Leben, aus der Aufhebung ihrer Endlichkeit als persönlichen, nationalen und weltlichen Geistes ihre Einigkeit mit dem unendlichen Geiste des Himmels hervorgeht." [Ebd., S. 735].

Kurt Nowak

Evangelisches Kaisertum? Die deutschen Protestanten nach 1871

Manchen protestantischen Publizisten und Pastoren schien der geschichtliche und religiöse Sinn der deutschen Reichsgründung von 1870/71 klar zu sein. Nach ihrer Meinung verband sich die militärische Niederlage Frankreichs mit der geistigen Niederlage der katholischen Kirche im Unfehlbarkeitsdogma sowie die Reichsgründung mit dem definitiven Ende des römischen Kaisertums. Die „Evangelische Kirchenzeitung" schrieb: „Der Vatikan und die Wilhelmshöhe grüßen sich; jener die Einsiedelei des gestürzten römischen Priesters, dieser die Gruft des gefallenen römischen Kaisers. Gottes Mühlen mahlen langsam, aber mahlen trefflich fein." Bereits wenige Tage nach Frankreichs Kriegserklärung an Preußen hatte Pfarrer Adolf Zahn am 24. Juli 1870 behauptet, die „furchtbare Selbstüberhebung des Menschen in der Person des Papstes" und der Deutsch-Französische Krieg stünden in einem folgerichtigen „göttlichen Zusammenhang". Nach Zahns Gewißheit lief er auf die apokalyptische Entthronung der „römischen Hure" hinaus. Fügte man solchen Stimmen die in einem Privatbrief niedergelegte Äußerung Adolf Stoeckers vom 27. Januar 1871 hinzu, „das heilige evangelische Reich deutscher Nation vollendet sich", dann schien kein Zweifel mehr über die konfessionellen Sieger und Verlierer zu bestehen. Tatsächlich verdecken solche Äußerungen die nicht unerheblichen kulturpolitischen Probleme der Protestanten nach Errichtung des deutschen Kaiserreichs. Das Reich mit den Weihen des Protestantismus zu versehen, erwies sich als schwierig, denn es war eine säkulare Schöpfung. Gewiß, die Kaiserproklamation am 18. Januar 1871 im Schloß von Versailles war religiös eingerahmt; durch den Soldatensängerchor Wilhelms I., durch den Aufbau eines Altars, um den sich der König und die deutschen Fürsten gruppierten, ferner durch die „Weiherede" des Hofpredigers und Divisionspfarrers Bernhard Rogge, Schwager des Kriegsministers von Roon. Höchst unfeierlich war allerdings die im Vorfeld der Zeremonie umlaufende Scherzrede von Rogge als dem „consecrator imperii". Auch fehlte die geschichtsbildende Symbolik der Kaiserkrone. An die Übernahme der seit 1818 in der Schatzkammer des österreichischen Kaisers zu Wien ruhende Reichskrone nebst Reichsinsignien war nicht zu denken. Der „Kaiser der Deutschen" mußte sich seine eigene Krone schaffen. Auf einer Medaille zur Reichsgründung war an Stelle jener Platte der Reichskrone, die auf dem Original die „majestas domini" symbolisierte, eine „Germania" eingraviert. Einem evangelischen Kaisertum standen schwere Hemmnisse entgegen, zum Beispiel das staatspolitische Prinzip der konfessionellen Parität. Auch die in der Revolution von 1848 erfolgte Bekämpfung der evangelischen Kaisersymbolik durch katholische Abgeordnete der Paulskirchenversammlung wirkte subkutan weiter. Ein katholischer Autor sah noch 1872 im evangelischen Kaisertum die quasi revolutionäre Perversion der historischen Kaiseridee. „Mordbrenner Marx ist einverstanden."

Im Pro und Kontra um Ideen- und Symbolgehalt des

Reiches traten die Schwierigkeiten der Protestanten mit dem neuen Zentralstaat hervor. Protestantische Konservative sahen das Reich und seinen mächtigsten Einzelstaat, Preußen, zwischen Liberalismus und Absolutismus hin und her schwanken. Die Melodie dieser konservativen Dauerkritik hatte Adolf von Harleß bereits 1858 in einem Brief angestimmt. „Jene, bei denen die Macht liegt, taumeln in Deutschland wie im Fieber zwischen absolutistischen und liberalen Gelüsten hin und her, verwenden die Kirche je nach der Staatsräson und ruinieren schließlich Kirche, Staat und sich selbst." Bedeuteten die Anstrengungen der Bismarck-Ära zur Trennung von Kirche und Schule, zur Abschaffung des Religionsunterrichts, zum Abbau des Summepiskopats sowie der Kampf gegen den Zentralismus im preußischen Evangelischen Oberkirchenrat bei neuer regionaler Zergliederung des Protestantismus nicht eine Stärkung des Staates und die Schwächung der Kirche? [...] Widerstand und Bedenken gegen eine Politik, deren Räson ungezügelt auf die Macht, ja die Omnipotenz des Staates hinauszulaufen schien, zogen sich in auf- und abschwellender Bewegung nahezu während der gesamten Dauer des deutschen Kaiserreichs durch das konservativ-kirchliche Meinungsspektrum. In Verbindung mit einer Fundamentalkritik am säkularistischen Fortschrittsglauben, am Prinzip des Individualismus und der kapitalistischen Ökonomie mit ihrem Konkurrenzprinzip fühlten sich diese Kreise mitunter dem katholischen Lager näher als dem Lager der Liberalen. Von konservativer Seite gab es mancherlei Brückenschlag hinüber zum Zentrum und zu den katholisch dominierten „Christlichen Gewerkschaften". Aufgefangen wurde die reichs- und modernekritische Haltung allerdings durch die traditionelle Regierungstreue der Konservativen. Wer treu zu Thron und Altar stand, mußte auf Dauer auch die Nation akzeptieren. Man kann von einer schrittweisen Nationalisierung des Konservativismus sprechen. Sie verlief bis zum Beginn des Ersten Weltkrieges so erfolgreich, daß die historische Erinnerung an die ursprünglichen Schwierigkeiten beim Zusammengehen von konservativem Protestantismus und Nation heute nicht mehr selbstverständlich ist.

Schneller fand sich der liberale Protestantismus in das neue nationale Reich hinein. Über seine kirchlich-theologischen Aktivitätszentren hinaus bildete er ein reich verzweigtes kulturelles und politisches Wurzelgeflecht. Die Theologen und Kirchenmänner der liberalen Richtung arbeiteten in Gemeinschaft mit nationalliberalen Historikern (an der Spitze Heinrich von Treitschke), Philosophen, Literaturwissenschaftlern und Nationalökonomen an der Synthese von Protestantismus und deutscher Nation. Ein erster Höhepunkt der nationalpolitischen Einprägung der angeblich von Luthers Reformation zur Reichsgründung Bismarcks führenden Geschichtslinie war das Luther-Jubiläum des Jahres 1883. Die forcierte Betonung der Gleichung deutsch = evangelisch vertiefte den deutschen Konfessionsdualismus. Bismarcks Politik zur Beilegung des Kulturkampfes, vor allem die Bitte des Kanzlers an Papst Leo XIII., im Streit über die Karolineninseln als Schiedsrichter zu fungieren, wirkte auf militante Protestanten, die Bismarcks Wort im Reichstag vom 14. Mai 1872 im Ohr hatten („Nach Canossa gehen wir nicht"), als Selbstdemütigung des protestantischen Staates vor der katholischen Kirche. 1877 errichteten „Evangelische deutsche Männer und Frauen" auf der Harzburg, der wichtigsten Erinnerungsstätte an König Heinrich IV., die „Canossasäule" zur Erinnerung an das Jahr 1077. Auf ihr stand Bismarcks Wort aus dem Kulturkampf geschrieben. Eine Plattform für die Synthese von deutsch und protestantisch bildete der „Evangelische Bund zur Wahrung der deutsch-protestantischen Interessen". Der Erfolg dieser Gründung von 1886/87 übertraf alle anderen evangelischen Bewegungen. Bis zum Beginn des 20. Jahrhunderts wuchs er auf mehr als eine halbe Million Mitglieder an. Der Gründervater des „Evangelischen Bundes", Professor Willibald Beyschlag (Halle/S.), war ein glänzender Rhetor, Publizist und Kirchenpolitiker. Bei seiner Arbeit „für unsere abendländische Kultur und deutsche Zukunft" hatte er zwei Gegner vor Augen, den Ultramontanismus der Katholiken und die Sozialdemokratie, ersteren mehr noch als letztere. Die „ultramontane Gefahr ist eine chronische". Die „Canossa-Politik", aber auch die Herrschaft der protestantischen Orthodoxie erschienen ihm unerträglich. Eine „evangelische Bewegung", die für die Mitbeteiligung der Laien an der Kirchengestaltung, für die Freiheit der Kirche im Staat und für die Wissenschaftlichkeit der Theologie, außerdem gegen Romanismus, Materialismus und Staatsomnipotenz stritt, zählte für Beyschlag zu den unabdingbaren Voraussetzungen für die Formung der protestantischen Kulturnation. Unter den Mitgliedern des „Evangelischen Bundes" fand sich alles wieder, was im liberalen Protestantismus Rang und Namen hatte. Der „Evangelische Bund" vermochte den Bogen über alle kirchlichen und politischen Parteirichtungen hinweg zu schlagen. Deshalb wurde er in seiner liberal-protestantischen und nationalen Grundtendenz ein Spiegelbild des gesamten evangelischen Deutschland. [. . .]

Zwischen den Ansprüchen sei es der Konservativen, sei es der Modernen auf die Leitkultur und den Erwartungen der Gesellschaft an den Protestantismus klaffte ein Graben. Bemüht man die Statistik, kam diese Differenz auch in Zahlen zum Ausdruck. Die Zahl der Studierenden der evangelischen Theologie nahm im Kaiserreich ab. Dadurch verkleinerte sich der Pool zur Bildung des Pastoren- und Religionslehrernachwuchses, anders gesagt zur Durchdringung der Gesellschaft mit dem evangelischen Glauben und seinem sittlichen Ethos. Im Wintersemester 1907/08 betrug die Zahl der Studierenden an den evangelisch-theologischen Fakultäten im Deutschen Reich 2228 Studenten. Die am besten besuchte Fakultät war Halle/S. (331 Studenten), gefolgt von Berlin (326 Studenten) und Leipzig (303 Studenten). Am Ende der Skala rangierten Rostock (48 Studenten) und Kiel (35 Studenten). Bei den Katholiken betrug die Zahl der Theologiestudenten im gleichen Zeitraum 1902. Nimmt man zu dieser Zahl die Studierenden an den Priesterseminaren hinzu (1487), ergab sich für den katholischen Volksteil als Gesamtsumme die Zahl 3389. Damit lagen die Katholiken trotz ihrer demographischen Unterlegenheit vor den Protestanten.

Bei den protestantischen Pastoren und Predigtamtsanwärtern ließ die Konzentration auf die pastoralen Aufgaben gelegentlich zu wünschen übrig. In Königsberg führte ein Bericht des Konsistoriums schon 1874 Klage darüber, daß ein Teil der Pastoren nicht hinreichend über den Glauben und die Moral ihrer Gemeinden wachte, leitkulturell gesehen ein nicht gerade günstiger Befund. Die Predigtamtskandidaten wiederum waren durch ihre Pflichten im Schulbetrieb so überlastet, daß im gleichen Jahr 1874 im Bereich des Konsistoriums Königsberg 68 Predigtamtsanwärter (von insgesamt 69) außerstande waren, eine pfarramtliche Position zu übernehmen. Was daran schulisches Ethos und Scheu vor dem Pfarramt war, ließ sich schwer entscheiden. Stark eingeschränkt wurde die Tätigkeit der protestantischen Pastoren in der Gesellschaft zudem durch die sich seit der Reichsgründung beschleunigende Urbanisierung. In den städtischen Ballungszentren war pastorale Einzelbetreuung kaum noch möglich. In Berlin gab es in den 1880er Jahren Pfarreien, die 100000 Seelen zählten, in denen aber nur drei oder vier Pastoren zur Verfügung standen. Am zweiten Pfingstfeiertag 1875 hat ein Berliner Pfarrer 230 Taufen und etwa 20 Trauungen – und dies zusätzlich zu seinem Abendgottesdienst – vorgenommen.

Bemerkenswert erfolgreich allerdings war im Kaiserreich die Popularisierung der Theologie. [Adolf von] Harnack sprach im Auditorium der Berliner Universität im Wintersemester 1899/1900 vor Hunderten von Hörern aller Fakultäten über das „Wesen des Christentums". Es gab ganze Serien von „Religionsgeschichtlichen Volkbüchern", von

„Bibelwerken", gemeinverständlichen Darstellungen der alttestamentlichen Propheten, quellenkundlichen Lesebüchern zur Kirchen- und Christentumsgeschichte. Für die theologischen Verlage, die seit 1890 einen wirtschaftlichen Boom erlebten, schlug das Interesse in positiven Bilanzen zu Buche. In den Landeskirchen entstanden zahlreiche bildungspolitisch relevante Vereine und Gesellschaften, vor allem für Kirchengeschichte. Die kaiserzeitliche Theologie nahm teil am säkularen Trend der „popular science", der vor allem in der angelsächsischen Welt angestoßen worden war. Die nichttheologischen Disziplinen – die Physik, die Biologie, die Geologie, die Geschichtswissenschaft – erzielten auf dem Gebiet der „popular science" ähnliche und z.T. noch größere Erfolge. Es war nicht deutlich, wie sich bildungsbürgerliches Interesse am Christentum und aktives Christsein zueinander verhielten. Eindeutige Aussagen über den Zusammenhang von Bildungs- bzw. Leseverhalten und Christlichkeit ließen sich nur im Bereich jener Schriften machen, die aus den Kreisen der in den 1880er Jahren neuerlich erstarkenden Erweckungsbewegung und der „Inneren Mission" kamen. Blätter wie „Beth – El" oder „Heilig dem Herrn" schlugen Harnacks „Wesen des Christentums" (60000 Exemplare in drei Jahren) mühelos aus dem Feld, blieben aber auf die entsprechenden Glaubens- und Gesinnungsgruppen beschränkt. Was die Öffentlichkeit am meisten interessierte, waren archäologische Neuentdeckungen auf dem Gebiet des Christentums, außerdem das periodisch aufflammende Ringen zwischen den Konservativen und den Modernen um kirchliche Lehr- und Bekenntnisfreiheit. Diese Kontroversen galten als Gradmesser für autoritäre Trends in der Gesellschaft der Kaiserzeit.

Thomas Nipperdey

Das Unfehlbarkeitsdogma und die deutschen Katholiken

Das Erste Vatikanische Konzil hat 1870 die Unfehlbarkeit des Papstes in Fragen des Glaubens und der Sitte, wenn sie in der Tradition päpstlicher Lehrentscheidungen steht und ex cathedra verkündet wird, zum Dogma erhoben. Diese Entscheidung war bis zuletzt außerordentlich und bitter umstritten, und die Deutschen waren tief in diesen Streit verwickelt. Diese Entscheidung war ein Sieg des intransigenten Ultramontanismus, der Richtung also, die die Kirche zentralistisch und absolutistisch auf Rom und den Papst, auf Scholastik und Gegenreformation ausrichten, klerikalisieren und aggressiv von aller Moderne abgrenzen wollte. Diese Bewegung hatte sich, wie überall in Europa, im zweiten Jahrhundertdrittel auch in Deutschland durchgesetzt, alle Tendenzen zur Öffnung gegenüber der Moderne oder gar zur Vermittlung zurückgedrängt. Für die extrem ultramontane „Partei" – den Vatikan, die Jesuiten, den südeuropäischen Episkopat und Klerus vor allem – war die Erklärung der Unfehlbarkeit – nach der Dogmatisierung der unbefleckten Empfängnis Mariens von 1854 und der geballten Verdammung aller modernen Grundsätze und Institutionen im „Syllabus errorum" von 1864 – Schlußstein und Krönung der Erneuerung: Gegenmodell gegen die moderne Welt, gegen Rationalismus und Materialismus, Befestigung der Autorität gegen die Demokratie, der Unabhängigkeit der Kirche gegen die Machtansprüche der Regierungen und der Völker, ihrer Geschlossenheit gegen alle Auflösung, ihres Weltanschauungsmonopols gegenüber allen katholischen Laien. Und die Bedrohung des Kirchenstaates und der politischen Unabhängigkeit des Papstes durch die italienische Nationalbewegung machte in den Augen der Ultramontanen die Sache noch dringlicher. Kurz, es ging nicht einfach um ein einzelnes Dogma, sondern um ein Symbol und Herzstück des ganzen Systems. Seitdem der Papst im Juli 1868 das Konzil zum 18. Dezember 1869 nach Rom einberufen hatte, lief die ultramontane Kampagne auf Hochtouren. Der Papst wurde gar als „Vizegott" der Menschheit bezeichnet.

In Deutschland waren solche entschieden Ultramontane zunächst eine Minderheit. Unter den Theologieprofessoren, im Klerus und selbst im Episkopat – vom katholischen Bürgertum nicht zu reden – gab es noch einen vor- oder nichtultramontanen Katholizismus, der modernen Bildung und dem modernen Staat weniger feindlich. Und, wichtiger: Auch innerhalb der streng katholischen Richtung hatten sich nach der Jahrhundertmitte die Moderaten von den Extremen geschieden. Die katholischen Fakultäten von München und Tübingen, Bonn, Freiburg und Breslau waren nicht ultramontan. Den Syllabus hatten Kirche wie katholische Laien sehr restriktiv und abmildernd – gemeint sei jeweils nur der „falsche" Liberalismus – ausgelegt. Der Führer dieser Opposition wurde der Münchener Kirchenhistoriker Döllinger, jahrzehntelang der große Repräsentant des entschiedenen Katholizismus. Auf einer von ihm schon 1863 einberufenen Versammlung katholischer Gelehrter in München, vornehmlich Theologen, hatte er gegen die Ultramontanen für die Verbindung der Theologie mit der freien, der historisch-kritischen Wissenschaft, für den Dialog mit der Zeit, für Offenheit und Selbstreform, für die Verteidigung des Glaubens mit zeitgemäßen Waffen und selbständiger Forschung, für einen gewissen Pluralismus auch, plädiert und für solche Theologie im Grunde eine dem Lehramt und der Kirche gleichberechtigte Stellung gefordert. Seine Gegner konnten spotten, er meine, daß eigentlich deutsche Professoren zur geistlichen Leitung der Kirche berufen seien. Er wandte sich gegen das Zerrbild, das „Jesuitismus" und „Romanismus" aus der katholischen Kirche gemacht hätten. Und er nannte die Theologie, für die er eintrat, deutsch, und die, die er bekämpfte, römisch. Für diese Position trat die Mehrheit jener Versammlung ein.

Als 1868 die Agitation für das neue Dogma die katholische Welt erfüllte, rief das nicht nur die Besorgnis mancher Regierungen wach, nicht nur die flammende Empörung der Säkularisten und der Protestanten, sondern auch den leidenschaftlichen Widerstand der Mehrheit der wortfähigen Katholiken in Deutschland; und der sehr erfolgreiche Versuch der „Infallibilisten", über Klerus und Presse einen plebiszitären Massendruck zu inszenieren, das Ansinnen der römischen Jesuitenzeitung, das neue Dogma per Akklamation und also ohne Diskussion anzunehmen, die sich anbahnende extensive Auslegung der „Unfehlbarkeit", die Vorbereitung des Konzils fast ausschließlich durch Kurial-Ultramontane, die Tendenz der Intransigenten, ihre Gegner auf jede Weise zu entrechten und zu demütigen, die zunehmende „Vergötzung" des Papsttums, das alles verschärfte den Widerstand. Auch die Mehrheit der deutschen Bischöfe, 19 von 20, unter ihnen ihr geistiger Wortführer von Ketteler, waren gegen die neue Dogmatisierung, teils aus Grundsatz, teils aus „Opportunität", aus Sorge vor Konflikt, Abfall und Schisma. Ketteler und Hefele schrieben auch entsprechende Broschüren; die neue Lehre mußte ja auch die Stellung der Bischöfe und alle nationale und regionale Autonomie beeinträchtigen. Auch maßgebende katholische Politiker wie Windthorst und August Reichensperger oder der prononciert katholische Historiker Johannes Janssen hielten die Dogmatisierung jedenfalls für inopportun, und viele Katholiken der Bildungsschicht, etwa im Rheinland, appellierten an Bischöfe und Konzil gegen solche Fixierung für eine „liberale" Reform. Freilich, Professoren und zumal Theologen gaben dem Widerstand Argument und Wort, Döllinger wurde zum geistig-publizistischen Führer der Opposition. Er wies nach, und das war für das historisch-wissenschaftlich gestimmte Jahrhundert wichtig genug, daß die Lehre von der Unfehlbarkeit niemals, wie behauptet, einhelliger Glaube der katholischen Kirche gewesen sei und daß ihre Verfechter mit eklatanten historischen Fälschungen arbeiteten; er sah ein aufgezwungenes theokratisches Glaubenssystem, das die wahre christliche Religion verfälsche und schwäche, und er wandte sich auch – national – gegen die maßlosen Zumutungen des italienischen Priestertums. 1869 schrieb er, unter dem Pseudonym Janus, „Der Papst und das Konzil", zuerst in der führenden (Augsburger) „Allgemeinen Zeitung" publiziert; während des Konzils dann berichtete und kommentierte er, durch seinen Schüler Lord Acton, den eigentlichen Organisator der Opposition im Konzil, durch den bayerischen Gesandten und durch dissentierende Kuriale gut informiert, als Quirinus in seinen „Römischen Briefen", wiederum in der „Allgemeinen Zeitung".

Aber, wie man weiß, die Infallibilisten setzten sich durch – auch, wenn auch keineswegs nur, mit mancherlei Manipulationen und massivem Druck. Bei der endgültigen Abstimmung stimmten noch 11 deutsche Bischöfe gegen das neue Dogma. Danach unterwarfen sie sich dem Beschluß, zum Teil wiederum unter massivem Druck, zuletzt im April 1871 der Rottenburger Bischof und große Kirchenhistoriker Hefele. Die Rücksicht auf die kirchliche Einheit und die Autorität, auf das katholische Volk, auf die Erhaltung des Glaubens, der Kampf gegen die Anarchie – all das spielte eine Rolle. Die innere Distanz gaben manche von ihnen, wie viele Theologen, etwa in der resignierenden Tübinger Fakultät, und Kleriker, nicht auf; der Bischof von Ermland, Krementz, später Erzbischof von Köln, meinte, kaum ein Dutzend seiner Pfarrer glaubten an das neue Dogma.

Aber der entschiedene Ultramontanismus hatte gesiegt, und innere Vorbehalte der Unterlegenen konnten dagegen nicht aufkommen. Nicht das „Volk Gottes", sondern Amtskirche und Hierarchie waren entscheidend. Der nichtultramontane Katholizismus lag in Trümmern. Zwar haben die Päpste – entgegen den zeitgenössischen Befürchtungen –

von der neuen Möglichkeit direkt wenig Gebrauch gemacht. Aber indirekt war die Entscheidung von 1870 Grundlage ihrer neuen hochgesteigerten Autorität, auch die Enzykliken und andere Willensäußerungen standen unter der Aura wenigstens der Irrtumslosigkeit. Weil der Konflikt auch ein Symbolkonflikt gewesen war, hatte sein Ausgang generell eine ultramontan-integrale Orientierung der katholischen Kirche zur Folge.

In Deutschland hatte die Konzilsentscheidung unter Theologen und in der Bildungsschicht eine Aufsehen erregende Opposition hervorgerufen, die dann in die Sezession der Altkatholiken mündete. Döllinger und sein Kollege Johann Friedrich verweigerten die Unterwerfung. Im September 1870 kam es zur Protesterklärung von Königswinter, die fast 1400 Unterschriften fand. In München erklärten sich 1800 Unfehlbarkeitsgegner, darunter fast alle Magistratsmitglieder, gegen das neue Dogma und wandten sich gar an den König, und ähnlich war es in anderen Städten oder in den katholischen Studentenverbindungen; auch nationale Töne – gegen welschen Übermut und welsche Unwissenheit – flossen mit ein. Die Amtskirche exkommunizierte die beteiligten Theologen und Professoren, die Bewegung organisierte sich in eigenen Gemeinden und – 1873 – in einer altkatholischen Kirche mit eigenem Bischof. Freilich, von den vielen – manche meinen Hunderttausenden – Laien, die anfangs mitprotestierten, haben sich nur wenige dann wirklich von der Gesamtkirche losgesagt. Die Altkatholiken blieben eine Gelehrtenhäresie, eine kleine Protestkirche bürgerlicher Bildung, die Opposition verebbte. Es war nicht primär der Kulturkampf, der die auch von den Bischöfen befürchtete größere Sezession verhinderte – auch in Österreich, in der Schweiz, in Frankreich verliefen die Dinge ähnlich. Der Traditionalismus des Kirchenvolkes und die ultramontane Vorprägung waren stärker, das neue Dogma war nicht von so elementarer und vitaler Bewegkraft, um eine Spaltung zu begründen. Erst vor diesem

Hintergrund war es dann auch das feindliche Klima des beginnenden Kulturkampfes, das Priester und gebildete Gläubige ins Schweigen und in die Verbindung zu Rom zurückzwang. Döllinger selbst blieb der Kirche seiner Schüler fern, exkommuniziert, kritisch gegen Rom, aber zur Rückkehr bereit, für eine neue Ökumene, als Akademiepräsident und großer Redner in München auch weiter einflußreich. Die katholische Kirche hatte eine schwere Krise überstanden und war aus ihr nun einheitlicher, römischer, ultramontaner hervorgegangen.

Karl Robert Mandelkow

Die ‚Goetheaner'

Die Geschichte der zeitgenössischen Aufnahme und Einbürgerung Goethes bei den Deutschen gehört nicht in das Kapitel einer tragischen Literaturgeschichte, ist nicht, wie bei Kleist, Büchner und anderen, die Geschichte einer grundsätzlichen Fehleinschätzung, Nichtbeachtung, Verkennung und Unterdrückung gewesen. Eher wäre man geneigt, im Gegenteil von einer vorschnellen und voreiligen Inbesitznahme zu sprechen, vergleichbar nur dem Ruhm und der Wirkung Schillers in dieser Epoche. Zahlreiche Zeugnisse dokumentieren bereits für das erste Jahrzehnt des 19. Jahrhunderts den Vorgang einer immer größere Schichten und Kreise des Publikums erfassenden Kanonisierung und Mythisierung Goethes. So schreibt Henrik Steffens, der Zeitgenosse der romantischen Generation, in seiner Autobiographie ‚Was ich erlebte' über die Jahre nach 1806: „Daß Goethe eine neue Zeit schuf, ward allgemein zugestanden; die Opposition, welche die früheren Schranken der Dichtkunst festhalten wollte, war durch Schlegel und Tieck zurückgedrängt und immer mehr als eine untergeordnete betrachtet. Alle jugendlichen Dichter schienen sich um Goethe zu vereinigen, und wenn es als ein geistig Dürftiges betrachtet wurde, für einen Anhänger Kants zu gelten, so galt es dahingegen für geistig vornehm, Goethe zu verehren. Es bildete sich eine Art Geniekult um ihn, welcher sich einen esoterischen Charakter aneignen wollte und der den Grund legte zu der unerschütterlichen europäischen Zelebrität, die dieser mächtige Geist zu einer Zeit, wo keine geistige Eigentümlichkeit mehr eine allgemeine Anerkennung erhalten zu können schien, mit einer Einstimmigkeit erwarb, die in ihrer Art einzig ist." Dieses Zeugnis eines mit den Romantikern und der nationalen Erhebung gegen Napoleon sympathisierenden Autors mag [. . .] zunächst überraschen. Der von der zweiten Phase der Romantik initiierte, in der Befreiungsbewegung aktualisierte Nationalismus darf nicht nur [. . .] als eine Quelle der Angriffe und Vorbehalte gegen den Weimarer Dichter interpretiert werden, er war gleichzeitig auch einer der stärksten Impulse der Inthronisation Goethes als des ersten Dichters der Nation. Karl Immermann hat in seinen ‚Memorabilien' der Literatur in den Jahren der nationalen Erniedrigung nach 1806 die Funktion zugewiesen, „Trösterin eines zerdrückten Volkes [gewesen] zu sein". Er schreibt: „Es ist wahr und muß immer wiederholt werden: Die Deutschen hatten in jenen Leidensjahren nur in ihrer großen Dichtung das Evangelium, welches sie zur Gemeine machte, sie über die materielle Not, über dem Verlieren in eine wüste Verzweiflung emporhielt. Namentlich sind *Goethe* und *Schiller* die beiden Apostel gewesen, an deren Predigt sich das deutsche Volk zu Mut und Hoffnung auferbaute. [. . .] Ich sage euch, diese zwei Heiden haben uns mehr genützt, als ihr guten Christen jemals uns nütztet und nützen werdet." Die Literatur der deutschen Klassik als einigendes und einheitsstiftendes Band einer zerrissenen und geschlagenen Nation: dieses von Immermann für die Jahre nach 1806 treffend bezeichnete Phänomen blieb nicht auf die Zeit der Befreiungskriege beschränkt, es bestimmt als wiederkehrende Grundfigur die Wirkungsgeschichte unserer klassischen Dichter bis in die Gegenwart, wie es auf der anderen Seite jenen zuerst von Gervinus formulierten Einspruch hervorgerufen hat, die nationale Identität der Deutschen sei nicht im Überbau der Kunst und der Literatur zu suchen und anzusiedeln, sondern sei im politischen Handeln herzustellen.

Nennt Immermann in den ‚Memorabilien' zunächst Goethe und Schiller in einem Atemzuge, so nimmt er im weiteren Verlauf des Abschnitts ‚Lehre und Literatur' eine bezeichnende Differenzierung vor: „Am gewaltigsten unter allen wirkte aber doch Schiller, während Goethe uns mehr als ein Gott in unendlichem Abstand blieb." Immermann formuliert an dieser Stelle einen Topos der zeitgenössischen Goethewirkung [...]: die Feststellung des grundsätzlichen Geheimnischarakters der Goetheschen Dichtungen, ihre auf Distanz zielende und sie bewirkende Esoterik, die das wahre Verständnis von vornherein auf einen kleinen Kreis Eingeweihter beschränkt und Popularität im Sinne der Wirkung der Schillerschen Werke verhindert. Aus diesem Distanzcharakter des Goetheschen Werkes erklärt sich im Lager der Goetheaner der Hang zu elitärer Zirkel- und Gruppenbildung, auf den Madame de Staël in ihrem Deutschlandbuch hinweist: „Die Goethebewunderer bilden eine Art Brüderschaft, deren Losungsworte die Adepten miteinander bekannt machen."

Für die gesamte positive oder affirmative Goethekritik in dem hier dokumentierten Zeitraum ist, bis auf wenige Ausnahmen, die persönliche Nähe oder der persönliche Kontakt mit dem Weimarer Dichter konstitutiv. Goethe hat diesen Kontakt gesucht, gefördert und vielfach, nicht ohne ein strategisches Kalkül, gestiftet und zu erhalten gesucht. Seine positiven Kritiker wie W. v. Humboldt, Abeken, Woltmann, Rochlitz, Zauper, Varnhagen von Ense, Carus, Schubarth, Eckermann u.a., eine nicht geringe Phalanx, konnten sich rühmen, auch Korrespondenten des berühmten Dichters zu sein. Nicht wenige von ihnen haben von privaten Mitteilungen ihres Meisters in ihren Arbeiten über ihn Gebrauch gemacht, um den authentischen Charakter ihrer Aussagen zu unterstreichen. Seit der Mitte der zwanziger Jahre dehnte Goethe seine Bemühungen um seine Kritiker auch auf die ausländischen Rezensenten und Beurteiler aus und machte die Zeitschrift ‚Über Kunst und Altertum' zum Ausstellungsraum seiner Weltwirkung, indem er Kritiken und Korrespondenzen, die ihn und seine Werke betrafen, abdruckte und wohlwollend kommentierte. Seine erstaunliche Duldsamkeit gegenüber geschäftiger Mittelmäßigkeit ließ ihn das bisweilen Inferiore oder nur Affirmative vieler Rezensionen tolerieren und bot damit seinen Gegnern nur zu oft berechtigte Angriffspunkte. [...]

In dem ‚Brief des Rechtgläubigen an die verbündete Gemeine', Teil der großen Abhandlung über ‚Goethe und seine Zeit' (1828), hat Ludwig Tieck eine im wesentlichen zutreffende idealtypische Darstellung des affirmativen Goethebildes der Goetheaner gegeben. Der kurze Text faßt die wichtigsten Merkmale dieses am Ende der zwanziger Jahre bereits scharf als Gruppenstandpunkt herausgehobenen Bildes gut zusammen. Goethes allumfassende Universalität, die konsequente, von einer inneren Logik bestimmte Entwicklung von den Jugendwerken bis hin zu den Altersdichtungen, die Einheit von Autor und Werk: diese zentralen Bestimmungen runden sich zu dem Bild eines olympischen Dichters, der sein Gesetz in sich selber trägt und dem vorschreiben zu wollen, wie er hätte denken und dichten sollen, einem Sakrileg gleich käme. „Wenn wir dankbar sind, daß er unser ist und uns gebildet hat", so heißt es am Schluß des Briefs, „wenn wir ihn ohne Heuchelei bewundern und immerdar von ihm lernen, so haben wir genug getan." In der Betonung des gesetzhaft-notwendigen Charakters von Goethes Leben und Werken reflektiert dieser Text sehr genau das zentrale apologetische Argument der Goetheaner in der Auseinandersetzung mit der nationalen und politischen

Opposition gegen den Dichter. Der gesetzhaft-organische Vorbildanspruch dieses Lebens schien ihnen von Goethe selbst in seinen autobiographischen Schriften, vor allem in ‚Dichtung und Wahrheit', ausgesprochen zu sein. Goethes Proteus-Natur, von den Gegnern als Kennzeichnung seines unverbindlichen, standortlosen Ästhetizismus zitiert, wird im Lager der Goetheaner zur höchsten auszeichnenden Chiffre für seine unerschöpfliche, naturhafte und darum unangreifbare Vielseitigkeit und Verwandlungsfähigkeit. [...]

Es hieße die Intentionen der Goetheaner gründlich mißverstehen, wollte man ihre Bemühungen um Goethe nur als einen zeitlosen und wirklichkeitsentrückten Kult des Schönen interpretieren. Trotz ihrer entschiedenen Ablehnung einer von Nützlichkeitserwägungen und Zweckforderungen bestimmten Kunstauffassung geht es auch ihnen um sehr reale Zwecke und Forderungen, die sie im Namen Goethes verfolgen und in Auseinandersetzung mit dem Geist der Zeit durchsetzen wollen. Goethe ist für sie der große Kontrapunkt zum, wie sie meinen, geistigen und kulturellen Verfall einer Zeit, die sich von den Ideen und Idealen des großen klassischen Jahrzehnts losgesagt habe. Diese zeitpolemische Komponente der affirmativen Goethekritik, die in der Zeitkritik des alten Goethe ihr Pendant findet, führt zu einer auffallend didaktischen und pädagogisierenden Attitüde ihrer Schriften. „Auf der Grenze des Lächerlichen steht in dieser Hinsicht einer, Namens Herr Eckermann, dem es übrigens nicht an Geist fehlt", schreibt Heine in der ‚Romantischen Schule'. Diese Bemerkung zielt nicht auf die berühmten ‚Gespräche mit Goethe', sondern auf seine ‚Beyträge zur Poesie mit besonderer Hinweisung auf Goethe', die für den hier angesprochenen Aspekt paradigmatischen Charakter haben. Dieses liebenswert-unbeholfene Buch eines dilettantischen Außenseiters ist nicht nur die schüchterne Morgengabe eines von Goethe ergriffenen Jünglings, sondern ein bisweilen geradezu martialisch sich drapierender Angriff auf den vermeintlichen Ungeist der

Zeit. Eckermanns Kampf gilt der Kraftlosigkeit, der moralischen Willensschwäche und dem schrankenlosen Subjektivismus seiner Zeitgenossen, und er führt diesen Kampf im Namen seines Meisters, den er als Vorbild und als Beispiel zur Nachahmung herausstellt. In seine späteren ‚Gespräche mit Goethe' ist dieser moralisierend-zeitpolemische Impuls als Perspektive des Arrangeurs und Kommentators der Goetheschen Aussprüche eingegangen und hat nicht unwesentlich zur Wirkung dieses weltlichen Andachtbuches beim Bildungsbürgertum des 19. und 20. Jahrhunderts beigetragen.

Gordon A. Craig
Heinrich Heine und die Deutschen

Robert Minder hat geschrieben, daß im Deutschland des 19. Jahrhunderts (für die Gegenwart gilt dies in weit geringerem Maß) im allgemeinen zwischen zwei Kategorien von Schriftstellern unterschieden wurde: Diejenigen, die sich, in zumeist kunstvoller bis verstiegener Sprache, mit den ewigen Werten befaßten, wurden als Dichter anerkannt und verehrt; wer hingegen aus diesen olympischen Höhen herabstieg und sich in den Kopf setzte, irdischere Themen zu erörtern, wurde als bloßer Literat belächelt, wenn nicht verachtet. Hieraus erklärt sich die breite Kluft des Ansehens, die einen Goethe von einem Spielhagen trennt. Innerhalb dieses Begriffsrahmens gehörte Heine eindeutig zu den „Literaten" und noch dazu zu den verdächtigsten, nicht nur weil fast alles, was er schrieb, politisch angehaucht war, sondern auch, weil seine satirische Tendenz diejenigen erschreckte, die von der Literatur Seriosität und Respekt zumindest vor gewissen des Respekts würdigen Werten erwarteten. [...] Heine genoß es, mit der Waffe der Ironie bürgerliche Idyllen zu zerstören, wobei eine seiner bevorzugten Finten darin bestand, mit den schwärmerischen Neigungen seiner Leser zu spielen und sie dann, wenn sie es am wenigsten erwarteten, brutal mit der Realität zu konfrontieren. Heine betätigte sich hier, wie auch in anderen Abteilungen seiner schriftstellerischen Arbeit – nicht zuletzt in seinen politischen Korrespondenzen aus Frankreich –, als Ruhestörer, der die Zufriedenen daran gemahnte, daß eine Veränderung der Verhältnisse möglich war, wenn nicht gar vor der Tür stand.

Anstoß erregte Heine auch mit seinen frechen Spötteleien über alteingesessene Institutionen wie Universitäten und Kirchen. Nehmen wir zum Beispiel die berühmte Anfangspassage seiner *Harzreise*:

„Die Stadt Göttingen, berühmt durch ihre Würste und Universität, gehört dem Könige von Hannover und enthält 999 Feuerstellen, diverse Kirchen, eine Entbindungsanstalt, eine Sternwarte, einen Karzer, eine Bibliothek und einen Ratskeller, wo das Bier sehr gut ist."

Dies demonstrierte sicherlich stark verschobene Wertmaßstäbe. Und wie konnte man die Achtung vor einem Schriftsteller bewahren, der sich bei keiner Erwähnung religiöser Dinge einen Witz oder eine blasphemische Anspielung verkneifen konnte, wie in jenem Teil seines Reiseberichts *Die Stadt Lucca*, in dem er für die glühende Schilderung einer flüchtigen Liebschaft auf die Formensprache der kirchlichen Lithurgie zurückgreift:

„O, die schöne, selige, katholische Nacht! Ich liege in deinen Armen, strengkatholisch glaube ich an den Himmel deiner Liebe, von den Lippen küssen wir uns holde Bekenntnis, das Wort wird Fleisch, der Glaube wird versinnlicht, in Form und Gestalt, welche Religion!"

Oder an jener Stelle seiner *Geschichte der Religion und Philosophie in Deutschland*, wo er darauf hinweist, daß das Geld zum Bau des Petersdoms in Rom durch den Verkauf von Ablässen aufgebracht wurde und daß der Dom somit

„gleichsam ein Monument sinnlicher Lust [sei] . . ., wie jene Pyramide, die ein ägyptisches Freudenmädchen für das Geld erbaute, das sie durch Prostitution erworben“, und daran anschließend dieser sinnlichen Großzügigkeit des Südens die Kargheit des Nordens gegenüberstellt:

„. . . am 31. Oktober 1517, als Luther seine Thesen gegen den Ablaß an die Türe der Augustinerkirche anschlug, war der Stadtgraben von Wittenberg vielleicht schon zugefroren, und man konnte dort Schlittschuhe laufen, welches ein sehr kaltes Vergnügen und also keine Sünde ist.“

Und schließlich und endlich: Wie sollte man sich mit einem Schriftsteller arrangieren, der in frohgemuter Geringschätzung schreiben konnte, in Europa wohne „ein sehr großer Narr, riesengroß, und er nennt sich deutsches Volk“, der sich über deutsche Bestrebungen lustig machte und sich an der Ohnmacht Deutschlands im Vergleich zu anderen Nationen weidete:

„Franzosen und Russen gehört das Land,
Das Meer gehört den Briten,
Wir aber besitzen im Luftreich des Traums
Die Herrschaft unbestritten –“

und der aus seiner Verachtung für diejenigen, die in Deutschland herrschten, und diejenigen, die sich von ihnen trotz aller gebrochenen Versprechungen brav regieren ließen, keinen Hehl machte? Es war Heines frühen Kritikern ein leichtes, seine frivole Respektlosigkeit dem Umstand zuzuschreiben, daß eine ungesunde Bewunderung für Frankreich ihm den Kopf verdreht hatte, eine Bewunderung, zu der er sich in seinen Schriften, angefangen mit seinem Prosa-Meisterwerk *Ideen: Buch le Grand*, ebenso offen bekannte wie zu seiner Fasziniertheit von Paris, der Stadt, die er 1831 zu seinem ständigen Wohnsitz erkor. Heine lieferte seinen Feinden in dieser Beziehung alle Munition, die sie benötigten; so verkündete er 1828:

„... die Freiheit ist eine neue Religion, die Religion unserer Zeit ... Die Franzosen sind aber das auserlesene Volk der neuen Religion, in ihrer Sprache sind die ersten Evangelien und Dogmen verzeichnet, Paris ist das neue Jerusalem, und der Rhein ist der Jordan, der das geweihte Land der Freiheit trennt von dem Lande der Philister."

Daß Heine sich gleichwohl nicht ganz freiwillig für sein fast lebenslanges Exil entschieden hatte, geriet darüber in Vergessenheit. Er entschloß sich dazu, nachdem seine Hoffnungen, sich entweder in Berlin oder in München eine staatliche Anstellung sichern zu können, geplatzt waren, wohl wissend, daß er, obschon bereits ein berühmter Mann, keine Aussicht hatte, von seiner Schriftstellerei leben zu können; dazu waren seine politischen Ansichten zu fortschrittlich und die Zustände und Denkweisen in Deutschland zu vernagelt. Auch wenn sein Weggang nicht unmittelbar unter dem Druck Metternichscher Verfolgung geschah, kam eine Rückkehr in sein Heimatland von dem Augenblick an praktisch nicht mehr in Frage, als der Bundestag auf Drängen Metternichs 1835 die Erlasse verabschiedete, die die Verbreitung der Bücher Heines unterbanden. Metternich war von der Heineschen Lyrik angetan, und es heißt, das *Buch der Lieder* habe bei ihm reichlich die Tränen fließen lassen; gleichwohl habe er das Verbot von 1835 für notwendig gehalten, um „das politische Gebäude des Staates" aufrechtzuerhalten; und das bedeutete, daß Heine nicht in der Lage gewesen wäre, in Deutschland seinen Lebensunterhalt zu verdienen, ohne seine politischen Grundsätze zu opfern und seinen literarischen Stil zu ändern.

Nichts von alledem kümmerte seine Gegner, die vielmehr größtmögliches Kapital aus der Tatsache schlugen, daß der Dichter, um in Paris überleben zu können, eine Pension vom französischen Staat akzeptiert hatte. Sie warfen ihm vor, er arbeite gegen das nationale Interesse Deutschlands, und verbreiteten das Gerücht, er habe die französische Staatsbürgerschaft erworben, eine Verleumdung, gegen die er sich empört verwahrte [...]. Dazu kam natürlich die Tatsache, daß Heine Jude war – in den Augen seiner Kritiker die Erklärung für alles, was sie an ihm nicht mochten. [...]

Noch zu seinen Lebzeiten also brandmarkten seine Landsleute Heinrich Heine als einen frivolen, unmoralischen, französischen, jüdischen, jedenfalls aber undeutschen Schriftsteller, Anwürfe, die sich teilweise aus der Provinzialität und mangelnden Urbanität der deutschen Literatur, der deutschen Moralprüderie, der langen und unheilvollen Geschichte des deutschen Antisemitismus und dem Minderwertigkeitskomplex und der Kritikempfindlichkeit erklären lassen, die Bestandteil der deutschen Mentalität waren zu einer Zeit, da das fragmentierte Land in der Welt kaum politisches Ansehen genoß. Als freilich nach Heines Tod Deutschland endlich zum geeinten und mächtigen Nationalstaat wurde, nahm die Kritik an Heine eher noch an Schärfe zu. In der Bismarck-Ära avancierte er zum bevorzugten Prügelknaben selbsternannter Wächter der sprachlichen Tugend wie Adolf Bartels, politischer Ehrgeizlinge ohne Prinzipien wie des Hofpredigers Stöcker und solcher Beschwörer einer heroischen teutonischen Vergangenheit wie Richard Wagner – der sich gleichwohl nicht scheute, die Handlung seines *Fliegenden Holländers* jener Version der Legende zu entlehnen, die Heine in *Aus den Memoiren des Herrn Schnabelewopski* präsentiert hatte.

Der bedeutendste und unversöhnlichste aller Heine-Hasser nach 1871 war jedoch Heinrich von Treitschke. Das ist von Gewicht, weil Treitschke nicht nur seiner eigenen Einschätzung nach, sondern auch in den Augen vieler anderer so etwas wie die offizielle Stimme des neuen Deutschlands war; seine vielbändige *Deutsche Geschichte*, die von den 1870er Jahren an erschien, war, um Erich Marcks zu zitieren, „das führende Buch der deutschen nationalen Literatur dieses Jahrzehntes überhaupt, neben den Reden Bismarcks der höchste und mächtigste Ausdruck der damals gipfelnden und leitenden Kräfte, das bezeichnendste Erzeugnis jener Periode der alldurchdringenden nationalen Politik, deren Herold Treitschke jetzt geworden war". Der Historiker bemühte sich in diesem Werk, das die Deutschen erklärtermaßen damit vertraut machen sollte, welchen Faktoren und Persönlichkeiten sie ihre Größe verdankten, sorgfältig, Heine jeglichen Beitrag zur Nationwerdung des deutschen Volkes abzusprechen, während er die Verdienste anderer Schriftsteller großzügig anerkannte. Daß namentlich Heines lyrische Werke sich großer Beliebtheit erfreut hatten und noch erfreuten, konnte Treitschke nicht in Abrede stellen, doch betonte er:

„Es währte lange, bis sie sich eingestanden, daß deutschen Herzen bei Heine's Witzen nie recht wohl wurde. War er doch schlechthin der einzige unserer Lyriker, der niemals ein Trinklied gedichtet hat; sein Himmel hing voll von Mandeltorten, Geldbörsen und Straßendirnen; nach Germanen Art zu zechen, vermochte der Orientale nicht. Es währte noch länger, bis man entdeckte, daß Heine's Esprit keineswegs Geist war im deutschen Sinne."

Es stimmt einen schon nachdenklich, bei einem Historiker von der Statur Treitschkes eine Beurteilung Heines lesen zu müssen, die eher klingt wie ein Begründung für dessen Nichtaufnahme in eine Burschenschaft. Auch stimmt die aufgestellte Behauptung strenggenommen nicht, denn es gibt aus der Feder Heines zumindest ein Lied zum Thema Trinken, genauer über ein Trinkgelage in Bremen [...].

Von einem solchen Einwand hätte sich freilich ein Kritiker nicht beeindrucken lassen, der imstande war, über Heines großes satirisches Meisterwerk, *Deutschland. Ein Wintermärchen*, zu schreiben: „Grade dies Gedicht, eines der geistreichsten und eigenthümlichsten aus Heines Feder, mußte den Deutschen zeigen, was sie von diesem Juden trennte. Die arischen Völker haben ihren Thersites, ihren Loki; einen Ham, der seines Vaters Scham entblößt, kennen nur die Sagen der Orientalen." [...]

Zu den Dingen, die von der politischen Rückständigkeit Deutschlands zeugten, hatte für Heine immer die Neigung seiner Landsleute zum „Teutomanismus“, wie er es nannte, gehört, zur Idealisierung Deutschlands und des Deutschtums um ihrer selbst willen, vorexerziert von den sogenannten Altdeutschen, von Exzentrikern wie Turnvater Jahn und Turnmeister Massmann und von den reaktionären Teilen der Burschenschaftsbewegung. [...] Illusionslos erkannte Heine, daß eine Verklärung der fernen Vergangenheit die Gefahr eines imitierenden Rückfalls in deren barbarische Aspekte in sich barg, und es entging ihm nicht, daß in den Reihen der Altdeutschen der Sieg Hermanns des Cheruskers über Quinctilius Varus im Teutoburger Wald als Symbol für einen zukünftigen Triumph über Frankreich galt. Heine hatte einen Krieg zwischen Deutschland und Frankreich immer gefürchtet, weil damit, so glaubte er, der Vormarsch der Freiheit in Europa zum Stillstand kommen würde. Ihre schärfste Ausformulierung fanden seine Befürchtungen im Schlußabschnitt seiner *Geschichte der Religion und Philosophie*, wo er voraussagte, daß die nächste Revolution vielleicht einen unerwarteten Verlauf nehmen und bestimmt sein würde von einer Wiedergeburt der „unsinnige[n] Berserkerwut, wovon die nordischen Dichter singen und sagen“. Die Franzosen hätten allen Grund, so warnte er sie, sich vor einer deutschen Revolution nach den Visionen deutscher Philosophen zu fürchten.

„Der Gedanke geht der Tat voraus, wie der Blitz dem Donner. Der deutsche Donner ist freilich auch ein Deutscher und ist nicht sehr gelenkig, und kommt etwas langsam herangerollt; aber kommen wird er, und wenn Ihr es einst krachen hört, wie es noch niemals in der Weltgeschichte gekracht hat, so wißt: der deutsche Donner hat endlich sein Ziel erreicht. Bei diesem Geräusche werden die Adler aus der Luft tot niederfallen, und die Löwen in der fernsten Wüste Afrikas werden die Schwänze einkneifen, und sich in ihren königlichen Höhlen verkriechen. Es wird ein Stück aufgeführt werden in Deutschland, wogegen die französische Revolution nur wie eine harmlose Idylle erscheinen möchte. ... Nehmt Euch in acht! Ich meine es gut mit Euch, und deshalb sage ich Euch die bittere Wahrheit. Ihr habt von dem befreiten Deutschland mehr zu befürchten, als von der ganzen heiligen Allianz mitsamt allen Kroaten und Kosacken. ... Einst, im Bierkeller zu Göttingen, äußerte ein junger Altdeutscher, daß man Rache an den Franzosen nehmen müsse für Konradin von Staufen, den sie zu Neapel geköpft. Ihr habt das gewiß längst vergessen. Wir aber vergessen nichts."

Reinhard Wittmann

„Das Publikum ist jetzt aufs Grelle und Spaßige!": Buchmarkt und Leser in Nachmärz und Gründerzeit

Die entscheidenden Fortschritte in der Alphabetisierung breiter Schichten wurden erst gegen das Ende des 19. Jahrhunderts erzielt. Immerhin ist davon auszugehen, daß nach der Jahrhundertmitte etwa fünfzig Prozent der Bevölkerung als Lesepublikum in Frage kamen und zumindest einen einfachen Text lesen und verstehen konnten – die Kehrseite dieser Rechnung machte die „Deutsche Schriftstellerzeitung" 1886 deutlich: „Weit über die Hälfte der Bevölkerung Preußens und auch Deutschlands ist für die Literatur verloren. Vielleicht ist es einem kommenden Jahrtausend vorbehalten, auch dieses tiefste Proletariat zu heben und heranzubilden, heutzutage aber ist es eine Unmöglichkeit."

Tatsächlich sind konkrete Lektürezeugnisse von ländlichen und städtischen Arbeitern, von Dienstboten, Kleinbauern oder Soldaten recht spärlich gesät. Memoiren schreibender Arbeiter, die eine Elite repräsentieren, sind nur beschränkt aussagekräftig. Bucherwerb und auch das Abonnement in einer Leihbücherei überstiegen die Möglichkeiten eines städtischen Arbeiterhaushaltes. 1886 konnte ein Leipziger Seifenarbeiter 5,9% seines Jahreseinkommens für „Bildung und Erholung“ ausgeben. Von diesen 64,56 Mark entfielen 34,32 Mark auf Tabak, 27,04 auf Bier und der Rest von 3,20 Mark auf die Anschaffung von Schulbüchern für die Kinder. Zeitungslektüre war nur bei Gasthausbesuchen möglich. Vielleicht hat der eine oder andere Kollege um der Anschaffung eines Kalenders und eines Kolportageromans willen die kärglichen Vergnügungen Bier und Tabak eingeschränkt. Als Lesehindernis erwiesen sich auch die bedrükkenden Wohnverhältnisse – in Berlin war 1861 die Hälfte aller Wohnungen nur mit einem einzigen beheizbaren Zimmer ausgestattet, das von durchschnittlich 4,3 Personen bewohnt wurde. Deshalb waren Bildungswillige oft „wegen Mangels an Licht und Wärme nicht in der Lage [...], die von der Volksbibliothek entliehenen Bücher während der Feierabende zu lesen“, wie ein Bibliothekar 1876 notierte. In den Städten stimulierte die Desintegration und Anonymisierung den Lesehunger. Hier fand [...] die Kolportage fruchtbaren Boden; die Evangelische Kirchenzeitung vermerkte 1883:

„Der Kolportageroman richtet sich vorzugsweise an den Arbeiter und die Arbeiterin, an Dienstmädchen, Kellner, den kleinen Handwerker, den Unterbeamten und ihre heranwachsenden Töchter. Hier ist wenig Zeit zu lesen. Am Sonnabend Abend und Sonntag Nachmittag, während der Mahlzeiten, in den Zwischenpausen der Arbeit werden kleine Abtheilungen des dünnen Wochenheftes verschlungen, oft nur wenige Zeilen, und begleiten dann den vorstellungsarmen und -begierigen Kopf während der öden, gedankenlosen, mechanischen Arbeit des stets sich selbst gleichenden Tagewerkes, indem sie so tiefer und tiefer in das Mark des wehrlos überlieferten Lesers hineinfressen.“ [...]

Auch das *ländliche* Leseverhalten begann sich zu wandeln und zu differenzieren. Noch besaß die Konfession prägende

Bedeutung; bei den katholischen Bauern und Ackerbürgern des Südens etwa beherrschten neben Kalender und Gebetbuch weiterhin die moraldidaktischen Erzählungen eines Christoph von Schmid und seiner Epigonen das Feld der Jugend- wie Erwachsenenlektüre. Auch in den meist wenig industrialisierten katholischen Gebieten des Nordens blieb das Lesen bis zum Ersten Weltkrieg auf einer naiveren Stufe, oft noch in Form des Vorlesens durch das älteste und geübteste Schulkind.

Im sächsischen Raum dagegen hatten Heimarbeit und frühe Industrialisierung die traditionellen bäuerlichen Strukturen in den Gewerbedörfern schon früh soweit zersetzt, daß die Bücherboten aus den Leihbüchereien nahegelegener Städte willige Abnehmer fanden für die vom Mittelstand „schon zerlesenen und abgeschmackten Räuber- und Rittergeschichten oder die Phantasie irreleitenden und das Herz vergiftenden schamlosen Romane nach französischen Musterbildern" oder gar „politisch aufregende oder religiöse Zweifelsucht verbreitende Schriften" (so Karl Preusker 1843). Die Kolporteure fanden in der Provinz gerade im letzten Jahrhundertdrittel ein ergiebiges Absatzgebiet und blieben für weite Regionen einzige Lesestofflieferanten. Auch die Zeitungslektüre setzte sich spätestens mit den revolutionären Ereignissen von 1848 und den Kriegen von 1866 und 1870/71 in allen ländlichen Gebieten durch – wer nicht selbst das Wochenblatt abonnierte, fand sich zu dessen intensivem Studium regelmäßig im Wirtshaus ein. Die ländlichen Unterschichten dagegen wurden vor allem auf den Gütern Ostelbiens weiterhin energisch von jeglicher, sie nur irritierenden Lektüre ferngehalten.

Das lesende Publikum des Buchhandels, das die Bildungs- und finanziellen Voraussetzungen für regelmäßige Lektüre und Bucherwerb besaß, war der „obere Mittelstand" – das Bürgertum im eigentlichen Sinn. [. . .] Der obere Mittelstand setzte sich aus Angehörigen der freien Berufe (also Anwälten, Ärzten usw.), kleinen Unternehmern,

Grundbesitzern, höheren Beamten in Verwaltung, Erziehung und Wissenschaft zusammen. Er umfaßte um 1890 2,75 Millionen Familien bzw. 22% der Bevölkerung. Hier herrschte ein betont bürgerliches Selbstverständnis vor, das sich vom feudalisierten Großbürgertum mit ethischen und bildungsmäßigen Kriterien, aber auch in der Lebenshaltung abzugrenzen suchte und erst recht darauf bedacht war, sich nicht mit den unteren Klassen gemein zu machen. Die eigentliche Oberschicht, etwa zwei Prozent der Reichsbevölkerung umfassend und bestehend aus Hof- und Landadel, Großgrundbesitzern, Fabrikanten, Spitzenbeamten, Großkaufleuten, war zu einem beträchtlichen Teil aliterarisch geprägt.

Auch für den Mittelstand war der Bucherwerb keineswegs selbstverständlich. Der Schriftsteller Johannes Trojan erhielt beispielsweise als Redakteur des satirischen „Kladderadatsch" 1866 ein Jahresgehalt von 600 Talern. Dagegen kostete ein zeitgenössischer Roman broschiert durchschnittlich 5 bis 8 Taler; eine billige Ausgabe von Goethes Werken war nach 1867 bei Cotta in 36 Bändchen bereits für vier Taler zu haben, doch wenn der obligate Klassiker angeschafft war, konnte sich der literarisch interessierte Leser eine einfache Rechnung aufmachen: „Für dieselbe Geldsumme, die ein einbändiger Roman kostet, hat man ein Vierteljahr lang eine tägliche Zeitung und ein belletristisches Journal, das heißt, man hat, neben dem unentbehrlich gewordenen Nachrichtenmaterial, drei Romane, ein halbes Dutzend Novellen und drei Schock Feuilletons." [Emil Peschkau, 1884].

1872 bezifferte der Statistiker Georg Hirth den jährlichen Gesamtumsatz an Büchern im Deutschen Reich auf 8 Millionen Taler, was pro Kopf der Bevölkerung einer Jahresausgabe für Lektüre von achtzig Pfennig entsprach. Ähnlich stellten die „Preußischen Jahrbücher" 1884 fest: „Ein Deutscher, der ein Buch ‚kauft', ist ein besonderer Mensch. Außer auf den Handwerksbedarf der einzelnen Stände, die

Schulbücher und das landläufige Unentbehrliche ist der Sortimentsbuchhandel auf die ‚Besonderen' angewiesen. Dem gegenüber steht das große Bedürfniß nach Lecture, die ausufernde Production."

Für die informations- und unterhaltungsorientierte Lektüre, die seit der „Leserevolution" des ausgehenden 18. Jahrhunderts das übliche Leseverhalten vor allem des Bürgertums darstellte, waren periodische Presse und Romane besonders geeignet (erst recht die Kombination von beiden im Familienblatt). Bei einer Minderheit aufmerksamer Leser verhinderte die kritische Rezeption literarischer Lektüre, die Auseinandersetzung mit stets neuem informativem und bildendem Lesestoff eine Reduzierung des Lebens auf bloßen Konsum. Der weit größere Teil des Publikums jedoch ging bereits seit dem Beginn des 19. Jahrhunderts andere Wege – neben eine schrumpfende „kulturräsonierende" Leserschicht trat eine anonyme kulturkonsumierende Öffentlichkeit. Der Begriff „Konsum" bezeichnet dabei wertneutral eine Verengung des Rezeptionsverhaltens und eine Verlagerung der Lesemotivationen – von der aktiven Kommunikation über Lektüre innerhalb einer literarisch geprägten Gesellschaftskultur zur passiven, eher eskapistischen Aufnahme der Lektüre ohne soziale Relevanz. Bezeichnend für diese Anonymisierung der Rezeption war bereits in der ersten Hälfte des 19. Jahrhunderts der Funktionswandel der Lesegesellschaften: Von Zentren des geselligen Räsonnements über Lektüre wurden sie zu Honoratiorenzirkeln und schließlich zu Freizeitclubs. Ihre lektürevermittelnde Rolle übernahmen auch für die Oberschichten die gewerblichen, konsumorientierten Leihbibliotheken.

Mit der kommunikativen Funktion der Lektüre war auch ihr Bildungswert in Frage gestellt. Sosehr Besitz und Bildung in der liberalen Ideologie auch gekoppelt waren, literarisch-ästhetische Kenntnisse waren, vom nationalbetonten Klassikerkult abgesehen, nicht mehr Indikator sozialen Ranges, boten keinen Prestigewert mehr. Das vielbeschworene „Bildungsbürgertum“, das es als homogene soziale Formation ohnedies nie gegeben hatte, zersplitterte sozial, kulturell und politisch immer mehr; mit dieser Partikularisierung und Fragmentierung schwand auch der kulturelle Konsens. Eine humanistische Bildung im strengeren Sinn hatten in Deutschland nur etwa 1,5% der männlichen erwachsenen Bevölkerung absolviert, und auch die auf den höheren Schulen vermittelte literarische Scheinbildung bot nur einen verengten Kanon von sakrosankten Klassikern und einer trivialidealistischen Tagesliteratur. Zukunftsweisende literarische Entwicklungen wurden ignoriert: Nicht Hebbel, Keller, Mörike, Storm und Stifter wurden in den Schulen behandelt, sondern Baumbach, Dahn, Ebers, Kinkel, Roquette, Scheffel, Julius Wolff und ähnliche historisierende Epigonen. Ebensowenig trug die Schule zur literarischen Geschmacksbildung der Frauen und Mädchen bei, die hauptsächlich mit Lyrik und Versepik vertraut gemacht wurden – neben Goethe und Schiller erhielten sie unterschiedslos Goldschnittkitsch und dilettantische Sentimentalitäten vorgesetzt.

Auch Buchbesitz als Nachweis der Teilhabe an bürgerlich-nationaler Identität beschränkte sich auf die obligaten Kulturgüter der Klassiker und ihrer Epigonen. [...] Zahlreiche Beschreibungen der typischen gutbürgerlichen Hausbibliothek zur Gründerzeit ergeben ein übereinstimmendes Bild: Das unentbehrliche Konversationslexikon, einige fachwissenschaftliche Schriften, unberührte Goethe- und Schillerausgaben, ein paar illustrierte Prachtwerke und gebundene Jahrgänge von Familienblättern stellten den gesamten Buchbestand dar.

Anstatt eines verständigen Literaturpublikums sahen sich die Kulturkritiker der Gründerzeit einer schichtenunspezifischen, vom „dumpfen Trieb nach Erregung der Phantasie“ geleiteten anonymen Leserschaft gegenüber. Lesen werde, so klagte Robert Prutz schon 1845, zu einer Beschäftigung, „die im Grunde keine Beschäftigung ist, nämlich ein bloßes

Empfangen, ohne eigene Thätigkeit". An Erklärungen dafür war man nicht verlegen – die zunehmende wirtschaftliche und gesellschaftliche Hektik der Gründerjahre wurde als Signatur einer „Epoche der Nervosität" erklärt: „Man fährt nicht mit dem Schnellzug und empfängt die Nachrichten nicht durch den Telegraph, ohne innerlich davon beeinflußt zu werden. [. . .] Der gesteigerte Wettkampf auf allen Gebieten [. . .] hat nicht weniger Antheil an der Unruhe die das Geschlecht ergriffen hat. Das Alles und manches Andere wirkt ja ineinander und daraus resultiert die Hetzjagd der Arbeit wie die Hetzjagd des Genusses. Dem entsprechend mußte auch die Form der Lectüre eine Veränderung erfahren. Das Buch mit seiner behäbigen Breite ist nichts für ein Geschlecht, das sich zwischen Arbeit und Genuß nur da und dort ein halbes Stündchen mit Lesen beschäftigt." [Emil Peschkau, 1884]. [. . .]

Die Verleger hatten sich auf das neue Leseverhalten schon frühzeitig einzustellen begonnen. 1855 kündigte Brockhaus eine „Eisenbahnbibliothek" an, deren Hauptcharakteristika neben billigem Preis und gefälliger Aufmachung „nicht zu kleine Lettern, die beim Rütteln der Waggons leicht ineinanderrinnen" sowie Beschränkung auf leichteste Kost waren; „Bergsons's Eisenbahnbücher" brachten es bis 1866 auf fast hundert Titel. Dementsprechend beschwor der einstige vormärzliche Oppositionsliterat Karl Gutzkow 1877 gegen Ende seines Lebens seinen Verleger: „Das Publikum ist jetzt aufs Grelle u Spaßige! Denken Sie über einen *farbigen* Umschlag nach! Mit Querbuchstaben. Roth u gelb! Das halbe Geschäft ruht auf Eisenbahnstationen, wo die Wahl rasch von Statten gehen muß!"

Heinrich Schliemann
an Karl Plato

Troja (1872)

Pergamus des Priamus, 23. Juli 1872

Ich widme Ihnen hiermit die Nachricht, welche jedes deutsche Herz mit Jubel erfüllen muß, daß ich endlich am 19. dieses Monats in zehn Meter oder dreiunddreißig Fuß Tiefe auf die kolossale trojanische Mauer stieß, welche schon Homer bewundert haben muß, denn sonst hätte er ihren Bau nicht Neptun und Apollo zuschreiben können (Ilias VII., 452–453); sie ist von mehr oder weniger behauenen, mit Erde zusammengesetzten Steinen erbaut, die so gelegt sind, daß sowohl die Außenseite, welche unter einem Winkel von siebzig bis fünfundsiebzig Grad hinabläuft, als auch die Innenseite, welche senkrecht ist, ein ziemlich glattes Aussehen haben. [. . .] Ihre zunehmende Breite an der Ostseite läßt mich vermuten, daß in ganz geringer Entfernung, vielleicht nach einigen Schritten, das Tor ist, welches von der Stadt nach der Akropolis führte. Trotz des giftigen Fiebers, woran jetzt alle erkranken, will ich daher meine derzeitigen Arbeiten nicht einstellen, ohne nicht etwas mehr von der Mauer, in östlicher Richtung, bloßgelegt zu haben. [. . .]

Ich arbeite hier schon seit 1. April im Anfang mit hundert, darauf mit hundertsechsundzwanzig und jetzt, seit einem Monat, mit hundertfünfzig Arbeitern. Ich fing in diesem Jahre damit an, von der Nordseite in sechzehn Meter Tiefe unter des Berges Gipfel, eine siebzig Meter breite Plattform hineinzutreiben. Nachdem ich aber fünfundzwanzig Meter fortgeschritten war, bemerkte ich zu meinem Entsetzen, daß der Urboden noch viel tiefer wäre; ich gab daher meiner Plattform eine Senkung von zehn Prozent und erreichte so in fünfundzwanzig Meter vom Abhange des Berges in einer Tiefe von achtzehn Metern oder sechzig deutschen Fuß den Urboden. Wie furchtbar, wie unbeschreiblich die Schwierigkeiten sind, in einer Wildnis wie diese, wo es an allem fehlt, eine sechzig Fuß tiefe, zweihundertzweiunddreißig Fuß breite Ausgrabung in einem Berge zu machen, dessen untere fünf bis acht Meter hohe Schuttschichten steinhart sind und eine kolossale Masse riesiger Steinblöcke enthalten, davon kann sich nur derjenige eine Idee machen, der Augenzeuge davon war.

Peter Gay
Töne der Liebe

Kurz nach 1900 entdeckte der Münchner Sexualforscher Dr. Friedrich Siebert das Mitschwingen erotischer Empfindungen in Phantasien von Grausamkeit und „Kraftbewußtsein" und beim musikalischen Genuß von Opern. „Ich bin auch sicher, daß manche junge Dame, die sich an Offenbachs Musik zur ‚Schönen Helena' erfreute, sehr entrüstet darüber wäre, wenn ich ihr nun psychologisch nachweisen wollte, daß sie sich neben dem ästhetischen auch ein kleines sexuelles Vergnügen gemacht hat." Aber selbst wenn sie abstreiten sollte, es gehabt zu haben, er selbst gab zu: „. . . ich persönlich habe dabei Gefühle, die ich sehr in die Nähe der geschlechtlichen Gefühle stellen möchte." [. . .]

Sieberts gönnerhafte Anspielung auf junge Damen, die sich Offenbach hingeben, verweist auf eines der Lieblingsrefugien der Sinnlichkeit im bürgerlichen Jahrhundert. Die Erkenntnis, daß Musik, mit ihren pulsierenden Rhythmen und den Wogen von Klang, ihrem quälenden Stocken, der aufwühlenden Klimax und den sanft ermatteten Decrescendi in den elementarsten erotischen Trieben des Menschen wurzelt – diese Erkenntnis ist so alt wie Platons *Gastmahl* und so modern wie Thomas Mann. In Manns erstem Meisterwerk *Buddenbrooks* sind die einzigen offen orgiastischen Augenblicke jene, in denen Hanno Buddenbrook am Klavier sitzt. Hanno ist ein in sich gekehrter, versonnener Knabe; auf seine scheue Weise ist er aber den sexuellen Quellen der Kunst näher als sein gehemmter, in Geschäften sich verzehrender Vater. Es ist Hannos achter Geburtstag. Thomas Mann hat den Jungen mit sehr begrenzten pianistischen Fähigkeiten ausgestattet. Hanno läßt es an Übungsfleiß fehlen, und seine Fortschritte sind mühsam. Er liebt es, auf Effekte zu spielen oder verträumt zu improvisieren. Eines seiner eigenen kleinen Stücke, mit einem höchst unorthodoxen Schluß, will er um keinen Preis ändern – er hat seine eigenen, leidenschaftlichen Gründe dafür. Gefährlich blaß, spielt er dieses sein Lieblingsstück der Familie vor. „Und nun kam der Schluß, Hanno's geliebter Schluß, der an primitiver Gehobenheit dem Ganzen die Krone aufsetzte. Leise und glockenrein umperlt und umflossen von den Läufen der Violine", auf der die Mutter Hanno begleitet. Der e-moll-Akkord „wuchs, er nahm zu, er schwoll langsam, langsam an, im forte zog Hanno das dissonierende leitende cis herzu, und während die Stradivari wogend und klingend auch dieses cis umrauschte, steigerte er die Dissonanz mit aller seiner Karft bis zum fortissimo." Aber Hanno war noch nicht bereit für das Denouement; noch nicht ganz. „Er verweigerte sich die Auflösung, er enthielt sie sich und den Hörern vor. Was würde sie sein, diese Aufösung, dieses entzückende und befreite Hineinsinken in H-Dur? Ein Glück ohnegleichen, eine Genugtuung von überschwenglicher Süßigkeit. Der Friede! Die Seligkeit! Das Himmelreich! ... Noch nicht ... noch nicht! Noch einen Augenblick des Aufschubs, der Verzögerung, der Spannung, die unerträglich werden mußte, damit die Befriedigung desto köstlicher sei ... Noch ein letztes, allerletztes Auskosten dieser drängenden und treibenden Sehnsucht, dieser Begierde des ganzen Wesens, dieser äußersten und krampfhaften Anspannung des Willens, der sich dennoch die Erfüllung und Erlösung noch verweigerte, weil er wußte: Das Glück ist nur ein Augenblick ...“ Dann erlaubt sich der frühzeitig wissend Gewordene die Erfüllung. „Hanno’s Oberkörper reckte sich langsam empor, seine Augen wurden ganz groß, seine geschlossenen Lippen zitterten, mit einem stoßweisen Beben zog er die Luft durch die Nase ein ... und dann war die Wonne nicht mehr zurückzuhalten. Sie kam, kam über ihn; und er wehrte ihr nicht länger. Seine Muskeln spannten sich ab, ermattet und überwältigt sank sein Kopf auf die Schultern nieder, seine Augen schlossen sich, und ein wehmütiges, fast schmerzliches Lächeln unaussprechlicher Beseligung umspielte seinen Mund“, während die Mutter ihn auf der Stradivari bis zum Höhepunkt begleitet und es, glücklich und ausgelaugt, genießt, privilegierte Reiche der Intimität zu betreten, die sie ihrem Gatten verweigert. [...]

Im 19. Jahrhundert wurde die erotische Wirkung der Musik sozusagen demokratisiert. Spöttische zeitgenössische Beobachter machten sich denn auch einen Jux daraus, Musik und Liebe auf krasseste Weise zu paaren. Sie entlarvten die Musik als tödlich wirksames Element im sozialen Mechanismus der Verführung: Junge Damen fingen sich den künftigen Gatten mit ihrem Gesang und ihrem Klavierspiel ein. Das war im wesentlichen eine boshafte Karikatur. Aber ohne Zweifel war das 19. Jahrhundert eine Zeit, in der fachkundige Aufführungen und eine oft hochkarätige musikalische Bildung in vielen bürgerlichen Haushalten selbstverständlich wurden. Es war auch eine Zeit, in der Orchester, Konservatorien, Kammermusikgruppen gegründet wurden – selbstbewußte bürgerliche Einrichtungen. Das Hören von Musik stieg selbst in den Rang einer Kunst auf. Es wurde zu einer sorgfältig kultivierten Haltung, zum Erlebnis von etwas Heiligem. Die Teilnahme an dem, was begabte Amateure oder Berufsmusiker in Salons und Konzertsälen zu Gehör brachten, war nicht nur rein passives Hinnehmen. Der Musikgenuß wurde zu einem Akt der Andacht.

Martin Gregor-Dellin

Richard Wagner und die Bayreuther Festspiele

Noch niemals war es einem Künstler eingefallen oder gar gelungen, einen Theaterbau nur für die Aufführung seines eigenen Werkes zu errichten und für nichts sonst. Die Festspiele gründeten ausschließlich auf dem Durchsetzungsvermögen eines Komponisten, der zugleich Intendant und Regisseur sein wollte. „Wagner hat erreicht, was noch kein Künstler vor ihm auch nur anzustreben sich vermessen hatte", schrieb, als das Unwahrscheinliche eingetreten war, der Kritiker Paul Lindau. „Bayreuth – wie wir die Summe all' dieser Anstrengungen und Resultate mit einem Worte bezeichnen wollen – Bayreuth ist zwar kein ‚nationales Unternehmen'; es ist in seinem eminent persönlichen Charakter sogar die volle Negierung des Nationalen. Aber unzweifelhaft ist es die stärkste individuelle Leistung, die zu denken ist."

Um so unerträglicher waren sofort die Nebenerscheinungen dieser ‚individuellen Tat', die sich denen, die um der Kunst willen zu kommen bereit waren, aufdrängten: eine unduldsame Anhängerschaft, Glaube statt Verständnis, Besserwissen und Proselytenmacherei, kurzum: die Sekte. Es gab genug Zeitgenossen, die das Ganze schon vorher durchschauten, die rochen, daß es hier nicht allein um Kunst gehen sollte, sondern um Schwelgerei, Heiltum und Gottesdienst. Sie wandten sich ab und bildeten den Kern einer Gegensekte von intellektuellen Ketzern, die Wagner das Leben schwer machten und in Sachen der Kunst meist nicht klüger waren als die Anhänger. Sie fühlten sich von der Intoleranz der ausschwärmenden Rechtgläubigen derart abgestoßen, daß ihnen kaum anderes übrigblieb als atheistisches Eiferertum gegen den neuen Kunstgott. Die Zahl der opferwilligen Patrone blieb begrenzt.

Der Grundsteinlegung gedenkend äußerte Wagner in einem Rückblick: „Wer die Weihestunden jenes Tages mit erlebte, mußte die Empfindung gewinnen, als sei die Ausführung meines weiteren Unternehmens zu einer gemeinsamen Angelegenheit vielverzweigter künstlerischer und nationaler Interessen geworden." Dem war aber nicht so. In einem schrillen Brief an Nietzsche heißt es über das zeitweilige Ausbleiben jeder Hilfe von Seiten der Fürsten und der Aristokratie: „Ich wenigstens bin jetzt so weit, nach gar keiner Seite zu mir ein Blatt vor das Maul zu nehmen, und käme mir die Kaiserin Augusta in den Weg, sie sollte bedient werden. Denn das eine steht fest, daß an einen Kompromiß gar nicht zu denken ist."

Dennoch wurde das Ergebnis, Bayreuth, ein exemplarischer Kompromiß, der Nietzsche enttäuschte. Als die Bauarbeiten eingestellt werden mußten und sich eine Eingabe an den Kaiser auf höheren Wink als unzweckmäßig herausstellte, sprang zuletzt wieder der bayerische König ein. Die Hilfe, 1874 gewährt, bestand in einem Vorschuß auf königliche Bürgschaften, was allerdings die ursprüngliche Festspielidee ruinierte: denn nun wurde ein Kartenverkauf notwendig, und aus dem Theater für alle wurde ein Theater für die Bevorzugten.

Auch auf der Bühne war nichts vollkommen. Die Wirklichkeit war von Anfang an behaftet mit Mängeln, unter denen niemand mehr litt als Richard Wagner selbst. Akustisch war das Haus ein Wunder – und ist es bis heute geblieben –, aber die optische Realisierung des ‚Rings' enttäuschte Wagner derart, daß er hinterher sagte: „Es war alles falsch!" Das lag nicht nur an Wagners eigenem desolaten Geschmack, sondern auch an der Unzulänglichkeit mancher Mitarbeiter. Nietzsche, der mit den größten Hoffnungen nach Bayreuth gefahren war, litt unter den langen Akten und war desillusioniert von den Zuschauern, die er in seiner gerade zu den ersten Festspielen fertiggewordenen Schrift ‚Richard Wagner in Bayreuth' noch als „anschauenswert" bezeichnet hatte. Wenig anschauenswert war auch, was auf der Bühne zu sehen war. Die Kostüme erinnerten an Indianer-Häuptlinge und hatten – so Cosima in ihrem Tagebuch – „neben dem ethnographischen Unsinn noch den Stempel der Kleine-Leute-Geschmacklosigkeit". Alberich wirkte mit Mantel und Epauletten geradezu lächerlich. ‚Das Rheingold' stand unter vollständigem Unstern, die Akte der ‚Walküre' erschienen zu lang, und das szenische Arrangement war vergleichsweise dürftig. Während einer Aufführung sagte Wagner zu Malwida von Meysenbug: „Sehen Sie nicht zu viel hin! Hören Sie zu!" Erst ‚Siegfried' war ein Triumph. Da es aber zu Lebzeiten Wagners aus finanziellen Gründen zu keiner zweiten ‚Ring'-Inszenierung kam, hielt sich die Nachwelt zunächst an das nur mäßig Geglückte, und nach den ‚Parsifal'-Festspielen 1882, den letzten, die Wagner selbst erlebte, waren alle Weichen für eine Petrifizierung gestellt. Dabei hatte Cosima doch noch während der Proben zur ersten ‚Ring'-Aufführung im Juli 1876 in ihrem Tagebuch voller Resignation einbekannt: „So weit wird die Ausführung vom Werk zurückbleiben, wie das Werk von unsrer Zeit fern ist!"

Zweifellos war etwas Fremdes erschienen in dieser Zeit, und kritische Formulierungen wie „Affenschande", „Machwerk" und „Tollheit" waren keine Seltenheit. Wie aber konnte sich es trotzdem behaupten? Es gibt in der Kunst der großen Formen und des langen Atems eine Antinomie zwischen Schein und Inhalt, da sich Kunst und Gesellschaft voneinander entfernt haben und keine gemeinsamen Konventionen mehr kennen, eine Antinomie, die fast jeder Kunst zum Problem wird: zwischen Kulinarischem und Tendenziellem, zwischen Genuß und Erkenntnis. Der Glanz des Gründerzeit-Ambientes, mit dem sich auch das Werk umgab, war Trug. Die Götter gingen unter. Aber hinter dem Rücken des Schöpfers macht sich das Werk auf, um zu vergolden, was nicht besteht und gar nicht sein kann: so trügerisch ist Kunst, die nur Gleichnisse vorführt. Aber davon lebt sie auch. Der Mythos zeigt, wie alles zerfällt und zuschanden wird: Macht, Geld und Glaube. Nur merken die Zuschauer es nicht. Die Oberklasse des Reichs sah das radikalste sozialkritische Kunstwerk in Deutschland vor Anbruch des Naturalismus – und war entzückt.

Egon Friedell
Die Auflösung der Malerei

Die Entwicklungsgeschichte der modernen Malerei kristallisiert sich um ein großes Hauptthema: die Darstellung der Bewegung. Dieses Problem beherrscht die gesamte Gemäldekunst von Rembrandt bis Marc. Die Renaissance sucht noch keine Bewegung, sie kennt nicht einmal das Problem. Die Barockkünstler sind die ersten, die die Bewegung abzubilden versuchen, und zwar auf die einzig mögliche Weise: durch Undeutlichkeit. Der Klassizismus schraubt sich gewaltsam wieder zum „starren System" zurück und erweist sich hierdurch als retrograd und ein wahres Malheur in der modernen Entwicklung. Der Impressionismus nimmt das Problem mit seiner höchsten Energie wieder auf. Uns erscheinen seine Bilder selbstverständlich; aber einem Menschen der [achtzehnhundert]achtziger Jahre hat sich vor einem Stück wie etwa der „Ballettprobe" von Degas buchstäblich alles gedreht, wie ja auch uns noch ein Gemälde wie Severinis prachtvoller „Pan-Pan-Tanz" (ein Standardwerk des Expressionismus, richtiger: des Hochimpressionismus) in Drehkrankheit versetzt. Beim Impressionismus unterscheidet sich jede spätere Phase von der vorhergegangenen durch ein Plus an Mobilität des Sehens. Die Optik seiner Monetphase zum Beispiel verhält sich zu der des ancien régime etwa wie die mechanische Wärmetheorie, die das Phänomen der Wärme als blitzschnelle Bewegung kleinster Massen auffaßt, zu der Phlogistontheorie des achtzehnten Jahrhunderts, die sich den Vorgang der Erwärmung durch

Hinzutritt des „Wärmestoffs“ erklärt: eine zweifellos viel statischere, sozusagen gemütlichere Vorstellung. Der Expressionismus aber entspricht der neuen Atomtheorie, die überhaupt nicht mehr an Massen glaubt, sondern bloß an dynamische, man kann fast sagen: überirdische Ladungen. Daß er nicht zufällig der Zeitgenosse des Kinematographen, der Aviatik, des Gaskriegs, des Radiums ist [...], bedarf keiner weiteren Erläuterung. Irgendwo – wie sich dies vollziehen wird und kann, vermögen wir noch nicht zu begreifen – lauert hier die Auflösung der Malerei.

Wolfgang J. Mommsen
Die künstlerische Avantgarde im Kaiserreich

Angesichts der Schlüsselstellung, die die staatlichen Kunstakademien in der Ausbildung von jungen Künstlern einnahmen, war die Dominanz der traditionellen Richtungen im öffentlichen Kulturbetrieb des Kaiserreichs zunächst außerordentlich groß. Nicht zufällig gingen die neuen künstlerischen Strömungen, die sich aus der provinziellen Enge der akademischen Kunst, mit ihrer Neigung zur Anpassung an die herrschenden politischen Tendenzen, zu befreien suchten, demgemäß nicht vom Zentrum des Reiches, sondern von der Peripherie aus.

Eine vorbereitende und in mancher Hinsicht wegbahnende Rolle spielte dabei die Freilichtmalerei der Worpsweder Schule. Paula Modersohn-Becker und Heinrich Vogeler drängten mit Macht aus dem Schematismus der akademischen Ateliermalerei heraus; sie wandten sich vornehmlich Sujets der freien Natur zu, im Bestreben, eine neue Unmittelbarkeit des Sehens zu erreichen. Dabei knüpften sie in gewissem Umfang an romantische Traditionen an, nicht zuletzt in ihrer Tendenz zur Idealisierung der Natur; maßgeblich war freilich der Einfluß des damals in Deutschland noch weithin abgelehnten französischen Impressionismus. Doch blieb den Worpswedern zunächst jede weitere Ausstrahlung versagt; erst mit geraumer Verzögerung sollte vor allem der Expressionismus, insbesondere Emil Nolde, wieder an ihre Arbeiten anknüpfen.

Der erste Anstoß für die Überwindung der herrschenden, neoklassizistischen Kunst der Gründerzeit ging von München aus, das schon seit längerem zur führenden Kunstmetropole in Deutschland geworden war, hinwiederum teilweise als Fernwirkung der Metropole Wien. 1892 wurde hier, nach Wiener Muster, wo es schon 1887 zu einer Absonderung eines Teils der Künstler vom offiziellen Kunstbetrieb gekommen war, eine Sezession ins Leben gerufen, die sich freilich in erster Linie gegen den künstlerischen Massenbetrieb des „Salons“ richtete und noch nicht eigentlich eine besondere künstlerische Richtung repräsentierte. Aber die Ausstellungen der Münchener Sezession legten nicht nur weit stringentere Maßstäbe bei der Auswahl der Exponate an, sondern schlossen grundsätzlich keine der zeitgenössischen Kunstrichtungen aus; darüber hinaus waren sie in weit stärkerem Maße als die offiziösen Ausstellungen der Kunstgenossenschaft gegenüber ausländischer Kunst offen, insbesondere gegenüber dem französischen Impressionismus.

In Berlin waren es Max Liebermann und Walter Leistikow, die im gleichen Jahre die „Gruppe der Elf“ ins Leben riefen, mit dem Ziel, hinfort außerhalb des jährlichen offiziellen Salons des „Vereins Berliner Künstler“, dessen Ausstellungsräume von den Aussteigern respektlos „Totenkammern“ genannt wurden, eigenständige Ausstellungen durchzuführen, für die nun private Kunstgalerien ihre Räumlichkeiten zur Verfügung stellten. Die erste Ausstellung der „Elf“ wurde von der Kritik als „extrem wüster Naturalismus“ und als herausragendes Beispiel der „Elends- und Arme-Leute-Malerei“ scharf attackiert, ohne doch deren Erfolg beim Publikum Abbruch zu tun. Im gleichen Jahr führte eine Ausstellung von Werken Edvard Munchs in Berlin zu einem öffentlichen Skandal und mußte auf einen unter dem maßgeblichen Einfluß Anton von Werners gefaßten Beschluß des „Vereins Berliner Künstler" auf einer eigens zu diesem Zwecke einberufenen außerordentlichen Mitgliederversammlung hin vorzeitig geschlossen werden; nicht zufällig fand sich sogleich eine private Galerie in Düsseldorf, die dazu bereit war, die Ausstellung zu übernehmen, und anschließend ging diese auch nach München. Die Auseinandersetzungen über die vorzeitige Schließung der Munch-Ausstellung, an denen wiederum Leistikow führend beteiligt war, führten zu einem öffentlichen Protest eines Teils der Mitglieder des „Vereins Berliner Künstler" unter Führung Max Liebermanns, der freilich zunächst nur zur Folge hatte, daß die daran beteiligten Hochschullehrer an der Akademie der Bildenden Künste ihre Professuren niederlegen mußten. Die Traditionalisten hatten noch einmal gesiegt. Der endgültige Bruch kam dann 1898 mit der Ablehnung eines Gemäldes „Der Grunewaldsee" von Walter Leistikow für die jährliche Berliner Kunstausstellung des „Vereins Berliner Künstler". Daraufhin gründeten Max Liebermann, Max Slevogt, Lovis Corinth, Walter Leistikow, Zille, Käthe Kollwitz und eine Reihe anderer Künstler, die vor allem die gemeinsame Ablehnung des offiziösen Kunstbetriebs einigte, die aber sonst durchaus verschiedene künstlerische Tendenzen vertraten, die Berliner Sezession. Aber erst, als die Bemühungen der Sezession fehlschlugen, im Rahmen der jährlichen Großen Berliner Kunstausstellung als selbständige Gruppe mit eigenen Jury-Rechten aufzutreten, kam es zum endgültigen Bruch; dieser wurde übrigens von Seiten Wilhelms II. dadurch besiegelt, daß Liebermann, Frenzel und Friese aus der Jury für die Berliner Kunstausstellung ausgeschlossen wurden.

Bereits die erste, noch einigermaßen improvisierte Ausstellung der Berliner „Sezession" 1899 in einem eigens dafür errichteten Pavillon an der Kantstraße erwies sich als ein riesiger Erfolg. Das Berliner Publikum, das eben noch mehrheitlich die künstlerische Avantgarde verworfen hatte, strömte in großen Zahlen in die Ausstellungen der Sezessionisten und votierte so selbst für eine Öffnung der Kunst für die Moderne. Gestärkt wurde die Sache der Sezessionisten durch den Umstand, daß sie durch die Zusammenarbeit mit Bruno und Paul Cassirer, die zu den bedeutendsten modernen Galeristen Berlins zählten, tatkräftige Hilfe und zugleich finanzkräftige Abstützung erhielten. Bruno Cassirer brachte im Jahre 1902 eine neue, einflußreiche Zeitschrift „Kunst und Künstler. Monatsschrift für bildende Kunst und Kunstgewerbe" heraus, die die Bestrebungen der Sezession wohlwollend, wenn auch durchaus nicht unkritisch, unterstützte.

Künstlerisch gesehen waren die Sezessionisten durchaus keine einheitliche Gruppierung; eigentlich erst durch die Eskalation des Gegensatzes zur offiziös geförderten akademischen Kunst wurden sie gleichsam gezwungen, sich der Moderne rückhaltlos zu öffnen. Die Sezessionisten vertraten, vielleicht mit der Ausnahme des sozialkritischen Programms von Käthe Kollwitz, eine eher zahme Variante der modernen Kunst; neben Liebermanns eher vorsichtige, auch in der Wahl der Sujets vergleichsweise behutsame impressionistische Malweise traten dann allerdings Lovis Corinths kraftvolle, mit breitem Pinselstrich und intensiven Farben arbeitende Malerei sowie die ausdrucksstarken Bilder Max Slevogts. Die Zeitgenossen werteten die Auseinandersetzung zwischen der Sezession und dem Akademismus als einen großen Sieg für die erstere; die Berliner Sezession sei, wie der Berliner Kunsthistoriker Oskar Bie anläßlich der 2. Kunstausstellung der Sezession urteilte, ein „wichtiges Bindeglied einer umfassenden europäischen Bewegung, welche in ihrem Kampf gegen die akademische Vorherrschaft eine wahrhafte Revolutionierung des Kunstgeschmacks herbeigeführt habe". [...]

Im letzten Jahrzehnt vor 1914 kam es dann auf breiter Front zum Durchbruch einer künstlerischen Avantgarde, die sich, ermutigt durch das Vorbild der Kunst Edvard Munchs und der kubistischen und fauvistischen Malerei in Frankreich, weit über die Grenzen hinauswagte, die von der inzwischen zur herrschenden Kunstrichtung aufgestiegenen Berliner Sezession und ihren Dependancen in den anderen deutschen Kunstmetropolen markiert worden waren. Es handelte sich um eine förmliche Revolte gegen den zaghaften Impressionismus der Berliner Sezession; obschon das Gros der bürgerlichen Schichten ebenso wie die höfischen Kreise den eigentlich eher gemäßigten impressionistischen Stil der Sezession noch vor wenigen Jahren radikal abgelehnt hatten, war dieser in den meinungsbildenden Kreisen der bürgerlichen Gesellschaft inzwischen zur herrschenden modernen Kunstrichtung geworden. Demgemäß glaubte eine neue Generation von Künstlern und Schriftstellern, in der impressionistischen Kunstübung der Sezessionisten nunmehr das Spiegelbild der bürgerlichen Gesellschaft und der Herrschaft des Bürgertums zu erkennen.

Die künstlerische Avantgarde, für die bald die neue Bezeichnung des Expressionismus gebräuchlich wurde, obschon von einer auch nur annähernden Einheitlichkeit ihres Stilwollens nicht mehr die Rede sein konnte, vollzog einen radikalen Bruch mit den bisherigen Anschauungen über die Funktion von Kunst und Kultur in der modernen Gesellschaft. Sie sah die Aufgabe der Kunst nunmehr darin, „nicht mehr das Sichtbare wiederzugeben, sondern sichtbar zu machen" [Paul Vogt nach einem Diktum Paul Klees]. Das Ziel des Kunstwerks war es nicht länger, die Wirklichkeit, und geschehe dies in noch so verfremdeter Form, darzustellen und mit ästhetischen Mitteln zu deuten, sondern vielmehr, nach einem Worte von Franz Marc, „ein unirdisches Sein zu zeigen, das hinter allem wohnt". Damit gewann die Kunst im Verständnis der Avantgarde eine ganz neue Funktion; nicht die ästhetische Legitimierung vorgegebener gesellschaftlicher Verhältnisse, wie in der aristokratischen Kultur des Barock, nicht die gefällige Ausstaffierung und Dekorierung der bürgerlichen Welt unter Rückgriff auf ein unerschöpfliches Reservoir von bewährten Stilformen vornehmlich der Antike und des Klassizismus, wie in der Gründerzeit, nicht die Erschließung einer neuen, unmittelbaren Weise der Wahrnehmung dieser Wirklichkeit, wie dies der Impressionismus anstrebte, sollte Kunst leisten. Sie war vielmehr ein Schlüssel, der die Türen öffnete, die in neue, zauberhafte Gegenwelten hineinführten und damit zugleich die bestehende Welt entzauberten. Dies hieß zugleich, daß Kunst sich prinzipiell von jeglicher Instrumentalisierung zu kunstfremden Zwecken fernhalten müsse. Die Avantgarde beanspruchte, mit ihren künstlerischen Schöpfungen eine ganz neue Dimension der Wirklichkeit zu erschließen, die quer zu der als alltäglich, als häßlich oder gar als bedrükkend empfundenen Realität der industriellen Gesellschaft stand und die sich den Tendenzen zur Uniformierung und Rationalisierung aller äußerer Lebensbeziehungen entgegenstellte, wie sie für die entstehende industrielle Zivilisation typisch waren. [. . .]

1904 fanden sich in Dresden Ernst Ludwig Kirchner, Erich Heckel und Karl Schmidt-Rottluff zu einer neuen Gruppe zusammen, die 1905 in einem ehemaligen Schusterladen in der Dresdner Friedrichsstadt ein gemeinsames Atelier begründeten. Sie waren glühende Verehrer Nietzsches und sahen ihr eigenes Wollen in den Worten Zarathustras bestätigt: „Ich liebe die großen Verachtenden, weil es die großen Verehrenden sind und Pfeile der Sehnsucht nach einem anderen Ufer". [. . .] Mit der oft geradezu plakatartigen Präsentation ihrer Objekte, mit dem Einsatz eines bewußt groben Pinselstrichs und der Verwendung der Farbe als eines expressiven Ausdrucksmittels von großer Kraft, unbekümmert um photographische „Richtigkeit", bahnten die Maler der „Brücke", die schon bald Emil Nolde, Max Pechstein und wenig später Otto Müller in ihren Kreis aufnahmen, den Weg für eine völlig freie, rein expressive Verwendung der Farbe. In der gleichen Richtung ging die fast gleichzeitig in München entstandene „Neue Künstlervereinigung", zu deren führenden Köpfen insbesondere Wassily Kandinsky, Alexej von Jawlensky, Gabriele Münter und Franz Marc gehörten, konsequent weiter voran. „Farbe", so formulierte Otto Fischer 1912 das Credo der „Neuen Künstlervereinigung", „ist ein Mittel des Ausdrucks, das unmittelbar zur Seele spricht." Allerdings trennten sich die führenden Künstler dieser Gruppe, Kandinsky und Marc, sogleich wieder von der „Neuen Künstlervereinigung", die ihnen nicht radikal genug war, und gründeten eine eigenständige Vereinigung, die wenig später den Namen „Der Blaue Reiter" annahm. Ihre Devise war, daß die Erneuerung der Kunst „nicht formal sein" dürfe, „sondern eine Neugeburt im Denken" sein müsse. Zu ihnen stieß dann wenig später neben Gabriele Münter der Rheinländer August Macke hinzu, dessen kraftvolle Farbkompositionen Franz Marc schon zuvor fasziniert hatten. In seinen Tierbildern, die schon bald eine immer abstraktere Struktur annahmen, bediente sich Franz Marc mit großer Kühnheit der Farbe als Ausdrucksmittel, in völliger Mißachtung der naturgegebenen Farbskalen. Kandinsky ging noch einen Schritt weiter; 1911 entstand die erste seiner rein abstrakten Bildkompositionen, die Form und Farbe als ästhetische Ausdrucksmittel einsetzten, ohne überhaupt noch ein konkretes Objekt vorgeben zu wollen.

Die Berliner Sezession, die bislang auch Künstlern der expressionistischen Richtung ihre Pforten geöffnet hatte, zerbrach unter dem Ansturm der neuen expressionistischen Avantgarde, die mit Entschiedenheit die Moderne für sich besetzte. Die Zurückweisung der Werke einer ganzen Reihe von expressionistischen Künstlern durch die Sezession führte zu einer ersten gemeinsamen „Ausstellung der Zurückgewiesenen der Sezession" im Jahre 1910. Hinzu kam eine bittere Auseinandersetzung Emil Noldes mit Max Liebermann, der zum Ausschluß Noldes und zur Gründung der „Neuen Sezession“ in Berlin führte. Hier sammelten sich nun die Repräsentanten der Avantgarde, die über die von Liebermann und Corinth repräsentierte, dem Impressionismus weiterhin verpflichtete Kunstrichtung des Sezessionismus hinausdrängten; dazu gehörten insbesondere die Maler der „Brücke“, die inzwischen nach Berlin übergesiedelt waren und zu denen nun mit Max Beckmann eine Künstlerpersönlichkeit von großer Kraft und Imagination hinzutrat. Auch im Rheinland hatte sich seit 1908 eine Gruppe von Künstlern gebildet, die der bisherigen konventionellen akademischen Malerei überdrüssig war und die Licht und Farbe sonnendurchfluteter Landschaften als Chance für einen ästhetischen Neuanfang entdeckten, der über die in der Kunstakademie gepflegte „akademische“ Malerei ebenso hinausführte wie über den behutsamen Impressionismus der Sezession. Julius Bretz, Max Clarenbach, August Deusser, Alfred Rethel, Otto Rethel und Max Ophey gründeten 1908 den „Sonderbund“ in Düsseldorf, dessen Ausstellungen in den Jahren 1909 und 1911 wichtige Stationen der Entwicklung der nachimpressionistischen Kunst in Deutschland darstellten.

Die epochemachende Sonderbundausstellung von 1912 war von vornherein als eine kulturpolitische Demonstration gegen die deutschtümelnden Tendenzen in Teilen der deutschen Öffentlichkeit angelegt; insbesondere wurde hier erstmals die zeitgenössische französische Kunst, unter besonderer Berücksichtigung der Fauves, daneben aber vor allem auch des Werks von Vincent van Gogh und Edvard Munch, umfassend vorgestellt. Im Katalog wurden die Werke der französischen Avantgarde ausdrücklich willkommen geheißen: „In den gegenwärtigen Zeitläuften, da enge Geister deutsche Kunst in enge Grenzen bannen möchten, ist es uns Bedürfnis und Freude, Frankreichs Künstler besonders herzlich willkommen zu heißen“.

Die Reaktion der großen Mehrheit der Kunstkritiker, insbesondere aber der Öffentlichkeit, auf die neuen expressionistischen Richtungen war zunächst überwiegend ablehnend, wenn nicht gar ausgesprochen feindlich. Die Sonderbundausstellung von 1912 hatte weite Teile der Presse, insbesondere aber auch der konventionell orientierten Künstlerschaft gegen sich. Und in den literarischen Zeitschriften fand die Avantgarde ebenfalls eine überaus kritische Aufnahme. Hans Rosenhagen, der führende Kunstkritiker des *Grenzboten*, weigerte sich, den deutschen Expressionismus als eine eigenständige Entwicklung anzuerkennen und warnte davor, auf diesem Wege weiterzugehen, da dieser Stil „in Deutschland niemals volkstümlich werden kann und darf, wenn anders das Volk nicht sein Eigenstes und Bestes aufgeben soll". Die *Neue Rundschau* meinte, daß der Expressionismus, mit seiner völligen Verlagerung der malerischen Kreativität in „die Phantasiebildung des Zerebrums", auf „die Verachtung der Malerei" hinauslaufe. Noch ungleich schärfer attackierte Erich Vogeler die Kunst der „Neuen Sezession" als „Aufstand der primitiven rohen Kunstinstinkte wider die Zivilisation". Nur die im März 1910 von Herwarth Walden gegründete Zeitschrift „Der Sturm. Wochenschrift für Kultur und Künste" trat entschieden für die neueren Entwicklungen des Expressionismus, des Kubismus und des Futurismus ein. Jedoch blieb die Haltung des breiten Publikums, keineswegs nur in den Kreisen der Neuen Rechten, überwiegend ablehnend. Die Kunst der Moderne wurde nur von kleinen Gruppen der bürgerlichen Oberschichten und darüber hinaus der Intellektuellen getragen; sie konnte nicht – und wollte dies auch gar nicht – zur Kunst breiter Schichten, schon gar nicht zu einer Massenkultur werden.

IV. Lebenswelten und Alltag

Jürgen Kocka

Bürgertum und Bürgerlichkeit

Wenn man über das deutsche Bürgertum im 19. Jahrhundert spricht, dann dürften sich die meisten deutschsprachigen Historiker im großen und ganzen darüber einig sein, welche Berufs- und Sozialgruppen dem Bürgertum zuzurechnen sind und welche nicht – abgesehen von einigen, allerdings großen Zwischen- und Randgruppen, deren Zuordnung unklar ist und wechselt. Nicht zum Bürgertum rechnen Adel, katholischer Klerus, Bauern, Arbeiter und die Unterschichten insgesamt. Auf jeden Fall zum Bürgertum rechnen die Kaufleute, Fabrikanten und Bankiers, Kapitalbesitzer, Unternehmer und ihre leitenden Angestellten – also das Wirtschaftsbürgertum bzw. die Bourgeoisie im eigentlichen Sinn. Ebenfalls zum Bürgertum rechnet man bei uns i.d.R. die Ärzte, Rechtsanwälte und anderen Freien Berufe, die Gymnasiallehrer und Professoren, die Richter und höheren Verwaltungsbeamten, dann auch Naturwissenschaftler, die Diplom-Ingenieure und qualifizierte Experten anderer Art – also Personen, die durchweg höhere, tendenziell akademische Bildung besitzen und davon leben und die man deshalb auch manchmal mit der Sammelbezeichnung „Bildungsbürger" zusammenfaßt, „Bourgeoisie" und „Bildungsbürger" sind die beiden wichtigsten Segmente des Bürgertums. Zusammen mit ihren Familien dürften sie in der zweiten Hälfte des 19. Jahrhunderts nicht mehr als 5–8% der Bevölkerung ausgemacht haben.

Ob die große Masse der kleinen Selbständigen in Handel und Gewerbe – die Handwerker, Kleinhändler und Gastwirte – und die an Zahl bald zunehmenden mittleren und kleineren Angestellten und Beamten eindeutig zum Bürgertum zu rechnen sind, ist schon weniger klar. Jedenfalls gegen Ende des 19. Jahrhunderts bezeichnete man sie gern als „kleinbürgerlich" (oder als „mittelständisch") und deutete damit an, daß sie wohl in gewisser Weise, aber doch nicht im Vollsinn des Wortes zum Bürgertum gehören. Wie gesagt, das ist die Sicht des späten 19. Jahrhunderts. Ein Jahrhundert früher gehörten die städtischen Handwerker und Detaillisten dagegen ohne Zweifel zum städtischen Bürgerstand, aber in dem Maße, in dem im Laufe des 19. Jahrhunderts Besitz- und Bildungsbürgertum aufstiegen und die Bedeutung des Bürger-Begriffs prägten, in dem Maße rückten jene kleineren Existenzen an den Rand des Bedeutungsfeldes von „Bürgertum". Die Angestellten sind als Massenphänomen ohnehin erst ein Produkt des späten 19. Jahrhunderts – Arbeitnehmer wie auch die Arbeiter, aber durchweg bemüht, nicht zu diesen zu rechnen und als „neuer Mittelstand" eher auf der Seite des Bürgertums stehend – nach Selbstverständnis, Ansehen, Einstellungen und Lebensstil.

Auch wenn man die kleinen Selbständigen und die kleinen Gehaltsempfänger wie andere schwer zuzuordnende Kategorien (Künstler z.B.) zunächst einmal beiseite läßt und sich auf den wirtschafts- und bildungsbürgerlichen Kern beschränkt, ist es nicht leicht zu sagen, aber doch eine zentrale Frage der Bürgertumsforschung, was denn der gemeinsame Nenner und zugleich die abgrenzende Besonderheit jener ist, die schon die zeitgenössischen Wörterbücher und erst recht die heutigen Historiker zum Bürgertum rechnen. Was ist es denn, das die Kaufleute, Fabrikanten und angestellten Bankdirektoren, die selbständigen Rechtsanwälte, die Richter und Ministerialbeamten, später auch die Diplomingenieure und Betriebswirtschaftler etc. in sozial relevanter Weise gemeinsam hatten, und zwar so, daß es sie zugleich von Nicht-Bürgern unterschied? Die gleiche Klassenlage kann es nicht gewesen sein, denn die einen waren selbständig, die anderen beamtet, und wieder andere zählten zu den Privatangestellten. Nicht nur nach Beruf, auch nach Bildung unterschied man sich, denn eine, wenn auch abnehmende, Mehrheit der Wirtschaftsbürger verfügte im

19. Jahrhundert nicht über jene akademische Bildung, die die Bildungsbürger als solche definierte. Und auch nach Einkommen und sozialer Herkunft war das Bürgertum äußerst heterogen. Wodurch definierte es sich dann, was hielt es zusammen? [. . .]

Zwei Argumentationen erscheinen mir tragfähig, brauchbar und komplementär. Ich beschränke mich auf sie, lasse andere beiseite.

Zum einen ist da die Argumentation mit den sozialen Frontstellungen. Man weiß ja, daß sich Gruppen sehr oft nur im Konflikt konstituieren: durch Absetzung von anderen konstituiert sich eigene Identität. Man weiß das aus der Geschichte der Klassen, der Nationalitäten, der Konfessionen. Angewandt auf diesen Fall: Im späten 18. und frühen 19. Jahrhundert, als das Bürgertum im modernen Sinne entstand, teilten Kaufleute, Manufakturunternehmer und Kapitalisten, gebildete Beamte und Publizisten, Professoren und manche Pfarrer – bei aller Verschiedenheit der Interessen und Erfahrungen ansonsten – die kritische Absetzung von den alten Mächten, vom privilegierten Geburtsadel einerseits, vom monarchischen Absolutismus andererseits. Man berief sich auf Leistung und Bildung, auf Arbeit und Persönlichkeit, man entwarf das Modell einer modernen, säkularisierten, nachständischen, nicht von oben gegängelten, sich vernünftig selbst regulierenden, eben „bürgerlichen" Gesellschaft – und all das in der Kritik an geburtsständischen Privilegien und am Obrigkeitsstaat. In den Lesegesellschaften und Logen traf man sich und diskutierte, auch in anderen Vereinen, bald auch in liberalen Versammlungen, bei politischen Gastmählern und schließlich im Landtag. Die Kritik der Bürger war zumeist nicht revolutionär. Und die Grenzlinie war niemals scharf gezogen – adlige Überläufer gab es zuhauf, und die aufgeklärten Beamten gehörten zugleich zur bürgerlichen Kritik wie zum kritisierten Staat. Dennoch: was diese Bürger ganz verschiedener Art einigermaßen einte, waren die gemeinsamen Gegner: der Adel, der unbeschränkte Absolutismus, vielleicht auch die kirchliche Orthodoxie, – und in der Opposition dagegen entwickelte sich so etwas wie ein Berufe und Gruppen übergreifendes Bürgertum mit seiner damals utopischen Idee der bürgerlichen Gesellschaft der Freien und prinzipiell Gleichen.

Im Laufe des 19. Jahrhunderts verblaßte allerdings diese Frontlinie, ohne doch je ganz zu verschwinden. Der weitgehende Abbau der rechtlichen Privilegien des Adels vom Beginn des Jahrhunderts bis zum Jahrzehnt der Reichsgründung, die Konstitutionalisierung des Herrschaftssystems und ökonomisch-sozial-kulturelle Annäherungen zwischen den oberen Schichten des Bürgertums und Teilen des Adels trugen dazu bei. Aber eine andere, schon um 1800 nicht ganz fehlende Frontstellung trat in den Vordergrund: die Abgrenzung nach unten, die Absetzung gegenüber den nicht-bürgerlichen Unterschichten und ihren Bewegungen, die in Form der mit der Industrialisierung anschwellenden Arbeiterbewegung zu einer immer mächtigeren Herausforderung wurden. So sehr sich die Großindustriellen und Kleinunternehmer, die freiberuflichen Akademiker, hohen Beamten, mittleren Angestellten und Oberlehrer, die Diplom-Ingenieure und Hotelbesitzer in fast allem unterschieden – die kritisch-defensive Absetzung gegenüber den kleinen Leuten, dem Volk, dem Proletariat, der Arbeiterbewegung teilten sie i.d.R., und das war in der klassengespaltenen Gesellschaft des Kaiserreichs und auch noch in Weimar-Deutschland wichtig und prägend genug, um weiterhin von einem Bürgertum zu sprechen. [...]

Eine zweite durchaus kompatible und ergänzende Argumentation hebt auf eine dem Bürgertum gemeinsame und spezifische „Kultur" ab, „Kultur" im Sinne von Lebensführung, Deutungsmustern, Symbolen, Wertungen und Mentalitäten verstanden.

Aus dieser kulturgeschichtlichen Perspektive teilten die Wirtschaftsbürger und die Bildungsbürger eine besondere

Hochachtung vor individueller Leistung und begründeten damit ihre Ansprüche auf wirtschaftliche Belohnung, soziales Ansehen und politischen Einfluß. Damit verknüpfte sich eine positive Grundhaltung gegenüber regelmäßiger Arbeit, eine typische Neigung zu rationaler und methodischer Lebensführung. Als ausgesprochen bürgerlich gilt in dieser Perspektive das Streben nach selbständiger Gestaltung individueller und gemeinsamer Aufgaben, auch in Form von Vereinen und Assoziationen, Genossenschaften und Selbstverwaltung (statt durch Obrigkeit). Die Betonung von Bildung (statt von Religion) kennzeichnete das Welt- und Selbstverständnis der Bürger. Bildung gehörte zugleich zur Grundlage ihres Umgangs miteinander und zur Abgrenzung von anderen (etwa durch Klassiker-Zitate und Konversationsfähigkeit). Ein ästhetisches Verhältnis zur Hochkultur (Kunst, Literatur, Musik) war für das Bürgertum ebenso kennzeichnend wie der Respekt vor der Wissenschaft. Sicherlich war bürgerliche Lebensführung zentral durch ein besonderes Familienideal gekennzeichnet: die Familie als eine sich selbst begründende, als Selbstzweck begreifende Gemeinschaft, als eine durch emotionale Beziehungen statt durch Zweckhaftigkeit und Konkurrenz geprägte Sphäre in Absetzung zu Wirtschaft und Politik, die Familie als rechtlich geschützter und durch „dienstbare Geister“ freigesetzter Innenraum der Privatheit im Unterschied zur Öffentlichkeit. Bürgerliche Kultur verwirklichte sich nur in der Stadt. Vielleicht gehörte auch ein Minimum an liberalen Tugenden wie Toleranz, Konflikt- und Kompromißfähigkeit, Autoritätsskepsis und Freiheitsliebe zur bürgerlichen Kultur, doch geht gerade an dieser Stelle die idealtypische Beschreibung besonders leicht in ideologische Rechtfertigung über. Wenn man so den Zusammenhalt der Bürger und ihre Unterscheidung von anderen durch Normen, Einstellungen und Lebensweisen definiert, wird man die große Wichtigkeit symbolischer Formen für die Identität des Bürgertums würdigen können: Tischsitten und Konventionen, Titel und feine Lebensart, Sauberkeit und Körperpflege, die Kleidung, den (heute aus der Übung gekommenen) Hut.

Für dieses das Bürgertum kennzeichnende Ensemble kultureller Momente und Lebensführungspraktiken hat man auch den Begriff „Bürgerlichkeit“ vorgeschlagen. Wenn im Folgenden von „Bürgerlichkeit“ die Rede ist, dann in diesem Sinn.

Die Definition des Bürgertums durch spezifische Kultur und Lebensführung hat manche Probleme. Die Merkmale sind nicht immer trennscharf, nichts läßt sich in der Geschichte schwieriger präzis erfassen als das luftige Gebiet der Deutungen und Gebräuche, der Wertorientierungen und Lebensweisen. Auf verschiedene Gruppen des Bürgertums passen einige der genannten Merkmale überdies mehr schlecht als recht. Umgekehrt fehlen sie nie ganz in den nicht-bürgerlichen Schichten.

Aber diese kulturgeschichtliche Definition des Bürgertums hat auch zahlreiche Vorteile und Anschlußmöglichkeiten. Man kann etwa fragen, welche sozialökonomischen und politischen Bedingungen gegeben sein müssen, um Bürgerlichkeit in diesem Sinn zu verwirklichen: etwa Rechtsstaatlichkeit, ein dauerndes Auskommen deutlich über dem Existenzminimum (gleich aus welchen Quellen) und, damit verbunden, eine gewisse Sicherheit und Planbarkeit des Lebens; in den Familien eine gewisse Freisetzung der Mutter und der Kinder von früher und drückender Erwerbsarbeit, denn nur so konnten die Pflege und die Weitergabe jener bürgerlichen Kultur gewährleistet werden; wohl auch eine gewisse Distanz zur Arbeit mit den Händen und vor allem: Zeit und Muße. Damit erklärt sich dann auch, warum kleine Handwerker und kleine Angestellte nur am Rande zum Bürgertum gehörten und andere – Arbeiter, Bauern – gar nicht. Bei diesen Kategorien waren nämlich die harten Bedingungen für Bürgerlichkeit nur im begrenzten, prekären Ausmaß gegeben, oder auch gar nicht. Ihnen blieb

Bürgerlichkeit im Kern verschlossen, ihre Verbürgerlichung stieß an Grenzen, auch wenn sie noch so sehr von bürgerlichen Reformern betrieben und von Möchtegern-Bürgern erstrebt wurde.

Rudolf Braun / David Gugerli

Gold sucht Geburt: Großbürgerlicher Hausball in der Belle Epoque

Die Vorbereitung eines Hausballes in diesen Kreisen ist eine logistische Generalstabsübung und beginnt schon Wochen vorher. Allerdings enthalten die Tanz- und Benimmbücher recht ausführliche Informationen darüber, wie ein Hausball zu organisieren ist und wann damit begonnen werden soll. Zudem kann professionelle Hilfe herangezogen werden, sog. Vortänzer, die dann auch am Ballabend selbst vom Empfang bis zum Schlußcotillon dem Gastgeber zur Seite stehen. [...]

Die schwierigsten Entscheide sind selbstverständlich: Wer soll eingeladen werden? Wie viele tanzende und zuschauende Gäste ertragen die Räumlichkeiten und die übrige Infrastruktur, so daß kein stilwidriges Gedränge entsteht? Wie läßt sich eine Balance zwischen tanzbegabten und -willigen Herren und den Damen finden, so daß die letzteren gut geführt zu jedem Tanze aufgefordert werden? Schließlich – und das ist wohl der heikelste Punkt – die Frage: Wieweit hinauf in der sozialen Hierarchie dürfen Einladungen gehen, ohne peinliche Absagen zu riskieren? [...] Insbesondere die Plutokratie ist erpicht darauf, Adel und Offiziere – beinahe ein Pleonasmus – als Gäste begrüßen zu dürfen, wobei es selbstredend Rangunterschiede gibt, je nach Ahnenprobe bzw. Exklusivität der Waffengattungen und der Regimenter. Um gleichsam als Saaldekoration und zur sozialen Aufwertung Herren in Offiziersuniform zu angeln, werden angeblich recht unfeine Köder an den Angelhaken gebunden, die jedoch offensichtlich zum Beißen ermuntern: „Daß adelige Gardeleutnants gewöhnt waren, bei ihren bürgerlichen Gastgebern 1000 Mark Scheine in der Serviette zu finden und im Oktober schon um ihr Weihnachtsgeschenk in bar bitten durften, erfüllte die Nichteingeweihten mit Scham und Ekel, die Eingeweihten nur mit Unwillen über die Indiskretion, die das an den Tag brachte." [Max v. Boehn].

Mit noch anderen Lockvögeln wird geworben: „Unser hoher Adel ist verhältnismäßig zu wenig begütert, um rauschende Festlichkeiten, von denen ganz Berlin spricht, zu veranstalten, Ausnahmen kommen natürlich vor. Dagegen thut die Geld-Aristokratie viel für das Vergnügen ihrer Gäste, und zu letzteren zu gehören, ist nicht schwer, am wenigsten, wenn man zweierlei Tuch trägt. ‚Wir werden bald tanzen lassen, Herr Lieutenant.' ‚Ah, vortrefflich, Herr Kommerzienrat, werde ich auch die Ehre haben?' ‚Selbstverständlich – und hm – wenn Sie einige Kameraden haben, Herr Lieutenant, – es fehlen uns noch einige Tänzer und – es kommen sehr hübsche, auch sehr reiche Mädchen!' Der junge Vaterlandsverteidiger hat den Wink verstanden und er findet auf sein Anfragen im Offizierscorps viel Bereitwilligkeit, gewiß, warum soll man bei Kommerzienrats nicht tanzen, man hat gar keine Umstände davon und ist selbst von der pflichtgemäßen Visite entbunden, da die Abgabe der Karten als genügend angesehen wird, und vor allem, wie hatte der Finanzbaron doch gesagt: es sind sehr hübsche und reiche Damen da – alle Wetter, solch einen Goldfisch nicht nur zum Kotillon, sondern auch zu einer Lebenstour zu engagieren, wäre durchaus nicht übel und es verlohnt sich schon einmal, deshalb einen Abend zu opfern, selbst auf die Gefahr, sich zu langweilen." [Paul Lindenberg].

Die Jagd nach solchem Adel wird allerdings zuweilen auch zum Preis von Kränkungen erkauft. Zu den glänzendsten und kostspieligsten Hausbällen – eigentlich Festveranstaltungen – gehören jene des Bankiers Bleichröder; er ist ein Intimus des eisernen Kanzlers, auch dessen Vermögensverwalter und als kometenhaft aufgestiegener Jude besonders auf gesellschaftliche Anerkennung und Auszeichnung bedacht. Marie von Bunsen, die ihren Standesdünkel wieder einmal nicht ganz zu kaschieren vermag, bewährt sich als Klatschbase: „Glänzend war auch das Bleichrödersche Fest. (...) Die gesellschaftliche Stellung der Bleichröders war, wenn man will, vorzüglich, aber doch nicht erbaulich. Fast das gesamte aristokratisch-offizielle Berlin ging hin, entschuldigte sich aber nachher. Die ganze Festtafel zeigte das Erlesenste vom Erlesenen, man aß von Silber, das Kostbarste wurde einem vorgesetzt. Nachher spielte Sarasate nebst Essipoff, und dann wurde getanzt. Ich kannte genügend viele Tänzer, die meisten dieser Herren ließen sich – wie mein Tagebuch entrüstet erwähnt – aber nicht vorstellen, eine Unart, die sie sich in anderen Häusern nicht erlaubt hätten.“ [...]

Wir dürfen davon ausgehen, daß die erwähnten Bleichröder-Gäste auch [die] Anstandsregel mißachtet haben [...], daß sie innerhalb der auf den Ball folgenden Wochen eine Dankesvisite beim Gastgeber abstatten. [...] Diese Dankesvisite in den Tagen nach dem Anlaß [ist] ein Scharnier zu einer mehr grundsätzlichen Betrachtung der Ritualisierung dieser Hausbälle sowie ihrer Bedeutung für die Selbstidentifikation und Selbstdarstellung der Spitze des Berliner Bürgertums: Die persönlich abzustattende Dankesvisite kann auch substituiert werden, indem man lediglich die Visitenkarte abgibt – dem Ritual ist auch dadurch Genüge getan. Auf diesen Visitenkarten wird im Kaiserreich übrigens zuoberst – wenn vorhanden – der Reserveoffizier aufgeführt und erst danach akademische Titel und berufliche Stellung. Ist dies überhaupt noch eine bürgerliche Selbstidentität, die sich im Ritual des Hausballes manifestiert? Ein kurzer Blick in den Rückspiegel: der Umschwung nach dem Sieg von

1870/71; eine kurze, überhitzte Wirtschaftskonjunktur, doch schon 1873/74 ein Umschlag und ein Einbruch an den Börsen – ein sozialpsychologischer Dämpfer für das so optimistische Wirtschafts- und Finanzbürgertum; als Folge dieser konjunkturellen Wende 1879 die Einführung von Schutzzöllen auf gemeinsamen politischen Druck von Roggen und Eisen oder Rittergut und Hochofen; die veränderte politische Kultur mit der Krönung Wilhelms II. und Bismarcks Entlassung – weitere Marksteine wären zu nennen. Sie würden den Hintergrund skizzieren, auf den eine zweifache Ambivalenz, eine adelige und eine großbürgerliche, zu projizieren ist – eine Ambivalenz, die sich im Ritual der großbürgerlichen Hausbälle manifestiert.

Zunächst die eine Seite: Die Plutokratie ist darauf aus, ihre Gästeliste mit möglichst exklusiven Adeligen und Offizieren zu schmücken – auch, doch nicht nur mit dem Ziel, für ihre Töchter einen Bräutigam aus Adelskreisen zu angeln. Sie ist ferner darum bemüht, daß ihre Söhne in vornehme Regimenter als Reserveoffiziere kooptiert werden; Bleichröder gelingt es mit all seinem Geld, seinem Einfluß und seinen Konnexionen, daß einer seiner Söhne in ein exklusives Garderegiment aufgenommen wird, doch bei der ersten Gelegenheit verurteilt ihn das Ehrengericht, und er muß austreten. Die Feste und Hausbälle des obersten Wirtschafts- und Finanzbürgertums konkurrieren an Luxus- und Prachtentfaltung mit jenen adeliger Magnaten. Diese und andere Zeichen an der Wand lassen erkennen, daß der Adel mit seinen Wert- und Verhaltensformen im Kaiserreich gerade für die Spitze der Bürgerwelt eine wichtige Bezugsgruppe ist; die Bürgerwelt ist bereit, ihre eigene Selbstidentität bis zur Selbstverleugnung preiszugeben. Das Ritual des Hausballes offenbart die Kapitulation der bürgerlich-eigenständigen Selbstwertschätzung und Selbstdarstellung; es ist gleichzeitig aber auch Ausdruck der Selbsteinschätzung ihres sozioökonomischen und soziopolitischen Einflusses. Die Gastgeber wissen nur zu gut, wie viele

Adelige – bis hinauf in den Hochadel – auf Gedeih und Verderb von ihrer Kreditwilligkeit abhängig sind – Adelsprobe hin oder her.

Andererseits die Ambivalenz der adeligen Bezugsgruppen im Kaiserreich: Offensichtlich ist es für Angehörige dieser Kreise wenn auch nicht attraktiv, so doch lohnend, auf dem Altar des plutokratischen „goldenen Kalbes" etwas vom adeligen Standesstolz und von der Standesehre zu opfern. Man läßt sich von den Lockvögeln und Lockspeisen verführen und erscheint auf den Hausbällen. Man ist nicht uninteressiert, Distinktionsbedenken beiseite zu schieben und um die Hand einer mitgiftgesegneten Tochter aus dem Finanz- und Wirtschaftsbürgertum anzuhalten – und wäre der Vater auch Jude –, wenn diese „Mesalliance" hilft, die Offizierskarriere zu fördern und den Lebensstil zu verbessern; ein Faktum, das im Simplizissimus-Band „Die oberen Zehntausend" mehrfach karikiert wird. Hier wächst zusammen, was nicht zusammengehört, und das Zeremoniell der Hausbälle amalgamiert und pseudointegriert Geburt und Gold. Ohne die doppelte Ambivalenz wäre dem nicht so.

Hartmut Kaelble

Militarismus in Deutschland und Frankreich

Der Militarismus war zwar vor 1914 in beiden Ländern zu finden, nahm aber grundlegend unterschiedliche Entwicklungen. Ein gründlicher Vergleich steht freilich noch aus. Der deutsche Militarismus war nicht nur eine Folge der fehlenden politischen Kontrolle der Armee und des Überwucherns militärischer Denkweisen in der Regierungspolitik. Er bezog seine verhängnisvolle Stärke auch aus der Militarisierung der deutschen Gesellschaft, besonders des Bürgertums, aus der überstarken Geltung militärischer vor bürgerlichen Rängen und Werten wie der wirtschaftlichen und kulturellen Leistung, der Bildung, der individuellen Freiräume, der Menschen- und Bürgerrechte. Der französische Militarismus hingegen war Teil des französischen Republikanismus. Zu dem Enthusiasmus für die Menschenrechte, für Erziehung und Zivilisation, für die französische Nation, den französischen Staat gehörte auch der Enthusiasmus für die republikanische Armee, vor allem vor der Dreyfusaffaire. In Frankreich drangen gleichzeitig militärische Werte weit weniger in das gesellschaftliche Zusammenleben ein, besaßen Offiziere und Offizierspatente nicht das hohe gesellschaftliche Prestige, prägten Armeeangehörige auch nicht wie in Deutschland das öffentliche Leben. Nicht nur französischen Deutschlandreisenden fiel dieser Unterschied massiv auf. Auch deutsche Reisende in Frankreich registrierten die Unterschiede: „Die französischen Offiziere sind in bezug auf ihr Standesbewußtsein von den österreichischen und deutschen ... unendlich verschieden. Sosehr der Franzose auf ein eindrucksvolles Auftreten hält, so ist ihm doch der Ehrgeiz nach der Uniform fremd. Bei uns wären in den Städten die Promenaden, Kaffeehäuser, Theater, Konzertsäle ohne die eleganten Bilder schneidiger Offiziere undenkbar. In Paris begegnet man ihnen nur ausnahmsweise ... Es kommt nicht selten vor, daß die Frauen von Offizieren Inhaberinnen von Geschäften sind, und niemand findet es auffallend, wenn der Herr Leutnant nach seinen Dienststunden das Schwert mit der Feder des Kaufmanns vertauscht. ... Ein bürgerlicher, demokratischer Zug charakterisiert also die französischen Offiziere.“ [K. Eberhardt, 1917].

Ute Frevert

Das Duell in der bürgerlichen Gesellschaft

Begriffe wie ,Männlichkeit', ,Mannesbewußtsein', ,Mannesstolz', ,Manneswert', ,Manneswürde', ,Mannesheiligkeit' waren immer dann zur Stelle, wenn es darum ging, Identität und Motive von Duellanten näher zu beschreiben. [. . .] Die Betonung angeblich typischer männlicher Eigenschaften und Fähigkeiten wie Kaltblütigkeit, Eindeutigkeit, Selbstbeherrschung, Selbständigkeit, Freiheitsdrang, Willenskraft und Mut, die sich im Duell einen vollendeten Ausdruck verschafften, nahm geradezu beschwörend-verschwörerische Formen an, als ob es gelte sie vor dem drohenden Verfall zu retten. Solange sich Männer noch duellierten, bleiben sie wahre Männer, die ihrem Geschlecht Ehre machten und zeigten, daß sie in einer geschlechterdualistisch konzipierten Welt auf der richtigen, Macht und Autonomie verkörpernden Seite standen. [. . .]

Besonders deutlich kam der Zusammenhang von Ehre und Männlichkeit in einem Konflikt zum Ausdruck, der sich 1896 in Königsberg ereignete. Auf einem Maskenball wurde der als Matrose verkleidete Gerichtsassessor Ernst Borchert von einem ebenfalls kostümierten, stark angetrunkenen Mann „derb in das Gesäß gekniffen und aufgefordert, ihm ein Glas Bier zu bringen". Derart ostentativ als Servierfräulein behandelt zu werden, trieb dem Assessor die Zornesröte ins Gesicht. Er konterte mit der Bemerkung, er finde das Betragen des anderen „louismäßig" und würde ihn am liebsten dafür ohrfeigen. Nachdem er aufgrund verschiedener Andeutungen davon ausgehen konnte, es mit einem „satisfaktionsfähigen Menschen" zu tun zu haben, setzte er alles daran, seinen Beleidiger zum Duell zu bewegen, scheiterte aber zunächst an dessen demonstrativer, offenbar dem Alkohol geschuldeter Gleichgültigkeit. Borchert jedoch mochte den massiven Angriff auf seine Mannesehre nicht auf sich sitzen lassen. Als er erfuhr, daß der andere Offizier und als solcher unbedingt duellpflichtig war, machte er deshalb aus seiner Freude kein Hehl. Ein paar Ohrfeigen reichten aus, um den lethargischen Leutnant zu einer Forderung zu motivieren und Borchert jene Genugtuung zu verschaffen, deren er angesichts der handgreiflichen Verletzung seiner maskulinen Identität so dringend bedurfte.

Diese Geschichte beleuchtet nicht nur die äußerste Empfindlichkeit, mit der Männer auf Angriffe gegen ihre Geschlechtsehre reagierten; sie zeigt auch, daß solche Angriffe nur dann durch die Mutprobe eines Zweikampfes pariert werden mußten, wenn sie von einem Mitglied des exklusiven Männerbundes ausgegangen waren. Als der Gerichtsassessor zu Beginn des Konflikts den Eindruck gewann, sein Gegenüber sei satisfikationsunfähig – Grund dieser Annahme: Der Offizier hatte Borcherts Ohrfeigendrohung nur „mit einem geringschätzigen Lächeln" anstelle einer sofortigen Duellforderung beantwortet –, hielt er die Angelegenheit „für erledigt". Männer, die aufgrund ihrer sozialen Herkunft und Stellung nicht zur satisfikationsfähigen Gesellschaft gehörten, konnten gar nicht beleidigen, weil man auf ihre Achtung keinen Wert legte. War ein Akademiker von einem Tagelöhner oder Fabrikarbeiter beschimpft worden, fühlte er sich nicht als Person, sondern allenfalls sozial getroffen – und hängte dem Beleidiger eine gerichtliche Klage an. [. . .]

Die männliche Duellehre – oder, um die Austauschbarkeit der Begriffe noch einmal zu betonen, die ehrenhafte Männlichkeit der Duellanten – war schließlich alles andere als klassenneutral, und auch der Mut, der dazu gehörte, sie zu wahren und ‚rein'zuhalten, war nicht verallgemeinerbar. In seiner disziplinierten, affektgereinigten Ausdrucksform setzte man ihn nur bei jenen Männern voraus, die sich durch formale Bildungs- und Offizierspatente einen Platz im Kreis des elitären Männerbundes gesichert hatten. Alles das, was sich außerhalb dieses satisfikationsfähigen Kreises abspielte, konnte die persönliche Integrität seiner Mitglieder niemals tangieren, wie es Übergriffe und Achtungsverletzungen untereinander vermochten.

Ebenso wie ein Gerichtsassessor, Arzt oder Offizier nicht von einem Schneider- oder Metzgergesellen in seiner persönlichen Ehre und Männlichkeit gekränkt werden konnte, zeigte er sich auch für Beleidigungen, die Frauen gegen ihn aussprachen, prinzipiell unempfänglich. „Keine Gesellschaft", meinte 1898 ein Duell-Autor, „wird die Ehre eines Mannes durch den Schimpf eines Weibes, und sei er noch so arg, für verletzt halten." Niemals – außer in Romanen – wäre ein Mann auf den Gedanken verfallen, eine Frau, die ihn beleidigt hatte, zum Duell zu fordern; allenfalls konnte er überlegen, sie gerichtlich zu verklagen. Eine Frau durfte, so der Verfasser eines Duellkodexes, „für eine Beleidigung, die sie begangen hat, nicht verantwortlich gemacht werden." Diesem Grundsatz folgte 1876 der Referendar und Reserveoffizier Zacher, der auf einem Fest mit der Gattin des Kreisgerichtsrats Maeckelburg in Streit geriet und von ihr als „gemeiner Mensch" tituliert wurde. Anstatt sie dafür direkt und persönlich zur Rechenschaft zu ziehen, wandte sich Zacher an ihren Mann und forderte von ihm „eine Aufklärung dieses Benehmens". Von nun an war der Konflikt Männersache: Maeckelburg hielt mit seiner Frau Rücksprache, kehrte dann zu Zacher zurück und beleidigte ihn seinerseits mit Ausdrücken wie „dummer Junge" und „gemeiner Lümmel". Als er ihm außerdem noch Ohrfeigen androhte, revanchierte sich Zacher mit einer Pistolenforderung.

Untätig mußten Frauen auch dann bleiben, wenn sie selber beleidigt worden waren. Laut übereinstimmender Auffassung der Duellhandbücher war es die Aufgabe ihrer „natürlichen Beschützer", von dem Beleidiger, sofern er männlichen Geschlechts war, für seine Verfehlung Genugtuung zu verlangen. Die Beleidigung ging gleichsam über die Frau hinweg auf ihren Gatten über oder, falls sie unverheiratet war, auf ihren Vater [. . .].

Felix Eberty
Kleidungsmoden (1878)

Im ersten Viertel des Jahrhunderts trugen Frauen und Mädchen ganz enge Kleider, den Gürtel unmittelbar unter den Armen. Der Rock, ziemlich kegelförmig, ohne jede Falte reichte bis an die Knöchel. An den zierlichen Füßen, deren Anblick gegönnt war, wurden die Schuhe durch Bänder kreuzweise über dem Spann befestigt. Damals befleißigte sich die Frauenwelt denn auch eines weit anmuthigeren Ganges als gegenwärtig. Auf dem Kopfe trugen sie Hüte von weißer oder bunter Farbe, oft wie Herrencylinder, mit großem, vorn sehr breitem und hinten schmalem Schirm, der das ganze Gesicht so beschattete, und theilweise verdeckte, daß von dem schönen Antlitz nur sehr wenig zum Vorschein kam. – Die ungezogenen jungen Leute hatten damals die Gewohnheit, den Damen unter die Hüte zu sehen, was bekanntlich heutzutage weder nöthig noch ausführbar ist. Die gesammte Gestalt einer Frau glich den kleinen Figuren, die als Noahs Gattin und Töchter sich in den Archen befinden, welche den Kindern zum Spielzeug dienen.

Die Herren trugen sämmtlich die Stiefel über den Beinkleidern etwa zur Höhe der Waden. Viele hatten an diesen Stiefeln oben einen sechs Zoll breiten gelben Ueberschlag, Stulpen genannt, oder wo diese fehlten, als Verzierung Puscheln. Als etliche Jahre später mein Vater zum ersten Mal die Beinkleider über den Stiefeln trug, fanden wir das, wie ich mich noch erinnere, ungemein auffallend und lächerlich. In den dreißiger Jahren wurden allgemein Sprungriemen unter dem Fuß getragen, und die Beinkleidung durch dieselben möglichst stramm nach unten gezogen. Damals hatten sich auch die Damenkleider schon sehr verändert, sie waren weiter geworden, und zeigten Falten. Besonders auffällig war der Umfang der Aermel, der allmälig ins Ungeheuerliche anwuchs, so daß der Rücken mehr als doppelt so breit erschien, wie die Verhältnisse der menschlichen Figur es erfordern. Um diese Aermel, Gigot's genannt, in ihrer ganzen Ausdehnung sehen zu lassen, wurden sie mit kleinen Federkissen ausgestopft, und noch später durch eine Stahlfeder auseinandergezerrt.

Ich spielte damals öfter mit einer Dame vierhändig Klavier. Um das möglich zu machen, mußte der Aermel mit der Stahlfeder in die Höhe geschlagen, und durch eine Nadel an der Schulter befestigt werden, weil der Mitspieler sonst unaufhörlich an den Arm gestoßen wurde. – Die umfangreichen Hüte waren nicht mehr geschlossen, sondern wie ein Sonnenschirm über dem Gesichte ausgespannt. Im Hause trugen ältere Frauen sehr große puffige Hauben aus weißem Tüll, von solcher Breite, daß der Kopf nicht schmaler war als die Schultern. Die jüngeren verschönerten sich durch Frisuren von ungemeiner Höhe, fast immer in Form von drei großen Puffen, deren Einer senkrecht in der Mitte, die beiden andern schräg abstanden. Die Haare ragten dadurch in solchem Maße über den Kopf empor, daß das Gesicht erst einen Fuß unter dem obersten Punkt dieser Damenerscheinung anhub. – Aber der Liebe und Bewunderung that das keinen Abbruch. Als 1836 diese unsinnige Mode abgeschafft wurde, und, mit Hegel zu sprechen, in ihr Gegentheil umschlug, so daß die Frauen nun ganz enge Aermel, und winzige auf den Hinterkopf gesetzte Hütchen trugen, da erschienen mir diejenigen weiblichen Wesen, an denen ich das zuerst gewahr wurde, geradezu unanständig und schamlos. So sehr sind wir, ohne es zu wissen, von der Mode beherrscht! –

Die Herrenkleidung ließ 1830 an Geschmacklosigkeit nichts zu wünschen übrig. Der Rockkragen ging so hoch hinaus, daß er einen Theil des Hinterkopfes bedeckte. Die Aermel hatten über den Schultern dick auswattierte Hökker, und die Cylinderhüte waren oben noch ein halb Mal so breit als am Kopfe. Von der steifen Halsbinde, die Einem das Kinn wundscheuerte, und den aufrechtstehenden Hemdkragen, Vatermörder genannt, die uns die Ohren vom Kopfe schnitten, will ich weiter nicht reden, da ich doch keine Geschichte der Moden, sondern nur einige kurze Andeutungen zu geben habe.

Ingeborg Weber-Kellermann

Jagd und Forst: Herrschaftliche gegen bäuerliche Interessen im Vormärz

Bei der Jagd [. . .] standen sich zwei gegensätzlich betroffene Parteien gegenüber: die Herren waren wegen ihrer Jagdfreuden an einer Vermehrung des Wildbestandes interessiert, galt doch die Jagd als ritterlicher Sport und bildeten die Jagdeinladungen die großen gesellschaftlichen Ereignisse zwischen den Schlössern und Herrensitzen. Die Bauern litten unter dem Schaden, den Hasen und Rotwild ihren Äkkern zufügten, und wurden als Wilderer bestraft, wenn sie zur Selbsthilfe schritten. In einer Dorfgeschichte aus dem Vormärz wird diese Situation aus der Sicht der Bauern plastisch geschildert:

„Er wollte sich nämlich Mut trinken, um beim Amtmann die Sache vorzubringen; das war nämlich wegen der unmenschlich vielen Hasen, die den Feldern des Dorfes ungemeinen Schaden zufügten. Der Landesvater hatte noch das Gehegerecht; d.h. sein Vater hatte es eingerichtet und er behalten und erweitert, denn er war ein leidenschaftlicher Freund der Jagd. Der Schullehrer im Dorfe meinte darum einmal: ‚Die hohen Herren haben so ihre Passionen; der hält sich Tänzerinnen, der macht Gedichte, jener baut Klöster und hegt Jesuiten, dieser hält Reden und macht Orden usw., je nachdem die Leibesbeschaffenheit eines jeden ist; ja, lieber Gott! etwas müssen doch auch die Herren zu tun haben; wenn es nur nicht meist auf Kosten des gesunden Menschenverstandes oder Bürgerrechtes oder (was den Leuten leider am schlimmsten deucht, weil es am nächsten steht) des Volkes Geldbeutel geschah.' Das letztere war bei dem Wildgehege besonders der Fall (wenigstens dachten dabei die wenigsten noch an etwas anderes); wenn auch nicht direkt, so doch indirekt; denn was das gehegte Wild fraß, war doch eigentlich für die Bauern bares Geld (abgerechnet den Verlust der Freude, so ein Bauer an einem recht vollen Getreidefeld als Belohnung seiner sauren Arbeit hat); und sie bekamen bloß ersetzt, was die Hirsche und Rehe abfraßen, und zwar sehr schlecht, wobei sie noch obendrein der Parteilichkeit und Laune des taxierenden Försters anheimgestellt wurden; dann dauerte es auch immer noch eine lange Zeit, ehe das taxierte Schadgeld – von zwei dutzend Händen berechnet, revidiert und wer weiß was noch – angewiesen wurde, und zuletzt mußten die Bauern es selbst vom Amte holen, natürlich nur an einem Werkeltage, da ging dann noch ein ganzer Tag verloren, und so ein bestimmter Tag war ihnen oft sehr kostbar, je nachdem Witterung und nötige Arbeit sich anließen. Was die Hasen abfrasen, wurde gar nicht ersetzt; und da es Gegenden gab, wo fast nur Hasen, aber in ungeheuerer Menge, waren, so kam darin die allerhöchste Passion des Landesvaters dem Volke am teuersten zu stehen; und wehe dem, der einem Hasen beim Verjagen nur ein Bein entzweiwarf, und wehe dem, der bei einem Treibjagen sich nicht unentgeltlich zum Treiben stellte, wenn es einigen hohen Herren beliebte, die wertgehaltenen Hasen gütigst niederzuschießen. Das war denn auch immer prächtig anzuschauen, wenn die vornehmen Herren in pelzverbrämten Röcken, mit weichen, warmen Handschuhen, durch und durch wattiert, dastanden, und die Kanaillen von Bauern in zerrissenen Schuhen, oft ohne Strümpfe, in den dünnen blauen Kitteln durch Schnee und Dreck, Gebüsch und Dorn, von den Förstern selbst wie Hasen gejagt, daherkeuchten, und die von den Früchten ihres

Schweißes wohlgenährten Tiere zum Schuß jagten, mit erstarrten Händen die Klapper schwingend. Und je mehr vor den Schuß kamen und je wohlgenährter sie waren, desto mehr schmunzelten die vornehmen Herren, desto mehr lobten sie die Förster, und hatten sie genug der edlen Waidmannskunst gepflegt, dann lagerten sie sich auf dicken, weichen Decken und Polstern, aßen die besten kalten Gerichte und tranken dazu die herrlichsten Weine; auch die Hunde wurden sorglich gepflegt, und hinten standen die gehetzten, müden, wunden, durchfrornen, hungrigen Bauern." [...]

War also bei den Herrenjagden das Verhältnis zwischen Herrschaft und Untertanen in der Rollenverteilung Jäger-Treiber festgelegt, so gab es seitens der Dorfbewohner auch eine unerlaubte Beziehung zur herrschaftlichen Jagd: das Waidwerk der Wildschützen. Aber auch hier muß unterschieden werden zwischen dem kriminellen Wildern mit z.T. tierquälerischen Mitteln wie Schlingen und Fallen und den Wildschützen, die aus materieller Not oder sozialem Protest handelten und vom Volk gern mit dem Glorienschein des edlen Räubers versehen wurden. Ein edler Räuber war, „der von den Reichen nahm, um den Armen zu geben und niemals tötete außer in Selbstverteidigung oder gerechter Rache." [Eric Hobsbawm]. Der „bayerische Hiasl" und der „Stülpner Karl" waren solche – Robin Hood nicht unähnliche – Gestalten.

Diese Protesthandlungen betrafen Jagd, Fischfang und Wald als herrschaftlichen Besitz, dem sich die kleinen Leute als Nichtbesitzer gegenübersahen. Daß jedoch der Reiche solche Naturgüter wie Wald und Fluß und See besitzen und nutzen durfte und der Arme an diesen Gottesgaben keinen Anteil haben sollte – ja, für Jagd und Fischfang und Holzholen noch als Frevler bestraft wurde: das erweckte den Zorn der Unterdrückten und die Lust auf Zuwiderhandlungen, die sie nicht als Unrecht empfanden. Wie sich solche Aktionen auch mit politischen Bewegungen verknüpfen konnten, erzählt Paul Deussen (1845–1919) aus dem Westerwald der achtundvierziger Jahre:

„Von alters her behaupteten die Oberdreiser und einige Nachbargemeinden, ein Anrecht auf den zu ihrer Gemarkung gehörigen Wald zu haben, welchen der Fürst zu Wied, der ehemalige, aber seit 1806 mediatisierte Landesherr, in dunklen Zeiten durch nicht ganz klare Manipulationen an sich gebracht hatte. Auf dem Wege des Prozesses war bisher nichts zu erreichen gewesen, und um einen solchen wieder in Gang zu bringen, zogen eines Morgens auf Verabredung alle Familienhäupter der drei Gemeinden in den fürstlichen Wald, und ein jeder holte sich dort gleichsam als Zeichen der Besitzergreifung eine kleine Fuhre Holz. Sogleich erhoben sich warnende Stimmen, und die Leute brachten denn auch am folgenden Tage das Holz in den Wald zurück; aber der Frevel war begangen und noch dazu in einer Zeit, wo es ohnehin den Potentaten etwas warm auf ihren Sitzen wurde; die Bestrafung blieb nicht aus: jeder Familienvater sollte ein halbes Jahr, die weniger belasteten ein viertel Jahr ins Gefängnis wandern. Hier fand nun mein Vater Gelegenheit, seine großen Gaben zum Wohl der Gemeinde zu verwenden. Er reiste nach Berlin, erbat bei Friedrich Wilhelm IV. eine Audienz und stellte ihm vor, daß die Abwesenheit aller Ernährer für ein halbes Jahr den Ruin der ohnehin armen Gemeinden herbeiführen würde. Der König zeigte sich entgegenkommend, erklärte aber, daß nicht er, sondern der Fürst zu Wied der beleidigte Teil sei, und daß ohne diesen nichts geändert werden könne. Der Fürst zu Wied aber verweilte fern von dem Schweiß und der Not seiner ehemaligen Untertanen in Paris. Ohne sich lange zu besinnen, reiste nun mein Vater auch nach Paris und erreichte endlich, daß die Strafe nur zur Hälfte und zu gelegener Zeit, wie namentlich im Winter verbüßt wurde."

Solche Verhältnisse sind heute kaum noch vorstellbar und die Verbitterung über einen derartigen „Herrn" wird verständlich, der keine persönliche Beziehung zu seinem Besitz, geschweige denn zu den mit ihm verbundenen Menschen hatte.

Der Holzdiebstahl war so verbreitet, daß sein „krimineller" Charakter den Kindern mithilfe von Schulaufsätzen ins Bewußtsein geführt werden sollte und z.B. die Lehrer im Kreis Wittgenstein seit 1840 auf Anordnung des Schulinspektors schriftlich das Thema ausarbeiten mußten: „Warum und wie soll die Schule dem Holzfrevel entgegenarbeiten?"

Karl Büchsel

Aberglaube und Brauch – Hochzeiten auf dem Lande (1865)

Der Aberglaube hat bei keiner Gelegenheit so viel Raum wie bei der Hochzeit. Am Freitag darf man nicht Hochzeit halten, weil an diesem Tage keine glückliche Ehe geschlossen wird. Wenn am Abend vor der Hochzeit sich eine Eule hören läßt, so stirbt einer von den Brautleuten bald, und wenn eine Fledermaus sich sehen läßt, so steht es schlecht um die Treue des Mannes. Wenn es am Hochzeitstage regnet, oder gar auf dem Wege zur Kirche, so weiset das hin auf viele Tränen. Wenn des Morgens früh sich der Hahn hören läßt, so wird auf Segen und Reichtum geschlossen, wenn aber bei der Trauung selbst der Ring auf die Erde fällt, so wird das für ein sehr bedenkliches Zeichen angesehen. Man darf aber nicht denken, daß solcher Aberglaube bloß bei den Bauern gefunden wird, er findet sich eben so sehr bei sonst ganz aufgeklärten und höchst freisinnigen Gebildeten. Es ist fast unbegreiflich, wie die Leute solche Torheiten und unsinnige Dinge mit solcher Zuversicht glauben und dafür zahlreiche Beweise aus der Erfahrung mit ganz ernster Miene erzählen können. Wie tief muß doch das Bedürfnis des

Glaubens in der Seele liegen, daß selbst die, die an Gottes Wort und seine Verheißung nicht glauben, sich mit solchen Dingen entweder in Furcht und Angst versetzen oder sich selbst belügen. [. . .]

Eine ordentliche ehrenvolle Hochzeit ist immer ein Ereignis, das bei Alt und Jung das größte Interesse erregt; schon lange vorher, ehe die Verlobung wirklich zu stande kommt, ist viel davon geredet. Die Nachbarn wissen in solchen Dingen gewöhnlich viel mehr, als die Personen selbst, die es angeht, und sie reden so lange davon, bis es wirklich so kommt, wie sie lange vorausgesagt haben, und freuen sich dann, daß sie Recht gehabt haben. Gewöhnlich kommen die Heiraten in sehr prosaischer Weise zu stande. Die beiden Väter der jungen Leute bereden die Sache sehr gründlich und einigen sich um die Mitgift, bald wird das Abkommen dahin getroffen, daß einer von ihnen sich in das Altgedinge begibt und den Kindern die Wirtschaft überläßt, bald so, daß einer von ihnen mit ihnen zusammen wirtschaftet, und der junge Ehemann als Knecht dient, bald so, daß sie ihre Kapitalien zusammenlegen und in dem Dorfe selbst oder in der Nachbarschaft einen Hof kaufen und ihn dem jungen Paar übergeben. Wenn darüber eine Vereinigung stattgefunden hat, dann erst wird zur Verlobung geschritten, die in früherer Zeit vom Pastor vollzogen wurde; ich bin nur zwei oder drei Mal dazu aufgefordert worden. Der Bräutigam reist mit der Braut zum nächsten Jahrmarkt zur Stadt und beschenkt sie mit einem schönen, mit goldenem Schnitte und mit anderem Zierrat geschmückten Gesangbuch, das sie am nächsten Sonntage in der Kirche gebraucht und so hält, daß es alle, auch die jungen Leute auf dem Thore, sehen können. Die Aussteuer ist von der sorgsamen Mutter schon längst besorgt. Als die Tochter noch ein kleines Kind war, ist schon für sie ein mit Eisen und Messing beschlagener Koffer, der auf Rädern steht, gekauft, und jährlich ist, je nachdem der Flachs geraten ist, ein Stück nach dem andern hinein gelegt. Auch das Bett ist bereits fertig. In jedem Herbste, wenn die Gänse geschlachtet werden, ist ein Kissen nach dem andern gestopft. Es fehlt nur noch etwa der Hochzeitsanzug. Alles aber muß sehr reichlich und gediegen sein, daß jeder es sehen kann und loben muß. An einem Sonntag Abend kommt dann der Vater der Braut zum Pastor und erkundigt sich, welche Atteste und Papiere noch etwa nötig sind, und am Sonntag darauf kommen Bräutigam und Braut, bestellen das Aufgebot und erwarten, daß ihnen eine eingehende Ermahnung gehalten werde. Auf dem Wege aber werden sie von vielen neugierigen Augen betrachtet. Bei dem Aufgebot wird die Braut eine tugendsame, ehrbare Jungfer genannt und der Bräutigam ein ehrbarer Junggeselle, die Väter wohlehrbare und achtbare Bauern und dazu ihre Würden aufgezählt als hiesiger Gerichtsmann, Schulz und Kirchenvorsteher. Die Brautleute aber gehen am Tage des ersten Aufgebots nicht in die Kirche, und die Leute sagen, heute sind sie zum zweiten Male von der Kanzel gefallen. Folgt die Hochzeit nicht gleich nach dem Dritten Aufgebot, so sagen sie, sind auf der Kanzel hängen geblieben. Zur Hochzeit werden gewöhnlich aus der Stadt Trompeter und Musikanten bestellt, die alle Gäste mit lärmender Musik empfangen. Wenn die Braut mit den Brautjungfern zum Pfarrhause oder zum Küster geht, wird sie von der Musik begleitet und ebenso auf dem Wege zur Kirche, doch dürfen die Musikanten nur bis an die Pforte des Kirchhofs gehen; sowie die Braut die Heimat der Toten betritt, schweigen die Trompeten und heben erst wieder an, wenn der Zug vom Kirchhof kommt. Die Frauen und Mädchen ändern ihren Anzug während der Hochzeit so oft als möglich, um ihren Reichtum zu zeigen. Zuerst erscheinen sie im Kirchenanzuge, dann kleiden sie sich um, wenn es zu Tische geht, und endlich noch einmal, wenn der Tanz beginnt, und wer es dazu hat, wie die Töchter reicher Bauern, während des Tanzes noch einige Male. Den Tanz beginnt der Vater des Bräutigams mit der Braut, indem er sie in gehaltener Weise im Kreise nach dem Takte der Musik umherführt. Zum Schlusse rauben die Frauen der Braut den Kranz und die jungen Leute binden einem Kinde die Augen zu, und wem das Kind von den im großen Kreise sich bewegenden Jünglingen und Jungfrauen den Kranz gibt, der wird zunächst Hochzeit halten. Bei dem Hochzeitsmahle singt der Küster einen Vers und der Pastor hält das Gebet. Nach der Sitte sitzen die Familien zusammen und vor ihnen steht der große Kuchen und Braten, den sie am Morgen in das Hochzeitshaus geschickt haben; jeder teilt von dem Seinen den übrigen mit, und die Frauen üben ihre Kritik, wer am besten gebraten und gebacken hat.

Ingeborg Weber-Kellermann

Viktorianische Hochzeitsnacht

Bei der Hochzeit war für die Braut das Brautkleid die Hauptsache. Nach adligem Vorbild (die Kaiserin Eugenie hatte 1853 in weißem Atlas mit einer vier Meter langen Schleppe geheiratet) erschien die vornehme Braut in Weiß mit einem Myrtenkranz im Haar, unschuldig und festlich zugleich.

„Am 23. Januar 1869 wurde ich im Saal des Norddeutschen Lloydhauses getraut, und in Hillmanns Hotel versammelte sich die Hochzeitsgesellschaft, aus beiden Familien, intimen Freunden und meinen Kranzjungfern bestehend. Nach Bremer Sitte war bei einer Freundin, Emmy Büsing, später verheiratete Tewes, das Kranzbinden einen Tag vor der Hochzeit gefeiert – bei welchem der Myrtenkranz von den Freundinnen gewunden – und reizende Gedichte, besonders ein sehr schönes von einem jungen Wätjen gedichtet – vorgetragen wurden. Eine schöne Sitte brachte mir von meinen Freunden ein Ständchen – so daß alle üblichen Feierlichkeiten erlebt, aber nicht genossen wurden. Der Trennungsschmerz erfüllte mein ganzes Wesen, denn ich hing mit so vielen Fäden an Heim und Heimat". [Hedwig Heyl].

Erinnerungen im Genrestil der Gartenlaubenlithographien tauchten diesen „schönsten Tag im Leben einer Frau" in rosiges Licht. Aber die glanzvolle und poetische Inszenierung einer bürgerlichen Hochzeit verdeckte meist nur die Hilflosigkeit der jungen Frau, mit der sie sich nun in die Hände eines ihr meist ziemlich fremden Mannes begab:

„Man kann wohl annehmen, daß weitaus die meisten Ehen seitens der Mädchen aus diesen Motiven ganz wahllos geschlossen werden. Gehorsam gegen die Eltern, der Wunsch aus dem Hause zu kommen, die Berechnung, versorgt zu sein, Schutz und Schirm für's Leben zu haben – das sind die herkömmlichen und als ganz ‚honett' geltenden Motive, welche die meisten Mädchen zum Jawort bestimmen. Hat das junge Herz noch nicht geliebt, dann redet es sich aus Pflichtgefühl, Eitelkeit in poetischem Sehnen, in erweckter Sinnlichkeit in eine Art von Liebe hinein, die aber doch durchaus nichts gemein hat mit jenem allmächtigen Gefühl, das stark genug ist, alle großen und kleinen Prüfungen zu bestehen" [Louise Otto-Peters]. [. . .]

Daß der „schönste Tag" oft mit einem Schock für die junge, naive und gänzlich unaufgeklärte Braut endete, ist selten zugegeben worden. Vicki Baum berichtet in der ihr eigenen Offenheit von der Hochzeitsnacht ihrer Mutter [. . .]:

„Ich glaube, daß meine Mutter noch bis zu diesem Tag mit Puppen gespielt hat. Und da auch ihre Mutter ein Kind geblieben war, ließ sie ihre Tochter in die Hochzeitsnacht stolpern, ohne ihr weitere Instruktionen mit zugeben, als daß eine Braut sich in jegliches, noch so unangenehm und unanständig geartetes Tun des Bräutigams zu fügen habe. Für meine Mutter hörte sich das ähnlich an wie die Predigt vor dem ersten Gang zum Zahnarzt. In ihrer unglaublichen Unwissenheit hoffte die kleine Braut wahrscheinlich, ohne wesentliche Belästigungen davonzukommen. Schließlich hatte ja auch der Zahnarzt niemals einen Defekt an ihren kräftigen weißen Zähnen gefunden und ihr niemals weh getan ...

Jetzt ist sie also – und dies habe ich von ihr selbst – zum erstenmal allein mit ihrem Mann. Ganz Unschuld, Dummheit, Gehorsam, mit den allerfeinsten handgestrickten weißen Seidenstrümpfen, weißen Satinschuhen in Kindergröße, weißem Schleier und weißem Myrtenkranz. Auch Vater bebt vermutlich in seinen Lackschuhen, denn, um Himmels willen, wie machte man den Anfang mit einer Jungfrau? Er stellt ihr ein paar ungeschickte Fragen, entdeckt ihre abgrundtiefe Unkenntnis der Dinge. Es rührt ihn zwar an, doch es macht die ohnehin schwierige Situation noch um – oh – so viel schwieriger. Die Mietdroschke rattert über das Kopfsteinpflaster, es wird dunkel, es regnet, Vater sagt dem Kutscher, er solle eine Fahrt um den Ring machen. Das ist kostspielig, aber es braucht Zeit, um seiner kleinen Frau die schrecklichen Tatsachen des Lebens zu erklären. Ich bin sicher, daß er es mit Methode tat, in echtem Revisorenstil und den rauhen, ungeschminkten Ausdrücken eines älteren Junggesellen.

Mama fröstelte, zitterte, seufzte vor Angst, hielt mühsam die Tränen zurück. Woher wußte er nur all diese schmutzigen Dinge? so überlegte sie ... Bis sie zu Hause angelangten (Flitterwochen entfielen als zu teuer), war Mama zu Stein geworden.

Um die Mitte dieser gänzlich viktorianischen Hochzeitsnacht lief sie fort. Zurück zu den Eltern wie so manche andere entsetzte junge Braut. Früh am nächsten Morgen übergab ihr Vater, der Mann von Welt, der stürmische Romantiker, sie ihrem Ehemann erneut zu treuen Händen. Vielleicht mit ein paar zarten Winken, wie man eine noch sehr kindliche, empfindsame Braut behandelte. Und sie fügte sich, ganz wie man es ihr gesagt hatte – und wie Tausende von Mädchen sich einem unerwünschten, ungeliebten Manne fügten".

Christiane Dienel

Die Alltäglichkeit der Abtreibung

Abtreibung war für die Frauen des Kaiserreiches und noch mehr der Weimarer Zeit nicht unbedingt nur ein letzter verzweifelter Versuch, eine ungewollte Geburt zu verhindern, wenn alle anderen Mittel versagt hatten, sie war auch – vor allem für Arbeiterfrauen – eine selbstverständliche Alternative zur Empfängnisverhütung. Der progressive Arzt Max Marcuse war bei der Befragung von Berliner Proletarierinnen 1913 überrascht, wie selbstverständlich über 40% seiner Frauen ihre Abtreibungen zu Protokoll gaben, offenbar ohne Unrechtsbewußtsein. Während das Gesetz ihnen einschärfen wollte, Abtreibung sei mit Mord gleichzusetzen, der Embryo ein Kind, war für viele Frauen eine Schwangerschaft von zwei oder drei Monaten nicht viel mehr als eine Blutstockung, eine Unregelmäßigkeit, die beseitigt werden durfte. [. . .]

Wie trieben Frauen ab, wer half ihnen dabei? Grundsätzlich gab es drei mögliche Akteure – die selbst eingeleitete Abtreibung, die Hilfe durch eine Engelmacherin, einen Kurpfuscher und die ärztliche Abtreibung. Selbst in der Zeit nach dem Ersten Weltkrieg kursierten unter Frauen allerlei Gerüchte über ‚natürliche' Abtreibungen und Hausmittel. In einem juristischen Kommentar von 1916 wird als Beispiel für solche Versuche – die meist unwirksam, aber strafbar waren! – angeführt: „Meine Mutter hat mir immer gesagt, ich soll heiße Umschläge machen, damit die Tage durchkommen. Und manchmal hat das auch geholfen. Dann weitet sich das durch die Hitze. Das wurde damals den Frauen geraten. Aber das konnte natürlich nur in den Anfangsstadien sein, also wenn man merkte, man bekommt seine Tage nicht durch. Mit heißen Sitzbädern und heißen Tüchern auf dem Leib konnte man Glück haben, daß dann die Frucht abging." Berliner Proletarierfrauen berichteten

1913 noch von zahlreichen traditionellen Abtreibungsversuchen durch schwere Arbeiten, schweres Heben, Dampfkastenbäder, heiße Fußbäder, Abführpillen. Immer noch kursierten zweifelhafte, oft gefährliche Rezepte: „Viele Frauen kochten Wermuth mit Nelken. So eine ganze Flasche mußte man austrinken. Dann ging die Frucht ab. Andere nahmen Chinin." Ob solche Methoden überhaupt eine Wirkung hatten, steht dahin – immerhin hatten die Frauen ja keine Möglichkeit, eine frühe Schwangerschaft überhaupt sicher festzustellen, und der scheinbare Erfolg mochte nur darin bestanden haben, daß die verspätete Regelblutung eintraf, weil gar keine Schwangerschaft bestanden hatte. Es scheint auch, daß nur junge, unerfahrene Frauen sich darauf verließen, erfahrene mehrfache Mütter konnten sicherer eine Schwangerschaft von der bloß verspäteten Regel unterscheiden und gingen viel energischer vor. „Wenn wir erst einmal wußten, wie man abtrieb, wie wir da drinnen gebaut waren, gingen wir selbst dabei, um das Geld zu sparen. Die Frauen machten es mit Stricknadeln oder kauften sich eine ‚Mutterdusche' und spritzten damit Seifenwasser in den Uterus." [. . .]

Zumeist spritzen sich die Frauen, eventuell mit Hilfe einer Freundin, Seifenlösung in die Gebärmutter, die dadurch zu Kontraktionen angeregt wurde und den Embryo ausstieß. Als Instrument dazu dienten „Birnenspritzen" mit langem (Uterin-)Ansatzrohr, die in städtischen Sanitätshäusern und Gummiwarenhandlungen, auf dem Lande von Hausierern vertrieben wurden, vorgeblich zu hygienischen Zwecken, de facto aber zur Anwendung bei Abtreibungen. [. . .]

Frauen, die keine erfahrene Freundin oder Nachbarin hatten, konnten sich sogar in medizinischen Hausbüchern für Laien über die Mittel instruieren, um möglichst sicher eine Abtreibung durchzuführen. Das verbreitetste dieser Bücher, der ‚Bilz' – mehr als eine Million verkaufte Exemplare bis 1902, über drei Millionen bis in die zwanziger Jahre – sparte nicht mit Details und beschrieb (in einer ausführlichen Fußnote) die Durchführung einer Abtreibung hinreichend genau, um als Anleitung zu dienen. Die Anweisungen zur Abtreibung wurden von den Lesern offenbar auch wirklich genutzt. In einem Schreiben vom 26. 11. 1916 an den Medizinalrat Krohne im Preußischen Innenministerium berichtet die Hebamme Frau Therese B. aus Berlin, sie sei zu einer Fehlgeburt gerufen worden. Die Frau habe ihr sofort gesagt, daß es sich um eine Abtreibung handele, und auf die Frage der Hebamme, woher sie denn wisse, wie diese einzuleiten sei, habe sie geantwortet: ‚Aus dem Bilz-Buch.' In der Ausgabe von 1934 sind diese Hinweise aus dem ‚Bilz' folglich spurlos verschwunden.

Die Techniken der Kurpfuscher oder ‚weisen Frauen' unterschieden sich kaum von denen der selbstabtreibenden Frauen. Die Namen von Engelmacherinnen wurden von Mund zu Mund weitergegeben, sie verlangten üblicherweise zwischen 20 und 50 Mark. In den Tageszeitungen versprachen gewerbsmäßige Abtreiberinnen Hilfe bei „Frauenleiden aller Art" und schnelle Behebung jeder „Blutstockung" gegen ein etwas höheres Honorar. Auch die gründliche „Untersuchung" bei der Hebamme, der vielleicht gar ein „Versehen" passierte, konnte helfen. Zwischen der Hilfe für eine Nachbarin gegen ein kleines Entgelt und der gewerbsmäßigen Abtreibung gab es fließende Übergänge. Häufig leitete die Frau oder die Abtreiberin eine Fehlgeburt nur ein, nach einigen Tagen ging die Schwangere dann mit Blutungen in die Klinik und ließ sich behandeln. Eine Frau erinnert sich: „Eine ungewollte Schwangerschaft loszuwerden, war sehr schwierig. Ich habe es damals selbst machen lassen bei so einer Stelle. Was der Mann benutzte und wie das genau vor sich ging, habe ich kaum mitgekriegt. Zwei Tage später stellten sich schlimme Blutungen ein. Da mußte ich sofort zum Arzt. Der wollte genau wissen, woher die Blutungen kamen. Natürlich habe ich nichts gesagt, nur, daß ich häufig Blutungen hätte und dafür nichts könnte. Ob er mir das geglaubt hat, weiß ich nicht. Jedenfalls hat mich der Arzt ausgekratzt. Das war nicht ganz einfach für mich. Am Fürstenplatz mußte ich mich erstmal hinsetzen, weil ich nicht mehr konnte."

Auch ohne strenge medizinische Indikation waren viele Ärzte (Zeitgenossen schätzen, etwa jeder fünfte) dazu bereit, Abtreibungen zu machen. In der ärztlichen Praxis wurden Abtreibungen seit der Jahrhundertwende immer instrumentell durchgeführt, durch Erweiterung des Muttermundes und Curettage. Dieses „Auskratzen" geschah zumal bei Arbeiterfrauen häufig ohne Betäubung, um abschreckend zu wirken. Es beugte einer nachfolgenden Infektion vor und wurde bei illegal eingeleiteten Aborten in der Klinik nachgeholt, um Komplikationen zu vermeiden. „Eine Nachbarin unten im Haus ‚ging im Blut', so sagten die Frauen. Sie rieten ihr, nicht zu schnell zu einem Arzt zu gehen: ‚Der stoppt die Geschichte, dann kommt womöglich ein behindertes Kind.' Die Frauen haben den Arztbesuch bis auf die letzte Minute hinausgezögert, bekamen dann leicht Wundfieber, einige starben."

Adolf Kußmaul

Aderlaß und Schröpfen: Jugenderinnerungen eines alten Arztes (1889)

Das Aderlaßmännlein war schon in meiner Jugendzeit [geb. 1822] aus den Kalendern verschwunden, worin es einst eine große Rolle gespielt hatte. Es stellt eine menschliche Figur dar, worauf sämtliche Blutadern, die sich zum Aderlassen eignen, eingezeichnet waren; dabei standen Vorschriften, in welchen Monaten das Blut am besten aus dieser oder jener Ader geholt werden solle. In den Köpfen des Landvolkes vieler Gegenden aber lebte das Aderlaßmännlein fort und der Brauch wurde eingehalten, das „abgenützte“ Blut von Zeit zu Zeit wegzuschaffen. Man nahm es weg in der Absicht, mit ihm die „Unreinheiten“ und „Schärfen“ aus den Säften zu bringen und es durch reines und besseres zu ersetzen. Schröpfen und Aderlassen dienten zu Regenerationskuren, wie man sich gelehrt ausdrückt, und da die Welt sich dreht, so beginnt man heute wieder zu der alten Methode, die bei den Bauern am längsten anhielt, zurückzukehren. Was gestern unsinnig schien, gilt aufs neue für Weisheit. Wie vor 60 Jahren gibt es heute wieder unter den Ärzten Lobredner des Aderlasses, sogar bei der Bleichsucht.

Namentlich im badischen Oberlande hielt der Bauer fest an der altherkömmlichen Frühlingskur mit Schröpfen und Aderlassen. Dort haben sich von altersher viele kleine Badekurorte – „Bauernbäder“ – erhalten, in die das Landvolk noch heute mit Beginn des Frühjahrs an Sonn- und Feiertagen strömt, der Hofbauer mit der Bäuerin zu Wagen, der kleine Bauer auf Schusters Rappen. In den sechziger Jahren war es noch häufig Brauch bei den Bauern, daß sie zuerst im heißen Bade das Blut nach außen trieben und es dann mit Schröpfen aus der Haut und mit dem Schnäpper aus der Ader holen ließen. Ein reichliches Mahl mit gutem Weine beschloß die Kur und brachte frisches Blut in die leeren Schläuche.

In der Pfalz ging der Bauer, nachdem er den langen Winter hindurch mehr als gut hinter dem Ofen gesessen hatte, wenn die lauen Lüfte wehten und er sich jetzt matt und schwer in den Gliedern fühlte, zum Apotheker. Irgend eine Purganz, besonders das Wiener Tränklein aus Senne und Seignettesalz, verschaffte ihm leichteres Blut und Gemüt; reichte der Trank nicht aus, so mußte der Bader mit dem Schnäpper nachhelfen. – Sein Pfarrer machte es wenig anders. Es gab Pfarrhäuser, wo die Frau Pfarrerin in einem riesigen Topf den Senna-Aufguß bereitete, der die Familie an einem Tag von den aufgehäuften Schlacken des Winters befreite. – Die Gebildeten in den Städten machten Frühlingskuren, gingen täglich am frühen Morgen einige Wochen lang spazieren, tranken dazu lösende Mineralwässer, auch frische Kräutersäfte oder Molken. Gegen Störungen im Blutlauf, Kopfschmerz, Schwindel, Herzklopfen und dgl. wurden, nach eigenem Ermessen oder auf ärztlichen Rat, nicht selten mit gutem und raschem Erfolge, Blutegel oder Schröpfköpfe angesetzt, häufig auch Blut aus der Ader entnommen.

Die Häufigkeit der verordneten Blutentziehungen erscheint heute unglaublich. – Einer kräftigen Bürgersfrau aus Kandern, die ich persönlich kennen lernte, hatte ihr Hausarzt wegen einer angeblichen Hirnentzündung und daran sich anschließenden Unterleibsentzündung in sechs Wochen siebenmal zur Ader gelassen und 60 Blutegel gesetzt. Sie stand in den Fünfzigern und erreichte ein Alter von 83 Jahren.

Otto Bähr

Von der ‚Mamsell' zum ‚Fräulein', vom ‚Ihr' zum ‚Sie': Der Wandel in der deutschen Sprache im 19. Jahrhundert (1884)

Zunächst war vor zwei Menschenaltern der Einfluß des Französischen auf unsere Volkssprache noch weit bemerkbarer als jetzt, mochte derselbe nun aus der französischen Richtung des vorigen Jahrhunderts übrig geblieben oder durch die französische Herrschaft dieses Jahrhunderts wieder aufgelegt sein. Es war ganz üblich, namentlich in geringeren Ständen, statt „Gutentag" „Bonschur" zu sagen. Heute ist dieser Ankunftsgruß verschwunden; wogegen der Abschiedsgruß „Adieu" (den unsere Sprache schon früh, aber ohne durchgreifenden Erfolg, in das deutsche „Ade" umzuwandeln versucht hat) noch heute gebraucht wird und namentlich dadurch sich erhält, daß wir einen gleich einfachen deutschen Abschiedsgruß nicht besitzen. Auch andere dem Französischen entnommene Ausdrucksweisen hörte man früher noch öfter. So die Redeweise: „Es wurde mir ganz blimmerant (bleu mourant) vor den Augen". Man sprach kaum anders als von einer „Bouteille" Wein. Manche brauchten noch in ihrer deutschen Rede die Worte „Peu-a-peu", „partout", „doucement" usw. Die Ausdrücke „Pardon" und „Merci" waren noch weit verbreitet. Ältere Herren sprachen auch noch von der „Bataille" von Jena oder Austerlitz, von dem „Tractement" der Offiziere, von der „Conduite" der Beamten usw. Auch einige Vornamen genossen den Vorzug französischer Aussprache, und man konnte in Kasseler Bürgerhäusern öfters noch „Schorsche" oder „Schang" (George, Jean) rufen hören. Diese und noch manche andere französischen Worte sind verschwunden oder doch im Schwinden begriffen. Auf einigen Gebieten hat sich freilich die französische Sprache ihre Herrschaft bewahrt. Am beharrlichsten darin sind die Köche mit ihrem Menu. Auch in manchen Kreisen des Adels scheint man noch auf das reichliche Einmischen französischer Klänge besonderen Wert zu legen. [. . .]

Die erkennbarste Umwandlung in unserer Volkssprache innerhalb der beiden letzten Menschenalter hat in den Anreden der Personen stattgefunden. Auch diese wurden früher weit mehr als jetzt von dem Französischen beherrscht. Zwar redete man erwachsene Männer, soweit man sie einer Titulatur würdigte, durchweg mit „Herr" an. Nur bei Handwerkern brauchte man wohl die etwas vertraulichere Anrede „Meister"; eine Benennung, welche heute wieder in ganz anderer Weise auf dem Gebiete des Wagner-Kultus aufgetaucht ist. Junge Menschen aber im Alter von 14 bis 16 Jahren hießen damals „Musjö". Erwägt man, daß der Ausdruck Monsieur, ebenso wie alle die verwandten Titulatoren: Monseigneur, Sir, Signore, Senor usw., dem lateinischen senior (der Ältere) entstammt, so erscheint es als eine der wunderlichsten Sprachwandlungen, daß in Deutschland die Anrede „Monsieur“ als Ehrenbenennung auf der jüngsten Klasse von Männern haften geblieben war. Heute hört man das Wort „Musjö“ nur schon selten. Es wird dann in der Regel in verächtlichem Sinne gebraucht (z.B. „Ein schöner Musjö!“). Mehr noch als bei den Männern herrschte das Französische in der Anrede der Frauen. Ein Mädchen geringeren Standes wurde allerdings mit dem deutschen Worte „Jungfer“ angeredet. Ein Mädchen höheren Standes dagegen hieß „Mamsell“. Nur im Kirchenstile wurde sie „Jungfrau“ genannt. So wurde sie auch bei ihrer Verheiratung im Wochenblatte aufgeführt. Die Anrede „Fräulein“ gebührte allein den Töchtern adliger Familien. Waren sie schon in vorgerücktem Alter, so wurden sie „gnädiges Fräulein“ tituliert. Eine Frau wurde nur dann „Frau“ angeredet, wenn man dieser Anrede den Titel ihres Mannes zufügen konnte. Dieser Titel durfte auch, wenn man höflich sein wollte, nie ausgelassen werden. Besaß der Mann aber keinen Titel, so hieß die Frau „Madam“. Jedoch war auch hier der Adel bevorzugt. Adlige Frauen nahmen die Anrede „gnädige Frau“ in Anspruch. Im Laufe der folgenden Jahrzehnte haben sich nun mehrfache Wandlungen begeben. Die Anrede „Mamsell“ und „Jungfer“ schwand mehr und mehr und macht der Anrede Fräulein Platz. Anfangs nannte man, als die erwachsenen Damen schon „Fräulein“ hießen, die halbwüchsigen Mädchen noch „Mamsellchen“. Aber auch dies ist verschwunden. Ein Mädchen von zwölf Jahren heißt jetzt „kleines Fräulein“. An die Stelle von „Madam“ trat „Frau", auch ohne Titel, jedoch stets mit hinzugefügtem Namen des Mannes. Am längsten hielten (in Kassel) die französischen Benennungen auf dem Theaterzettel Stand, wo noch die Damen mit der Bezeichnung „Demoiselle“ und „Madam“ figurirten, als schon alle Welt sie anders nannte. Heutzutage erhalten auch unsere Dienstmädchen Briefe mit der Adresse „Fräulein“. Die Bezeichnung „Jungfer“ ist auf der Kammerjungfer, die Bezeichnung „Mamsell“ auf Probirmamsell hängen geblieben. „Madam“ wird im Volksmunde da gebraucht, wo man weder Titel noch Namen weiß. So hört man z.B. auf dem Markte: „Kaufen Sie etwas, Madam!“ Aus derselben Verlegenheit ist wohl auch der neueste Fortschritt auf diesem Gebiete hervorgegangen. In den geselligen Kreisen Berlins ist man öfters in der Lage, mit Damen zu reden, deren Titel und Namen man nicht genau weiß. Wie soll man sie also anreden? Da hat man kurzweg zu der Anrede „gnädige Frau“ gegriffen. Sie deckt alles. Sie hat auch den Vorzug, daß man nicht an der oft so schwerfälligen Standestitulatur stolpert. Und weil es so bequem ist, sagt man nun auch da, wo man den Titel weiß, kurzweg „gnädige Frau!“ Von Berlin aus hat diese Sitte sich weiter verbreitet und ist wohl jetzt schon in ganz Deutschland heimisch geworden. Von da ist es nur ein kleiner Schritt weiter, daß man auch jede unverheiratete Dame „gnädiges Fräulein“ nennt. Augenscheinlich ist bei diesem ganzen Sprachfortschritt der Adel schlecht weggekommen, gewissermaßen seines Vorrechtes enteignet. [. . .]

Als pronominelle Anrede für die gegenüberstehende Person kannte die alte Welt nur das Wort „Du“ mit der entsprechenden Wandlung des Zeitworts in die zweite Person des Singulars. Die fortgeschrittene Höflichkeit hat in den neueren Sprachen verschiedene Anreden aufgebracht. Das Wort „Du“ ist nur noch für die vertrauliche Anrede geblieben. Für die minder vertrauliche Anrede gebraucht die französische und englische Sprache die zweite Person des Plurals. Auch in Deutschland war diese Anrede mit „Ihr“ die allgemein übliche. Sie ist auch heute noch die vorherrschende bei unsern Bauern, und wurde vor zwei Menschenaltern auch noch viel in der Stadt gebraucht. Zu einem Bauern, der vom Lande herein kam, oder zu einem geringeren Handwerker konnte man unbedenklich sagen: „Ihr seid etc.“

Daneben waren aber auch die der dritten Person, und zwar sowohl des Singulars als auch des Plurals, entnommenen Formen der Anrede in Übung, sodaß man also im Deutschen gleichzeitig vier Formen der Anrede hatte. „Er“ wurde ein solcher genannt, den man noch nicht einmal des „Ihr“ würdigte. Namentlich sagte man zu Dienstboten meist „Er ist etc.“ („Sie ist etc.“). Auch Fürsten titulirten im vergangenen Jahrhundert ihre Untergebenen, selbst höher gestellte, vielfach mit „Er“. Die Anrede „Sie“ (im Plural) wurde dagegen allgemein denen gegenüber gebraucht, welchen man volle Ehre erweisen wollte. Im Laufe der letzten Menschenalter sind nun die Formen „Ihr“ und „Er“ mehr und mehr geschwunden und nur „Du“ und „Sie“ üblich geblieben. Steht man mit jemandem nicht auf vertrautem Fuße, daß man ihn „duzen“ kann, so verlangt er mit „Sie“ angeredet zu werden. So wenigstens in der Stadt. Eigentümlich aber ist, daß diese Respektsanrede früher sogar eine größere Ausdehnung gewonnen hatte, als sie jetzt besitzt. So nannten die meisten, deren Erziehung in den Anfang des Jahrhunderts fiel, ihre Eltern noch „Sie“, was heute ganz außer Übung gekommen ist.

Bei unsern Bauern ist die Anrede „Du“ weit verbreiteter als in der Stadt, was teilweise seinen natürlichen Grund darin hat, daß die Bewohner eines Dorfes sich untereinander weit näher stehen. Mit „Du“ und mit dem bloßen Vornamen wird unter andern auch der Dorfjude angeredet, während dieser den Bauern „Ihr“ oder „Sie“ nennen muß. Das „Sie“ hat der Bauer nur für besondere Respektspersonen; für den Pfarrer, den Bürgermeister, auch für die Leute in der Stadt. Untereinander nennen sich die Bauern, sofern sie nicht „Du“ sagen, „Ihr“ (hessisch „Dee“), mit der zweiten Person des Plurals. So nennen auch noch die Kinder ihre Eltern; öfters auch die jüngere (zweite) Frau ihren älteren Mann.

Früher nannte man auch allgemein die Eltern Vater und Mutter. Heute werden sie in gewissen Kreisen selbst von solchen, die längst den Kinderjahren entwachsen sind, nur noch „Papa“ und „Mama“ genannt. Vielleicht ein Fortschritt im Sinne eines bekannten Bibelverses.

Eigentümlich ist auch, daß manche Benennungen von Personen in ihrer Geltung entartet sind. Früher konnte man unbedenklich jemanden einen „Schulmeister" oder einen „Advokaten" nennen. Beide Bezeichnungen haben etwas Gehässiges angenommen. Man muß, will man nicht anstoßen, Schullehrer und Anwalt sagen. Auch das Wort „Schullehrer" ist nicht mehr ganz beliebt; unsere Schulmonarchen nennen sich meist nur noch „Lehrer". Die Diener in unsern Gasthöfen wurden früher „Markör" genannt; heute heißen sie „Kellner", unter welchen namentlich der Oberkellner in seiner Würde strahlt. Überhaupt heftet sich das Wörtchen „Ober", auch außerhalb des öffentlichen Dienstes, wo es ja eine große Rolle spielt, jetzt gern an Titulaturen jeder Art (z.B. „Obergärtner"). Zu den entarteten Wörtern gehört ferner das Wort „Schuster". Wir bewegen uns zwar noch „auf Schusters Rappen", aber unsre Stiefel verfertigt der „Schuhmacher". Auch unsre Schneider nennen sich gern „Kleidermacher". Das gute deutsche Wort „Bauer" scheint einem ähnlichen Schicksal zu verfallen. Manche unsrer Bauern nennen sich jetzt schon „Landwirte" oder „Gutsbesitzer". Zum Unterschiede davon nennt sich dann der frühere Gutsbesitzer jetzt womöglich „Rittergutsbesitzer"; der frühere Pächter (sonst „Herr Kondukter" genannt) womöglich „Domänenpächter". Eine „Dienstmagd" will heute niemand mehr sein. Unsre Küchendamen nennen sich „Köchin", „Wirtschafterin", „Hausmädchen" usw. Natürlich steigern sich mit dem Titel auch die Ansprüche, die jeder an das Leben macht.

Die heutige Umgangssprache liebt es auch oft, mit den stärksten Tinten zu malen. Die Schülerin einer höheren Töchterschule z.B. „wäre so schrecklich gern gekommen, wenn nicht etc.". Sie spricht von ihrer Freundin: „Else N.N. ist furchtbar nett." In der Gesellschaft erschien „ein riesiger Baumkuchen." Der Pianist spielte „mit einer geradezu verblüffenden Technik". Auch „stupende", „grandiose", „kolossale, phänomenale Leistungen" sind an der Tagesordnung, wofür dann der Künstler einen „fabelhaften Applaus“ erntet. „Massenhaft“ ist auch gar vieles. Um ihre Befriedigung auszudrücken, sprechen schon vierjährige Kinder von „reizend“ und „goldig“. Das alles kam früher nicht so vor.

Thomas Nipperdey

Die Fabrikarbeit und der neue Umgang mit der Zeit

Die Fabrik hat auf revolutionäre Weise das Verhältnis des Menschen zur Zeit geändert. In der vorindustriellen Welt gilt die naturale Zeit: Tages- und Jahreszeiten, Wetter und „natürliche“ Aufgaben: die Ernte, das Melken der Kühe, das Bewachen des Kohlenmeilers gliedern sie, geben ihr ihren Rhythmus. Flächenmaße werden von Zeitbegriffen – „Tagwerken“ – her gedacht. Was an der Zeit ist, liegt unmittelbar vor Augen; je nach Aufgabe ist der Tag länger oder kürzer; mitmenschlicher Umgang ist in diese Zeit eingelagert, Arbeit und Leben sind in ihr kaum getrennt; Zeit ist noch nicht Geld, im modernen Sinne wird Zeit auch verschwendet. Die Kirche hat mit dem Läuten der Glocken die Tageszeit und mit den Festen das Jahr gegliedert, aber das ist mit der natürlichen Zeit der Aufgaben, des Wechsels von Arbeit und Pause, der arbeitenden und feiernden Gruppe (nicht des Einzelnen) verflochten. Der Zeitgebrauch in der Landwirtschaft und im Handwerk ist elastisch. Im Verlags- und Heimarbeitssystem ging viel Zeit mit Warten, Holen und Bringen dahin, die Arbeit war unregelmäßig lang oder kurz, schnell oder langsam, frei bestimmt – wenn nur das Ganze fertig wurde. Dazu gehörte auch der Wechsel zwischen handwerklicher und, zumal zur Erntezeit, landwirtschaftlicher Tätigkeit oder anderen häuslichen Tätigkeiten – kurz, man wechselte zwischen verschiedenen Arbeiten, zwischen Arbeit und Müßiggang; der „blaue Montag“ war dafür ein

Symbol. Das Vordringen der Uhr in der frühen Neuzeit, der Versuch der rationalistischen Einschränkungen der Feiertage im 18. Jahrhundert sind Anzeichen für eine Änderung. Aber es ist die Maschine, die eine neue Zeit schafft. Sie läuft regelmäßig, sie erfordert Teilung und Synchronisation der Arbeit, der Fabrikant kauft und bezahlt Arbeitskraft pro Zeiteinheit. Die Zeit wird die technisch-industrielle, die gleichmäßige und abstrakte Zeit, die primär nicht erlebt, sondern gemessen wird. Die neue Zeit erfordert Pünktlichkeit, Konstanz und Gleichmäßigkeit der Arbeit, Beschränkung und Fixierung von Pausen. Arbeitszeit wird etwas ganz anderes als gelebte Zeit. Die Zeit wird rationalisiert – in der Fabrik (und ganz ähnlich in einer anderen modernen Institution: der Schule), sie wird mit Uhren und Signalen gemessen. Zeit wird Geld. Solche neue Zeitdisziplin – die von der Fabrik, vom Büro, der Schule aus die ganze Welt durchdringt – hat den Menschen verändert. Sie hat die eigentümliche Dynamik des Industrie-Menschen geschaffen, wie jeder noch heute in Entwicklungsländern erfahren kann. Die neue Zeit hat auch die eigentümlich moderne Trennung von Arbeit und Leben durchgesetzt. Daran setzen dann Kritik und Nostalgie an – die Vorstellung einer Welt der erfüllten Zeit, der die nagende Unruhe des modernen Menschen fehlt, seine Zeit ausnutzen zu müssen, immer im Wettlauf mit der Zeit zu sein.

Die Periode der Frühindustrialisierung, die frühen Fabriken sind geprägt vom Konflikt der Menschen naturaler Zeit mit der neuen Zeitnorm, von ihrer Gewöhnung an sie, ihrer Disziplinierung. Die Arbeiter mußten sich widerstrebend der festen Arbeitszeit und der gleichmäßigen Arbeitsintensität fügen, die sie als widernatürlichen, harten Zwang empfanden, und sie mußten auf die Wahl freier Tage verzichten, sich fest an eine Folge ununterbrochener Arbeitstage binden: Feiern, wenn man für ein paar Tage genug Geld hatte, oder nach Hause zur Ernte gehen, übliche Praktiken der frühen Fabrikarbeiter – das sollte im Interesse rationaler

Organisation abgestellt werden. Dem dienten einmal die strengen Fabrikordnungen, die mit Anweisungen, Kontrollen und Strafen Disziplin durchzusetzen suchten, zum anderen die Kontrakte, die das regellose Fernbleiben verhindern sollten, schließlich die Lohngestaltung, die durch niedrige Löhne wie Lohnanreize die Konstanz von Arbeitsverhältnissen durchzusetzen suchten. Die arbeitsmoralische Erziehung zu Fleiß, Pünktlichkeit (und Frühaufstehen) war davon geprägt. Unternehmer und Fabrik haben – gegen Widerstände und mit großen Schwierigkeiten – dieses neue Prinzip durchgesetzt; die Arbeiter aus der alten Welt haben es übernommen. Erst danach wurde ein Kampf um die Verkürzung von Arbeitszeit oder die Bezahlung von Überstunden möglich.

Nicht identisch mit der neuen Zeitorientierung, aber in engem Zusammenhang damit stehend, ist das Problem der Leistungsmotivation und ihrer Veränderung. Bei den neu in die Fabrik Eintretenden, den Ungelernten zumal, findet sich in der Zeit der Frühindustrialisierung ein hohes Maß von Indolenz und Lethargie, Unlust, sich anzustrengen und (um) zu lernen, eine geringe Arbeitsmoral. Da die Bedürfnisse bescheiden waren und lange blieben, griffen Lohnanreize nur schwer und nicht bei allen. Erst die Not des Pauperismus und der Wegfall ländlicher Rückhalte einerseits, die Gewöhnung an neue industrielle Leistungsstandards und ein relatives Maß von individuellem Ehrgeiz andererseits haben die neue Motivation und Disziplin durchgesetzt, wenn auch – z.B. in der hohen Mobilität eines Teils der Arbeiterschaft – diese ältere, nicht leistungsorientierte Mentalität weiter zum Ausdruck kommt.

Die Fabrikarbeit impliziert – darüber sind Seiten und Aberseiten geschrieben worden – eine Teilung der Arbeit und gleichzeitig ihre Synchronisation; der Arbeitsgang des einzelnen und das Produkt, das Ergebnis des gesamten Prozesses, werden voneinander getrennt, und man vermutet, daß diese Ablösung des Arbeiters von dem sichtbaren

Werk, dem Endprodukt, einen Verlust an Befriedigung, eine „Entfremdung“ im Verhältnis von Mensch, Arbeit und Werk bedeutet. Inhalt der Arbeit ist nicht eigentlich das Umformen von Rohstoffen, sondern Versorgung und Steuerung von Maschinen; und Konzentration, Aufmerksamkeit, Fähigkeit zu regelmäßiger Wiederholung werden jetzt wichtige Tugenden. Die körperliche Belastung der Arbeiter ist durch die Maschinen – in einer Gesamtbilanz, die das Anwachsen der Arbeit miteinbezieht – nicht verringert worden, Handarbeit blieb oder wurde anderswohin verlagert, Maschinen ersetzten und schufen Arbeit zugleich. Gewiß ist eine neue Form von Arbeit und ein neues Verhältnis des Menschen zu Produktion und Produkt dadurch entstanden, aber für unseren Zeitraum wissen wir im Grunde nicht genug, wie sich das konkret entwickelt hat, wie es erfahren wurde. Es gab große Unterschiede: die „eintönige“ Textilfabrik – aber das textile Hausgewerbe war schon nicht viel anders gewesen – und die Maschinenfabrik, in der das Endprodukt fast allen anschaulich war und viele nebeneinander an mehreren Arbeitsgängen und an verschiedenen Produktionen beteiligt waren, und viele Zwischenformen. Bergbau und Hüttenindustrie, nicht eigentlich handwerklich geprägt, setzten doch erhebliches fachliches Können und konkret durchaus wechselnde „Lagen“ voraus. Im ganzen hat wohl erst die spät entstehende Großindustrie und die mit der Hochindustrialisierung seit den 60er Jahren verstärkte Spezialisierung die neue Weise von Arbeit endgültig zur Grunderfahrung gemacht. Freilich, die Versachlichung der Fabrikarbeit, die um die Maschine organisiert ist, setzt schon früh ein. Sie macht den Durchschnittsarbeiter, den Un- und Angelernten, ohne weiteres ersetzbar. Diese Ersetzbarkeit des Arbeiters, die Entpersonalisierung der Arbeit sind eine neue Arbeitswirklichkeit, eine neue Erfahrung.

Klaus Tenfelde/Helmuth Trischler (Hg.)

Bis vor die Stufen des Throns: Beschwerde von Essener Bergleuten (1867)

Essen, den 29. Juni 1867 [...].

Allerdurchlauchtigster, großmächtigster König!

Allergnädigster König und Herr!

Die alleruntertänigst unterzeichneten Bergleute im Kreise Essen wagen es, durch die immer größer werdende Not dazu getrieben Ew. Majestät Throne zu nahen, und mit der gehorsamsten Bitte einer gnädigsten Berücksichtigung Folgendes alleruntertänigst vorzutragen:

Nachdem durch das Gesetz vom 20. Mai 1860 „die Aufsicht der Bergbehörden über den Bergbau und das Verhältnis der Berg- und Hüttenarbeiter betreffend" [...] die Abschließung der Verträge zwischen den Bergeigentümern und den Bergleuten lediglich dem freien Übereinkommen derselben überlassen ist, und eine Mitwirkung der Königlichen Bergbehörde bei Annahme und Entlassung der Bergleute, sowie bei Festsetzung und Zahlung des Schicht- und Gedingelohnes nicht mehr stattfindet, *findet die Festsetzung der Arbeitszeit und des Arbeitslohnes von den Gewerkschaften* (d.h. den Kapitalisten) *ganz nach ihrem Belieben statt.* Von ihnen ist seitdem die *Arbeitszeit zwangsweise so übermäßig verlängert* worden, daß bei der ohnehin schon so ungesunden Arbeit viele Bergleute bereits mit 30–35 Jahren arbeitsunfähig werden, zudem die Gewerke [= Unternehmer] unsern *Lohn* auch *so niedrig* gestellt haben, daß er kaum hinreicht, uns die nötigsten Lebensbedürfnisse zu verschaffen. Sie betrachten uns nur als willenlose Maschinen und Arbeitsinstrumente, deren Arbeitskraft sie zu ihrem Vorteile möglichst ausnutzen können; denn wie wenig bei Festsetzung der Arbeitszeit von einem „freien Übereinkommen" die Rede ist, werden Ew. Majestät aus folgenden Angaben ersehen.

Wenn wir früher freiwillig und ausnahmsweise bei Störungen im Betriebe, wie Zubruchgehen von Strecken, Reißen von Bremsseilen usw. einige Stunden über die achtstündige Schicht gearbeitet, auch wohl eine Doppelschicht gemacht haben, so ist das jetzt Zwang geworden, und wer sich nicht in die längere Arbeitsdauer fügen will, wird von der Zeche entlassen und womöglich mit einem derartigen Zeugnis versehen, daß er auf einer anderen Zeche keine Arbeit mehr bekommen kann. Auf der Zeche Bonifazius z.B. ist im vorigen Jahre der Belegschaft durch den Grubenverwalter mittelst Anschlages in der Kaue bekannt gemacht worden: „Von jetzt ab wird bis nachmittags vier Uhr gearbeitet; wer sich nicht fügen will, erhält seine Entlassung" –, welche Drohung uns dann, weil wir wissen, daß es auf anderen Zechen ebenso geht, zur Abhaltung der Schichtzeit bis 4 Uhr nachmittags so lange zwingt, bis wir nicht mehr dazu imstande sind. Da aber die meisten Leute schon um 5 Uhr morgens einfahren, so sind das 11 Stunden. Wer dabei die Arbeit früher verläßt resp. früher in die Waschkaue tritt, wird gestraft. So ist auf den meisten Zechen jetzt eine 10–11stündige Schicht eingeführt. Zudem dauert die Förderung der Leute meist noch zwei Stunden. So lange Arbeitsschichten kann aber unser Körper unmöglich auf die Dauer aushalten, so erfreulich es auch ist, wenn die Gruben einen regen Absatz ihrer Produkte haben. [. . .] Nicht umsonst hat die hiesige Untersuchungskommission zur Aushebung für den Königl. Militärdienst die Wahrnehmung gemacht, daß die Bergleute in überwiegender Zahl zum Militärdienst untauglich sind. Es ist dies aber auch nicht anders möglich, wenn die jungen Leute den ganzen Tag in den unterirdischen Räumen, in schlechten Wettern und nassen Örtern arbeiten müssen, und wenn sie da, wo Kunst- und Seilfahrt besteht, am Ende der Schicht oft stundenlang mit von Schweiß durchnäßten Grubenkleidern im kalten Wetterzuge ausharren müssen, ehe sie zu Tage gefördert werden. Besonders die Brust wird bei übermäßigem Arbeiten auf der

Grube frühzeitig beengt. Ist aber die Gesundheit der Leute oft schon mit 35 Jahren durch diese Überanstrengungen so angegriffen, daß sie nicht mehr in der Grube arbeiten können, oder daß sie nicht mehr dasselbe leisten können, wie die jüngeren Leute, die ihre Kräfte noch nicht geopfert haben, und erhalten sie von den Knappschaftsärzten gewöhnlich das Zeugnis „zu leichter Hüttenarbeit noch tauglich", so haben sie keinen Anspruch auf Invalidenpension aus der Knappschaftskasse. Ist aber solche leichtere Grubenarbeit nicht zu bekommen, sind sie gezwungen, sich bei Privatleuten passende Arbeit zu suchen, so werden sie ihrer Rechte als Knappschaftsmitglieder vollständig verlustig, in ihrem frühen Alter erwartet sie das traurigste Los. Ja, die Gewerke sind so rücksichtslos, daß, wenn der Absatz auf den Gruben zeitweise schwächer wird, sie nicht, aber doch nur selten die jüngeren oder zuletzt angenommenen Arbeiter entlassen, welche doch viel leichter wieder anderweitig Arbeit finden können, sondern beinahe immer die älteren Bergleute, namentlich solche, welche in langjährigem, treuem Dienste oft mit Verachtung des Todes ihre Kräfte und ihre Gesundheit zu Nutzen der Gewerkschaft geopfert haben. [. . .]

Obwohl wir aber auch so vielen Unglücksfällen ausgesetzt sind, – wie viele Menschen haben nicht allein durch die gefährliche Seilfahrt ihr Leben verloren – so ist uns doch auch die so schöne und liebgewordene Einrichtung genommen worden, daß die Bergleute vor dem Anfahren gemeinsam mit dem verlesenden Steiger ihr Gebet verrichten. Anstatt des Morgens mit dem Gebetbuche, kommen viele Beamte jetzt mit rohen Flüchen in die Waschkaue und treiben die Bergleute eine Viertelstunde vor Anfahrt schon in die Grube. Wenngleich die Schicht durch das Morgengebet um etwa zehn Minuten verkürzt wurde, so ist es doch unverantwortlich, daß dieses Gebet auf fast allen Gruben in Wegfall gebracht worden ist.

Bei alledem sind die Gedinge [= Leistungslohn] so niedrig gestellt, daß wir trotz der übermäßigsten Anstrengungen allgemein in den drückendsten Verhältnissen leben. Gegenwärtig verdient ein mittlerer Arbeiter, wie die Mehrzahl ist, bei dem größten Fleiße während einer elfstündigen Schicht im Monat durchschnittlich 17 bis 18 Taler. Nur diejenigen, welche die lohnendste Arbeit haben, bringen es bis auf 30 Taler und darüber monatlich, die geringeren Arbeiter aber nur auf 9–10 Taler. [. . .] Für eine Familie von vier Personen betragen [. . .] die Kosten für die unentbehrlichen Lebensbedürfnisse [. . .] monatlich 20 Taler 25 Sgr., wobei auch Licht, Heizung, Kleidung, Schuhzeug, Hausgerät, Schulgeld und Steuern (15 Taler jährlich) noch gar nicht gerechnet ist, während der Arbeiter durchschnittlich im Monat nicht mehr als 15 bis 16 Taler verdient.

Gegen alle angeführten Notstände aber haben wir gegenwärtig sozusagen gar keinen tatsächlichen Schutz, teils weil das Kgl. Oberbergamt seinen Sitz in Dortmund hat, teils weil den Bergleuten nicht die Mittel zu Gebote stehen, ihre Klagen vernehmlich und mit Nachdruck vorzubringen.

Wenn aber auch das Gesetz vom 20. Mai 1860, welches unter Mitwirkung des aus den Dreiklassenwahlen hervorgegangenen Abgeordnetenhauses entstanden ist, den Gewerkschaften das Recht gibt, nach Belieben die Schicht zu verlängern und den Arbeitslohn herabsetzen zu können, so dürfen dieselben doch nach allgemeinen preußischen Gesetzen von diesem Recht nicht in einer Weise Gebrauch machen, bei welcher die Arbeiter körperlich und geistig zu Grunde gehen müssen.

Franz-Josef Brüggemeier

Zechenwohnungen im Ruhrgebiet

Anfangs hatten die Zechen „unter dem Zwange der Verhältnisse und nicht gerade sinnvoll gebaut (. . .), da es vor allem darauf ankam, den dringendsten Bedarf zu decken". Sie errichteten „vorwiegend Mietskasernen und Hinterhäuser; die Bauweise war oft gedrängt, auf hygienische Einrichtungen wie Kanalisation, Trinkwasserversorgung und Straßenpflaster wurde wenig geachtet" [R. Schwenger, 1932]. Daneben wurden jedoch auch kleinere ein-, anderthalb- oder zweistöckigen Häuser für zwei bis vier Familien errichtet, die sich bald allgemein durchsetzten und bis heute das Bild der Zechensiedlungen prägen. Die Ziegel wurden häufig auf den Zechen hergestellt, die dazu Materialien verwendeten, die bei dem Vortrieb der Strecken sowie der Förderung anfielen und die den Ziegeln ihre charakteristische rotbraune Farbe gaben. Hieraus resultiert die optische Einheitlichkeit der Zechenhäuser, die jedoch immer wieder durch die Verwendung verschiedener Stilelemente aufgelockert wird. Sowohl hierbei, aber mehr noch im Grundriß der Wohnungen und Häuser sowie in der Konzeption der Siedlungen wurde versucht, an bäuerliche Elemente anzuknüpfen.

Nach einer Bestandsaufnahme aus dem Jahre 1900 verfügten 86% der Wohnungen über einen Garten und 96% über einen Stall. Hier spielen mehrere Faktoren zusammen: der Einfluß der Gartenstadtbewegung und englische Vorbilder; die Absicht, an die ländliche Herkunft der Arbeiter anzuknüpfen; der ungeheure Landbesitz der Zechen, der ansonsten kaum zu nutzen war, und auch die Überlegung, daß die Bestellung eines Gartens das Budget der Familien aufbessern und dadurch die Lohnkosten senken könne. Das ergab gerade im Bergbau Sinn, da dessen Produktion trotz der zunehmenden Nachfrage der Industrie und der Eisenbahn saisonabhängig blieb und im Sommer, wenn die Gärten bestellt werden konnten, weniger Arbeit bot als im Winter. Soweit möglich, wurden bei Rückgang der Förderung keine Arbeiter entlassen, sondern Feierschichten verfahren, denn der Untertagebetrieb erforderte, daß an allen Stellen kontinuierlich gearbeitet wurde; der Gebirgsdruck, einströmendes Wasser, nachgebende Stempel etc. ließen es nicht zu, ganze Bereiche zu schließen und die Arbeiter zu entlassen.

Koloniewohnungen waren sehr begehrt. Sie waren größer und billiger als diejenigen auf dem freien Wohnungsmarkt; im Jahre 1900 hatten 37,2% der Zechenwohnungen drei Zimmer und 46,6% vier Zimmer. Glaubt man den Angaben der Zechen, so lagen die Mieten hier in der Regel um 50% niedriger als in vergleichbaren „freien" Wohnungen. So wird es verständlich, daß ein zunehmend größerer Teil der Belegschaften in Zechenwohnungen untergebracht war; von etwa 12% im Jahre 1893 stieg ihr Anteil auf 35% im Jahre 1914, d.h. sie beherbergten mehr als ein Drittel der Bergleute [...].

Die große Zahl der Zimmer in den Koloniewohnungen täuscht eine Geräumigkeit jedoch nur vor. Die Zimmer waren klein, zwischen 12 und 19 Quadratmeter; eine Vierzimmerwohnung bot nur wenig mehr als 50 Quadratmeter Grundfläche. Das wichtigste und häufig auch größte Zimmer war die Wohnküche, meist der einzige beheizte Raum in der Wohnung. Hier wurde gekocht und gegessen, hier hielten sich die Familienmitglieder, Untermieter und Besucher tagsüber auf. Die Schlafzimmer befanden sich im ersten Stock, so daß Schichtarbeiter tagsüber vor dem Lärm der Kinder besser geschützt waren. Zum Mobiliar gehörten in der Regel ein Herd, ein großer Tisch mit einigen Stühlen, eine Kommode, ein Schrank sowie zwei oder drei Betten. Die Kinder mußten sich zu zweit oder zu dritt eines teilen, das jüngste war vielfach bei den Eltern untergebracht. Häufig bildete Stroh die Unterlage zum Schlafen, das zum Frühjahr und Herbst erneuert wurde.

Nur in wenigen Kolonien waren Wasserleitungen in die Wohnungen gelegt. Die Bewohner mußten Wasser vielmehr aus Zapfstellen entnehmen, die in größeren Abständen auf der Straße installiert waren und die sich zu wichtigen Treffpunkten und Kommunikationsstellen entwickelten. Bei Schichtwechsel und zur Essenszeit, wenn Wasser in größeren Mengen zum Waschen und Kochen gebraucht wurde, bildeten sich längere Schlangen; hier schälten Frauen die Kartoffeln und wuschen die Wäsche.

Auch eine Kanalisation fehlte. Abwässer leitete oder schüttete man in die Straßengräben, aus denen sie wegen der zahlreichen Bodensenkungen nicht immer sofort abflossen. Die Bodensenkungen führten auch dazu, daß Bäche, kleinere Kanäle und Flüsse häufig ihren Lauf änderten, Felder und Wiesen überschwemmten, Tümpel und andere stehende Gewässer bildeten, in denen sich der Schmutz und der Unrat ansammelte, so daß in der Nähe von Zechen quadratkilometergroße, stinkende Sümpfe zu sehen und zu riechen waren. Über die Siedlungen hinaus war die Abwässerbeseitigung „durchweg in den Landgemeinden, aber auch in manchen Städten schlecht. Im offenen Rinnsal fließen die Abwässer am Hause vorbei zum Straßengraben und in ihm weiter. Oft kann man sehen, wie Kinder in ihnen spielen und Teiche bauen" [Wollenweber, 1913]. Vor allem im Flußgebiet der Emscher kam es wegen der unzureichenden Hygiene immer wieder zu Ausbrüchen von Typhus und anderen Krankheiten, sogar Fälle von Malaria kamen hier noch vor. Erst die großen Typhusepidemien von 1901 im Schalker Gebiet mit 3000 Erkrankten und 300 Toten führte schließlich zur Regulierung der Emscher. Damit aber waren nur die gröbsten Mißstände behoben. Die Frage der Abwässerbeseitigung wurde erst in den 20er Jahren durch den Bau der erforderlichen Kanalisation gelöst.

Ottilie Baader

Der erste ‚1. Mai'

Es war am Donnerstag, dem 1. Mai 1890. Man sah bereits in den frühen Vormittagsstunden sonntäglich gekleidete Gruppen von Arbeiterfamilien hinausziehen ins Freie. Wie war das nur möglich? An einem Arbeitstag wagten die Proletarierscharen nicht zu arbeiten, dem Unternehmer damit den Profit zu kürzen? Sie wagten zu feiern an einem Tag, der nicht von Staat oder Kirche als Feiertag festgelegt worden war?

Jawohl, die Arbeiter hatten es gewagt, sich selbst nach eigenem Willen einen Feiertag zu schaffen, und nicht nur die Arbeiter Berlins waren so vermessen, sondern die der ganzen Welt.

Welch herrlicher Gedanke zu wissen, daß die Ausgebeuteten, die Unterdrückten der ganzen Welt an diesem Tage seelisch miteinander verbunden sind, daß sie mit allen zu Gebote stehenden Mitteln ihre Forderungen an die Regierenden stellen.

Welchen Schrecken dieser erste Weltfeiertag aber der herrschenden Klasse bereitete, zeigte die Tatsache, daß an diesem Tage das Militär in den Kasernen gehalten wurde, damit es gegebenenfalls einschreiten könne. Auch wurden viele Bahnhöfe durch Militär ‚gesichert'! Einige vernünftige Bahnhofsvorsteher hatten aber auf Anfragen das Militär abgelehnt, da sie keine Gefahr erblickten und den Arbeitern vertrauten.

Die Arbeiterbevölkerung Deutschlands, befreit vom Druck des Sozialistengesetzes, jubelte diesem Tag entgegen. Und der Himmel selbst schien im Bunde mit ihr zu sein, denn einen so wunderbar herrlichen ersten Maitag hatten wir seitdem nicht wieder. Warmer Sonnenschein, klarer, wolkenloser Himmel, zartes Maigrün an Baum und Strauch, lebensschwellende Knospen, sprießende Saaten, Vogelgesang, kurz, die wie Leben, Kraft und Schönheit wirkende Natur mußte auch den Menschen neuen Lebensgenuß und Kraft einflößen, mußte sie lehren, alles daranzusetzen, die Schönheiten der Welt auch für sich und die Ihrigen zu gewinnen.

Als ich an diesem ersten Maitag im Kreise lieber Menschen hinauswanderte nach Grünau, war es herzbewegend für uns alle, als wir unsere geliebte Marseillaise von einem

Leierkasten ertönen hörten. Die Gaben flossen reichlich, und erfreut darüber sagte der Drehorgelspieler zu seiner alten Lebensgefährtin: ‚Siehste, Mutterken, daß ick recht hatte'. Er hatte das Stück zu diesem Tage auf den Leierkasten bringen lassen.

Nur wer weiß, daß bis zur Aufhebung des Sozialistengesetzes unsere Lieder verboten waren, und daß wir Liederbücher oder einzelne Blätter mit gedruckten Liedern nur heimlich vertreiben konnten, wird unsere Freude über das Spiel des Leiermannes begreifen.

An dem Bestimmungsort angelangt, wurden nun nach Herzenslust unsere Arbeiterlieder gesungen, wenn auch von ungeschulten, so doch von begeisterten Sängern; revolutionäre Gedichte von Heinrich Heine, Freiligrath u.a. wurden vorgetragen. Wohl jeder der mit uns Feiernden gelobte, eifriger noch als bisher für die Erlösung der Menschheit aus Not und Unterdrückung wirken zu wollen, sein Leben in den Dienst unserer großen heiligen Sache zu stellen. Im ganzen Reiche, ja in der ganzen Welt hat wohl dieser erste Weltfeiertag wie eine Erlösung gewirkt und Kampfesmut und Entschlossenheit ausgelöst.

Jakob Wassermann

„Wir leben im Zeitalter der Toleranz!"

Als ich geboren wurde, zwei Jahre nach dem Deutsch-Französischen Krieg, war für die deutschen Juden der bürgerliche Tag längst angebrochen. ... Ich erinnere mich, daß mein Vater bei irgendeiner Gelegenheit mit freudiger Genugtuung sagte: „Wir leben im Zeitalter der Toleranz!" ... In Kleidung, Sprache und Lebensform war die Anpassung durchaus vollzogen. Die Schule, die ich besuchte, war staatlich und öffentlich. Man wohnte unter Christen, verkehrte mit Christen, und für die fortgeschrittenen Juden, zu denen mein Vater sich zählte, gab es eine jüdische Gemeinde nur im Sinn des Kultus und der Tradition; jener wich vor dem verführerischen und mächtigen modernen Wesen mehr und mehr ins Konventikelhafte zurück, in heimliche, abgekehrte, frenetische Gruppen; diese wurde Sage, schließlich nur Wort und leere Hülse.

Ruth Gay
Jüdische Emanzipation und Assimilation

Der Weg zur Emanzipation der deutschen Juden verlief parallel zu dem Weg, an dessen Ende die Entstehung des Deutschen Reiches stand [. . .]. Im Deutsch-Französischen Krieg dienten 7000 Juden in der deutschen Armee, obwohl sie noch immer nicht die vollen Bürgerrechte genossen. Das 1869 im Namen des Norddeutschen Bundes erlassene Gesetz, in dem es hieß: „Alle noch bestehenden, aus der Verschiedenheit des religiösen Bekenntnisses hergeleiteten Beschränkungen der bürgerlichen und staatsbürgerlichen Rechte werden hiermit aufgehoben", wurde erst 1871 im gesamten Kaiserreich gültig – Gipfelpunkt eines Jahrhunderts der Sehnsucht. Doch die *Allgemeine Zeitung des Judenthums* nahm die Proklamation kühl auf. Der Kampf war zu schwer gewesen, hatte zu lange gedauert, und am Ende stand Enttäuschung. Im Leitartikel *Das deutsche Reich und die Juden* beglückwünschte die Redaktion zwar die jüdische Gemeinschaft dazu, wie weit sie es gebracht hatte, stellte aber mit Nachdruck fest, daß die Juden „noch nicht am Ziel" seien, und verwies auf den Widerstand einzelner deutscher Staaten gegen die Bestimmungen des neuen Gesetzes. Man war sich bewußt, daß alte Gewohnheiten nur langsam vor Gesetz und Vernunft die Waffen streckten. Der erniedrigende Judeneid, bei dem der Jude, der ihn ablegte, sich oft auf eine blutige Schweinshaut stellen mußte, wurde nur Schritt für Schritt abgeschafft, zuerst in Hessen-Kassel, 1828, dann in Sachsen, 1839, und in Anhalt-Bernburg im Jahr 1842. Das Schlußlicht bildete Preußen 1869. Und noch 1891 wurde in Xanthen am Rhein ein Jude des Ritualmordes beschuldigt.

Doch trotz der Widerstandsnester schrieb das neue Gesetz, das am 16. April 1871 in Kraft trat, fest, was beinahe überall Realität geworden war. In den drei Generationen seit Moses Mendelssohn waren die Juden in Sprache, äußerer Erscheinung, in der Kultur wie in ihrer patriotischen Gesinnung Deutsche geworden. Selbst die am stärksten traditionsverbundenen Orthodoxen bekräftigten ihre Solidarität mit der deutschen Nation. „Wir deutschen Juden sind Deutsche und nichts anderes", erklärte die religiöse Zeitung *Der Israelit* 1870, und sonnabends schloß die Thoralesung in den orthodoxen Synagogen mit einem hebräisch gesprochenen Gebet fürs Vaterland.

Obwohl das neue Gesetz ausdrücklich die letzten Schranken beseitigte, die Juden den Eintritt in den Staatsdienst verwehrten, sah die Realität im Kaiserreich anders aus. Juden wurden nicht ins Offizierskorps aufgenommen, fanden nur selten Zugang zu den Lehrberufen und erlangten im öffentlichen Dienst nur Stellungen mit geringem Einfluß oder Prestige. Juden konnten beispielsweise Richter werden, nicht jedoch Staatsanwalt, ein Amt, das gesellschaftlich höheres Ansehen genoß und mit wirklicher Autorität ausgestattet war.

Wie die Juden ihren Lebensunterhalt verdienten, als das Kaiserreich entstand, war schon lange vorher bestimmt worden, durch Genehmigungen und Verbote, die weit in die Geschichte zurückreichten. In ländlichen Gebieten hatte das Verbot, Grundbesitz zu erwerben, dafür gesorgt, daß sie nicht Landwirte, sondern Händler wurden, und da die Zünfte keine Juden aufnahmen, wurden sie nicht Handwerker, sondern Zwischenhändler. Vor allem aber waren die Juden mit dem Geldverleih und -wechsel identifiziert worden, wie Hans Sachs in *Eygentliche Beschreibung Aller Stände auf Erden* zeigte, die 1568 erschien. Der Platz, der den Juden in der Welt zugewiesen war, hatte eine alte Geschichte. Selbst noch Moses Mendelssohn hatte mit diesen Beschränkungen seine Schwierigkeiten, wie er seiner Freundin anvertraute, der er über seinen Sohn Joseph schrieb: „Zur Arznei hat er nicht Lust; und als Jude muß er Arzt, Kaufmann oder Bettler werden."

Tatsächlich war das Betteln ein fester Bestandteil der jüdischen Lebensrealität. Jahrhundertelang hatte die Situation der Juden immer wieder bewirkt, daß es unter ihnen nur ganz wenige Reiche und eine überwältigende Mehrzahl von Armen gab. Die Bettler bildeten gewissermaßen eine Kaste für sich, mit sorgfältig aufgeteilten Revieren, mit eigenen Rechten und Erwartungen. Der *Schnorrer*, wie er auf jidisch hieß, Objekt zahlloser Witze und Legenden, war zugleich Bettler und mehr als das. Bei seinen Rundgängen durch die Dörfer und Besuchen in den Häusern brachte er Neuigkeiten aus der Welt, Klatsch und ökonomisch nützliche Auskünfte. Manche Bettler erhoben ihre Plaudereien bei Tisch zu einer solchen Kunst, daß sie sich mit ihrem Unterhaltungstalent ein Nachtquartier und ein Geldgeschenk verdienten. Noch in der Mitte des 19. Jahrhunderts bestand die Hälfte der deutschen Juden entweder aus Bettlern oder war nur einen Schritt von einer solchen Existenz entfernt, Menschen ohne dauerhaftes Wohnrecht.

Doch als das Jahrhundert zu Ende ging, stand die Einkommenspyramide der jüdischen Bevölkerung auf dem Kopf. Diese Veränderungen hatte der wirtschaftliche Wandlungsprozeß in Westeuropa mit sich gebracht, der das System der Stände und Klassen, das Hans Sachs so sorgfältig beschrieben hatte, endgültig auflöste. [...]

In ihrer immer stärker urbanisierten und industrialisierten Umwelt fanden deutsche Juden noch nie dagewesene

Chancen im Geschäftsleben und im Bereich der freien Berufe; 1871 war es so weit, daß man an die sechzig Prozent dem gehobenen Bürgertum zurechnen konnte, ein winziger Anteil an der Gesamtbevölkerung Deutschlands, der aber das Profil der jüdischen Gemeinschaft bestimmte. Von der einst kopfstarken Klasse der Bettler und Gelegenheitsarbeiter waren nur noch fünf Prozent übrig. Die anderen waren entweder ausgewandert oder hatten, da die Niederlassungsbeschränkungen für Juden beseitigt worden waren, ihren vagabundierenden Status gegen den von Bürgern mit festem Wohnsitz vertauscht. Gegen Ende des Jahrhunderts dann bildeten die Juden in Deutschland eine der wohlhabensten jüdischen Gemeinden in Europa.

In der Art ihres Broterwerbs nach der Emanzipation unterschieden sich die Juden nach wie vor sehr stark von der allgemeinen Bevölkerung. Solange das Kaiserreich bestand, war ein Drittel der deutschen Bevölkerung in der Landwirtschaft, ein Drittel in Industrie oder Handwerk tätig, und nur zehn Prozent waren im Handel beschäftigt. Von den Juden dagegen betätigten sich fünfzig Prozent im Handel und eine kleine Zahl auch in den verschiedenen Zweigen des Transportgewerbes, Speditionen, Droschkenfirmen, Reedereien, sowie in der Hotel- und Gaststättenbranche. Diesen Unternehmen kam eine besondere Bedeutung für jüdische Reisende zu, vor allem für die vielen Reisevertreter, die die Speisegesetze einhielten. Und da sich die Mode, Badeorte zu besuchen, ausbreitete, waren Hotels in jüdischem Besitz jenen Familien, die darauf achteten, koscher zu essen und eine mögliche Abweisung durch antisemitische Gastwirte nicht riskieren wollten, doppelt willkommen. Die Kategorie „Handel", die bei der Erstellung solcher Statistiken verwendet wurde, war eine Sammelbezeichnung, die Einzel-, Großhandel und Geschäfte jeglicher Art umfaßte, vom großartigsten Kaufhaus über das elegante Spezialgeschäft bis zum Gemischtwarenladen an der Ecke. Doch so breit der Begriff auch gefaßt war, definierte er doch den Platz vieler Juden in der deutschen Gesellschaft als Vermittler, die die Produkte, die aus den neuen Fabriken im In- und Ausland strömten, auf den Markt brachten und zum Kauf anboten. Im Kaiserreich wurden Juden zu Ladenbesitzern par excellence, besonders in der Textil- und Konfektionsbranche. [...]

Das 19. Jahrhundert brachte nicht nur eine berufliche Umschichtung bei den Juden in Deutschland, sondern auch eine vollkommene Neuordnung ihrer geographischen Verteilung. Im Lauf von anderthalb Jahrtausenden hatten sich im deutschen Sprachgebiet kleine jüdische Gemeinden verstreut zwischen dem Rhein und den östlichen Grenzprovinzen Posen und Schlesien gebildet. Doch der allgemeine Zug in die Städte, den das 19. Jahrhundert brachte, untergrub das kleinstädtische jüdische Leben. 1870 lebten nur zwanzig Prozent der deutschen Juden in Großstädten; bis 1910 verdreifachte sich dieser Anteil. Trotz dieser Konzentration machten die 600000 Juden in Deutschland nur etwas mehr als ein Prozent der Gesamtbevölkerung von sechzig Millionen aus. Selbst in Berlin, 1910 Heimat von 142000 Juden, stellten sie nur rund vier Prozent der Einwohnerschaft.

Doch während sie sich geographisch konzentrierten und ihr Wohlstand zunahm, schrumpfte auch die einheimische jüdische Bevölkerung, da viele Juden erst spät heirateten, weil die Geburtenrate dramatisch gesunken war und Mischehen im Laufe der Jahrzehnte immer häufiger wurden. 1910/11 heirateten dreizehn Prozent der jüdischen Männer und zehn Prozent der jüdischen Frauen nichtjüdische Partner, beinahe das Doppelte des Prozentsatzes ein Jahrzehnt früher; in den zwanziger Jahren dann heiratete einer von fünf männlichen beziehungsweise fünf weiblichen Juden einen nichtjüdischen Partner. Ja, eine 1911 veröffentliche Analyse prophezeite gar den Untergang der ganzen jüdischen Gemeinschaft im Land. „Die deutschen Juden sind ein untergehendes Volk, das durch die Preisgabe der religiösen und nationalen Momente die Emanzipation und die Aufnahme in den deutschen Staatsbürgerverband teuer erkauft hat", schrieb der Ethnologe Felix A. Theilhaber. „Mischehen, Taufen, Austritte, Volksverminderung durch Geburtsverluste, physische und geistige Defekte, Zunahme der Geisteskranken und Selbstmorde *in beängstigend wachsenden Dimensionen – und von keiner Seite her Ersatz und Ausgleich!*" [...]

Die jüdischen Gemeinden in Deutschland lebten zu dieser Zeit in einem widersprüchlichen Zustand. In einer Epoche des schwindenden Glaubens bauten sie prachtvolle Synagogen; während ihnen ihr jüdisches Erbe allmählich abhanden kam, wurden sie zu Trägern der deutschen Kultur; in einer von lokalen Rivalitäten gespaltenen Nation waren sie die wahren Patrioten. Sie hatten den Handel aus einer verachteten zu einer geachteten, ja sogar zu einer geradezu glanzvollen Tätigkeit gemacht, und überall, wo sie in der Kunst oder in der Naturwissenschaft hervortraten, brachten sie in ihre Betätigungsfelder neuen Schwung und Wagemut.

Niemand nahm die deutsche Kultur ernster, als die Juden es taten. Sie schickten ihre Söhne in einer Zahl auf die Universität, die ihren zahlenmäßigen Anteil an der deutschen Bevölkerung bei weitem überstieg. Die Universitäten in Berlin und Breslau zogen in einem besonderen Maß jüdische Studenten an, und 1866 stellten Juden beinahe zehn Prozent der Berliner Studenten, obwohl der jüdische Anteil an der Gesamtbevölkerung, wie erwähnt, nur ein Prozent betrug. Allerdings gelangten nur wenige Studenten später in Spitzenpositionen in der akademischen Welt, wenn sie sich nicht taufen ließen. Im Jahr 1909 hatten es in ganz Deutschland nur fünfundzwanzig Juden zu ordentlichen Professoren gebracht, und bis 1917 sank diese Zahl auf dreizehn ab.

Immerhin gelangten Juden in die freien Berufe, als frei praktizierende Ärzte oder Anwälte, oder sie gingen ins

Verlagsgewerbe, zum Journalismus oder zum Theater, wo die gesellschaftlichen Konventionen weniger Kraft besaßen. Vor allem wurden deutsche Juden von der Hochkultur angezogen – als Abonnenten von Opern und Konzertreihen, als bücherverschlingende Leser der zeitgenössischen Literatur und Förderer der Künste. In ihrem Privatleben nahm die deutsche Kultur einen ganz besonderen Ehrenplatz ein, erfreute sich der gleichen Hochachtung wie früher, bei ihren Vorfahren, das Hebräische und die religiöse Literatur. [. . .]

Alle diese Beschäftigungen mit der Kultur wurden unter dem Begriff *Bildung* subsumiert. Für die deutschen Juden stellte die Bildung nach der räumlichen Beengung im Getto und der abgeschlossenen Welt jüdischer Gelehrsamkeit gleichsam eine geistige und emotionale Heimat dar. Daraus entwickelte sich, was der Philosoph Gershom Scholem später sarkastisch als eine einseitige „Liebesaffäre“ zwischen den Juden und den Deutschen bezeichnete, die aber gleichwohl die Richtung des jüdischen Lebens in Deutschland und seine Wertmaßstäbe bestimmte. Bildung bedeutete mehr als nur die Anhäufung eines unveränderlichen Wissensfundus, sie umfaßte auch jene Ideale der Aufklärung, die die Juden so begeistert aufgenommen hatten, weil sie ihnen so viel Hoffnung in der modernen Welt versprachen. So hatte die Kultur für die deutschen Juden im 19. Jahrhundert geradezu etwas Erlösendes; sie erfüllte die Verheißung der Aufklärung, indem sie die Juden zu Menschen wie andere machte und sie in die Gesellschaft integrierte, in der sie lebten. Die Hochkultur mit ihrem universalen Charakter verlangte von denen, die an ihr teilhatten, keinen bestimmten Stammbaum, und durch dieses frei zugängliche Universum konnten die Juden in die westliche Zivilisation eintreten. Wenn eine neue Goethe-Ausgabe geplant wurde, wenn eine Schillerfeier stattfinden sollte, waren die emanzipierten deutschen Juden mit von der Partie. [. . .] Doch so befriedigend dieses Aufgehen in der deutschen Kultur für deutsche Juden auch sein mochte, einen Schutz vor Antisemiten bot es nicht, die sie als Fremdkörper betrachteten, die immer und ewig andersartig bleiben würden. Und ganz abgesehen vom Antisemitismus, der die jüdische Teilhabe an bestimmten Lebensbereichen in Deutschland begrenzte, hielt sich die gesellschaftliche Absonderung mit ausdrücklicher Hartnäckigkeit, so daß die Juden ihre eigene Sozialsphäre für sich schufen und weiterhin ein Doppelleben führten. Hier lag natürlich der Kern des Problems. Obwohl deutsche Juden in der deutschen Kultur aufgingen und lebten wie nur irgendeine deutsche bürgerliche Familie – dieselben Werte pflegten, die gleichen Bücher lasen, sich mit den gleichen Dingen vergnügten –, waren sie insgesamt doch durch eine, wie der Zionist Richard Lichtheim es nannte, „Glaswand" ausgegrenzt.

Heinrich v. Treitschke

„Die Juden sind unser Unglück!" (1879)

Die Zahl der Juden in Westeuropa ist so gering, daß sie einen fühlbaren Einfluß auf die nationale Gesittung nicht ausüben können; über unsere Ostgrenze aber dringt Jahr für Jahr aus der unerschöpflichen polnischen Wiege eine Schaar strebsamer hosenverkaufender Jünglinge herein, deren Kinder und Kindeskinder dereinst Deutschlands Börsen und Zeitungen beherrschen sollen. ... Ueberblickt man alle diese Verhältnisse [der Juden in der Gesellschaft] so erscheint die laute Agitation des Augenblicks doch nur als brutale und gehässige, aber natürliche Reaction des germanischen Volksgefühls gegen ein fremdes Element, das in unserem Leben einen allzu breiten Raum eingenommen hat. ... Es ist schon ein Gewinn, daß ein Uebel, das Jeder fühlte und Niemand berühren wollte, jetzt offen besprochen wird. Täuschen wir uns nicht; die Bewegung ist sehr tief und stark

[. . .]. Bis in die Kreise der höchsten Bildung hinauf, unter Männern, die jeden Gedanken kirchlicher Unduldsamkeit oder nationalen Hochmuths mit Abscheu von sich weisen würden, ertönt es heute wie aus einem Munde: „die Juden sind unser Unglück!“

Shulamit Volkov
Antisemitismus im Kaiserreich

Die Einzigartigkeit des Antisemitismus des späten 19. und frühen 20. Jahrhunderts liegt weder in seinen politischen Organisationsformen noch in seinen ideologischen Charakteristika. Die neuen Elemente des Antisemitismus dieser Zeit lassen sich nur ableiten aus den besonderen Bedürfnissen und Schwierigkeiten der Zeit. Der entscheidend neue Aspekt dieses Antisemitismus waren die Rollen, die ihm innerhalb der sozialen, politischen und kulturellen Systeme des kaiserlichen Deutschland zugewachsen waren. Seine Funktionen entwickelten sich als Antwort auf die zentralen Probleme Deutschlands im ausgehenden 19. Jahrhundert, waren spezifisch für diese Zeit und können nur erklärt werden durch eine Analyse des Kontexts, in dem sie entstanden sind.

Erstens spielte der Antisemitismus eine grundlegende Rolle bei der Bestimmung des Selbstbildes der Deutschen und beim Wiederaufbau einer deutschen Identität nach der Krise ihrer nationalen Einigung. Eine Reihe von im wesentlichen internen Kriegen und Verschiebungen von Grenzen und politischen Strukturen schufen das Bedürfnis für einen neuen Typ von Integration. Im neuen Bismarckschen Reich war der Antisemitismus eine willkommene Waffe, die die geographisch, historisch und sozial unverbundenen Elemente zusammenschweißen sollte. Es ist daher kaum verwunderlich, daß der einflußreichste Vertreter des neuen Antisemitismus Heinrich von Treitschke war, der glühende Nationalist, der Vorreiter einer deutschen Einheit, die durch die Dominanz des preußischen Junkertums und seiner Klassenherrschaft geprägt war. Treitschke war vor allem bestrebt, einen inneren Zusammenhalt in Deutschland zu erreichen, der auf dem gemeinsamen Bewußtsein einer Nationalität und Kultur beruhte. Für dieses Ziel benutzte er ohne Skrupel antijüdische Ressentiments. So warnte er vor dem unangemessenen Einfluß des „Judentums auf unser nationales Leben" und vor dem Herannahen eines „Zeitalters deutsch-jüdischer Mischkultur". Er forderte die Schaffung eines „gekräftigten Nationalgefühls" und lehnte jede Form von „Doppelnationalität", besonders des jüdisch-kosmopolitischen Typs, ab. Diese Stichworte hatten, verbunden mit Treitschkes Verachtung für Parlamentarismus und Demokratisierung, eine bleibende Wirkung auf die Generation von Studenten, die später zur Führungsschicht der nationalistisch-imperialistischen – und fast ausnahmslos antisemitischen – Bewegung in den frühen Jahren des 20. Jahrhunderts werden sollte. Dies war die Zeit einer weiteren Krise des Selbstbewußtseins und der nationalen Identität, nur kümmerlich versteckt hinter einer pompösen und unverantwortlichen Weltpolitik. Zu dieser Zeit bewies der Antisemitismus wieder einmal seine Nützlichkeit als bequemes Integrationsinstrument, als Ergänzung zum Nationalstolz, als wirkungsvoller Zusatz zu einem Gruppengefühl von Einzigartigkeit und Überlegenheit.

Zweitens kanalisierte der Antisemitismus ein wachsendes soziales Elend und die Unzufriedenheit, die die schnelle Industrialisierung und die Enttäuschung mit dem liberalkapitalistischen Wirtschaftssystem hervorgerufen hatten. Dies war vor allem nach dem Zusammenbruch von 1873 und während der Zeit der Deflation und Instabilität bis zur Mitte der 1890er Jahre nötig. Wenn der Jude als derjenige dargestellt wurde, der den Kapitalismus verdirbt, und als die eigentlich zerstörerische Kraft hinter dem Liberalismus, dann konnte man die neue wirtschaftliche Ordnung ohne Angst vor der Revolution, und ohne zum Klassenkampf oder Bürgerkrieg aufzurufen, angreifen. Otto Glagau, der den Satz „Die soziale Frage ist die Judenfrage" prägte, wurde an Popularität und Einfluß nur von Treitschke übertroffen. Adolf Stoecker griff das schnell auf und lief bald mit einer ähnlichen Botschaft durch die Straßen Berlins. In einer Zeit der wirtschaftlichen Unsicherheit und sozialen Desorientierung waren es solche Slogans, die beim städtischen Mittelstand ankamen und ihm eine geeignete Zielscheibe für seine Ängste und seine Wut boten.

Auch politisch hatte der Antisemitismus eine Rolle auszufüllen. Viele prominente Antisemiten im Bismarck-Reich waren zuverlässige Konservative, obwohl Stoeckers Taktiken in Berlin in Bismarcks Augen immer suspekt waren, und selbst der alte Kaiser, dessen Hofprediger Stoecker für einige Jahre war, hielt sich vorsichtig zurück. Aber zu den antisemitischen Bewegungen dieser frühen Zeit gehörten auch frühere Liberale, ja sogar Radikale mit einer revolutionären Vergangenheit. Wilhelm Marr war ein alter ‚48er', aber auch Glagau und Henrici hatten eine liberale Vergangenheit. Diese Männer vertraten einen wichtigen Teil der deutschen Gesellschaft, der – und hier handelte es sich insbesondere um Angehörige des Mittelstandes – zu diesem Zeitpunkt eine neue politische Bindung suchte. Nach den Ereignissen von 1848 neigten Handwerksmeister, Ladenbesitzer, kleine Beamte und vielleicht auch Teile des ländlichen Deutschland dazu, politischen Liberalismus mit einer Reihe von eindeutig antiliberalen wirtschaftlichen Forderungen zu verbinden. Der Wohlstand im dritten Viertel des Jahrhunderts ermöglichte eine solche Mischung, auch wenn sie immer problematisch war. Aber die ökonomische Wende der 1870er Jahre führte diese Männer noch weiter weg vom Liberalismus, dem sie – meist in seiner linken Version – jahrzehntelang treu gewesen waren. Den „sozialen" oder

„Reform"-Parteien, praktisch alles antisemitische Splittergruppen, gelang es häufig, diese politische Lücke zu füllen. Sie boten ein antiindustrielles und antimodernes Programm, ohne im Stil konservativ, aristokratisch oder elitär zu sein. Im Laufe der Jahre, als die antisemitischen Parlamentarier sich dem konservativen Block angeschlossen hatten, spiegelte sich auch darin nur die Veränderung bei den Wählern. Gegen Ende des 19. Jahrhunderts bemühte sich die entstandene konservative Partei, als politische Bewegung zu erscheinen, und entsprach damit verspätet den Forderungen einer neuen politischen Epoche. Wo die Konservativen nur halbe Arbeit leisten konnten, erwies sich der „Bund der Landwirte" mit anderen Taktiken und mit aggressiv zur Schau gestelltem Antisemitismus als überaus erfolgreich. Indem sie den Nationalismus mit seinen antisemitischen Untertönen übernahmen, gelang es den konservativen Kräften in Deutschland, einen großen Teil der früher liberalen, ja linksliberalen Wähler des Mittelstandes für sich zu gewinnen. Der Antisemitismus spielte eine wichtige Rolle bei dieser Umstrukturierung des deutschen politischen Spektrums, durch ihn wurden neue soziale und ideologische Komponenten in die traditionelle deutsche Rechte eingeführt.

Schließlich hat der Antisemitismus eine einzigartige Stellung in der Kultur des Wilhelminischen Deutschland. Er war allmählich zum Inbegriff der übergreifenden Weltanschauung und des Stils der Rechten geworden. In einer Situation der Polarisierung, wie sie im Deutschland des späten 19. und frühen 20. Jahrhunderts entstand, wurde Antisemitismus zum Erkennungszeichen. Das Äußern von antijüdischen Gefühlen – gelegentlich sogar von Juden selbst – bewies das Festhalten an der „germanischen Kultur" und die Ablehnung von allem, was dem am anderen Ende des entstehenden kulturellen Spektrums entgegenstand. Noch mehr wurden einzelne und Gruppen durch die Gegnerschaft zum Antisemitismus mit dem Lager der Demokratisierung, mit Parlamentarismus, oft auch mit der kulturellen und wirtschaftlichen Moderne identifiziert. So wurden die Sozialisten, die früher keineswegs gezögert hatten, Juden anzugreifen, mit solchen Taktiken immer vorsichtiger. Die Sozialdemokratie hat vielleicht unter ihren Mitgliedern den Antisemitismus nicht völlig tilgen können, aber ihr öffentlicher Standpunkt in dieser Frage war seit den frühen 1890er Jahren sehr eindeutig. Antisemitismus war nicht nur ein Element in der allgemeinen politischen Weltsicht der Rechten in Deutschland, sondern wurde ein Verständigungssignal innerhalb der allgemeinen politischen Kultur des Reiches. Er besaß eine einzigartige Funktion in der Festlegung der Grenzen zwischen den beiden gegnerischen Lagern, die sein öffentliches Leben beherrschten. Diese vier Funktionen des Antisemitismus im Zweiten Reich gaben ihm seinen eigentlich modernen Charakter. Ihr zeitspezifisches Wesen beschränkt ihre Bedeutung jedoch auf die Zeitspanne, die hier erörtert wurde.

Thomas Nipperdey

Erfahrungen im Ersten Weltkrieg

Man darf über den gewaltigen und umwälzenden militärischen, politischen, wirtschaftlichen, sozialen Geschehnissen nicht vernachlässigen, wie der Weltkrieg das Leben aller einzelnen umgeprägt hat durch neue und unvergeßliche Erfahrungen vor allem, und dann durch einen beschleunigten Wandel der Vorkriegsnormen. Da Erfahrungen uns durch Schreibende vermittelt sind, ist es schwer, durch die Vielzahl der erinnernden zeitgenössischen Deutungen zu den Realitäten vorzustoßen, zumal auch die „unmittelbare“ Erfahrung des durchschnittlichen Menschen immer schon gedeutete Erfahrung ist. Einige Hauptpunkte wollen wir festhalten.

Das erste ist die Erfahrung des massenhaften Todes und Sterbens. Fast zwei Millionen deutsche Soldaten – es gibt nur schwankende Schätzungen – sind gefallen, das waren mehr als 15% der während des Krieges Mobilisierten. Für die Soldaten wurde der mögliche Tod zur Normalität des Fronteinsatzes, der wirkliche Tod und das Sterben der Kameraden zur täglichen Erfahrung, ja der Tod ganzer Einheiten etwa in den Materialschlachten des Westens. Die Angst vor dem Tod und das Fertigwerden mit ihr, das Leben mit den Fallenden, Sterbenden, Toten, den Leichen, das Leben mit den „Verlusten" derer, mit denen man umging, das wurde Normalität. Die Lebenden wurden Überlebende, in den Schrecken der Massaker von Verdun oft schlechterdings terrorisiert und geschockt. Zu Hause war der Tod noch nicht, vor dem Bombenkrieg späterer Zeiten, so unmittelbar und sichtbar, aber auch hier war er allgegenwärtig. Der Mann, der Vater, der Sohn, der Bruder, der Verlobte – die waren nicht selten gefallen, es gab kaum eine Familie, die unbetroffen blieb, und die Daheimgebliebenen mußten mit dem Tod derer draußen immer rechnen. Kriegswitwen und -waisen wurden eine große Gruppe des Volkes, und wer nicht selbst betroffen war, lebte doch mit ihnen. Leid und Trauer blieben ungemessen – sie waren die elementare Grunderfahrung des Krieges.

Die Gefallenen, die toten Soldaten wurden sogleich und mehr als je zuvor in Kriegen zu Symbolgestalten. Der Tod konfrontierte mit der Frage nach dem Sinn, mit der Frage nach einer überindividuellen Unsterblichkeit. Familien mochten den Tod schon in der Stilisierung der Traueranzeigen deuten. Die Postkarten-Kitschindustrie, im Krieg gewaltig florierend, tendierte zu einer sentimentalen und superpatriotischen Trivialisierung des Todes. Aber es ist klar, daß es vor allem die berufenen (oder selbsternannten) Sinndeuter und Sinnstifter waren, die der Allgemeinheit den individuellen wie den massenhaften Tod deuteten, national und mit religiösem Oberton als „Opfer" auf dem „Altar des

Vaterlandes", für die Gemeinschaft der Nächsten, der Brüder, für das unvergängliche, unsterbliche, ewige Deutschland, für das Reich oder – weniger betont – Kaiser und Reich. Der Siegespatriotismus der Anfänge vergeht, was bleibt, ist die idealistische, dunkel getönte Monumentalisierung, Heroisierung des Todes. Dafür werden die Gräber, die Friedhöfe, die Mahnmale wichtig – das einfache und für alle gleiche Holzkreuz, der Hain von Bäumen, das einfache Mal, das wird typisch. Alle Toten sind gleich, der Tod ist demokratisiert, und er wird entindividualisiert, in die Unsterblichkeit der Nation aufgehoben. Der Kriegstod wird zum Zentrum eines neuen nationalen Kultes. Der pazifistische Aufschrei ob der Grauen des Todes, der Protest gegen ihn und gar die idealistische Überhöhung kommen vor dem Kriegsende nur am Rande, zumal in der künstlerischen Avantgarde, zum Ausdruck.

Neben dem Tod ist die Verwundung Merkmal des Krieges, schon über die Lazarette auch immer in der Heimat präsent. Man schätzt, daß über vier Millionen Soldaten während des Krieges verwundet worden sind. Die Giftgas-Betroffenen, wie der Gefreite Adolf Hitler, und die Verschütteten sind neue besondere Fälle. Für die Dauer am wichtigsten, augenfällig und handgreiflich, waren die Kriegsversehrten, die Invaliden, die Krüppel und Blinden. Sie wurden zum jedermann sichtbaren Ausdruck des Kriegselends – sie und ihre Angehörigen mußten mit der Verkrüppelung leben, alle anderen waren mit diesem Tatbestand konfrontiert. Die Bilder von Beckmann, Dix oder Grosz aus der Endphase des Krieges wie der ersten Nachkriegszeit machen nicht zufällig den Kriegsbeschädigten zur Symbolgestalt der Katastrophe des Krieges.

Die anderen Grunderfahrungen des Krieges sind nicht so allgemein wie die Erfahrung des Todes oder der Invalidität. Man muß zunächst an das denken, wovon wir gerade auch gesprochen haben, an den Unterschied von Front und Heimat – mit der Zwischenform der Etappe. Natürlich, „die

Heimat" arbeitete für die Front, und die Leute an der Front wollten wieder nach Hause, aber das Auseinandertreten zweier Lebenswelten wurde doch ein Grundphänomen. Wer von der Front kam, fühlte sich in der Heimat nicht selten unverstanden oder gar fremd, dort hatte man nicht die eigenen Erfahrungen, und nichts war auch mehr so „wie früher". Die Spannungen, die sich in der Weimarer Zeit zwischen der Kriegs-, der Frontgeneration und „den anderen" entwickeln, fangen hier an.

Wir beginnen mit den Erfahrungen der Soldaten, den Erfahrungen der Front, dem „Fronterlebnis". [...] Es ist nicht der Krieg im Osten oder Südosten, Bewegungskrieg doch zumeist, nicht der See- oder gar der Luftkrieg gewesen, der die Erfahrung einer ganzen Generation geprägt hat und von den Mitlebenden und den Jungen aufgenommen worden ist, sondern der Krieg im Westen, der Stellungskrieg und die Materialschlachten, der Infanteriekampf. Das wird das Kernstück aller schrecklichen oder heroisierten Erinnerung.

Der Stellungskrieg war gekennzeichnet durch den Schützengraben, genauer das ausgebreitete und tiefgestaffelte System der Schützengräben mit Front-, Bewegungs- und Versorgungslinien, mit durch Holzplanken und -stämmen gesicherten Schutzräumen, manchmal bis zu neun Meter unter der Erde, mit Stacheldrahtverhau zum Schutz gegen Angriffe, mit vorgeschobenen Posten für ein oder zwei Schützen. Der Spaten wird so wichtig wie das Gewehr, das Eingraben so wichtig wie das Kämpfen, die Feuchtigkeit, der Regen und der Schlamm werden so feindlich wie der Gegner. Auch in einem einmal „ruhigen" Frontabschnitt („Im Westen nichts Neues"), in der Routine des Abwartens, der gegenseitigen Bedrohung, die jederzeit in Angriff umschlagen konnte, war das Leben nerven- und kräftezehrend, dunkel, naß, voller Ungeziefer und Ratten, ohne zureichende Entsorgung, immer des feindlichen Artilleriebeschusses oder eines Gasangriffes gegenwärtig und der gegnerischen

Maschinengewehre – wenn einer falsch den Kopf hob, immer „in Deckung", der Feind blieb unsichtbar, die Wahrnehmung war aufs bloß Hörbare reduziert. Offiziere wie Soldaten erlebten das auch als unpersönlich, als anonym; das wich von allen traditionsgeprägten Erwartungen ab, das war kein „richtiger Krieg". Es gab die seltenen Perioden des Aussteigens, einen Modus von „live and let live" zwischen den Gegnern, Feuerpausen oder „Neben-die-Gräben-Schießen" auf Gegenseitigkeit.

Dazu die Schlachtlandschaft, das Niemandsland zwischen den Linien, infernalisch, surrealistisch, von Gräben und Furchen, Granattrichtern und Einschüssen zerwühlt, voll von abgebrochenen Bäumen, Befestigungstrümmern, verstümmelten faulenden Leibern und zerrissenen Gliedmaßen, Kot und Unrat, wieder und wieder zerpflügt durch permanenten Beschuß.

Diese neue Form des Krieges, der Stellungskrieg, hat, mehr noch als die Materialschlacht, der Sturmangriff oder die Abwehr der feindlichen Angriffe, die Aufbruchstimmung des Kriegsanfangs gebrochen und umgeformt. Schon zwischen Einrücken und Fronteinsatz lag viel Ernüchterndes; Warten, Routine, harscher Drill, lange Fahrten und Märsche. Und der Stellungskrieg hat dann in anderer Weise diese Ernüchterung weiter intensiviert, der graue Alltag des Krieges wird eine neue, ungeahnte Wirklichkeit. Die später eingezogenen Jahrgänge rücken schon wie selbstverständlich in diese Wirklichkeit nach.

Der andere Teil der Fronterfahrung war die Schlacht, die Materialschlacht, der eigene Angriff und der Widerstand gegen den feindlichen Angriff. Dazu gehörten die pausenlosen und unaufhörlichen Feuerwalzen der Artillerie, Gasangriffe, Gaswolken, die auch gegen die eigene Truppe trieben, und die Einschläge der Granaten und ihre Splitter, dazu gehörten der Sturmangriff im Feuer der alles niedermähenden feindlichen Maschinengewehre, mit Handgranaten, Flammenwerfern und Bajonetten, die Abwehr des feindlichen Sturmangriffs meistens aus der zweiten oder dritten Linie und der Gegenstoß, das Anlegen der Gasmasken, das Verschüttetsein, gehörten einsames Schreien zwischen den Trichtern, das Fallen, Sterben oder Verwundetwerden der Nebenmänner, ganzer Einheiten, die Sammlung der Versprengten, der Abtransport der Verwundeten, gehörten Stoß- und Spähtrupps, „Meldegänger" (im Zeitalter vor den Funkausrüstungen), gehörten Atemholen und Angsthaben, wenn man kurz aus den Zentren der Schlacht, der Hölle von Verdun z.B., herausgekommen war – das sind die Wirklichkeiten.

Zwischen dem durch Artillerie und Maschinengewehr industrialisiert-technisierten und anonymen Töten und Fallen und dem Überleben bleibt der Kampf Mann gegen Mann eines der Urerlebnisse – grausam, wild und elementar, trotz aller Angst voll von lang aufgestauter, spontan durchbrechender, gewalttätiger Aggressivität. Gewiß, nachdem der Enthusiasmus und die idealistische Opferbereitschaft des Kriegsanfangs verflogen waren, waren es Disziplin und Routine, die das Durchhalten der Soldaten in der Hölle der Materialschlachten ermöglicht haben. Aber jener elementare Kampfeswille vor Ort spielt auch eine Rolle. Und natürlich ging die Erfahrung ein, daß der Krieg ein technisierter, mechanisierter Krieg war, maschinenmäßig, eine „Industrie gewerbsmäßigen Menschenschlachtens" (so der Brief eines gefallenen Studenten). Angesichts der Dominanz der Technik entsteht eine neue Figur, der Krieger im technischen Zeitalter. Ernst Jünger hat – „In Stahlgewittern" – auch das Erlebnis des technischen Rausches zur Sprache gebracht. Daß Prosa, Bitternis und Grauen des Stellungskrieges wie der Schlacht nicht dahinter verschwinden, das bleibt selbstverständlich. [. . .]

Die zentrale Erfahrung der Heimat nun ist der Hunger [. . .]. Lebensmittel sind knapp, sie werden seit dem Winter 1914/15 und dann zunehmend und schließlich umfassend rationiert [. . .]. Der Kaloriengehalt der Zuteilungen sinkt

1917 auf unter 1 000, das ist knapp die Hälfte des physiologisch Notwendigen wie des Vorkriegsniveaus.

Das war die objektive Lage. Die Deutschen sind zwar nicht verhungert, aber sie haben massiv gehungert. Hunger war eine tägliche, wachsende, zermürbende Erfahrung, eine aufdringlich massive Wirklichkeit. Dazu treten andere Mangelerfahrungen, vor allem der Mangel an ausreichend Brennstoff, an Kohle, an Wärme, zum Teil auch an Beleuchtung, sie machten den Hunger noch schwerer erträglich; dann der Mangel an Reinigungsmitteln, an Seife vor allem, an Textilien und Schuhen. Diese Mangelgüter konkurrierten auf dem schwarzen Markt mit Lebensmitteln.

Am breiten Rand, bei bestimmten Bevölkerungsgruppen waren Hunger, Unterernährung und Mortalität eng verschwistert; wo der Hunger herrschte, griff der Tod um sich. Säuglinge, Kleinkinder, Alte, Kranke und Schwache und Frauen und natürlich alle auf Kollektivinstitutionen Angewiesenen waren besonders anfällig. Untergewicht von 15-20% wird bei der Großstadtbevölkerung zur Regel, die schnelle Ermüdbarkeit der Erwachsenen wie der Schulkinder haben viele Beobachter festgestellt. Die Statistiker kommen auf 760000 Todesopfer des Hungers, der Unterernährung; die Zahl z.B. der Tuberkulose-Toten hat sich verdrei- bis vervierfacht; die Mortalität liegt (ohne Kriegseinwirkung) bei 150% des Vorkriegsniveaus. [. . .]

Der Kampf ums Überleben wird auch im Wettbewerb anstrengender, auch in der Arbeitswelt, in der die „Eingezogenen" zu ersetzen sind, nimmt der „Stress" zu. Die Kriegsgesellschaft der Heimat ist durch die Abwesenheit der eingezogenen Männer und Väter charakterisiert. Die Zahl der Heiraten und der Geburten sinkt entsprechend, bis zum Kriegsende entsteht ein Frauenüberschuß aus Ledigen und Verwitweten von über zwei Millionen. Zwei Gruppen sind besonders betroffen. Die eine sind die Frauen. Auch wenn man ihre Mobilisierung für die industrielle Arbeit heute nicht mehr so hoch anschlägt wie bisher und mehr vom Umstieg als vom Einstieg in die Rüstungsindustrie ausgeht, ihre Arbeitslast hat sich gewaltig erhöht; die Bauersfrau ist ein berühmtes Beispiel, aber auch für die Fabrikarbeiterin gilt es, die Doppelbelastung durch Lohnarbeit und die immer zeitaufwendigere Haushaltsführung zu sehen. Soldatenfrauen und Kriegerwitwen sind finanziell miserabel gestellt, sie verarmen. Genauso wichtig: Frauen von Soldaten sind allein und einsam, werden selbständiger, sie verfügen über das Geld, sie führen den Haushalt, sie erziehen die Kinder. Sie stehen ihren Mann. Die andere Gruppe ist die Jugend. Sie wächst vaterlos auf, etwas autoritätsentbunden, der Beschäftigungsgrad wächst, die arbeitende Jugend verfügt früher über – mehr – Geld, der bürgerlichen Jugend fehlt in den Schulen die Generation der jüngeren Lehrer. An den Universitäten studieren Zurückgestellte, Verwundete, Mädchen. Insgesamt lockern sich die Konventionen, die bürgerlichen, patriarchalischen jedenfalls, Not und Selbständigkeit mindern ihre Zwänge. Das gilt auch für die Sexualität.

Für alle, an der Front wie in der Heimat, rücken im Krieg andere Werte nach vorn, Opfer, Solidarität, Tapferkeit, die Einordnung des Individuellen und Privaten in das gemeinsame Ganze, ja ihre Unterordnung, die Disziplin auch; Vaterland und Nation, lange schon oberste Werte, wurden im Angesicht von Tod und empfundener Bedrohung ganz neu vitalisiert. Und dementsprechend sind Feigheit, Egoismus, Verrat nun besonders verwerfliche Untugenden, der Drükkeberger und der Kriegsgewinnler werden neue Negativ-Figuren. Daß bei solch normativer Anspannung von Opferbereitschaft und -mut, von Gemeinsinn und Solidarität, von Freiwilligkeit und Disziplin natürlich auch das Gegenteilige auffällig emporschoß, der natürliche und der raffinierte Egoismus, ist nicht mehr als selbstverständlich.

Natürlich hat sich all das im Laufe des Krieges auch verändert. Erfahrungen sind intensiver und dunkler geworden, die Normen weniger idealistisch getönt und auch schwächer. Versucht man, die Gesamtstimmung zu charakterisieren, so mag man drei Phasen unterscheiden: den großen und enthusiastischen Aufbruch, für den die Kriegsfreiwilligen von 1914 stehen, die Erwartung des baldigen Kriegsendes, Sieg oder Selbstbehauptung; dann das Durchhaltepathos im Stellungskrieg und in den Entbehrungen der Blockade; schließlich der gegen Ende des Krieges zunehmende Fatalismus, noch immer, da man ohne Informationen lebte und in einer realitätsblinden Welt von Illusionen, von Wunschdenken gefüllt, von Gerüchten und Wundererwartungen.

Betty Scholem
an Gershom Scholem

„Dann ging ich mit Vater noch ein bischen zur Revolution" (1918)

Berlin, 11. 11. 1918
Montag

Liebes Kind!

Es war keine Kleinigkeit, Vater u. ich sind am Sonnabend auf der Schloßbrücke in die Schießerei geraten, na, ich habe aber Beine gemacht! Ich schrieb Dir Sam[stag] nachmittags eine Karte, die Du hoffentlich erhalten hast. Dann ging ich mit Vater, da Alles ruhig schien, noch ein bischen zur Revolution. Als wir ganz harmlos auf den Lustgarten kamen, fielen vom Schloßplatz her Schüsse, die sich schnell zu gewaltigem Knattern u. Maschinengewehrfeuer steigerten. Alles raste flüchtend über die Schloßbrücke, wir mitten mang. Das soll mir passiren! Ich habe noch das Zittern im Gebein. Gestern sah es noch bedrohlich so aus, als ob die Unabhängigen [Sozialdemokraten] die Regierung an sich reißen u. ihrerseits eine Autokratie aufrichten würden. Aber Dank der Energie der Soldatenräte ist eine Einigung erzielt worden u. hoffentlich geht es ohne Bürgerkrieg ab. Die Sache sieht heute schon besser aus. Der heutige Generalstreik hatte den Zweck, alle Arbeiter an den Versammlungen teilnehmen zu lassen, morgen wird überall gearbeitet. Bei uns waren die Leute vollzählig erschienen, aber Vater schickte sie selbst um 12 Uhr weg, um die Versammlungen zu besuchen. Die Druckerei von Hermann, die Brotkarten u. Geld drucken, ist behördlich geschützt u. damit auch wir. An unserem Eingang hängt das rote Plakat des Arbeiter- u. Soldatenrats: „Gemeinnützige Anstalt! Ist zu schützen!" Soldaten mit der roten Armbinde stehen an den Haustüren. Alle Organisationen u. Institutionen sind so vernünftig, sich ganz in den Dienst der neuen Regierung zu stellen, um mit allen Mitteln die Ordnung aufrecht zu erhalten u. vor allen Dingen die Hungersnot abzuwenden. Die schweren Zeiten glaubten wir hinter uns zu haben, es scheint jedoch, als ständen sie uns erst bevor.

Autoren- und Quellenverzeichnis

Alle genannten Werke sind im
Verlag C.H. Beck erschienen.

MANFRED BOTZENHART, geb. 1934, ist o. Professor für Neuere Geschichte an der Universität Münster.
Verfassungsstaat und Restauration: Der süddeutsche Konstitutionalismus im Vormärz 113
Aus: Ders.: Der süddeutsche Konstitutionalismus und die Revolution von 1848/49. In: Hans-Dietrich Loock und Hagen Schulze (Hg.): Parlamentarismus und Demokratie im Europa des 19. Jahrhunderts. 1982, S. 135–155, hier: S. 136–142.

PETER BRANDT, geb. 1948, ist Professor für Neuere Geschichte an der Fernuniversität Hagen.
Werke: Ders. und Dieter Groh: „Vaterlandslose Gesellen“: Sozialdemokratie und Nation 1860–1990. 1992.
Die SPD und der Erste Weltkrieg 178
Aus: „Vaterlandslose Gesellen“, S. 158–168.

RUDOLF BRAUN, geb. 1930, ist Honorarprofessor für Allgemeine und Schweizer Geschichte der neueren und neuesten Zeit an der Universität Zürich.
Werke: Ders. und David Gugerli: Macht des Tanzes – Tanz der Mächtigen. Hoffeste und Herrschaftszeremoniell 1550–1914. 1993.
Gold sucht Geburt: Großbürgerlicher Hausball in der Belle Epoque 280
Aus: Macht des Tanzes – Tanz der Mächtigen, S. 262–274.

FRANZ-JOSEF BRÜGGEMEIER, geb. 1951, ist Professor für Neuere Geschichte an der Universität Hannover.
Werke: Ders. und Franz J. Rommelspacher (Hg.): Besiegte Natur. Geschichte der Umwelt im 19. und 20. Jahrhundert. 1989; Leben vor Ort. Ruhrbergleute und Ruhrbergbau 1889–1919. ²1984.
Zechenwohnungen im Ruhrgebiet 319
Aus: Leben vor Ort, S. 48–52.

KARL BÜCHSEL, 1803–1889, war evangelischer Theologe und u.a. Pfarrer in Schönfeld in der Uckermark sowie später Generalsuperintendent der Neumark und Niederlausitz. Seine hier zitierten ‚Erinnerungen aus dem Leben eines Landgeistlichen‘ erschienen erstmals in den Jahren 1865–1897 in 5 Bänden.

Aberglaube und Brauch – Hochzeiten auf dem Lande (1865) . 295
Aus: Deutsche Sozialgeschichte. Dokumente und Skizzen. Band I: 1815–1870. Herausgegeben von Werner Pöls. 1973, S. 75f. und S. 80f.

Gordon A. Craig, geb. 1913, ist em. J. E. Wallace Sterling Professor für Geisteswissenschaften an der Universität Stanford und seit 1962 Honorarprofessor an der Freien Universität Berlin.
Werke: Geschichte Europas 1815–1980. Vom Wiener Kongreß bis zur Gegenwart. 1995; Die Politik der Unpolitischen. Deutsche Schriftsteller und die Macht 1770–1871. 1993. Über die Deutschen. 1991; Das Ende Preußens. Acht Porträts. 1988; Geld und Geist. Zürich im Zeitalter des Liberalismus 1830–1869. 1988; Deutsche Geschichte 1866–1945. Vom Norddeutschen Bund bis zum Ende des Dritten Reiches. 1980.
Krupp, Stinnes, Flick – Kulturhelden ihrer Zeit 94
Aus: Über die Deutschen, S. 124–129.
Der Zusammenbruch des Deutschen Reiches 183
Aus: Geschichte Europas 1815–1980, S. 378f.
Das deutsche Schulwesen 188
Aus: Deutsche Geschichte 1866–1945, S. 173–178.
Heinrich Heine und die Deutschen 242
Aus: Die Politik der Unpolitischen, S. 175–187.

Otto Dann, geb. 1937, ist Professor für Geschichte der Neuzeit an der Universität zu Köln.
Werke: Nation und Nationalismus in Deutschland 1770–1990. ²1994.
Die Karlsbader Beschlüsse von 1819 110
Aus: Nation und Nationalismus in Deutschland 1770–1990, S. 86–90.

Christiane Dienel, Dr., geb. 1965, ist Referentin in der Landesregierung Brandenburg u. 2. Vorsitzende der GEFAM Gesellschaft für Familienforschung e. V.
Die Alltäglichkeit der Abtreibung 301
Aus: Dies.: Das 20. Jahrhundert (I). Frauenbewegung, Klassenjustiz und das Recht auf Selbstbestimmung der Frau. In: Robert Jütte (Hg.): Geschichte der Abtreibung. Von der Antike bis zur Gegenwart. 1993, S. 140–168, hier: S. 143–147.

Hans Dominik, 1872–1945, war Autor zahlreicher Zukunftsromane und populärwissenschaftlicher Bücher über Technik.
Autodroschke und Motorrad 71
Aus: Deutsche Sozialgeschichte. Dokumente und Skizzen. Band II: 1870–1914. Herausgegeben von Gerhard A. Ritter und Jürgen Kocka. 1974, S. 100f.

Felix Eberty, Dr., 1812–1884, war Schriftsteller und Jurist. Seine hier zitierten ‚Jugenderinnerungen eines alten Berliners' erschienen 1878.
Kleidungsmoden (1878) 289
Aus: Deutsche Sozialgeschichte. Dokumente und Skizzen. Band I: 1815–1870. Herausgegeben von Werner Pöls. 1973, S. 32–34.

Fritz Fischer, geb. 1908, ist em. Professor für Geschichte an der Universität Hamburg.
Werke: Hitler war kein Betriebsunfall. Aufsätze. 1993.
Die Außenpolitik des kaiserlichen Deutschland und der Ausbruch des Ersten Weltkriegs 169
Aus: Ders.: Die Außenpolitik des kaiserlichen Deutschland und der Ausbruch des Ersten Weltkriegs. In: Hitler war kein Betriebsunfall, S. 29–65, hier: S. 30–52.

Ute Frevert, geb. 1954, ist Professorin für Neuere Geschichte an der Universität Konstanz.
Werke: Mann und Weib und Weib und Mann. Geschlechter-Differenzen in der Moderne. 1995; Ehrenmänner. Das Duell in der bürgerlichen Gesellschaft. 1991.
Das Duell in der bürgerlichen Gesellschaft 286
Aus: Ehrenmänner, S. 214–223.

Egon Friedell, 1878–1938, war Schriftsteller, Feuilletonist und Schauspieler.
Werke: Kulturgeschichte der Neuzeit. Die Krisis der europäischen Seele von der Schwarzen Pest bis zum Ersten Weltkrieg. 1996; Kulturgeschichte Griechenlands. Leben und Legende der vorchristlichen Seele. 1994; Kulturgeschichte Ägyptens und des Alten Orients. Leben und Legende der vorchristlichen Seele. 1989.
Die Auflösung der Malerei 263
Aus: Kulturgeschichte der Neuzeit, S. 1509f.

LOTHAR GALL, geb. 1936, ist Professor für Neuere Geschichte an der Universität Frankfurt am Main.
Werke: Ders. u.a.: Die Deutsche Bank 1870–1995. 1995.
„Wahrhaft patriotischen Gedanken entsprungen": Die Gründung der Deutschen Bank 88
Aus: Ders.: Die Deutsche Bank von ihrer Gründung bis zum Ersten Weltkrieg 1870–1914. In: Die Deutsche Bank 1870–1995, S. 1–135, hier: S. 1–11.

PETER GAY, geb. 1923, ist Sterling Professor für Geschichte an der Yale University.
Werke: Kult der Gewalt. Aggression im bürgerlichen Zeitalter. 1996; Die zarte Leidenschaft. Liebe im bürgerlichen Zeitalter. 1987.
Töne der Liebe 257
Aus: Die zarte Leidenschaft, S. 267–270.

RUTH GAY studierte am Queens College New York und an der Columbia University. Sie ist freie Schriftstellerin.
Werke: Geschichte der Juden in Deutschland. Von der Römerzeit bis zum Zweiten Weltkrieg. Mit einer Einleitung von Peter Gay. 1993.
Jüdische Emanzipation und Assimilation 325
Aus: Geschichte der Juden in Deutschland, S. 157–178.

MARTIN GREGOR-DELLIN, 1926–1988, war Schriftsteller.
Richard Wagner und die Bayreuther Festspiele 260
Aus: Ders.: Bayreuth. Mythos und Gegenwart. In: Das Fest. Eine Kulturgeschichte von der Antike bis zur Gegenwart. Herausgegeben von Uwe Schultz. 1988, S. 318–327, hier: S. 322–324.

DIETER GROH, geb. 1932, ist Professor für Neuere Geschichte an der Universität Konstanz.
Werke: Ders. und Peter Brandt: „Vaterlandslose Gesellen": Sozialdemokratie und Nation 1860–1990. 1992.
„Innere Reichsgründung" und „sozialistische Reichsfeinde". 144
Aus: „Vaterlandslose Gesellen", S. 22–25.

DAVID GUGERLI, Dr., geb. 1961, ist Forschungsstipendiat des Schweizerischen Nationalfonds.

Werke: Ders. und Rudolf Braun: Macht des Tanzes – Tanz der Mächtigen. Hoffeste und Herrschaftszeremoniell 1550–1914. 1993.
Gold sucht Geburt: Großbürgerlicher Hausball in der Belle Epoque 280
Aus: Macht des Tanzes – Tanz der Mächtigen, S. 262–274.

Karl Gutzkow, 1811–1878, war Schriftsteller und eine führende Persönlichkeit des *Jungen Deutschland.*
Berlin 1830 (1839) 117
Aus: 19. Jahrhundert. Texte und Zeugnisse. Herausgegeben von Benno von Wiese. Unveränd. Nachdr. der 1. Aufl. v. 1965. 1984, S. 146f.

Wolfgang Hardtwig, geb. 1944, ist Professor für Neuere Geschichte an der Humboldt-Universität zu Berlin.
Werke: Ders. und Heinrich A. Winkler (Hg.): Deutsche Entfremdung. Zum Befinden in Ost und West. 1994; ders. und Harm-Hinrich Brand (Hg.): Deutschlands Weg in die Moderne. Politik, Gesellschaft und Kultur im 19.Jahrhundert. 1993.
Die Gleichzeitigkeit des Ungleichzeitigen in der Reaktions- und Reichsgründungsära 129
Aus: Ders.: Der deutsche Weg in die Moderne. Die Gleichzeitigkeit des Ungleichzeitigen als Grundproblem der deutschen Geschichte 1789–1871. In: Deutschlands Weg in die Moderne, S. 9–31, hier: S. 20–23.

August Heinrich Hoffmann von Fallersleben, 1798–1874, war deutscher Germanist und Lyriker und ist heute v.a. als Verfasser des „Deutschlandliedes" (1841) bekannt.
Gründerlieder (1872) 93
Aus: 19. Jahrhundert. Texte und Zeugnisse. Herausgegeben von Benno von Wiese. Unveränd. Nachdr. der 1. Aufl. v. 1965. 1984, S. 192.

Hartmut Kaelble, geb. 1940, ist Professor für Sozialgeschichte an der Humboldt-Universität zu Berlin.
Werke: Nachbarn am Rhein. Entfremdung und Annäherung der französischen und deutschen Gesellschaft seit 1880. 1991; Auf dem Weg zu einer europäischen Gesellschaft. Eine Sozialgeschichte Westeuropas 1880–1980. 1987.

Hansjörg Küster, Dr., geb. 1956, ist Privatdozent an der Forstwissenschaftlichen Fakultät der Universität München.
Werke: Geschichte der Landschaft in Mitteleuropa. Von der Eiszeit bis zur Gegenwart. 1995; Wo der Pfeffer wächst. Ein Lexikon zur Kulturgeschichte der Gewürze. Mit 28 Holzschnitten aus dem „New Kreüterbuch" des Leonhard Fuchs. 1987.
Chausseen, Kanäle und Eisenbahnen 51
Aus: Geschichte der Landschaft in Mitteleuropa, S. 300–306.

Adolf Kussmaul, Dr., 1822–1902, war zunächst praktischer Arzt und lehrte später als Professor für Medizin in Erlangen, Freiburg und Straßburg.
Aderlaß und Schröpfen: Jugenderinnerungen eines alten Arztes (1889) 304
Aus: Deutsche Sozialgeschichte. Dokumente und Skizzen. Band I: 1815–1870. Herausgegeben von Werner Pöls. 1973, S. 39f.

Dieter Langewiesche, geb. 1943, ist Professor für Mittlere und Neuere Geschichte an der Universität Tübingen.
Werke: Ders. und Heinz E. Tenorth (Hg.): Handbuch der deutschen Bildungsgeschichte, Bd. V: 1918–1945. Die Weimarer Republik und die nationalsozialistische Diktatur. 1989.
Die Reichsgründung 1866/1871 137
Aus: Ders.: Die Reichsgründung 1866/1871. In: Scheidewege der deutschen Geschichte. Von der Reformation bis zur Wende 1517–1989. Herausgegeben von Hans-Ulrich Wehler. 1995, S. 131–145, hier: S. 137–144.

Adolf Lüderitz, 1834–1886, war Bremer Großkaufmann und gilt als einer der deutschen „Kolonialpioniere". Er ertrank auf der Suche nach Erzlagern im Oranje.
„Es muß No-mansland sein": „Schutzgebiete" für das Deutsche Reich (1884) 153
Aus: „Ich hoffe, der Himmel wird Deutschland erhalten". Das 19. Jahrhundert in Briefen. Herausgegeben und kommentiert von Jürgen Moeller. 1990, S. 259f.

Alf Lüdtke, geb. 1943, ist apl. Professor am Historischen Seminar der Universität Hannover und wissenschaftlicher Referent am Max-Planck-Institut für Geschichte in Göttingen.
Die Elektrifizierung der Gesellschaft 67

Aus: Ders.: Lebenswelten und Alltagswissen. In: Handbuch der deutschen Bildungsgeschichte. Band IV: 1870–1918. Von der Reichsgründung bis zum Ende des Ersten Weltkriegs. Herausgegeben von Christa Berg. 1991, S. 57–90, hier: S. 68–70.

Karl Robert Mandelkow, geb. 1926, ist em. Professor für Literaturwissenschaft an der Universität Hamburg.
Werke: Goethe in Deutschland. Rezeptionsgeschichte eines Klassikers. 2 Bde. 1980/1989; ders. und Bodo Morawe (Hg.): Johann Wolfgang von Goethe: Briefe und Briefe an Goethe. Hamburger Ausgabe. 6 Bde. 1969 ff.

Aus: Goethe in Deutschland. Band I: 1773–1918, S. 65–70.

Wolfgang J. Mommsen, geb. 1930, ist em. Professor für Mittlere und Neuere Geschichte an der Universität Düsseldorf.
Werke: Ders. u. a.: Der 9. November. Fünf Essays zur deutschen Geschichte. Herausgegeben von Johannes Willms. 1995.

Aus: Ders.: Die Kultur der Moderne im Deutschen Kaiserreich. In: Deutschlands Weg in die Moderne. Politik, Gesellschaft und Kultur im 19. Jahrhundert. Herausgegeben von Wolfgang Hardtwig und Harm-Hinrich Brandt. 1993, S. 254–274, hier: S. 258–269.

Thomas Nipperdey, 1927–1992, war Professor für Geschichte an der Universität München.
Werke: Deutsche Geschichte 1866–1918. 2 Bde. 1994/1995; Deutsche Geschichte 1800–1866. Bürgerwelt und starker Staat. 1994; Religion im Umbruch. Deutschland 1870–1918. 1988; Nachdenken über die deutsche Geschichte. Essays. ^{2}1986.

Aus: Ders.: Der Föderalismus in der deutschen Geschichte. In: Nachdenken über die deutsche Geschichte, S. 60–109, hier: S. 69–72.

Aus: Ders.: Der Kölner Dom als Nationaldenkmal. In: Ebd., S. 156–171, hier: S. 156f. und S. 162–167.

Aus: Deutsche Geschichte 1866–1918. Erster Band: Arbeitswelt und Bürgergeist. 1994, S. 428–431.

Die Fabrikarbeit und der neue Umgang mit der Zeit 312
Aus: Deutsche Geschichte 1800–1866, S. 227–229.
Erfahrungen im Ersten Weltkrieg 337
Aus: Deutsche Geschichte 1866–1918. Zweiter Band: Machtstaat vor Demokratie. 3., durchgesehene Aufl. 1995, S. 850–858.

KURT NOWAK, geb. 1942, ist Professor für Kirchengeschichte an der Universität Leipzig.
Werke: Geschichte des Christentums in Deutschland. Religion, Politik und Gesellschaft vom Ende der Aufklärung bis zur Mitte des 20. Jahrhunderts. 1995.
Evangelisches Kaisertum? Die deutschen Protestanten nach 1871 225
Aus: Geschichte des Christentums in Deutschland, S. 158–165.

JOHANN JACOB OERI, 1844–1908, war Schweizer Gymnasiallehrer und Neffe Jacob Burckhardts, dessen „Weltgeschichtliche Betrachtungen" er später herausgab. Von 1868–1870 lehrte er im oberschlesischen Grenzort Kreuzberg.
„Das Resultat wird die deutsche Einheit sein": Der Ausbruch des Deutsch-Französischen Krieges (1870) 136
Aus: Horst Fuhrmann: „Fern von gebildeten Menschen": Eine oberschlesische Kleinstadt um 1870. 1989, S. 74f.

FRIEDRICH PAULSEN, 1846–1908, war Philosophie- und Pädagogikprofessor in Berlin. Seine hier zitierten Jugenderinnerungen (‚Aus meinem Leben') erschienen 1909.
Eine Dorfschule in den 1850er Jahren (1909) 195
Aus: Ingeborg Weber-Kellermann: Landleben im 19. Jahrhundert. 2., unveränderte Aufl. 1988, S. 98–100.

GERHARD A. RITTER, geb. 1929, ist em. Professor für Neuere und Neueste Geschichte an der Universität München.
Werke: Arbeiter, Arbeiterbewegung und soziale Ideen in Deutschland. Beiträge zur Geschichte des 19. und 20. Jahrhunderts. 1996; Großforschung und Staat in Deutschland. Ein historischer Überblick. 1992; ders. und Merith Niehuss (Hg.): Wahlen in Deutschland 1946–1991/1990–1994, 2 Bde. 1991/1995; Sozialversicherung in Deutschland und England. Entstehung und Grundzüge im Ver-

gleich. 1983; Wahlgeschichtliches Arbeitsbuch. Materialien zur Statistik des Kaiserreichs 1871–1918. 1980.
Staat und Forschung im 19. Jahrhundert 202
Aus: Großforschung und Staat in Deutschland, S. 13–21.

Wolfgang Röd, geb. 1926, ist em. Professor für Philosophie an der Universität Innsbruck.
Werke: Descartes. Die Genese des Cartesianischen Rationalismus. 1995; Der Weg der Philosophie. Die Geschichte des philosophischen Denkens von den Anfängen bis zum 20. Jahrhundert, 2 Bde. 1994; Der Gott der reinen Vernunft. Die Auseinandersetzung um den ontologischen Gottesbeweis von Anselm bis Hegel. 1992; Erfahrung und Reflexion. Theorien der Erfahrung in transzendentalphilosophischer Sicht. 1991; ders. (Hg.): Geschichte der Philosophie. 1988 ff.; Dialektische Philosophie der Neuzeit. 1986.
Der Umbruch in der Religionsphilosophie: David Friedrich Strauß 223
Aus: Geschichte der Philosophie. Band 10: Ders. und S. Poggi: Philosophie der Neuzeit 4. Positivismus, Sozialismus und Spiritualismus im 19. Jahrhundert. 1989, S. 194–196.

John C. G. Röhl, geb. 1938, ist Professor für Europäische Geschichte an der Universität Sussex, Großbritannien.
Werke: Kaiser, Hof und Staat. Wilhelm II. und die deutsche Politik. ^{4}1995; Wilhelm II. Die Jugend des Kaisers 1859–1888. 1993.
Wilhelm II. 161
Aus: Ders.: Kaiser Wilhelm II. Eine Charakterskizze. In: Kaiser, Hof und Staat, S. 17–34, hier: S. 19–34.

Werner Rösener, geb. 1944, ist apl. Professor und wissenschaftlicher Referent am Max-Planck-Institut für Geschichte in Göttingen.
Werke: Bauern im Mittelalter. 1993; Die Bauern in der europäischen Geschichte. 1993.
Die Bauernbefreiung 35
Aus: Die Bauern in der europäischen Geschichte, S. 221–234.

Horst Rössler, Dr., geb. 1950, war 1986–1994 wissenschaftlicher Mitarbeiter an der Universität Bremen.
Massenexodus: Die Neue Welt des 19. Jahrhunderts 30

Aus: Ders.: Massenexodus: Die Neue Welt des 19. Jahrhunderts. In: Deutsche im Ausland – Fremde in Deutschland. Migration in Geschichte und Gegenwart. Herausgegeben von Klaus J. Bade. 1992, S. 148–157, hier: S. 148–153.

Heinrich Schliemann, 1822–1890, war deutscher Kaufmann und legendärer Altertumsforscher.
Troja (1872) 256
Aus: „Ich hoffe, der Himmel wird Deutschland erhalten". Das 19. Jahrhundert in Briefen. Herausgegeben und kommentiert von Jürgen Moeller. 1990, S. 247f.

Betty Scholem, 1866–1946, war die Mutter von Gershom Scholem (1897–1982), der 1923 nach Palästina emigrierte und seit 1933 in Jerusalem als Professor für jüdische Mystik wirkte. Betty Scholem floh 1939 in letzter Minute aus Deutschland nach Australien.
„Dann ging ich mit Vater noch ein bischen zur Revolution" (1918) 345
Aus: Betty Scholem – Gershom Scholem. Mutter und Sohn im Briefwechsel 1917–1946. Herausgegeben von Itta Shedletzky in Verbindung mit Thomas Sparr. 1989, S. 23.

Hagen Schulze, geb. 1943, ist o. Professor für Neuere Deutsche und Europäische Geschichte an der Freien Universität Berlin.
Werke: Kleine deutsche Geschichte. Mit Bildern aus dem Deutschen Historischen Museum. 1996; Staat und Nation in der europäischen Geschichte. [2]1995.
Die Bevölkerungsexplosion 20
Aus: Staat und Nation in der europäischen Geschichte, S. 150–155.

Albert Schweitzer, Dr. Dr., 1875–1965, war ev. Theologe, Philosoph, Musiker und Arzt. Er gründete 1913 das Tropenhospital in Lambarene und wirkte dort als Missionsarzt.
Werke: Werke aus dem Nachlaß, 8 Bde. Herausgegeben von R. Brüllmann u.a.; Reich Gottes und Christentum. Herausgegeben von U. Luz/U. Neuenschwander/J. Zürcher. 1995; Gespräche über das Neue Testament. Herausgegeben von Winfried Döbertin. [2]1994; Straßburger Predigten. Herausgegeben von Ulrich Neuenschwander. [3]1993; Das Christentum und die Weltreligionen. Zwei

Aufsätze zur Religionsphilosophie. Mit einer Einführung in das Denken Albert Schweitzers von Ulrich Neuenschwander. [3]1992; Die Ehrfurcht vor dem Leben. Grundtexte aus fünf Jahrzehnten. Herausgegeben von Hans Bähr. [6]1991; Kultur und Ethik. 1990; Selbstzeugnisse. Aus meiner Kindheit und Jugendzeit. Zwischen Wasser und Urwald. Briefe aus Lambarene. [8]1988; Die Weltanschauung der indischen Denker. Mystik und Ethik. 1987; Friede oder Atomkrieg. Vier Schriften. Vorw. v. Erhard Eppler. [3]1984.

Aus: Selbstzeugnisse, S. 67f.

James J. Sheehan, geb. 1937, ist Dickason Professor in the Humanities an der Stanford University in Kalifornien.
Werke: Der deutsche Liberalismus. Von den Anfängen im 18. Jahrhundert bis zum Ersten Weltkrieg 1770–1914. 1983.

Aus: Der deutsche Liberalismus, S. 162f.

Rolf Peter Sieferle, geb. 1949, ist Professor für Neuere Geschichte an der Universität Mannheim.
Werke: Ders. (Hg.): Natur. Ein Lesebuch. 1991; Fortschrittsfeinde? Opposition gegen Technik und Industrie von der Romantik bis zur Gegenwart. 1984.

Aus: Fortschrittsfeinde?, S. 99–109.

Wolfram Siemann, geb. 1946, ist Professor für Neuere und Neueste Geschichte an der Universität München.
Werke: Vom Staatenbund zum Nationalstaat. Deutschland 1806–1871. 1995.

Aus: Vom Staatenbund zum Nationalstaat, S. 131–139.

Aus: Ders.: Die Revolution von 1848/49. In: Scheidewege der deutschen Geschichte. Von der Reformation bis zur Wende 1517–1989. Herausgegeben von Hans-Ulrich Wehler. 1995, S. 91–102, hier: S. 92–101.

Werner Siemens, 1816–1892, war Erfinder und gilt als Begründer der Elektrotechnik.
„Telephontrubel" (1877) 70
Aus: Deutsche Sozialgeschichte. Dokumente und Skizzen. Band II: 1870–1914. Herausgegeben von Gerhard A. Ritter und Jürgen Kocka. 1974, S. 102.

David Friedrich Strauss, Dr., 1808–1874, war ev. Theologe, Schriftsteller und Gymnasiallehrer in Ludwigsburg.
‚Das Leben Jesu, kritisch bearbeitet' (1835/36) 220
Aus: 19. Jahrhundert. Texte und Zeugnisse. Herausgegeben von Benno von Wiese. Unveränd. Nachdr. der 1. Aufl. v. 1965. 1984, S. 264–266.

Klaus Tenfelde, geb. 1944, ist Professor für Sozialgeschichte an der Ruhr-Universität Bochum.
Werke: Ders. (Hg.): Bilder von Krupp. Fotografie und Geschichte im Industriezeitalter. Vorw. v. Berthold Beitz. 1994; ders. (Hg.): Sozialgeschichte des Bergbaus im 19. und 20.Jahrhundert. 1992; ders. und Gerald D. Feldman (Hg.): Arbeiter, Unternehmer und Staat im Bergbau. Industrielle Arbeitsbeziehungen im internationalen Vergleich. 1989; ders. und Wolfgang Jäger: Bildgeschichte der deutschen Bergarbeiterbewegung. 1989; ders. und Helmuth Trischler (Hg.): Bis vor die Stufen des Throns. Bittschriften und Beschwerden von Bergleuten im Zeitalter der Industrialisierung. 1986.
Bis vor die Stufen des Throns: Beschwerde von Essener Bergleuten (1867) 316
Aus: Bis vor die Stufen des Throns, S. 187–190.

Heinrich v. Treitschke, 1834–1896, war Professor für Geschichte in Kiel, Heidelberg und zuletzt Berlin. Von 1871–1884 war er Reichstagsabgeordneter.
„Die Juden sind unser Unglück!" (1879) 332
Aus: Ruth Gay: Geschichte der Juden in Deutschland. Von der Römerzeit bis zum Zweiten Weltkrieg. Mit einer Einleitung von Peter Gay. 1993, S. 206.

Helmuth Trischler, Dr., geb. 1958, ist Privatdozent für Neuere Geschichte und Technikgeschichte und Forschungsdirektor am Deutschen Museum in München.

Werke: Ders. und Klaus Tenfelde (Hg.): Bis vor die Stufen des Throns. Bittschriften und Beschwerden von Bergleuten im Zeitalter der Industrialisierung. 1986.
Bis vor die Stufen des Throns: Beschwerde von Essener Bergleuten (1867) 316
Aus: Bis vor die Stufen des Throns, S. 187–190.

Horst Johannes Tümmers, Dr., geb. 1926, war Direktor der Stadtbücherei Köln.
Werke: Der Rhein. Ein europäischer Fluß und seine Geschichte. 1994.
„Schwimmende Mühlen": Dampfschiffe auf dem Rhein . . . 57
Aus: Der Rhein, S. 226–230.

Manfred Vasold, Dr., ist Sozialhistoriker und hat im öffentlichen Gesundheitsdienst gearbeitet.
Werke: Pest, Not und schwere Plagen. Seuchen und Epidemien vom Mittelalter bis heute. 1991.
Städtewachstum und Stadterneuerung 47
Aus: Pest, Not und schwere Plagen, S. 250–254.

Shulamit Volkov, geb. 1942, ist Professorin für Neuere Geschichte an der Universität Tel Aviv.
Werke: Jüdisches Leben und Antisemitismus im 19. und 20. Jahrhundert. Zehn Essays. 1990.
Antisemitismus im Kaiserreich 333
Aus: Dies.: Das geschriebene und das gesprochene Wort. Über Kontinuität und Diskontinuität im deutschen Antisemitismus. In: Jüdisches Leben und Antisemitismus im 19. und 20. Jahrhundert, S. 54–75, hier: S. 62–65.

Jakob Wassermann, 1873–1934, war Schriftsteller jüdischen Glaubens und in den 1920er Jahren einer der meistgelesenen deutschen Autoren.
„Wir leben im Zeitalter der Toleranz!" 324
Aus: Ruth Gay: Geschichte der Juden in Deutschland. Von der Römerzeit bis zum Zweiten Weltkrieg. Mit einer Einleitung von Peter Gay. 1993, S. 177.

Ingeborg Weber-Kellermann, 1918–1993, war Professorin für Europäische Ethnologie an der Universität Marburg.

Werke: Die helle und die dunkle Schwelle. Wie Kinder Geburt und Tod erleben. 1994; Frauenleben im 19. Jahrhundert. Empire und Romantik, Biedermeier, Gründerzeit. [3]1991; Vom Handwerkersohn zum Millionär. Eine Berliner Karriere des 19. Jahrhunderts. 1990; Landleben im 19. Jahrhundert. [2]1988.

HANS-ULRICH WEHLER, geb. 1931, ist em. Professor für Allgemeine Geschichte an der Universität Bielefeld.
Werke: Die Gegenwart als Geschichte. Essays. 1995; ders. (Hg.): Scheidewege der deutschen Geschichte. Von der Reformation bis zur Wende – 1517–1989. 1995; Bibliographie zur neueren deutschen Sozialgeschichte. 1993; Deutsche Gesellschaftsgeschichte, 4 Bde. 1989ff.; Entsorgung der deutschen Vergangenheit? Ein polemischer Essay zum „Historikerstreit". 1988.

ALFRED WENDEHORST, geb. 1927, ist em. Professor für Landesgeschichte an der Universität Erlangen-Nürnberg und Archivar der Universität.

Werke: Geschichte der Friedrich-Alexander-Universität Erlangen-Nürnberg 1743–1983. 1993; ders. u.a. (Hg.): Erlangen. Geschichte

der Stadt in Darstellung und Bilddokumenten. 1984; ders. (Hg.): Würzburg: Geschichte in Bilddokumenten. 1981.
Promotion in Erlangen 198
Aus: Geschichte der Friedrich-Alexander-Universität Erlangen-Nürnberg 1743–1993, S. 100–102.

REINHARD WITTMANN, Dr., geb. 1945, ist Leiter der Abteilung Literatur (Hörfunk) des Bayerischen Rundfunks und Honorarprofessor für Buch- und Medienwissenschaft sowie Sozialgeschichte der deutschen Literatur an der Universität München.
Werke: Geschichte des deutschen Buchhandels. Ein Überblick. 1991.
„Das Publikum ist jetzt aufs Grelle und Spaßige!": Buchmarkt und Leser in Nachmärz und Gründerzeit 249
Aus: Geschichte des deutschen Buchhandels, S. 262–269.

THEODOR WOLFF, 1868–1943, war 1906–1918 Chefredakteur des Berliner Tageblatts und 1918 Mitgründer der Deutschen Demokratischen Partei.
„Die größte aller Revolutionen": Das Ende des Kaiserreichs (1918) 185
Aus: Berliner Tageblatt vom 10. 11. 1918. Abgedruckt bei Heinrich August Winkler: Revolution als Konkursverwaltung. 9. November 1918: Der vorbelastete Neubeginn. In: Johannes Willms (Hg.): Der 9. November. Fünf Essays zur deutschen Geschichte. 1994, S. 11–32, hier: S. 11.

REINHOLD ZIPPELIUS, geb. 1928, ist em. Professor für Rechtsphilosophie und öffentliches Recht an der Universität Erlangen-Nürnberg.
Werke: Kleine deutsche Verfassungsgeschichte. Vom frühen Mittelalter bis zur Gegenwart. ^{3}1996; Allgemeine Staatslehre. (Politikwissenschaft). Ein Studienbuch. ^{12}1994; Geschichte der Staatsideen. ^{4}1994; Juristische Methodenlehre. Eine Einführung. ^{4}1994; Rechtsphilosophie. Ein Studienbuch. ^{3}1994; ders. und Theodor Maunz (Hg.): Deutsches Staatsrecht. Ein Studienbuch. ^{4}1994; Grundbegriffe der Rechts- und Staatssoziologie. ^{2}1991.
Stichwort: Sozialpolitische Konflikte 150
Aus: Kleine deutsche Verfassungsgeschichte, S. 121

Abbildungsverzeichnis

Buchanzeigen

Wolfram Siemann

Vom Staatenbund zum Nationalstaat

Deutschland 1806–1871

1995. 488 Seiten mit 2 Karten. Broschiert

Neue Deutsche Geschichte Band 7

Wolfram Siemann stellt in diesem Band der Neuen Deutschen Geschichte das Dreivierteljahrhundert zwischen dem Untergang des Alten Reichs (1806) und der Reichsgründung (1871) dar. Die politische Geschichte und die Historie von Wirtschaft und Gesellschaft werden ebenso nachgezeichnet wie die Veränderungen in Kultur und Umwelt.

Von allen bisher vorgelegten Darstellungen der Epoche unterscheidet sich Siemanns Buch durch eine neue Perspektive: Der welthistorische Umbruch von 1989 hat auch den Blick auf die deutsche Geschichte des 19. Jahrhunderts gewandelt. In den Veränderungen und Krisen der Gegenwart scheint das Erbe des Jahrhunderts lebendiger denn je zu sein.

„... Siemanns Werk ist in allen Teilen gut und mit Gewinn zu lesen ... Siemann ist ein Meister der Verdichtung, des Auf-den-Punkt-Bringens, so daß der Leser trotz des Facettenreichtums nie den Überblick verliert. Herausragend sind in dieser Hinsicht die Darstellungen zu 1848 und der Etappe der Reichsgründung. Gerade dies dürfte den Band, unterstützt durch die klare und übersichtliche Gliederung, ... zu einem grundlegenden Nachschlage- und akademischen Lehrwerk machen, das zugleich aber auch dem interessierten Laien vieles bietet.“

LIBERAL

Verlag C. H. Beck München